文涵书睿

好妈妈不打不骂
培养优秀男孩的
345个细节

王光梅◎著

台海出版社

前言
PREFACE

有位妈妈曾经这样描述自己的儿子吃饭的情景："每次喂我儿子吃饭就好像打仗一样，他在屋子里上蹿下跳，我要追到他才能把饭菜喂到他嘴里。孩子已经快两岁了，还不会拿筷子。"还有位妈妈说："我儿子现在完全沉迷在网络游戏当中，每天什么事都不想做，成绩一落千丈，我都不知道怎么办才好。"我们相信在日常生活中，这些都是家长时常会听到或是正在面临的问题。除此之外，家长也发现，现在的男孩似乎越来越缺乏男子气概，他们有的变得异常胆小与懦弱，有的则变得非常不自信，不会照顾他人等等。

我们相信，每个家长都不会希望自己的孩子出现各种各样的行为或品格问题。在男孩出生的那一刻，每一个家长都在期冀自己的孩子可以在未来成长为一个勇敢、坚强、有责任心、懂礼貌、果敢的人。但是回归到现实生活中，在塑造男孩的品质及规范他们的行为的过程中，家长就会发现，这些出生时乖巧可爱的小人儿，大多数情况下会是一个捣蛋鬼。他们有时会异常喜欢冒险，但在关键时候却很"怂"；他们粗心大意，不懂体谅他人；他们可能会欺负他人，异常叛逆……这时，有些家长就会想，难道上天派男孩来做我的孩子是为了给我制造麻烦，考验我的忍耐力吗？！

每个人并不是一出生就知道如何去做父母，所以在面对如此调皮捣蛋的男孩子时会出现崩溃的情绪，我们完全可以理解。但是在理解的基础上，我们也不妨试探地问一句："男孩出现种种的行为与品格问题，家长难道没有责任吗？"这也就意味着，其实孩子在塑造自己的人格和规范自己行为的过程中，家长是起到至关重要的作用的，孩子出现任何问题，家长的"罪责"难逃，所以我们会听到"子不教父之过"之类的说法。

关键是，每个人在成为家长之前都不知道应该采取怎样的教育方式去对待孩子，在孩子出现具体问题时，大多数家长是手足无措的。在现实生活中，家长在教育男孩时，存在非常多的问题，急需必要且正确的指导，为此我们策划出版了此书，旨在帮助家长培养出在各个方面都表现优秀的男孩。

本书分为三大块，分别是家庭篇、校园篇和社会篇，而各个板块又分为不同的部分。其中家庭篇涉及饮食、起居、礼貌培养、习惯培养及青春期这一关键时期的教育；校园篇涉及学习、兴趣、语言、智力、运动及性格的培养；社会篇涉及品格、行为、情商、社交能力、处世及财商的培养。在每一篇文章的内容安排上，我们分为"现实困惑""案例解析"和"解决方法"。现实困惑是以故事的形式展示男孩们存在的问题；案例解析是专家就男孩存在的问题进行的分析；解决方法是就男孩存在的问题给出具体的解决方案。

我们相信，每一位家长在书中都可以找到自己在教育男孩的过程中遇到的具体问题。同时我们希望，家长在阅读此书的同时，可以反思自己的教育理念以及方法，然后采取正确的方式，科学教育自己的孩子。每一个孩子都是可以塑造的，在此书的指导下，每一位家长都可以把男孩教育成自己心目中优秀的男子汉！

目录
CONTENTS

家庭篇　呵护稚嫩的行为，给予成长更多的空间

Part 1　男孩的饮食培养：不挑食才健康

1. 早餐吃得好，男孩才能更阳光
　　——男孩不喜欢吃早餐怎么办？/ 002

2. 不按时吃饭的毛病一定要改掉
　　——怎样才能让男孩按时吃饭？/ 003

3. 荤素搭配对于男孩成长很关键
　　——男孩只喜欢吃肉怎么办？/ 004

4. 吃零食补充体力的观点要不得
　　——男孩太爱吃零食怎么纠正？/ 005

5. 粗粮对于男孩牙齿发育有帮助
　　——怎么才能让男孩爱上吃粗粮？/ 006

6. 夜晚进食会导致男孩肠胃疾病
　　——如何改变男孩贪吃消夜的毛病？/ 007

7. 警惕"垃圾食品"对男孩成长的危害
　　——男孩喜欢吃"垃圾食品"怎么办？/ 009

8. 刺激性食品有可能导致男孩早熟
　　——男孩太贪吃刺激性食品怎么办？/ 010

9. 合理膳食可以让男孩苗壮成长
　　——如何改变男孩吃饭挑食的毛病？/ 011

10. 切记多喝水，少喝碳酸饮料
　　——男孩不爱喝水怎么办？/ 012

11. 冷饮吃太多对于男孩身体成长不利
　　——怎么解决男孩贪吃冷饮的问题？/ 013

12. 教育男孩学会分享，不要吃独食
　　——如何改变男孩太护食的毛病？/ 014

13. 不要让男孩吃成"小胖墩"
　　——男孩太贪吃怎么办？/ 016

14. 要及时纠正孩子吃饭大声的毛病
　　——男孩吃饭很大声怎么办？/ 017

15. 哄着吃，抱着喂的方式是错的
　　——怎样才能让男孩自己吃饭？/ 018

16. 教育男孩养成饭前饭后勤洗手的好习惯
　　——男孩饭前饭后不洗手怎么办？/ 019

17. 酗酒对于男孩的身体成长很不利
　　——男孩学成人喝酒怎么办？/ 020

18. 养成好习惯，教育男孩吃饭要有礼仪
　　——如何培养男孩基本的餐桌礼仪？/ 021

19. 引导男孩不在公众场合哭闹
　　——男孩在外就餐哭闹怎么办？/ 022

20. 暗示 + 鼓励，让男孩不再惧怕吃药
　　——怎么才能让生病男孩乖乖吃药？/ 023

Part 2　男孩的起居培养：做个生活有规律的孩子

21. 尽早让男孩养成不赖床的好习惯
　　——为什么男孩早上喜欢赖床？/ 025

22. 给男孩制订良好的作息安排
　　——男孩晚上不按时睡觉怎么办？/ 026

23. 鼓励男孩尝试独自睡觉
　　——怎么才能让男孩愿意独自睡觉？/ 027

24. 注意改变男孩的睡眠障碍
　　——男孩有睡眠障碍怎么办？/ 029

25. 不良习惯容易导致男孩生活不规律
　　——男孩生活不规律怎么办？/ 030

26. 培养"小男子汉"意识，让男孩快速成长
　　——为什么男孩总喜欢腻着妈妈？/ 031

27. 父母宠爱易导致男孩生活不自理
　　——男孩喜欢让父母穿衣服怎么办？/ 032

28. 为了健康着想，纠正男孩光脚的习惯
　　——男孩喜欢光着脚走路怎么办？/ 033

29. 用对方法，让男孩自然养成刷牙习惯
　　——如何才能让男孩爱上刷牙？/ 034

30. 及时引导，不要让邋遢行为成为习惯
　　——男孩是"邋遢大王"怎么办？/ 035

31. 找到乱扔的原因，不要直接训斥
　　——男孩喜欢乱扔玩具怎么办？/ 036

32. 让男孩爱上整齐的居住环境
　　——如何让男孩养成收拾屋子的习惯？/037

Part 3　男孩的礼貌培养：教养从礼貌开始

33. 过度的危险教育，会加重男孩的恐惧感
　　——为什么男孩会害怕生人？/ 039

34. 当面训斥男孩不礼貌要得
　　——男孩不爱招呼客人怎么办？/ 040

35. 父母的言传身教是最佳的礼貌教育
　　——怎么教会男孩用礼貌用语？/ 041

36. 教导男孩对主客之别的正确理解
　　——男孩爱翻别人东西怎么办？/ 042

37. 乱扔垃圾的不良习惯要及时纠正
　　——如何让男孩不随意乱扔垃圾？/ 044

38. 让男孩知道礼仪的重要性
　　——男孩不懂握手礼仪怎么办？/ 045

39. 重视沟通，解决男孩子打架问题
　　——男孩喜欢随便动手怎么办？/ 046

40. 培养宽厚之心，杜绝口舌之争
　　——男孩喜欢责骂别人怎么办？/ 047

41. 不打不骂纠正男孩的坏脾气
　　——怎样改变男孩乱发脾气的问题？/ 048

42. 引导男孩根据场合调整音量
　　——男孩说话总是很大声怎么办？/ 049

43. 父母巧立威信，让男孩学会尊重长辈
　　——男孩让父母下不来台怎么办？/ 050

44. 培养男孩正确的交流方式和技巧
　　——男孩总爱打断别人讲话怎么办？/ 051

45. 尊老爱幼是男孩美德教育的重要一环
　　——该如何教育男孩懂得尊卑有序？/ 052

46. 主动沟通，让男孩学会倾听
　　——男孩不愿意倾听怎么办？/ 054

47. 强制要求讲礼貌，不如让男孩自己体会
　　——男孩待人接物有问题怎么办？/ 055

48. 当感受被忽略，男孩就容易性情大变
　　——男孩"人来疯"怎么办？/ 056

49. 给男孩的交友观正确的引导
　　——男孩喜欢嘲笑别人怎么办？/ 057

Part 4　男孩的习惯培养：做独立的小男子汉

50. 粗心大意源于错误的思维习惯
　　——如何改变男孩粗心的习惯？/ 059

51. 改变洁癖毛病，从纠正强迫症入手
　　——男孩有洁癖怎么办？/ 060

52. 从小事做起，改正懒惰的恶习
　　——男孩习惯性懒惰怎么办？/ 061

53. 巧用收纳工具，传递收纳技巧
　　——怎么培养男孩收纳物品的习惯？/ 063

54. 提示方式，让男孩养成洗澡习惯
　　——如何让男孩养成爱洗澡的习惯？/ 064

55. 安静地吃饭更有助于消化吸收
　　——男孩不能安静吃饭怎么办？/ 065

56. 错误的站姿会影响挺拔的体态
　　——怎么纠正男孩站姿不对的习惯？/ 066

57. 让男孩学会更理智地表达感情
　　——男孩子太爱哭了怎么办？/ 067

58. 注意教育男孩正确的走路方式
　　——男孩走路连蹦带跳怎么办？/ 068

59. 以平常心对待男孩过强的领地意识
　　——为什么男孩的领地意识很强？/ 069

60. 要及时纠正男孩爱咬指甲的毛病
　　—— 男孩爱咬指甲怎么办？/ 070

61. 培养男孩的家庭责任意识
　　——如何才能让男孩乐于参与家务？/ 071

62. 时刻提醒男孩注意交通安全
　　——男孩不遵守交通规则怎么办？/ 073

Part 5　男孩的青春期培养：平稳度过青春期

63. 良好的个人生活习惯从穿内裤开始
　　——男孩不爱穿内裤怎么办？/ 074

64. 允许男孩有追星行为，但要注意尺度
　　——怎么纠正男孩过度追星的问题？/ 075

65. 让男孩明白崇拜和爱恋的区别
　　——男孩喜欢上女老师怎么办？/ 076

66. 以尊重的态度面对男孩的成长
　　——男孩早恋了，怎么办？/ 077

67. 引导男孩拓展狭窄的交友圈
　　——男孩无法与女孩正常交往怎么办？/ 078

68. 在恰当的时候给男孩一些性教育
　　——男孩对生理发育很恐慌怎么办？/ 079

69. 青春期需要良好的生活习惯
　　——男孩长青春痘很自卑怎么办？/ 080

70. 减肥可以，前提是先要保证健康
　　——怎么解决男孩节食减肥的问题？/ 081

71. 尊重男孩的阶段性审美
　　——男孩奇装异服怎么办？/ 083

72. 尽早地给男孩传递性别意识
　　——男孩喜欢穿女孩的衣服怎么办？/ 084

73. 慎重与男孩沟通染发问题
　　——男孩染头发怎么办？/ 085

74. 青春期的叛逆谁都躲不开
　　——如何正确对待男孩的叛逆行为？/ 086

75. 和男孩敞开心扉谈网恋利弊
　　——男孩网恋怎么办？/ 087

76. 允许大男孩也有小秘密
　　——男孩不再和父母分享秘密怎么办？/ 088

77. 用倾听打破男孩自闭的枷锁
　　——为什么男孩突然变得自闭起来？/ 089

78. 做好男孩"情趣"认知的引导工作
　　——男孩偷看情趣读物怎么办？/ 090

79. 过度的沉迷会给男孩带来负面影响
　　——男孩偷上情趣网站怎么办？/ 091

80. 尊重男孩的隐私，给他们独立空间
　　——男孩开始有隐私概念怎么办？/ 092

81. 允许男孩有自己的"小城府"
　　——男孩的朋友圈屏蔽你怎么办？/ 093

82. 用运动减少青春期的性躁动
　　——如何看待男孩自慰的问题？/ 095

83. 以平常心对待男孩的性早熟现象
　　——男孩过早性成熟了怎么办？/ 096

84. 让男孩明白"爱"和"性"的区别
　　——男孩偷吃"禁果"了怎么办？/ 097

85. 不要一味封杀，而要正确引导
　　——怎样引导男孩约见网友的行为？/ 098

86. 适当增加生活中父亲占据的比重
　　——为什么男孩没有性别意识？/ 099

87. 男孩也需要有对待性骚扰的教育
　　——男孩遇到性骚扰怎么办？/ 100

88. 青春期需要父母更多的关爱
　　——男孩因发育迟缓而忧虑怎么办？/ 101

89. 合理激发男孩的倾诉欲望
　　——男孩"心理闭锁"怎么办？/ 102

校园篇　让男孩顺利地接受学校的培养

Part 6　男孩的学习培养：让男孩爱上学习

90. 给男孩宠爱，但不给过度依赖
　　——男孩不愿意与妈妈分开怎么办？/ 106

91. 找对方法，让男孩先爱上校园环境
　　——如何对待男孩讨厌上学的问题？/ 107

92. 言传身教，让男孩掌握学习方法
　　——男孩学不好语文怎么办？/ 108

93. 偏科会影响到男孩智力的平衡发展
　　——男孩偏科怎么办？/ 109

94. 寓教于乐，让男孩爱上写作业
　　——怎么才能让男孩喜欢写作业？/ 110

95. 课外书有助于男孩心智的成长
　　——男孩不喜欢读课外书怎么办？/ 111

96. 培养男孩专心的能力
　　——男孩上课不注意听讲怎么办？/ 112

97. 给男孩寄宿生活更多的鼓励
　　——男孩不适应寄宿生活怎么办？/ 113

98. 只有专心才能做好每一件事情
　　——男孩写作业总分心怎么办？/ 114

99. 成绩不稳定？多是情绪波动闹的
　　——男孩学习成绩不稳定怎么办？/ 116

100. 男孩逃课的现象必须坚决遏制
　　——面对男孩逃课该如何解决？/ 117

101. 掌握学习方法，让成绩显著提升
　　——男孩考试分数低怎么办？/ 118

102. 掌握学习方法，告别死记硬背
　　——男孩总是死记硬背怎么办？/ 119

103. 用鼓励和肯定为男孩增加动力
　　——怎么提升男孩的学习动力？/ 120

104. 培养男孩谦虚的品质
　　——男孩认为请教别人很丢人怎么办？/ 121

105. 鼓励男孩积极表达自己的想法
　　——男孩上课不积极发言怎么办？/ 122

106. 引导男孩善用检索工具
　　——男孩不用"百度"怎么办？/ 123

107. 找寻冲突原因，耐心劝导男孩
　　——为什么男孩会与老师发生冲突？/ 124

108. 教会男孩有计划地安排时间
　　——男孩做作业很拖拉怎么办？/ 126

109. 预习有好处，让学习事半功倍
　　——男孩拒绝预习怎么办？/ 127

110. 引导男孩体验主动学习的乐趣
　　——男孩不爱上晚自习怎么办？/ 128

111. 上学后是培养独立意识的最好时机
　　——男孩要求家长接送上下学怎么办？/ 129

112. 孩子抄作业成习惯，父母不能坐视不管
　　——男孩抄同学作业，怎么解决？/ 130

113. 找对方法，帮男孩提升写作能力
　　——男孩不喜欢写作文怎么办？/ 131

114. 只有复习功课才能巩固知识
　　——男孩不知道怎么复习怎么办？/ 132

115. 支持男孩不耻下问的学习态度
　　——怎样让男孩乐于请教别人？/ 133

116. 增加男孩学习的主动性
　　——男孩写作业总让人指导怎么办？/ 134

117. 培养男孩学习的自信心
　　——男孩写作业要依赖参考书咋办？/ 135

118. 成绩差的男孩自卑心很强
　　——孩子讨厌别人问他成绩怎么办？/ 136

119. 上课捣乱的毛病不能纵容
　　——男孩在上课时总是捣乱怎么办？/ 137

120. 加强男孩秩序性和服从性的培养
　　——男孩不听老师的话怎么办？/ 138

121. 告诉孩子上课发言好处多多
　　——孩子上课不发言怎么办？/ 139

122. 家长要给男孩做考前心理辅导
　　——男孩考试之前紧张怎么办？/ 140

123. 帮助男孩树立一个个短期小目标
　　——男孩学习缺乏主动性怎么办？/ 141

124. 让男孩将注意力放在更高层面上
　　——男孩成绩不好自卑怎么办？/ 142

125. 培养耐心让孩子敢于做"长"题
　　——男孩不爱做文字较长的题咋办？/ 143

126. 帮助男孩提高听课效率
　　——男孩不想记笔记怎么办？/ 144

127. 男孩对老师没有无端的厌恶
　　——男孩不喜欢授课老师怎么办？/ 145

128. 支持男孩把握锻炼自己的机会
　　——为什么男孩会有"当官"的想法？/146

129. 要让男孩认识到作弊的可耻
　　——男孩考试作弊怎么办？/ 147

130. 谁都讨厌打小报告的人
　　——男孩爱打小报告怎么办？/ 148

131. 尊重同学是友好相处的前提
　　——男孩爱给同学起外号怎么办？/ 149

132. 学习离不开合理的计划性和条理性
　　——男孩不会安排学习时间怎么办？/ 150

Part 7　男孩的兴趣培养：找到最感兴趣的事

133. 用其他的游戏吸引男孩的兴趣
　　——男孩痴迷电脑游戏怎么办？/ 152

134. 增加男孩的接触面
　　——男孩没有兴趣爱好怎么办？/ 153

135. 家长的兴趣会对男孩产生影响
　　——如何对待男孩对扑克牌的兴趣？/ 154

136. 电视剧不是转移男孩注意力的好媒介
　　——男孩总爱看电视怎么办？/ 155

137. 扩大男孩的接触面
　　——怎么改变男孩的网瘾恶习？/ 156

138. 爱博而情不专，帮助男孩发展自己的特长
　　——男孩兴趣爱好太多怎么办？/ 157

139. 合理划分男孩的个人时间
　　——男孩因兴趣影响学习怎么办？/ 158

140. 以平常心对待男孩的兴趣发展
　　——男孩做事只有三分钟热度咋办？/ 159

141. 给男孩更多选择兴趣爱好的决定权
　　——男孩兴趣与父母意愿违背咋办？/ 160

142. 教会男孩如何照顾宠物
　　——孩子欺负小动物怎么办？/ 161

143. 不要用世俗眼光看男孩的别样兴趣
　　——男孩有偏女性化的兴趣怎么办？/ 162

144. 是否继续上兴趣班，要尊重男孩个人意愿
　　——男孩突然不喜欢上兴趣班咋办？/ 163

145. 兴趣爱好没有冷门之说
　　——男孩的兴趣爱好很冷门怎么办？/ 164

Part 8　男孩的语言培养：完善语言方式和能力

146. 让男孩知道信任感的重要性
　　——为什么男孩会说话不算数？/ 166

147. 男孩的撒谎行为必须严厉制止
　　——男孩喜欢撒谎怎么办？/ 167

148. 让男孩学会如实地进行描述
　　——怎样改变男孩说大话的毛病？/ 168

149. 抚慰男孩容易激动的情绪
　　——男孩口吃怎么办？/ 169

150. 礼貌待人才会被人以礼相待
　　——男孩说话不礼貌怎么办？/ 170

151. 从直视家人开始练习表达
　　——男孩说话不看对方目光咋办？/ 171

152. 多阅读、多长见识，让男孩有话可说
　　——男孩不善于表达怎么办？/ 172

153. 给男孩创造平等的交流环境
　　——如何让男孩说话时不脸红？/ 173

154. 引诱男孩多说话
　　——男孩不爱说话怎么办？/ 174

155. 让男孩多参加社交活动，锻炼语言能力
　　——为什么男孩习惯说书面语？/ 175

156. 找到男孩谈吐中夹杂外语词汇的原因
　　——男孩说话夹杂外语怎么办？/ 176

157. 给男孩创造温暖的语言环境
　　——怎么改变男孩说话太冷漠的毛病？/ 177

158. 家长如何处理男孩的礼貌问题
　　——男孩和长辈说话没大没小咋办？/ 178

159. 用喧闹的场合训练男孩的声音
　　——男孩说话声音比较小怎么办？/ 179

160. 在真实场景中锻炼男孩的沟通能力
　　——男孩不知道如何沟通怎么办？/ 180

161. 引导男孩注意公众礼仪
　　——公众场合男孩说话很大声咋办？/ 181

162. 拒绝满足男孩的过分要求
　　——男孩提出过分要求怎么办？/ 183

163. 正面回答男孩的尴尬问题
　　——男孩提出尴尬问题怎么办？/ 184

164. 纵容男孩，只会养出"小皇帝"
　　——怎么戒掉男孩命令式说话？/ 185

165. 少批评、多鼓励，施行赞美教育
　　——男孩不听父母的教导怎么办？/ 186

166. 引导男孩学会关注他人优点
　　——如果男孩爱说别人缺点怎么办？/ 187

167. 告诉男孩最佳的聊天方式
　　——男孩喜欢接话怎么办？/ 188

168. 帮助男孩整理语言逻辑和条理
　　——怎么培养男孩说话有重点意识？/ 190

169. 不用过度担心男孩自言自语的毛病
　　——男孩喜欢自言自语怎么办？/ 191

170. 先找到男孩语言不清的原因
　　——男孩说话不清楚怎么办？/ 192

171. 给男孩树立一个语言的模仿对象
　　——男孩说话过快怎么办？/ 193

Part 9　男孩的智力培养：提升大脑的创造力

172. 引导男孩学习分析问题
　　——怎样锻炼男孩的思维能力？/ 195

173. 培养男孩发明创造的热情
　　——男孩没有创造力怎么办？/ 196

174. 不要用成年人的思维去限制男孩
　　——男孩没有好奇心怎么办？/ 197

175. 每个男孩都有一个"冒险家"的梦
　　——为什么男孩的冒险精神很强？/ 198

176. 被局限的不是想象力，而是创造力
　　——男孩的想象力有局限怎么办？/ 199

177. 观察、引导、分析，训练孩子的观察能力
　　——男孩不善于观察怎么办？/ 200

178. 男孩总是渴望自己的想法被尊重
　　——男孩不听父母的怎么办？/ 201

179. 用设定问题等方式引导男孩独立思考
　　——男孩不喜欢思考怎么办？/ 203

180. 用劳逸结合来增强男孩的记忆力
　　——男孩的记忆力弱怎么办？/ 204

181. 从众是一种不理智的行为
　　——男孩不能理智思考怎么办？/ 205

182. 倾听男孩做事的理由
　　——如何改变男孩做事太死板？/ 206

183. 创造一个有助于智力发展的环境
　　——怎么培养男孩的智力？/ 207

184. 培养的男孩的发散性思维
　　——男孩惯性思维很严重怎么办？/ 208

185. 训练男孩统筹规划的能力
　　——男孩考虑问题不全面怎么办？/ 210

186. 引导男孩自己去发现更多可能性
　　——男孩看问题很极端怎么办？/ 211

187. 家长需要适当放开过度管束的手脚
　　——男孩不会独立解决问题怎么办？/ 212

188. 让男孩自己从后果中学会成长
　　——男孩自以为是怎么办? / 213

189. 深入沟通, 帮助男孩建立自信
　　——男孩总认为自己很笨怎么办? / 214

190. 用鼓励给男孩带来前进的动力
　　——男孩成长比较慢怎么办? / 215

191. 放手让男孩自己去解决问题
　　——男孩遇到难题就逃避怎么办? / 217

192. 先肯定、后安抚, 给男孩良好建议
　　——男孩遇事爱钻牛角尖怎么办? / 218

193. 以平常心对待早慧的"小天才"
　　——如何对待早慧的男孩? / 219

Part 10　男孩的运动培养: 打造强健的体魄

194. 从男孩最感兴趣的运动开始培养
　　——男孩运动不积极怎么办? / 221

195. 引诱男孩参加他感兴趣的活动
　　——为什么男孩不喜欢出门? / 222

196. 鼓励男孩勇敢地挑战自我
　　——怎样鼓励男孩去参加运动会? / 223

197. 增加男孩接触同性的机会
　　——男孩只喜欢和女孩玩怎么办? / 225

198. 陪伴男孩一起进行体育活动
　　——男孩觉得运动很枯燥怎么办? / 226

199. 从各个方面加强男孩的体质培养
　　——男孩体格太柔弱怎么办? / 227

200. 选择男孩喜欢的运动方式
　　——男孩太胖不爱运动怎么办? / 228

201. 找到原因, 鼓励男孩克服运动障碍
　　——男孩不喜欢上体育课怎么办? / 229

202. 激起男孩的运动兴趣
　　——男孩对户外运动抵触怎么办? / 230

203. 成绩好与运动并不冲突
　　——男孩认为成绩好不用运动咋办? / 232

204. 假期生活也要规律
　　——一到假期就不运动咋办? / 233

205. 要有好身体必须坚持运动
　　——男孩不能坚持运动咋办? / 234

Part 11　男孩的性格培养: 做坚强的小男子汉

206. 让男孩学会用男孩的方式表达感情
　　——为什么男孩总是爱哭? / 236

207. 降低分离给男孩带来的焦虑感受
　　——男孩太粘人怎么办? / 237

208. 给男孩更多的关注
　　——男孩总是和父母对着干怎么办? / 238

209. 安抚 + 引导, 静下心来解决问题
　　——男孩脾气暴躁怎么改? / 239

210. 骄纵是男孩任性妄为的原因
　　——男孩任性起来毫无顾忌怎么办? / 240

211. 给男孩创造更多自由选择的机会
　　——怎么对待男孩太听话的问题? / 241

212. 爱冲动源于情绪控制能力太差
　　——男孩太冲动怎么办？/ 243

213. 用夸奖帮助男孩树立自信心
　　——男孩老否定自己怎么办？/ 244

214. 让男孩学会宽容
　　——男孩总是以牙还牙怎么办？/ 245

215. 家长用幽默感去感染男孩
　　——怎么增加男孩的幽默感？/ 246

216. 给拒绝接受批评的男孩"脱敏"
　　——男孩不听别人批评怎么办？/ 247

217. 炫耀来源于过低的存在感
　　——男孩喜欢向别人炫耀怎么办？/ 248

218. 给男孩的内心树立一个做事的标准
　　——男孩总是明知故犯怎么办？/ 249

219. 抵触教导多半源于沟通氛围太差
　　——男孩抵触父母的教导怎么办？/ 250

220. 找出重复错误背后的原因
　　——男孩重复同样的错误怎么办？/ 251

221. 针锋相对大多是没找对方法
　　——男孩与父母针锋相对怎么办？/ 252

222. 在男孩面前，父母要保持一致意见
　　——为什么男孩容易变得两面派？/ 253

223. 可以允许孩子在某一段时间拒绝交流
　　——男孩拒绝和父母交流怎么办？/ 255

224. 必须纠正男孩动手的想法和行为
　　——该怎么对待男孩和父母动手？/ 256

225. 悲观的男孩需要更多的正能量
　　——男孩性格比较悲观怎么办？/ 257

226. 软弱的男孩总是背负了太多的批评
　　——该如何改变男孩太软弱的性格？/ 258

227. 过分的赞美容易造成自负倾向
　　——男孩性格太自负怎么办？/ 259

228. 让嫉妒心通过正面竞争得到疏导
　　——男孩嫉妒心很强怎么办？/ 260

社会篇　教会男孩正确认识这个世界的方法

Part 12　男孩的品格培养：给高尚品格打基础

229. 明确男孩心中衡量得失的尺度
　　——如何处理男孩不肯吃亏问题？/ 264

230. 不愿相信他人是因为缺乏积极的人生态度
　　——男孩不愿相信他人怎么办？/ 265

231. 给男孩更多表达感恩之心的机会
　　——怎么培养男孩的感恩之心？/ 266

232. 诚实守信来源于点滴的引导
　　——男孩做不到诚实守信怎么办？/ 267

233. 逃避责任只会让责任更重
　　——为什么男孩习惯性逃避责任？/ 268

234. 严父慈母更有利于男孩懂得敬畏
　　——男孩没有敬畏之心怎么办？/ 269

235. 从环境和态度上调整男孩危机意识
　　——怎么培养男孩的危机意识？/ 270

236. 家长是男孩学习孝敬的最佳榜样
　　——男孩如何培养出孝敬的观念？/ 271

237. 过度的表扬让谦逊品格消失无踪
　　——如何培养男孩谦逊的品格？/ 272

238. 引导男孩尝试为他人考虑
　　——男孩没有怜悯之心怎么办？/ 273

239. 让男孩知道那些钱买不到的东西
　　——男孩嫌弃家境贫穷怎么办？/ 274

240. 从改变男孩攀比行为做起
　　——男孩自恃家境优越怎么办？/ 275

241. 引导男孩从"他制"到"自制"
　　——如何培养男孩的自制力？/ 276

242. 提前给男孩设定行为准则
　　——如何批评男孩才更易被接受？/ 278

243. 自私自利是男孩的品格瑕疵
　　——男孩自私自利怎么办？/ 279

244. 用关爱打开男孩内向的心
　　——男孩品性因环境而改变怎么办？/ 280

245. 家长适当放手，给男孩表现的机会
　　——男孩太胆小怎么办？/ 281

246. 帮助男孩纠正认识的误区
　　——为什么男孩的敏感态度因人而异？/ 282

247. 报复心理源于宽容之心的缺乏
　　——男孩报复心太重怎么办？/ 284

Part 13　男孩的行为培养：做行为规矩的好男孩

248. 让男孩参与到父母的计划之中
　　——如何培养男孩有计划地做事？/ 286

249. 父母以身作则，让男孩遵守规矩
　　——男孩做事不守规矩怎么办？/ 287

250. 家长要注意引导男孩的礼让行为
　　——为什么男孩不肯礼让他人？/ 288

251. 纠正男孩的错误认识
　　——男孩喜欢撒野怎么办？/ 289

252. 等男孩安静下来再进行引导
　　——男孩有暴力倾向怎么办？/ 290

253. 男孩缺乏一个独立性强的榜样
　　——男孩的依赖性太强怎么办？/ 291

254. 用认真的态度带动责任心的提升
　　——怎样树立男孩的责任心？/ 292

255. 引导男孩学会合理规划事件进度
　　——男孩做事不专心怎么办？/ 293

256. 正确的价值观有助于改变张扬态度
　　——男孩做事喜欢张扬怎么办？/ 294

257. 成功的感受可促使男孩做事有始有终
　　——男孩不能善始善终怎么办？/ 295

258. 使命感会让男孩勇敢地承担责任
　　——怎样培养男孩勇于担责的行为？/ 296

259. 适当的挫折教育必不可少
　　——男孩不能吃苦耐劳怎么办？/ 297

260. 增加男孩动手的机会
　　——男孩动手能力弱怎么办？ / 298

261. 摸准男孩兴趣点，提升男孩行动力
　　——为什么男孩的行动力这样慢？ / 299

262. 不过度赞扬男孩 "小大人" 行为
　　——男孩喜欢模仿别人怎么办？ / 300

263. 只奖励努力过程，不奖励结果
　　——男孩总是要求物质奖励怎么办？ / 301

264. 引导男孩认识到所有权的概念
　　——男孩霸占别人东西怎么办？ / 302

265. 发号施令源于接受信息的影响
　　——为什么男孩喜欢发号施令？ / 304

266. 决不能姑息任何一次占便宜的行为
　　——男孩爱占小便宜怎么办？ / 305

267. 解决男孩安全感差的心理问题
　　——男孩收藏无价值物品怎么办？ / 306

268. 引导男孩建立健康的审美标准
　　——男孩过度追求外在美怎么办？ / 307

269. 错误引导会让男孩产生错误认知
　　——男孩认为自己是女孩怎么办？ / 308

270. 太莽撞源于知识性经验不足
　　——男孩做事太莽撞怎么办？ / 309

271. 给男孩一个心理适应期
　　——男孩拒绝尝试新事物怎么办？ / 310

Part 14　男孩的情商培养：给他正能量的阳光

272. 逃避心理会让男孩想要隐藏情绪
　　——怎样让男孩不再隐藏情绪？ / 312

273. 恋母情结会让男孩拒绝成长
　　——男孩有恋母情结怎么办？ / 313

274. 控制力弱就会导致负面情绪强
　　——男孩的不良情绪堆积怎么办？ / 314

275. 让男孩知道解决问题的不同方式
　　——男孩受到别人欺负怎么办？ / 316

276. 纵容，会让逆反心理变成常态
　　——男孩逆反心理太强怎么办？ / 317

277. 乐观的性格有助于开阔心胸
　　——男孩眼里不容人怎么办？ / 318

278. 自身评价过低会带来消极暗示
　　——男孩觉得自己没有优点怎么办？ / 319

279. 鼓励男孩将兴趣转化为理想
　　——怎样让男孩树立奋斗目标？ / 320

280. 倾听男孩心声，了解他抱怨的理由
　　——男孩总是喜欢抱怨怎么办？ / 321

281. 用鼓励和赞美，纠正男孩惯性认知
　　——男孩总是习惯性自卑怎么办？ / 323

282. 虚荣心背后是男孩的精神需求
　　——如何纠正男孩过强的虚荣心？ / 324

283. 增强男孩做事的目的性
　　——男孩意志力薄弱怎么办？ / 325

284. 增强男孩心理承受力
　　——男孩心理承受能力差怎么办？ / 326

285. 用小挫折来引导男孩看淡输赢
　　——男孩过于看重输赢怎么办？ / 327

286. 离婚不代表离掉了父母的爱
　　——父母离异后男孩性情大变怎么办？/328

287. 给男孩表达悲伤情绪的空间和时间
　　——男孩难以接受亲人离世怎么办？/329

288. 引导、理解、支持男孩的梦想
　　——男孩对未来充满迷茫怎么办？/330

289. 给男孩传递更多积极的正能量
　　——如何改善男孩的习惯性悲观？/331

Part 15　男孩的社交培养：做人见人爱的"小大人"

290. 防范意识太强的男孩社交困难
　　——男孩的防范意识太强怎么办？/333

291. 以大欺小的行为来源于错误暗示
　　——男孩以大欺小怎么办？/334

292. 教育男孩掌握社交大门的金钥匙
　　——怎么教会男孩去安慰他人？/335

293. 不抗拒认识每一个朋友的机会
　　——男孩拒绝与人交往怎么办？/336

294. 让男孩爱上集体活动
　　——男孩拒绝参加集体活动咋办？/337

295. 关注男孩内心，让他爱上自己的家
　　——男孩总喜欢去朋友家玩咋办？/338

296. 用关爱和呵护温暖男孩的孤僻之心
　　——为什么男孩总是很孤僻？/339

297. 耐心引导，让男孩愿意主动开口
　　——男孩不喜欢叫人怎么办？/340

298. 烟草对男孩的健康成长有害无益
　　——如何对待男孩抽烟的问题？/341

299. 提升男孩交友方面的技巧
　　——男孩没有要好的朋友怎么办？/342

300. 帮助男孩拓展狭窄的朋友圈
　　——男孩抗拒与伙伴分离怎么办？/343

301. 找到男孩讨厌客人的原因后进行耐心引导
　　——男孩讨厌家里来亲戚怎么办？/344

302. 增加男孩与外界接触的机会
　　——男孩拒绝和父母探亲怎么办？/345

303. 给不合群的男孩传递融入集体的方法
　　——为什么男孩跟谁都合不来？/346

304. 处理矛盾与摩擦是社交的重要一课
　　——男孩与好朋友有矛盾怎么办？/347

305. 坚决制止男孩社交中的暴力行为
　　——男孩动手打小伙伴怎么办？/348

306. 家长不能过度参与到男孩的社交中去
　　——男孩社交太依赖父母怎么办？/349

307. 坏朋友会给男孩带来坏的影响
　　——男孩交往上坏朋友怎么办？/351

308. 独来独往的男孩大多顾虑太多
　　——男孩喜欢独来独往怎么办？/352

309. 从男孩的性格入手进行指导和培养
　　——男孩融入不进别人谈话怎么办？/353

310. 男孩拥有选择朋友的权利
　　——男孩只爱和大孩子玩怎么办？/354

311. 鼓励男孩参加男孩和女孩俱有的活动
　　——男孩喜欢参与女孩活动怎么办？/355

312. 给男孩创造更多接触外界的机会
　　——男孩不和伙伴一起玩怎么办？ / 356

313. 过度依赖宠物大多是因为缺爱
　　——男孩只喜欢和宠物在一起怎么办？ / 357

Part 16　男孩的处世培养：建立正确的世界观

314. 分享玩具并不等于失去
　　——怎样才能让男孩分享玩具？ / 359

315. 让男孩认识到一己能力的不足
　　——如何引导男孩协同合作？ / 360

316. 男孩的领导能力来自于家庭的培养
　　——男孩不知怎么做领导者咋办？ / 361

317. 加大对男孩"男性教育"的比重
　　——为什么男孩的心思这样细腻？ / 362

318. 家长要做好防微杜渐的准备
　　——男孩想要离家出走怎么办？ / 363

319. 绝不能姑息男孩任何违法犯罪的行为
　　——如果男孩违法犯罪怎么办？ / 364

320. 拒绝男孩任何的无理要求
　　——男孩故意给父母添麻烦咋办？ / 365

321. 不要轻易触碰男孩敏感的自尊心
　　——为什么男孩的脸皮薄，说不得？ / 366

322. 给男孩真正的"英雄"教育
　　——如果男孩有英雄情结怎么办？ / 367

323. 注意降低敏感期男孩的控制欲
　　——男孩凡事要亲力亲为怎么办？ / 368

324. 尊重男孩平等要求，但不是无条件听从
　　——男孩提出和父母平等怎么办？ / 369

325. 培养男孩宽广的心胸和大局意识
　　——如何引导男孩懂得退让？ / 370

326. 及时纠正男孩不正确的行为习惯
　　——男孩沾染上不良习气怎么办？ / 371

327. 家长给男孩适当的社交经验的提点
　　——男孩无法解决社交矛盾咋办？ / 372

Part 17　男孩的财商培养：高财商更有出息

328. 尊重男孩财产意识的建立
　　——男孩提出自己保管压岁钱咋办？ / 374

329. 不能姑息男孩不问自取的毛病
　　——男孩偷拿父母零用钱怎么办？ / 375

330. 教会男孩如何合理使用金钱
　　——男孩胡乱使用零用钱怎么办？ / 376

331. 只满足男孩合理的物质需求
　　——男孩找其他长辈要钱怎么办？ / 377

332. 认清"想要"和"需要"的区别
　　——男孩不懂正确的消费怎么办？ / 378

333. 防范男孩因为钱而做出出格的事情
　　——男孩逃学打工挣钱怎么办？ / 379

334. "穷养"与"富养"的理财原则相同
　　——怎么提升男孩的理财能力？ / 380

335. 教育男孩树立正确的金钱观
　　——男孩不知道挣钱的辛苦咋办？ / 381

336. 拒绝男孩对不适用的名牌物品的要求
　　——男孩过度追求名牌怎么办？ / 382

337. 培养男孩以端正的心态看待劳动
　　——男孩总期望不劳而获怎么办？ / 383

338. 不因溺爱而过度满足男孩的物质生活
　　——男孩铺张浪费怎么办？ / 384

339. 给男孩树立一个正能量的比较对象
　　——男孩炫耀自己家中有钱怎么办？ / 385

340. 让男孩认识到金钱的使用价值
　　——男孩把金钱看得太重怎么办？ / 386

341. 浪费时间和浪费金钱同样需要控制
　　——怎样引导男孩避免时间浪费？ / 387

342. 禁止无偿还能力的男孩有借贷行为
　　——男孩总是向别人借钱怎么办？ / 388

343. 教育男孩学会珍惜物品
　　——男孩过分"大方"怎么办？ / 389

344. 吝啬行为会影响男孩心理的成长
　　——如何看待男孩吝啬的问题？ / 390

345. 让男孩知道感情和礼物不是等价关系
　　——男孩用礼物来衡量感情怎么办？ / 391

家庭篇

呵护稚嫩的行为，
给予成长更多的空间

Part 1
男孩的饮食培养：不挑食才健康

1. 早餐吃得好，男孩才能更阳光
——男孩不喜欢吃早餐怎么办？

肖刚今年读五年级了，身体却一直很弱小，看起来和三年级的孩子差不多高。为此，肖刚的妈妈十分着急，她认为儿子营养跟不上，就是因为早餐没吃好。所以，肖刚的妈妈每天变着花样督促肖刚多吃点："哎呀，你才吃这么点，怪不得长得跟豆芽菜似的。""你不吃早餐，一会儿怎么有力气好好念书？""只要你吃了早餐，我周末就带你去游乐场玩。"

肖刚的妈妈很难过，也很困惑，自己费尽心思让儿子吃早餐，可是儿子为什么还是不喜欢吃早餐，这可怎么办啊？

 案例解析

俗话说："人是铁饭是钢，一顿不吃饿得慌。"要是条件允许的话，谁不想吃一顿美美的早餐再去上学呢？尤其对那些精力旺盛、体力消耗过快的男孩子来说，少吃一顿饭等于是让他们忍饥挨饿一上午，他们又怎么能够忍受得了这种痛苦呢？那么，是什么原因让男孩们不喜欢吃早餐呢？一般是以下三点：

1. 时间上来不及。如果男孩们早上不能按时起来，去上课就来不及了，又怎么能有时间吃早餐呢？

2. 早餐太难吃了。有很多父母的厨艺相当一般，做出来的饭很难吃，所以孩子不爱吃。还有一些家长，遵循健康早餐的原则，做出来的早餐只有营养，没有味道，这让那些味觉比较挑剔的男孩子怎么吃得下去呢？

3. 压力太大，没有胃口。父母一心扑在教育上，想让孩子上更好的小学、初中、高中，导致孩子们的学习压力很大。尤其是那些性格比较急躁的家长，会不自觉地将自己的急脾气带到生活中来，不停地催促孩子，给他们很大压力，让他们没有胃口吃早餐。

 解决办法

想要让不爱吃早餐的男孩变得爱吃早餐，绝不是男孩子一个人的事情，而是整个家庭的事情。所以，家长也需要做出一些努力，让男孩爱上早餐：

1. 每天早起半个小时。家长不要等到孩子快要上学了，才将他们匆忙叫起来，然后再拿着早餐让孩子慌忙吃下去。最好早半个小时叫醒孩子们，带着他们跑跑步、打打球，不仅锻炼了身体，还会让孩子有饥饿感，孩子就会吃早餐了。

2. 变换早餐的种类和花样。经常吃同一种早餐，就算那种早餐再好吃也会令人厌烦的。所以，家长不妨多更新早餐的种类，变换花样，比如弄一些孩子喜欢的卡通图案造型，更换一批孩子们喜欢的餐具，让男孩们看着有新鲜感，他们就会更喜欢吃早餐。

3. 和男孩们约定早餐内容。前一天晚上，父母可以询问孩子第二天早晨想要吃什么，以便早早做准备。第二天，孩子们看见自己喜欢吃的早餐，心情会很愉悦，自然也吃得多。当然了，如果有的父母嫌天天询问麻烦，可以找一个时间，比如说周末，将孩子们喜欢吃的早餐列出来，制定一个合理的早餐食谱。

4. 早餐应该色香味俱全。早餐不仅要营养，还要好吃。尤其对孩子而言，早餐还要造型好看。所以，父母应该在注重早餐的营养和健康的同时，也要注重早餐的味道和造型，做出一些色香味俱全的早餐，自然能吸引孩子们的眼球和味蕾。

5. 制造一个轻松的吃饭氛围。吃早餐，是一天的开始，决定了今天的心情是怎样的。因此，家长应该为孩子营造一个良好的、轻松的早餐环境，孩子才能吃得下、吃得多。

2. 不按时吃饭的毛病一定要改掉
——怎样才能让男孩按时吃饭？

早上，阿凯赖床不说，洗漱时还拖拖拉拉的，赶不上吃早餐，只好抓个包子在上学的路上吃；中午，阿凯在等着吃午饭的时候，不小心吃多了零食，等到吃午饭时他已经吃不下去了，所以午饭也没吃几口；晚上，阿凯忙着做作业、看电视、玩游戏……总之，一到吃饭的时候，阿凯总在"忙"，妈妈三催四请都不来吃饭。阿凯的妈妈很头疼，怎样才能让宝贝儿子按时吃饭呢？

 案例解析

当男孩不按时吃饭的时候，父母应该寻找其中的原因：是饭太难吃？是有其他事情？还是不饿？找到原因后，父母再寻找解决方法，就可以改掉男孩不按时吃饭的毛病了。

在这个案例中，阿凯之所以不能够按时吃饭，是因为他没有养成良好的作息习惯。首先，早起的时候，阿凯不能按时起床，他的拖延导致没有时间吃饭，只能在路上解决早餐；其次，阿凯的饮食习惯不够好，喜欢吃零食，等到正经吃饭的时候，肚子里没有了空间，所以吃不下饭；第三，吸引阿凯的外界因素太多，让他无暇去吃饭。

而阿凯之所以作息习惯不规律，究其原因，还是在父母身上。父母应该反思一下，自己的教育方式上哪里出了问题，才让阿凯有了坏习惯。

解决办法

不按时吃饭这个坏毛病不是一时养成的，要想改掉也需要长时间的努力，而且需要家长和孩子的共同努力。具体来说，家长和孩子可以尝试采用下列方法：

1. 一日三餐要定点。要想男孩们做到按时吃饭，家长就应该做到一日三餐要定点。但是，有些家长因为工作原因或是其他原因，有时候11点开饭，有时候12点开饭，吃饭的时间不固定，会让孩子有一种本来如此的感觉，自然就不会按时吃饭了。

2. 有一个宽松的吃饭环境。吃饭时，气氛要融洽，时间要充分，让孩子们在一个轻松自在的环境中进餐。如此一来，孩子们喜欢上吃饭这个过程后，一到吃饭时间就会自觉地坐在餐桌前，不用再三催四请的。

3. 减少不必要的零食。商场里的零食琳琅满目，街边的麦当劳、肯德基等快餐店也数不胜数，孩子们面临的诱惑实在是太多了。但是，孩子们要想吃到这些东西，都需要钱。所以，父母可以在平时向孩子们普及零食、"垃圾食品"的坏处，并严格控制他们的零花钱，切断他们想吃的念头和吃的通道，孩子们自然就会乖乖吃饭了。

4. 父母做好榜样，劳逸结合。有的成年人，一忙起来，就没时间吃饭。孩子们看到了自然有样学样，以"忙"为借口不吃饭。或许有些成年人说了："我们忙是真的忙，那些小孩子有什么可忙的，还不是在拖延时间。"这话可就说错了，对于孩子来说，他们不论是在打游戏、打篮球，还是在学习、玩玩具，这都是他们的"正经事"，一旦投入，自然就忘记吃饭了。

3. 荤素搭配对于男孩成长很关键

——男孩只喜欢吃肉怎么办？

圆圆是一个无肉不欢的人，他长年吃肉，连早餐都必须有肉，导致才三年级的他体重已经达到了140斤！最严重的是，圆圆只吃肉，很讨厌吃蔬菜和水果，不仅常年便秘，而且，由于他弱小的胃消化不了那么多的肉，所以，圆圆经常消化不良，吃健胃消食片就跟吃肉一样，每顿不落。

唉，家里的男孩子只喜欢吃肉，这可怎么办呀？

 案例解析

很多家长不重视男孩吃肉的问题，认为男孩子活动量大，多吃点肉是应该的，也没有什么问题。但是，如果男孩子都像案例中的圆圆一样，吃肉已经给自己带来了身体健康隐患，就需要注意了。男孩子过于偏爱肉食，不喜欢吃新鲜的蔬菜、水果，就会缺乏维生素，容易得坏血病，也会让自己的身体骨骼比较脆弱，严重时可能引起骨折。

除了身体上的影响外，男孩子摄入的食物种类还能够影响到他们的心理发展和变化。就像很多男孩子偏爱的肉类食物，因为肉是酸性的，人体摄入过多，容易得孤独症，也容易让男孩子更具有攻击性。很多研究都表明，各类食物对孩子的性格发展是有很重要的作用的。男孩们要想健康发展，就应该营养平衡、肉素平均。

 解决办法

既然食物对男孩们的影响这么大，那么，面对那些只喜欢吃肉的男孩子，家长可以尝试以下方法，改变他们的习惯：

1. 告知男孩们荤素搭配的重要性。男孩们年龄还小，不懂得荤素搭配的重要性，他们只会选择自己喜欢吃的东西来吃。所以，家长就应该在平时多讲解一下荤素搭配对身体发展的影响，让孩子知道素食的重要性。

2. 适当地控制肉食的量。如果男孩吃的肉食太多，家长就应该采取必要的手段，控制孩子们的肉食量，不能放纵他们吃太多。

3. 将素菜搭配在肉菜中。很多男孩子不喜欢吃蔬菜，是因为蔬菜的味道比较淡，口感不好，而且吃完不顶饿，所以，家长在做素食的时候，可以将素菜搭配在肉食中。比如蒜薹炒肉、菠萝咕咾肉等，可以让蔬菜、水果也变得很好吃，孩子们自然就能够吃得下去了。

4. 改进果蔬的摄入方式。如果男孩们实在不喜欢吃瓜果蔬菜，家长们可以将果蔬打成果汁、蔬菜汁，让孩子们喝，吸收到的营养也是一样的。

5. 引诱孩子们的味蕾。家长们可以准备一道色香味俱全的素菜，在吃的时候做出一副津津有味的样子，吸引孩子们的注意。一般情况下，很多孩子都会被吸引，想去尝试一下有多好吃，就很有可能因此爱上蔬菜了。

4. 吃零食补充体力的观点要不得

——男孩太爱吃零食怎么纠正？

谁要再说"吃零食是女孩的专利"，大伟妈妈第一个不赞同。为什么？因为大伟就是一个很喜欢吃零食的男孩子。大伟的卧室、书包、课桌里有各种各样的零食：辣条、锅巴、干脆面、彩虹糖、巧克力……他想吃了就拿出来吃，还会与同班同学一起分着吃。可是一个人的胃就那么大，零食吃多了，饭就吃不下去了呀！大伟妈妈想了各种方法，还是没能让儿子改掉吃零食的毛病。

面对像大伟一样喜爱吃零食的男孩，该怎么办呢？

 案例解析

很多人们将吃零食这个行为标签化了，认为这是女孩子特有的，如果男孩子喜欢吃零食，好像就很不正常。其实，家长应该正确看待男孩子们吃零食这件事，不能片面地将爱吃零食的男孩子看成是异类。

接下来，家长们应该找到男孩们爱吃零食的原因。要知道，男孩们处于生长发育阶段，他们需要的能量是很多的，所以才会有"半大小子吃穷老子"的说法。再加上男孩们的胃肠道容积比较小，消化能力又差，吃一点就饱了，所以，活泼好动、活动量大的男孩们很容易饿。但是又没到吃饭的时间，怎么办呢？于是，他们就通过吃零食来补充体力。

但是，男孩们吃的零食应该适量，并吃得健康。不然，如果男孩们都像大伟一样不知节制，只会加重肠胃负担，影响身体健康。

 解决办法

虽然男孩们太爱吃零食不好，但是，要想让男孩们做到完全不吃零食，却是很难的。而且，有些零食还是很健康的。所以，父母应该学会让孩子们科学地吃零食。

1. 寻找男孩们爱吃零食的原因。当家长发现男孩爱吃零食后，应该寻找背后隐藏的原因。如果是家长做饭太难吃，家长们可以锻炼一下厨艺，争取做一些色香味俱全的可口饭菜来吸引男孩们的味蕾，让他们自觉远离零食；如果男孩们就是单纯饿了，再通过吃零食补充体力，家长们只需要叮嘱他们吃适量的零食就可以了，不用严加管制。

2. 家长要有选择地购买零食。零食种类繁多，有吃了健康的，也有吃了不健康的，父母应该选购一些优质零食让男孩们吃。哪些是优质零食呢？就是各种含有优质蛋白、脂肪、糖、钙等营养素的奶制品，含有丰富的糖、维生素和矿物质的水果，用谷类、粗粮制作的小点心等。

3. 合理地安排吃零食的时间。家长们应该合理安排男孩们吃零食的时间。比如说，马上就要吃饭了，是坚决不能让男孩们吃零食的，不然就会没有肚子吃正餐了。最佳的吃零食的时间是在两餐之间，比如早餐后、午睡后，可以适当让男孩们吃一点零食，补充体力。

4. 家长要控制零食的量。家长们不仅要控制吃零食的时间，在数量上也应该有所控制。父母可以根据男孩们的饭量，按比例给出零食，千万不能让男孩们吃太多。而且，零食的种类可以经常更换，不要固定品种，否则男孩们会吃腻，也会造成营养成分单一，不利于身体发展。

5. 切忌将零食作为奖励品。有些家长想激励孩子们奋发向上，又觉得他们喜欢吃零食，就会把零食作为奖励品。家长们这样做，会让男孩们养成以吃零食作为"交换条件"的坏毛病，并给孩子们一种错误的认知，零食是好的，是可以多吃的。

5. 粗粮对于男孩牙齿发育有帮助

——怎么才能让男孩爱上吃粗粮？

现在的人们为了养生，每周会吃几次粗粮。但是，吴一凡却对吃粗粮非常抵触。当妈妈问吴一凡为什么不喜欢吃粗粮时，吴一凡列举了很多原因："第一，粗粮的口感比较生涩，难以下咽；第二，粗粮很难吃，总感觉没熟，也没有什么味道；第三，牲口才要吃粗粮呢，我又不是牲口，为什么要吃？"妈妈跟吴一凡解释了很多遍粗粮的好处，但是吴一凡都不乐意听。

没办法，为了让吴一凡吃粗粮，他妈妈只好威逼利诱着哄他吃、逼他吃，结果让吴一凡更加抵触粗粮了。这可该怎么办呢？

 案例解析

通过案例可知，吴一凡不喜欢吃粗粮，主要的原因是他对粗粮有一个错误的认知，认为是"牲口"吃的。而且，吴一凡觉得粗粮的口感也不好，所以就不喜欢吃了。其实，生活中，很多男孩子和吴一凡一样，都认为粗粮是动物、穷人才会吃的东西。其实，这都是错误的老思想，现在的人为了身体健康，很多人都会吃粗粮。尤其是小孩子，多吃粗粮对身体是有很多好处的：

1. 有助于孩子们的牙齿发育。由于粗粮的口感粗糙，在进食的过程中，孩子们需要反复咀嚼才能吞咽下去，这样就锻炼了孩子们的咀嚼肌，让孩子们的牙齿发育得更健康。

2. 多吃粗粮可以防止便秘。如果男孩们有便秘问题，可以通过吃粗粮缓解。因为粗粮中富含丰富的纤维，可以促进肠胃的蠕动，帮助胃肠道对食物进行消化，防止便秘的发生。

 解决办法

要想让男孩们爱吃粗粮，家长可以尝试以下方法：

1. 改变男孩的认知。家长要让男孩们了解到粗粮的作用和重要性，让男孩们重新认识粗粮。在很多情况下，孩子们是非常通情达理的，只要家长的解释到位了，孩子们自然会理解，也会做出改变。

2. 让粗粮的吃法变得多样化。由于粗粮的口感不好，让男孩们难以下咽，所以，家长可以想办法将粗粮变得美味可口，来增加男孩们的食欲。可以改变粗粮的制作方法，用粗粮和其他食物、营养品混合在一起，形成新的食物。让男孩们既能够有新鲜感，又保证了健康。

3. 量变引起质变。任何东西都要有一个度，粗粮的营养价值再好，也不适合天天吃。一般来说，每个孩子一周吃 1~2 次粗粮就可以了。如果粗粮摄入太多，会引起消化不良、腹泻、腹部疼痛等症状。

6. 夜晚进食会导致男孩肠胃疾病

——如何改变男孩贪吃消夜的毛病？

不知从什么时候起，或许是跟爸爸学的，张山养成了爱吃消夜的坏习惯。一到晚上九十点钟，张山就觉得饿，就开始觅食，要么吃一碗泡面，要么去夜市摊上吃点烤串，要么点外卖，要么直接去冰箱里将剩下的晚饭拿出来，也不加热就吃掉。张山的妈妈觉得睡觉前吃东西不太好，不利于睡眠，也会伤到脾胃，就劝张山不要吃了。然而，张山的爸爸却觉得，男孩子正处在青春期，正在长身体，饿得快，需要多补充食物。而且，张山的爸爸还说了："生活习惯都是养成的。他习惯了吃夜宵，他的身体也习惯了，不会有什么问题的。"有了爸爸撑腰，张山吃夜宵吃得更多了。

面对固执的父子俩，张山的妈妈实在不知道该如何劝说，才能让孩子停止睡前吃夜宵。

 案例解析

在这个案例中，张山之所以会吃夜宵，很大的原因在于他的父母。张山的爸爸经常吃夜宵，让张山看见了，而男孩子总是倾向于向强大的父亲学习。而且，在张山吃夜宵这个问题上，张山的爸爸妈妈没有统一口径和意见，一个反对一个支持，会让张山对吃夜宵产生错误认知，并会不自觉向支持自己的一方靠拢。所以，在这种情况下，张山要想改掉吃夜宵这个习惯是很难的。

家长们如果不想家里的男孩像张山一样，最好能统一口径，并深切认识到吃夜宵对男孩们的影响：

1. 不利于消化。在睡觉前吃太多东西，会刺激肠胃消化液增加，让胃肠在睡眠中也不断蠕动，影响到睡眠质量。同时，吃了夜宵会阻碍生长激素的分泌，不利于男孩的生长发育。

2. 能导致肥胖、肠胃疾病。吃太多睡觉，肠胃消化不了，时间一长，就会得肠胃疾病。此外，人体在夜间的新陈代谢能力是最低的，睡前吃那么多会给身体增加代谢负担，导致肥胖。

 解决办法

1. 家长要以身作则。一到夏天，很多成年人在晚上就呼朋引伴地出门，撸串喝酒。有的男孩子看到了，就会模仿家长的行为。所以，家长们应该先自己做到不吃夜宵（或少吃），再慢慢告诉孩子们吃夜宵的坏处，让他们心生忌惮，有所改变。

2. 用健康食物代替。如果男孩已经养成了吃消夜的习惯，要想改掉这个坏习惯，也需要很长的时间。再说了，有些男孩的消化能力强，活动量又大，就饿得快，所以需要吃一点食物补充体力。所以，家长可以准备一些健康的、好消化的食物给男孩们吃，将消夜的危害降到最低。

3. 逐步减少量和次数。在男孩戒掉吃夜宵的过程中，家长应该给予帮助，控制男孩们吃夜宵的量。比如说，从之前的一天一次，变为一周五次、三次、一次……逐步递减，慢慢地减少夜宵的量，给孩子们一个适应的过程。

4. 订立统一的奖惩制度。爸爸妈妈们要统一口径，对吃消夜这件事保持同样的观点，不然男孩们看父母们的意见不统一，也就无法判断吃夜宵到底是可行的还是错误的。所以，爸爸妈妈们最好协商好关于男孩吃消夜的奖惩制度，规定一周内吃的次数和量，如果超了怎么惩罚，按制度的规定做应该怎么奖励等。

7. 警惕"垃圾食品"对男孩成长的危害
——男孩喜欢吃"垃圾食品"怎么办？

11岁的乐乐被检查出来得了肾衰竭。原来，在过去的3年时间里，乐乐每天放学后，都在学校门口的路边摊上吃鸡排、盐酥鸡等油炸食物，还会喝一杯色素、含糖量都很高的"三无"汽水。此外，乐乐还很喜欢吃肯德基和麦当劳，一周总要吃上好几次。就这样，因为长期摄取高糖、高油食物，导致乐乐的肾出现问题，需要住院接受洗肾的治疗。

如果男孩子太喜欢吃"垃圾食品"，我们应该怎么做呢？

 案例解析

很多新闻都报道出"垃圾食品"的危害，但是因为它方便、美味、便宜，导致很多家长没将它的危害放在心上，不会阻止孩子吃"垃圾食品"，甚至有很多家长还带着孩子去吃。

而且，很多家长对"垃圾食品"的认知也不全面，认为"垃圾食品"就是膨化食品和碳酸饮料。其实，"垃圾食品"的种类有很多，有很多人们意想不到的食物都是"垃圾食品"，比如说油炸类食品、腌制类食品、加工类肉食品（肉干、肉松、香肠、火腿等）、饼干类食品（包括所有加工饼干）、罐头类食品（包括鱼肉类和水果类）、话梅蜜饯果脯类食品、冷冻甜品类食品（冰淇淋、冰棒、雪糕等）、烧烤类食品，等等，还有刚刚提到的膨化食品和碳酸饮料，都属于"垃圾食品"。

在了解了"垃圾食品"的种类后，家长就可以根据孩子每天吃的东西，来判断他们吃了多少"垃圾食品"了。

 解决办法

对于那些喜爱吃"垃圾食品"的男孩子，家长们有什么可用的高招呢？

1. 转移男孩们的注意力。家长可以趁男孩们不注意，将家中的"垃圾食品"藏起来，告诉他们没有了。有些男孩看不见"垃圾食品"也就想不起来吃。如果他们想起来要吃了，父母可以转移他们的注意力，带他们出去玩、运动。如果实在转移不了，就可以有选择地让他们吃一点，或者是选择男孩喜欢吃的、又不是很没有营养的东西给他们吃。

2. 父母坚决不买"垃圾食品"。如果家里的男孩子实在喜欢吃零食，又经常饿，父母可以准备一些对身体有益的小食品在家里。比如说坚果类食品、粗粮饼干、芝麻糊、新鲜水果等供孩子们吃，那些"垃圾食品"坚决不买。孩子们看不到"垃圾食品"，眼不见、嘴不馋，逐渐就会远离"垃圾食品"了。

3. 普及"垃圾食品"的危害。首先，家长应该了解"垃圾食品"的真正危害是什么，其次，家长要将这些危害不动声色、不惹人厌烦地告知男孩们，让他们对"垃圾食品"的危害有一个清楚的认识，男孩们自然就会远离它们了。

4. 正确地看待"垃圾食品"。家长应该正确看待"垃圾食品",不要将其一棍子打死,至少从味道上来说,"垃圾食品"还是很赞的,所以它才卖得好。因此,如果家里的男孩子实在没有抵抗住"垃圾食品"的诱惑,想要吃的时候,家长适当地让孩子们吃一些也无妨。

5. 选择口味相近的健康食品去代替"垃圾食品"。比如说,用纯正的酸奶代替加工过的乳酸菌饮料,用小点心代替各种膨化食品,家长也可以自制一些甜点、面包代替市场上出售的各种饼干,等等。只要有了好吃的替代品做零食,男孩们就不会想要吃"垃圾食品"了。

8. 刺激性食品有可能导致男孩早熟
—— 男孩太贪吃刺激性食品怎么办?

"我儿子洋洋很喜欢吃辣椒。因为他喜欢吃,做菜的时候我会放很多辣椒,可是吃米饭的时候,他还会在米饭里面拌两勺辣椒酱就着吃。而且,他还喜欢吃那些刺激性比较强的食物,比如说各种各样的油炸食物,他都喜欢吃,还有牛羊肉等热性的肉类,他也很喜欢。尤其是配上胡椒、姜、葱、韭菜等佐料,他一次可以吃两大碗。其实他爱吃这些都无所谓,关键是他吃了上火,经常便秘不说,嘴里面也都是燎泡。我劝他多吃些水果、蔬菜,他又不听。唉,真不知道该怎么办才好。"

面对男孩太爱吃刺激性食品的问题,家长们应该怎么办呢?

 案例解析

所谓"刺激性食品",主要有烟、酒、咖啡、浓茶等含有咖啡因的食物、用各种辛辣调味品(如葱、姜、蒜、辣椒、胡椒粉、咖喱等)烹制出来的食物以及有酸味的食物(比如海鲜类食物、牛羊肉、鹅、鳝鱼等)。

很多家长一看,觉得除了烟、酒、咖啡、浓茶等东西外,其他都是很健康的,男孩们喜欢吃也不为过吧?话虽如此,还要看男孩们的身体是否适应。

首先,这些刺激性的食物,其实都是发物、热性食物,吃完后会让人产生很多能量,所以运动量大、渴望力量的男孩子们才喜欢吃。

其次,每个男孩的体质不一样,有些能接受得了这么多的热性食物,吃完不会有什么反应,但是,有些男孩却会像案例中的男孩一样,出现上火、便秘;也有的男孩脾胃虚弱,会引发胃病;还有的男孩吃完后浑身燥热,脾气变得比较火爆。

最后,这些刺激性食物从某种程度上来说会刺激男孩的生长发育,让男孩性早熟。所以,必要的时候,家长还是应该让他们少吃一点。

 解决办法

如何才能减少男孩们吃刺激性食物的量呢?家长们可以尝试以下方法:

1. 少做。有的父母本身口味很重,喜爱吃这些含有刺激性的食品,自然在做饭的时候就多做了一点，导致孩子也跟着吃了很多。所以，家长应该在做饭时少做这类食品，让孩子们吃不到那么多刺激性食品。

2. 做饭清淡一点。由于这些刺激性食物能够刺激人们的味蕾，让人们有一个好胃口，所以，很多人在吃饭时会加很多料。父母在做饭时，可以尝试将饭菜做得清淡一点，少放一些辛辣调料。

3. 向男孩们普及刺激性食物的利弊。家长们可以告诉男孩吃刺激性食品有哪些好处和不好的地方，让男孩们自己根据自己的身体情况，做出多吃还是少吃或不吃的选择。

9.合理膳食可以让男孩茁壮成长
——如何改变男孩吃饭挑食的毛病？

顾嘉非常挑食，不吃葱姜蒜等东西，却非常喜欢吃辣椒，一瓶老干妈两天就见了底；不吃青菜、茼蒿等绿色菜，却非常喜欢吃土豆，顿顿都得吃；不吃羊肉、鱼虾等味道比较重的肉类，却很喜欢吃猪肝、鸡心等动物内脏……更重要的是，顾嘉不喜欢吃面食，一丁点面食，包括包子、饺子、油条等东西都不吃，只喜欢米饭。顾嘉的爸爸妈妈为此十分头疼，不知道该怎么改变顾嘉吃饭挑食的毛病。

案例解析

现在的孩子大多被父母娇生惯养，导致很多男孩都像顾嘉一样挑食。但是，孩子挑食不利于身体发育。比如说，有的孩子看到自己喜欢吃的，就多吃了一些，对自己不喜欢吃的就不吃，这是很容易引起胃肠功能紊乱的，也不利于男孩们的生长发育。而且，长期挑食会让食欲减退，导致营养不良，引起各种维生素缺乏性疾病等。

那么，是什么引起的挑食行为呢？难道就是因为娇生惯养吗？其实不然，男孩们挑食有很多原因：

1. 身体原因。有一些男孩子，从出生后就身体比较弱，消化能力不好，也没有什么食欲，所以就会挑食。

2. 过度宠溺。在孩子应该培养正确的饮食习惯的时期，家长们因为过度溺爱孩子，对他们过于迁就或放任，导致孩子们养成了爱挑食的坏习惯。

3. 营养太多。很多家长太注重孩子的身体健康，经常逼迫他们吃一些所谓的健康食品、营养食品，导致孩子们对这些食物，甚至吃饭本身很反感，慢慢地就开始挑食了。

4. 零食太多。有些男孩吃了很多零食，而零食里面含有很多添加剂，会刺激他们的味蕾，让他们对饭菜没有感觉。

解决办法

想要让男孩吃饭不挑食，家长可以尝试以下方法：

1. 寻找男孩们挑食的原因。凡事事出必有因，男孩们不会无缘无故地就讨厌吃一种东西。家长们只要找对其中的原因，就可以对症下药了。当然，如果男孩们确实是因为不喜欢某种食物的味道才不吃的，家长也不必一味逼迫，可以换另一种具备同等营养价值的食物来代替。

2. 避免男孩在进食前进行剧烈运动。男孩子们体力旺盛，总是在跑跑跳跳。虽然适当的运动会增加食欲，但是，如果运动过于激烈，而且正好在饭前进行的话，就会影响到男孩们的食欲。时间一长，就会让男孩们养成挑食的坏习惯。

3. 带领孩子一起做饭前家务。很多男孩子是闲不住的，他们看到爸爸妈妈在为做饭忙碌时，也想要帮忙。这个时候，家长就可以利用他们好奇、好动的天性，让他们帮忙洗菜、择菜，或者是摆放桌椅、摆饭碗等。当男孩们切实参加了劳动，就会感觉到快乐，吃饭的时候就会因为心情愉悦而多吃一些。

4. 进行物理帮助。如果男孩挑食过于严重，很有可能是缺锌了。因为唾液中的味觉素的组成成分之一就是锌，缺锌时会影响味觉和味蕾功能的，所以，家长可以给他们吃一些补锌产品，能够改善孩子们挑食的毛病。

5. 制造进餐时的轻松氛围。就算孩子再挑食，家长们也不能为了让孩子们多吃饭，就恐吓、责骂、摔打孩子，这只会让他们对进餐更加恐惧，会加重他们的挑食行为。正确的做法是，家长要给孩子们营造一个快乐的就餐气氛，让孩子们在心情愉快的情况下吃饭，方能增加食欲。

6. 将挑食的苗头提早扼杀。在餐桌上，如果家长发现男孩出现了挑食的苗头，或者是表现出不太喜欢吃某样东西，家长可以向孩子解释一下这种食物的好处，同时多多变换关于这种食物的做法，让孩子们重新爱上吃它。

10. 切记多喝水，少喝碳酸饮料

——男孩不爱喝水怎么办？

宸宸今年9岁了，自他记事起他基本上没怎么喝过水，也不喝汤、粥之类的食物，他都是喝各种各样的饮料，比如可乐、雪碧、脉动、尖叫。就连生病吃药，宸宸都是喝苏打水吃的药。结果，9岁的宸宸长得胖乎乎的，却头发稀疏、发黄，牙齿也长得很慢，缺了好几颗牙。去医院检查，医生说宸宸长期喝碳酸饮料、功能性饮料，造成骨质疏松，体内缺乏很多营养，所以头发、牙齿才发育得不好。

如果家里的男孩子不喜欢喝水，家长应该怎么办呢？

 案例解析

一开始，家长们没有意识到喝水对于男孩成长的重要性。很多家长都觉得，水和饮料都是液体，都是补充水分的，而且饮料中还有各种矿物元素，应该对男孩的身体更好。

其实，水对于人体是非常重要的，而且不是饮料可以替代的。一个人体内有80%都是水，如果人的缺水量太大，就会引起死亡。而且，水尽管是透明、无味的，但是里面并不是一无所有的，而是有很多矿物质、微生物、葡萄糖、氨基酸及其他营养素。这些物质很好地融合在一起，能够维持人体的运转，运走人体内的代谢废物。水还能调节体温，带走人体多余的热量，保持体温恒定。同时，水还有润滑作用，可以润滑各个器官。

但是，饮料就不一样了，里面一般含有较多的糖或糖精，有的还有很多色素、香精等。这些东西的代谢速度很慢，会加重肠胃和肾脏的负担，让人发胖；还很容易让人有饱腹感，进而降低食欲，影响孩子的生长发育和健康。

所以，家长一定要让孩子多喝水，而不能通过饮料来代替水。

 解决办法

如何才能让不爱水的男孩多喝水呢？

1. 让男孩们认识到水的重要性。家长应该多向男孩讲解水对于人体的重要性，让他们知道水的作用不是任何饮料可以替代的。很多情况下，孩子是知道好歹的，在家长的好言相劝下，是会增加喝水的次数的。

2. 丰富水的种类。很多男孩们不愿意喝白开水，无外乎嫌水没有味道、不好喝，所以，家长可以往水里加少量蜂蜜、柠檬、盐，丰富水的味道。另外，家长还可以将水制成冷饮，也会受到男孩们的欢迎。

3. 买饮料要慎重。为了让男孩们少喝饮料多喝水，家长要控制买饮料的数量，也可以减少给男孩的零花钱，不让他们随意购买。即使非要买饮料，家长可以将各种碳酸饮料、功能性饮料，变换成各种各样的水，比如说矿物质水、深湖水，或者是购买一些健康的饮料，诸如果汁、牛奶之类的。

11. 冷饮吃太多对于男孩身体成长不利
——怎么解决男孩贪吃冷饮的问题？

张女士一打开冰箱，发现前天刚买的一箱可爱多只剩下两个，不用想都知道是儿子章涛吃的。这让张女士十分生气，直接将冰箱抽屉抽出来，端着走到了章涛房间，怒冲冲地问道："这些是不是都是你吃的？"

"又怎么了？妈，我就是吃了几根冰棍，您想干吗？"章涛懒洋洋地说道。

"这是几根吗？你两天就将一箱冰棍吃完了，肚子疼了怎么办？吃坏胃了怎么办？上次你不还胃疼吗？"张女士数落道。

"行行行，我下次注意。"章涛不耐烦地回答说。

"下次，下次！你说了多少下次了，让我信你的话，还不如看母猪上树。"

对于贪吃冷饮的男孩，家长们该怎么办呢？

案例解析

在这个案例中，章涛吃冷饮实在是太厉害了，而他很明显已经说过很多次"下次少吃点"这类话。从案例结果来看，张女士的暴怒对章涛的影响也很小。而这其中的原因，很可能是因为章涛不赞同妈妈的观点，认为多吃点冷饮也没什么。但是，事实真的是如此吗？其实，冷饮吃太多，对小孩子的身体是有很大危害的：

1. 容易造成胃肠道功能紊乱。吃冷饮，尤其是在炎热的夏天吃大量冷饮，会引起胃肠道血管的突然收缩，会降低胃酸的含量，导致胃肠道中的杀菌作用降低，引起胃肠道生理功能紊乱。

2. 促使咽喉部发炎。很多人发现，自己一吃完冷饮就想咳嗽，就是因为冷饮促使咽部的血管收缩了，导致局部抵抗力降低，让大量细菌在上呼吸道有可乘之机，才引发了咽喉部的炎症。

3. 降低食欲。很多冷饮都含有大量糖类、奶类，这些东西除了有较高的热量外，会降低孩子的食欲，打破正常的饮食规律，导致营养不平衡。

 解决办法

1. 家长可以自制冷饮。如果家长担心外面卖的冰棍、饮料里面的含糖量太多，可以在家里自制一些冷饮，比如切点水果冻上，吃的时候加点牛奶、白糖，味道也很不错。另外，很多男孩子喜欢的就是冰冻的感觉，与喝的东西是什么关系不大，所以，家长可以多冻一点白开水、蜂蜜水、柠檬水供他们吃。

2. 冷饮拿出来要晾一会儿再吃。家长应该告诉孩子，不要直接从冰箱中拿出冷饮就吃喝，最好是将冷饮放在外面一段时间，过十分钟后再吃，让冷饮没有那么重的寒气。而且，饭前饭后都不要马上吃冷饮，可以饭后一小时再吃，这样对身体比较好。

3. 控制吃冷饮的量。夏天太热了，从外面跑回来的男孩子一身汗，想要吃个冷饮凉爽一下也不是不可以，但是，一定要适量！不能一下子吃很多，很容易消化不良、闹肚子。而且，男孩吃完冷饮后，很多家长会让他们喝热水，这也是不对的。不应该马上喝水，一凉一热交替很容易刺激肠道，最好是过一会儿再喝热水。

4. 普及吃冷饮的知识。家长应该让孩子们知道，冷饮吃太多是有坏处的，不能肆无忌惮地吃，要有选择地吃。

12. 教育男孩学会分享，不要吃独食

——如何改变男孩太护食的毛病？

史珏是一个聪明的孩子，但就有一点不好，太护食！比如家里来个小朋友，妈妈说："史珏，将你爱吃的零食分享给弟弟／哥哥一起吃。"史珏就会紧紧地护着自己的零食，大声说：

"不要！"不止零食，史珏喜爱的任何东西，包括玩具，都不肯分享给其他小朋友。如果他看到哪位小朋友动了他的玩具、食物，他会直接夺过来，并大喊："那是我的东西，不准你碰！"

史珏的爸爸妈妈就不明白了，自己家的儿子怎么这么护食，简直到了抠门的地步了。他们应该怎么做，才能改掉儿子护食的毛病呢？

案例解析

史珏会护食，是因为他不懂得分享。而分享并不是先天就有的品质，而是人类需要后天学习的。因此，父母要想自己的孩子成长为一个大方的男子汉，就要从小教会他们学会分享。

一般在孩子两岁多的时候，开始进入物权意识的敏感期。这个时期的孩子，口头禅就是"这是我的"，他们变得"自私"，护食、占有欲旺盛，不肯让别人触碰他们的东西。但事实上，不是他们自私，而是他们在进行物权归属练习，在确认自己与物品的关系。这个时候，家长就应该适时地引导孩子，告诉他们什么是"分享"，孩子们慢慢就不再护食了，能够从分享中体会到乐趣。

如果家长在孩子物权敏感期内没有教会他们什么是分享，或是强制性地命令、威胁孩子们交出玩具，他们就会像案例中的史珏一样，变得护食、自私，不肯与大家分享。

解决办法

1. 在合适的时候，家长要引导孩子体验分享的乐趣。面对孩子们明显的占有行为，家长不可以和他较真，而是顺着他就好。等几个月后，孩子自己会度过这个敏感期，这个时候，家长可以找到一个适当的机会，让孩子和其他孩子试着分享玩具，并提醒他去休会分享的快乐。

2. 告诉男孩们分享的秘密。家长可以如实告诉男孩们，是他们的失误才让男孩们没有正确地度过物权敏感期，并理智地告诉他们分享的意义，让他试着理解一下。如果男孩们比较抗拒，那也没关系。家长可以在平时的潜移默化中慢慢引导，不要着急。

3. 在分享游戏中寓教于乐。家长可以带领孩子玩一些有分享意义的小游戏，或者是找几个爱分享的孩子和自己的儿子一起玩。当这些爱分享的孩子主动将自己的食物分享给自己的孩子后，家长可以这样问他的孩子："别的小朋友把爱吃的食物分给你吃，你高兴吗？"如果孩子的回答是肯定的，那就再告诉他，"你把自己爱吃的食物分给别人，他们也会同样高兴"。如此一来，孩子们就能体会到分享的快乐了。

4. 家长要控制自己的脾气，循序渐进地来。要想让孩子改掉护食的毛病，家长就应该尊重孩子的一言一行，对他们慢慢进行教育，不能操之过急，也不能用武力镇压孩子，强制他们去分享。

13. 不要让男孩吃成"小胖墩"

——男孩太贪吃怎么办?

宋威的妈妈经常说宋威是"饿死鬼"。虽然这话不怎么好听,但是却形象地描述了宋威的饭量:宋威每天会吃很多东西,一日三餐,顿顿两大碗饭,而且还要经常加餐,零食、小吃更是不断。宋威妈妈也不是不让他吃,关键是宋威不知道节制,经常把自己吃撑了,躺在沙发上直哼哼。宋威妈妈就担心有一天宋威吃出病来。因此,大家来教教宋威妈妈,面对太贪吃的男孩应该怎么办呢?

 案例解析

宋威吃东西不知节制,主要有心理和自控能力差这两个原因。

首先看心理原因。很多男孩子,在进入青春期的时候,身体发育比较快,会不自觉地多吃东西。而且,有些男孩子在青春期比较焦虑、紧张,他消除压力的方式就是吃东西。

再看自控能力。有些孩子的意志薄弱,自控能力不强,很容易受外界的诱惑。表现在食物上,就像宋威一样,很容易被美味的食物诱惑,不懂得自控和节制,一不小心就吃多了。

那么,男孩太贪吃,能造成什么后果呢? 主要有以下四点:

1. 影响智力发育。孩子太贪吃,让身体一直处于饱食的状态,那就会在大脑中形成一种促使大脑衰老的物质,影响智力发育。

2. 降低大脑血流量。人在进食后,是要通过肠道的蠕动和分泌胃液来进行消化的。如果孩子太贪吃,就会令大脑的血液不断地集结到肠胃中来,会导致大脑缺血、缺氧,危害孩子的大脑健康。

3. 危害肠胃健康。孩子吃得太多,很容易引起腹胀腹痛、消化吸收不良,长期如此,不仅会危害到肠胃健康,还会让孩子性情大变,反应迟钝。

4. 导致肥胖。孩子太贪吃,很多东西消化不掉,就堆积在体内,成了脂肪,引发肥胖症。

 解决办法

既然孩子太贪吃这么不好,那么,家长们应该怎么做,才能确保孩子的营养均衡呢?

1. 为孩子提供健康的食品。如果男孩子已经变得很贪吃了,那么,家长就应该多为他们选择健康的食品,以免摄入过多的脂肪。

2. 不要强迫孩子把饭吃光。家长在教育小孩吃饭的时候,本着营养、节约的精神,会让孩子将自己碗里的东西吃干净。原本这是很好的,但是,有些家长不管不顾,给孩子盛很多食物,还要逼迫孩子吃完。慢慢的,有些孩子就会吃得越来越多,最后发展为贪吃、暴食。

3. 辨别"我饿了"是否是真的饿了。有些孩子经常会说"我饿了",家长一听到孩子这样说，担心他们饿到，就会给他们准备食物吃。但是，家长应该辨别一下，孩子到底是真的饿了，还是"我饿了"只是他们的口头禅？

4. 控制饭量，多带孩子运动。家长如果觉得孩子吃得太多，可以多带他们做运动，加速食物的消耗。同时，也能转移孩子的注意力，让他们有一个好心情，不让他们把过多的精力放在吃上面。

5. 为孩子制订一份合理的运动表和饮食表，让孩子们科学饮食，健康运动。如果孩子们坚持做到了，比如说坚持了一周、两周，可以根据情况给予奖励。

14. 要及时纠正孩子吃饭大声的毛病
——男孩吃饭很大声怎么办？

大伟是个高高壮壮的男孩子，年仅14岁，个头已经长到了1米8。当然了，大伟长这么高的个，与他那比常人多出来几倍的饭量有很大关系。大伟吃得多很正常，但是大伟吃饭喜欢发出很大的声音。整顿饭下来，就听到大伟发出的"哼哧哼哧"和"吧唧吧唧"的声音。大伟的妈妈就骂大伟："你吃饭怎么发出这么大的声音，跟猪似的，别人还怎么吃？"结果，大伟吃饭的声音更大了，大伟还振振有词："妈妈，人家日本人吃拉面的时候会故意发出很大的声音，表示做的拉面好吃，我这也是在夸你做的饭好吃啊！"

大伟的妈妈听了这话，真是要气死了！那么，面对吃饭时声音很大的男孩子，家长们应该怎么做才能阻止他们的这种行为呢？

案例解析

在这个案例中，大伟吃饭很大声，不外乎三个因素：

1. 对大声吃饭有个误解。大伟认为大声吃饭是"饭菜好吃，他吃得香"的表现，但是，大声吃饭其实是某些时候人的故意做法，不然就不会有"食不言"的说法了。

2. 吃饭礼仪没学好。大伟之所以会认为大声吃饭是好的，肯定是从哪里获取了这方面的知识，或者是有人这样做，他看到了，就模仿了对方。

3. 与妈妈故意作对。我们能看出来，大伟的妈妈说话很"毒辣"。而且，当妈妈的话出口后，大伟明显吃得更大声了，说明大伟对妈妈很不满，在用这种方式表达自己的反抗。

解决办法

1. 家长应教导男孩们餐桌礼仪，并做好表率（关于用餐礼仪，后面还会涉及，在这里仅简要说明）。父母是孩子的第一任老师，孩子们对外界懵懂无知，全靠着对父母的模仿来认识这个世界。所以，家长的一言一行会影响到孩子。家长应该时刻做好表率，让他们从小就明白吃饭的礼仪。

2. 家长们要注意说话语气和态度。很多家长是"大家长"，认为自己可以一手遮天，强制性地要求孩子做这做那，殊不知这样会激发孩子的逆反心理，让他们和父母对着来。所以，家长应该注意自己的说话态度，将自己和孩子摆在平等的位置上。如果孩子不小心犯错，家长不要一味责骂，最好能摆事实、讲道理，心平气和地和孩子沟通这个问题。

3. 及时纠正孩子错误的吃饭行为。如果孩子一开始就出现了错误的吃饭行为，家长应该在苗头刚露的时候就将其扼杀掉，而不是等错误的火苗愈演愈烈了，才开始想要怎么掐灭火苗。比如说，家长发现孩子吃饭很大声，要及时提醒孩子，不要放任不管。凡事等养成习惯就难改正了。

15. 哄着吃，抱着喂的方式是错的
——怎样才能让男孩自己吃饭？

明明已经 11 岁了，还不会自己吃饭，需要人哄着吃，需要人喂。爸爸妈妈想要让明明自己吃饭，结果明明不是哭就是闹，还打滚撒娇。他的爷爷奶奶、姥姥姥爷一看，立刻心痛得不得了又哄着去喂饭。为此，明明的爸爸妈妈很苦恼。

遇到像明明一样不喜欢自己吃饭的男孩子，家长们应该怎么做呢？

 案例解析

明明不能自己吃饭，就是家里长辈溺爱的结果。现在有很多像明明一样的男孩子，是家里的"小皇帝"，饭来张口，衣来伸手，成了一个什么都不会做的"低能儿"。

为什么父母、长辈会溺爱孩子呢？是因为他们不信任自己的孩子。比如说，有些孩子想要自己吃饭，结果刚吃了没几口，就被家长拦住了，因为孩子刚学吃饭的时候，动作很慢，家长在旁边看着急，一会儿觉得孩子吃得太慢耽误事儿，一会儿又觉得饭菜凉了，索性就自己端起饭碗喂孩子吃。

 解决办法

家长要想男孩子学会自己吃饭，可以先划出一个分水岭——孩子是否过了自己学吃饭的时期。如果没有过这个时期，家长应该这样做：

1. 不要嫌弃孩子用手抓食物吃。当孩子还是六七个月大的婴儿时，他们会想自己用手抓起食物来吃。这个时候，有些家长会觉得太脏，嫌收拾起来麻烦，就阻止了孩子的行为。其实，家长应该放手让孩子尝试用手抓着吃饭，这是他们学习自己吃饭的第一步。要是嫌脏的话，家长可以准备一些面包片、磨牙饼干、水果等容易擦洗的食物，让他们做训练。

2. 主动把勺子塞到孩子手里。到一定阶段后，孩子会做出抢勺子的行为。家长可以主动将勺子给孩子，也不要嫌弃他们拿着勺子在碗里乱戳乱动，不然很容易浇灭孩子学习吃饭的热情。如果孩子用勺子吃到了一口饭，家长要及时给予鼓励。

3. 如果孩子能自己吃饭了，家长就不要再喂他了。有些孩子明明自己会吃饭了，却要撒娇让家长喂。这个时候，家长一定要坚决地拒绝他，让他学会自己吃饭。

上述是在教家长如何教导还在学习吃饭时期的孩子。如果孩子已经过了学习吃饭的时期，就像案例中的明明一样，年龄比较大了，却还不会自己吃饭，家长应该怎么做，才能让他学会自己吃饭呢？

1. 让孩子有自己吃饭的意识。家长应该告诉他，他年龄这么大了，应该学会自己吃饭，不然很容易被同龄人笑话。

2. 坚决不再喂饭。家长要控制自己，不让自己再给孩子喂饭。如果实在抵挡不住孩子的苦恼，可以稍微喂那么几口，就做出喂饱的样子，心平气和地说"好了，乖儿子吃饱了"，然后撤下碗筷、食物，不再给孩子喂饭了。这样一来，孩子没吃饱，就会有饥饿感，但是家长非要说自己喂饱了，没办法，孩子就会特别想吃东西，促使自己去拿筷子吃饭。

3. 心平气和地对待孩子的吃饭问题。如果孩子自己拿起筷子吃饭了，不论吃的结果怎样，家长都应该平静地看待：不要因为他吃得多就表扬他，也不要因为他吃得少就让他多吃，或是憋不住拿筷子喂他吃。家长应该让孩子明白，吃饭、吃多少饭是自己的事情。

4. 多做一点孩子们喜欢的饭菜。如果多准备一些孩子们喜欢的饭菜，他们看到了自然就有想吃的欲望，会拿起筷子自己吃饭。

16. 教育男孩养成饭前饭后勤洗手的好习惯

——男孩饭前饭后不洗手怎么办？

最近一周，不知道怎么回事，毛毛经常肚子疼、腹泻。毛毛的妈妈以为他吃坏了肚子，就不让他吃生冷之类的东西了，还给他吃止泻药。但是却不管用，毛毛还是不断地拉肚子，而且也越来越瘦了。毛毛妈妈就带着毛毛去医院检查。结果，医生说毛毛得了肠道寄生虫病。医生说了，毛毛会得这样的病，主要的原因在于他饭前饭后没有洗手，吃东西的时候将手上的很多细菌也吃进了肚子里，所以才会生病、肚子疼。

不止毛毛，很多男孩子饭前饭后都不洗手，要怎么做才能纠正他们的这一坏习惯呢？

案例解析

手是人体的"外交器官"，与外界的一切事物在打交道，也从事着各种各样的"脏活"，比如倒垃圾、洗脚、穿鞋、擦大便等，很容易粘染上许多细菌。研究表明，一只没有洗过的手上至少有 4 万 ~ 40 万个细菌，尤其是指甲缝，更是藏污纳垢的"好地方"。而这些细菌有的能存活好几天，如果饭前饭后不洗手，人们就可以把细菌带入口中，引起肠道疾病；如果用脏手去触碰自己的脸颊，也会伤害自己的皮肤。所以，家长要让孩子们养成饭前饭后勤洗手的好习惯。

解决办法

1. 教导男孩们认识洗手的重要性。很多小男孩玩起来很疯，又是抓虫子，又是玩溜溜球、拍扑克，比女孩子要更容易沾染到更多的细菌。所以，家长应该给男孩子们普及关于细菌的知识，让他们知道自己携带了多少细菌。条件允许的话，家长还可买个显微镜，让孩子通过显微镜看看自己没有洗的手上面有多少细菌。如此一来，男孩们认识到了洗手的重要性，就会勤洗手了。

2. 告诉男孩们正确的洗手方法。有些男孩子洗起手来糊弄人，经常用水一冲就完事了，也不用肥皂，这管什么用呢？所以，家长可以搜出正确洗手的视频，让男孩们看看，如何洗手才最干净。

3. 购买男孩喜欢的香皂盒、洗手液。家长为了让孩子勤洗手，可以在卫生间明显的位置摆放男孩喜欢的香皂盒，比如奥特曼造型的香皂盒、汽车造型的洗手液，吸引男孩的眼球，让他们去触摸香皂盒和洗手液，从而完成洗手这个动作。

4. 家长要实施监督。在一开始培养男孩子养成洗手习惯的时期内，家长要多加监督和督促，看到孩子没有洗手，就提醒他一下，让他去洗。慢慢地，孩子养成了勤洗手的习惯后，家长就不用再一直督促了。

17. 酗酒对于男孩的身体成长很不利

——男孩学成人喝酒怎么办？

薛政刚上初二，就已经是"酒鬼"了，动不动就呼朋引伴地"整一桌""喝两盅"。薛政的妈妈告诉薛政，他年龄还小，正处在发育期，不适合喝酒。结果，薛政就是不听，还说什么"这是男人之间的事情，你们女人不懂""男人间的感情都藏在酒里"。薛政的妈妈又是劝又是骂，依然不能让薛政停止喝酒。薛政的爸爸却觉得男孩子喝酒不是什么坏事，是"男子汉""爷们"的象征，还动不动就拉着薛政一起喝两杯。

对于学着成年人喝酒的男孩子，家长们应该怎么做呢？

案例解析

男孩子们喜欢模仿大人喝酒，觉得喝酒是一件非常潇洒的事情。尤其是像薛政一样处于青春期的男孩子，觉得自己已经长大了、独立了，是个男人了，就会尝试喝酒，把喝酒当作自己成长为男人的象征。但是，男孩子身体毕竟没有发育完全，喝酒对身体有严重影响。每个人的身体内都有一种酶，可以分解酒里的酒精，还能将酒中的有害物质转换成无害物质。尽管这种酶的含量因人而异，但是，研究表明，这种酶在未成年的男孩子体内是不多的，所以，相比之下，这就是小孩更容易喝醉的原因。

再说了，酒精有麻痹神经的作用。男孩子喝多了酒，会降低自己的记忆力，不利于智力的发展。

 **解决办法**

1. 爸爸要做个好榜样。很多父亲和薛政的父亲一样，认为男孩子喝点酒没有关系，甚至还会在自己喝酒的时候，邀请自己的儿子喝两杯。爸爸们这样做是不对的，应该避开孩子再喝酒。即使当着孩子面喝，也应该告诉他们酒精对他们的伤害，让他们长大后再喝。

2. 父母要引导男孩们正确地认识酒。青春期的男孩都有英雄情结，觉得像萧峰一样大碗喝酒是很豪迈的事情，甚至在交朋友时也看对方能不能喝。所以，家长应该让孩子认识到，喝多少酒不是交朋友的条件，也不应该是交朋友的门槛。一个人的性格、品行怎样，才是交朋友的关键。

18. 养成好习惯，教育男孩吃饭要有礼仪
——如何培养男孩基本的餐桌礼仪？

王台的爸爸妈妈从不带他出去吃饭，为什么呢？因为王台不懂得基本的餐桌礼仪。

以前，王台的爸爸妈妈还会带他出去和别人吃饭。然而，在与别人吃饭的过程中，王台的爸爸妈妈发现，自己家的儿子明知道有外人在，依然不知道收敛自己吃饭时的坏毛病，仍旧像在家里一样随意：客人还没落座，他就已经捞起筷子开吃了；遇到自己喜欢吃的菜，直接端到自己面前；客人问话他要么不回答，要么就是胡说八道；等王台吃完了，不论客人吃没吃完，他都嚷嚷着吃完了要去玩……王台的爸爸妈妈批评了他很多次，甚至打过他，他依旧不改，甚至变本加厉。慢慢地，导致王台的爸爸妈妈再也不敢带他出去和别人一起吃饭了。

那么，家长应该怎么做，才能培养男孩基本的餐桌礼仪呢？

 案例解析

王台之所以不懂得餐桌礼仪，是因为家庭教育的原因。从"自己家的儿子明知道有外人在，依然不知道收敛自己吃饭时的坏毛病"这句话可以看出来，王台在自家吃饭的时候，就不顾尊长，只挑拣自己爱吃的。他"一向如此"，所以才会在与外人吃饭时，表现得毫无礼貌可言。

说了这么多，或许还有人不懂什么是基本的餐桌礼仪，我们这就来讲解一下：

1. 入座时，一般主客入上席，长者依次入座，最后才是晚辈和小孩子。

2. 进餐时，客人、长者先动筷子，然后其他人才能吃。而且，夹菜一次不宜过多，尤其是那些离自己远的菜，应该少吃一些。吃饭时，最好不要发出碗筷碰撞的声音，也不要说话，可以等咽下饭菜后再说话。

3. 进餐时要懂得尊老爱幼，用公筷给长辈夹菜，或者把离客人或长辈远的菜送到他们跟前。

4. 吃饭时要抽空和左右的人聊几句风趣话。如果是小孩子，面对长辈的询问，应该放下

碗筷，恭敬作答。

5. 等所有人吃完饭后，再放下筷子，离席。

 解决办法

1. 在家就餐也要讲礼仪。有的父母觉得，自己在家吃饭，随意一点就可以了。其实，习惯正是在日常的生活中培养出来的。如果孩子在家吃饭不讲究礼仪，他们就养不成一个好习惯。所以，父母可以和孩子约法三章：全家落座后再开吃，吃饭时不准喧哗，早吃完不准下桌。

2. 进餐要尊老爱幼。父母应该告诉孩子，尊老爱幼是中华民族的传统美德，这一点也体现在吃饭上。男孩在吃饭时，应该照顾饭桌上的老年人和比自己年龄小的人，不能只顾着自己的舒服，想怎么来就怎么来。

3. 父母向孩子讲述就餐礼仪的历史。有些孩子不懂吃个饭为什么要这么麻烦，直接吃不就行了？当然，如果是相熟的人吃饭，可以不讲究那么多，但也有基本的吃饭规矩。毕竟与别人吃饭，不同于一个人吃，可以想怎么来就怎么来，还要照顾别人的情绪。所以，父母可以向孩子们讲授一下中国的就餐礼仪变化，让他们对中国的餐桌礼仪有一个深刻的理解和认识，理解这种文化的传承，也就不会觉得吃饭讲礼仪很麻烦了。

4. 讲礼仪要因地制宜。有的男孩子比较调皮，爸爸妈妈让他遵守吃饭的礼仪，他非要说自己遵守的是西方就餐的礼仪。孩子这样讲其实就是在偷换概念，在狡辩。家长可以明确地告诉孩子，如果在中国吃饭，吃的又是中餐，那就讲中国的就餐礼仪；如果吃的是西餐、日本料理，那就遵守那个国家的就餐礼仪。

19. 引导男孩不在公众场合哭闹

——男孩在外就餐哭闹怎么办？

丁丁年仅 7 岁，在家庭中却拥有至高无上的地位，是家里的"小皇帝"，全家人都听他的。一天，丁丁和妈妈一起去吃肯德基。当时，丁丁想要多点一份烤鸡翅，但是妈妈觉得点的东西已经很多了，担心吃不完，就不给丁丁点。结果，丁丁又哭又闹，甚至躺在地板上打滚，还因为和妈妈生气将旁边一个顾客的餐盘打翻了。丁丁妈妈看着周围那么多人，又看着不肯起来的"小皇帝"，没办法，只好给丁丁多点了一份烤鸡翅。

如果男孩们在公共餐厅大声哭闹，家长们应该怎么做呢？

 案例解析

看完丁丁在公共场合就餐时喧闹的例子，我们可以了解一下孩子在公共场合哭闹的原因有哪些：

1. 自我控制的能力比较差。现在很多家长都十分溺爱孩子，对孩子十分顺从，导致孩子们觉得所有人都应该顺从他们，所以孩子的自我控制能力比较差，比较任性。

2. 家长不遵守约定好的规则。有些家长带孩子出来吃饭时，会和孩子约定好一些事请，比如说吃什么、吃完干什么。但是，有些家长却出尔反尔，本来是约定好的事情，却说变就变，孩子不满意，自然就通过哭闹来反抗。还有一些家长，看到孩子哭闹，狠不下心坚持自己的原则，一旦妥协后，就有第二次、第三次。如果孩子知道通过这种方式可以达成自己的目的，就会得寸进尺，变本加厉。

3. 喧闹的环境让孩子紧张。在公共餐厅中，人来人往，人声鼎沸的，空气质量也不好，孩子在这种环境中，很容易就感受到紧张和不安，所以就会大哭大闹。

 解决办法

家长要想预防男孩在公共餐厅哭闹，可以尝试以下方法：

1. 事先沟通好。在带着孩子出门吃饭之前，要告诉孩子去干什么，并明确规定他不能做的事情，以及他做了这些事情的后果。如果孩子遵守了约定，等回来后父母应该给予奖励；如果孩子没有遵守规定，那么就必须要接受惩罚。

2. 打好预防针。父母带孩子出门吃饭之前，就要做好孩子可能吵闹的准备，提前就想好应对措施。比如说，带一个孩子喜欢玩的玩具汽车，当他哭闹起来的时候用玩具来转移他的注意力。

3. 制定一些小暗号。家长应该让孩子知道，在公共场合做什么是不对的。如果孩子记不住，家长可以与孩子之间制定一些暗号。比如说，父母不同意孩子吃某个东西时，可以皱一下眉头；如果孩子执意要吃，家长可以瞪一下眼睛，表示生气了；如果孩子还不听，家长就可以出言制止。有了这么一个循序渐进的过程，孩子也做好了心理准备，就不会突然大哭大闹了。

4. 家长要控制自己。当孩子哭闹时，在路人的围观下，心烦的家长会忍不住训斥孩子，让他别哭。如果家长这样做，孩子会感到更受伤，哭得更厉害。所以家长可以故意不理孩子，任由他哭泣。孩子哭了几分钟，感觉自己得不到想要的安慰了，就会放弃这个方法。

20. 暗示＋鼓励，让男孩不再惧怕吃药

——怎么才能让生病男孩乖乖吃药？

王女士因为孩子吃药的问题很苦恼："我儿子特别讨厌吃药。可是他身体又不好，经常生病，又不得不吃药。每次一让他吃药，他就又哭又闹，死活不吃。没办法，我只好和他爸爸一起，压着他的手脚，将药灌进他的嘴里。然而，这样吃一次药跟打仗似的，我和他爸爸也特别累。有什么好方法，能让儿子乖乖吃药呢？"

 案例解析

王女士的儿子之所以讨厌吃药，一个就是从小到大，吃药吃太多，吃烦了，不想再吃了；

另一个原因就是爸爸妈妈的暴力喂药，给他留下了不好的印象，激起了他的逆反心理，一看到药就会反抗，或者是恐惧吃药。

大多数孩子不肯乖乖吃药，除了有和王女士的儿子一样的原因外，还有其他的原因：

1. 父母意见不统一。有时候孩子生个小病，妈妈认为应该吃药，爸爸却觉得抵抗过去就可以了。因为父母意见不统一，给孩子一种"我吃不吃药都无所谓"的错觉，会让他们抵抗一切药物。

2. 父母经常用药吓孩子。当孩子年龄小，调皮捣蛋不懂事的时候，有的爸爸妈妈会用医生、警察等人来吓唬孩子，让孩子对医生、护士没有好感，所以讨厌看病吃药。

3. 药太苦了。有些药真的很苦，大人吃都觉得难以忍受，何况是年龄小的孩子呢？所以，当孩子吃一次药后，发现药特别苦，就害怕了，对药避而远之。

4. 颗粒大，数量多。有些医生不管不顾给孩子开一堆药，先用数量吓住了孩子。而且，有些药的颗粒比较大，爸爸妈妈在喂药的时候又不注意，让孩子难以吞咽，或是呛住了孩子。小孩子当然就不想再次体验这种不美好的事情了。

 解决办法

知道了孩子为什么不肯乖乖吃药的原因，我们就可以找出相应的对应措施了：

1. 大人要统一口径。如果家里人比较多，对孩子是否吃药的意见不统一的时候，大人应该背着孩子商议好结果，不能给孩子一种"药可吃可不吃"的错觉。

2. 认真告知孩子药的味道。在吃药之前，家长可以把药的味道什么样的，都认真地告诉孩子。如果药稍微有些苦，可以这样告诉孩子："宝贝，这药的味道就像怪味豆一样有些怪，但是不苦。"如果药真的很苦，家长可以说："宝贝，我试吃了一下，稍微有些苦，但是效果却很好，你吃完就病好了。而且，我已经为你准备了糖豆，等你一吃完就让你吃糖，不让你感受到苦味。"

3. 暗示和鼓励孩子。在吃药时，家长可以暗示孩子，让他知道吃完药身体就好了，就可以找小朋友玩了。等到孩子将药吃完后，家长要给予一个大大的拥抱作为鼓励，让他们知道他做了一件非常棒的事情。

4. 运用激将法等让孩子吃药。父母们还可以用激将法，说："这药一看就很苦，我的宝贝那么胆小，肯定不敢吃这个药。"有些孩子会上当，将药吃掉。还可以做一个游戏，在孩子专心玩游戏的时候趁机喂药。

5. 将药物混合在其他食物中一起吃。父母还可以将药融合在食物中、果汁中，借机掩盖掉药物的味道，让孩子在不知不觉中将药物吃掉。只不过，要注意的是，有些药和有的食物相克，应该避免一起服用。

6. 家长要未雨绸缪。在平时，可以买来一些与医学有关的玩具、书籍，让孩子知道生病是自然情况，没什么大不了的，只要吃了药就会好。

Part 2
男孩的起居培养：做个生活有规律的孩子

21. 尽早让男孩养成不赖床的好习惯
——为什么男孩早上喜欢赖床？

李煜岗有个让父母十分头疼的坏习惯——喜欢赖床。每天早上，怎样才能把李煜岗从床上拖下来已经成了他们家的头等大事、难事！不论是爸爸妈妈疾风骤雨般的叫床方式，还是爷爷奶奶春风化雨般的好言相劝，李煜岗都不能按时起床。每天早晨，闹钟一次次地响，父母一遍遍地催，李煜岗折腾好久才慢腾腾地起来。由于起晚了，时间紧，连早餐都来不及吃，就往学校赶。就这样，还迟到了好多次，班主任都投诉了。作为家长，如何帮孩子改掉赖床的坏习惯呢？

对于有些男孩子早上喜欢赖床的问题，家长们应该怎么办呢？

 案例解析

很多孩子像李煜岗一样，都有不同程度的赖床行为。当然，男孩子赖床，其正常的原因在于他们每天的运动量很大、体能消耗多，所以需要更加充足的睡眠。但是，这不能成为孩子赖床的原因，因为他们完全可以早睡。那么，是什么让男孩喜欢赖床呢？

1. 生活习惯促使的。现如今，很多人都过着昼伏夜出的生活，家长们睡得晚，孩子自然也跟着晚睡，导致他们的睡眠时间不够，生活不规律，第二天就醒不来。

2. 厌恶上学。很多孩子赖床的一大原因就是因为他们讨厌去学校、讨厌上课。如果告诉他们今天要出去玩，他们肯定一早就兴致勃勃地起床了。

3. 身体原因。有些男孩因为营养不良等原因，早起的时候需要缓慢起床，或在床上躺一会儿才能起床，不然容易头晕。

 解决办法

想要改变男孩子喜欢赖床的坏习惯，养成准时起床的好习惯，家长们可以尝试以下方法：

1. 与孩子进行沟通，寻找赖床的原因。要想解决问题就应该知道问题的矛盾根源在哪里。所以，家长应该找到孩子赖床的原因是什么，然后再根据具体问题进行具体分析，想出相应的解决方法。

2. 家长可以温柔地叫孩子起床。很多科学研究表明，每天叫人起床的声音和方式越轻柔，孩子们的幸福指数越高。所以，家长可以替换掉那些吵闹的、铃声大震的闹钟，用轻松的音乐、孩子喜欢听的故事叫他们起床，让孩子们醒来就沐浴在自己喜欢的声音中。

3. 将"叫孩子起床"改为让"他们自己起床"。父母应该尝试着让孩子学会自己起床。那么，孩子就不会嫌父母一遍遍催起床烦了，也不会再依赖父母了。

4. 每隔一段时间就让孩子对自己早晨起床做一个自我评价。当孩子赖床不起时，家长不要着急、生气，也不要指责、数落孩子，而是默默记下这笔账，等到固定的家庭会议时，让孩子在家庭会议上自己反思，看他们是否记得自己赖了几次床，并分析出原因。

5. 家长应该让孩子明白赖床所带来的后果。很多孩子认为赖床是一件无伤大雅的事情，顶多上学迟到。但是，如果他们不觉得上学迟到是一件坏事情的话，就对他们没有什么威慑力。所以，家长还应该将赖床的坏处一一列举出来，让孩子知晓后果。

6. 孩子、父母和老师做到互相监督。如果孩子是因为不想上学、厌恶某门课程或老师而赖床，那么，家长可以事先跟孩子的老师们沟通一下，寻找一个合适的解决方法，帮助孩子解决这个心理问题，和老师一起督促、激励孩子正常到校。

22. 给男孩制订良好的作息安排
——男孩晚上不按时睡觉怎么办？

年仅10岁的淘淘有着浓重的黑眼圈。原来，他自打升入三年级，多了英语这门课程，爸爸妈妈担心他跟不上，就给他报了一个英语辅导班。同时，淘淘还需要上奥数班、绘画班。每天一放学，淘淘都不能回家，直接被爸爸妈妈接送到当天的辅导班中，学完课程后再回家吃饭、写作业。等淘淘写完作业，有时候都10点、11点了。如果没有那么多的作业，淘淘也无法早睡，因为他总是要看电视，或者是玩手机游戏。让他去睡觉，他还说："我一点儿也不困。而且，爸爸妈妈你们大人实行双标，我写作业到11点的时候，也不见你们让我早点睡呀，怎么我好不容易玩一会儿你就嚷嚷着让我早睡？"

怎样才能让淘淘早点睡觉，有一个充足的睡眠呢？

案例解析

淘淘不能按时睡觉，有着浓重的黑眼圈，主要原因如下：

1. 学业繁重。淘淘妈妈给他报的补习班太多，再加上平时学校老师布置的家庭作业，这些已经超过了孩子可以承受的负担，导致淘淘做完作业已经很晚了，自然就没有充足的睡眠了。

2. 外界的诱惑太多。现在手机、电脑遍布各个角落，而手机里面的游戏也五花八门，大大吸引了像淘淘这样的男孩子的注意力。当孩子沉浸在游戏中的时候，自然就忘记了时间，也不记得睡觉了。

3. 父母的放任。很多家长自己经常熬夜玩手机，或者是看电影，没有做到一个好榜样。而且，父母对于孩子熬夜挑灯学习十分乐见，也觉得他们晚睡没有问题，孩子们自然就像放风的猴子一样无拘无束了。

 解决办法

1. 家长应该制订规律的睡觉时间表。家长可以和孩子商议一下，结合实际情况，给孩子制订一个睡觉时间表。一般情况下，正在长身体的男孩子，需要 9 ~ 10 个小时的睡眠。表上写清楚每天几点起床、午睡，晚上几点睡觉，并严格按照这份时间表来约束孩子。哪怕对方不能完成作业，也得按时睡觉，第二天早点起来再接着写。

2. 睡前进行轻松温馨的娱乐活动。在睡觉之前的半个小时内，家长可以给孩子阅读睡前故事，或是让他们自己读一些想看的书籍，或是彼此互相谈谈心、交流一下。但是，不能逗孩子大笑，也不能讲一些刺激的故事，会引起孩子的情绪波动，让他们兴奋得睡不着觉。

3. 习惯养成就不要轻易打破。如果家里的孩子已经养成了良好的睡眠习惯，习惯每天晚上 9 点半去睡觉，那么，无论发生什么事情，家长都不要轻易、主动打破这个习惯。尤其是周末，有些家长会觉得周末了，让孩子放松一下，或是要带着孩子出去玩，就让他们晚睡一会儿，这种前后不一样的反差会让孩子很不适应，也会让家长显得言行不一。

4. 让孩子多加运动。男孩子每天都应该有一定的运动时间，这不仅有利于他们心情的愉悦，也会消耗他们的体力，让他们早点睡觉。需要注意的是，运动时间不能安排在睡觉前，那只会让孩子更加兴奋。

5. 严格控制孩子玩手机、看电视的时间。孩子晚上可以看电视，但是要有个时间限制，比如说每天看半个小时。看够了时间，家长就应该强制关掉电视，或是没收手机，让孩子上床睡觉。如果不到睡觉时间，可以让孩子做其他事情，但是却不能再看电视了。

23. 鼓励男孩尝试独自睡觉

——怎么才能让男孩愿意独自睡觉？

小乐已经 11 岁了，却还是无法独自睡觉。如果爸爸妈妈让他独自睡觉，他就会哭，说自己害怕，不敢睡。后来，在爸爸妈妈的强制要求下，小乐今天晚上终于要独自睡觉了，只不过需要爸爸妈妈给他讲睡前故事。可是，到了晚上的时候，不知道怎么回事，往常一二十分钟就安然入睡的小乐，却听着故事迟迟无法入睡。小乐的爸爸妈妈怀疑这是小乐的"拖延计"，在讲了一个小时的故事后，不听小乐的苦苦哀求，离开了小乐的房间。结果，半夜时分，小乐的爸爸妈妈听到小乐的喊叫声，等他们赶过去的时候，发现小乐一脸惊恐、浑身是汗。

哎，家长要怎么做，才能让男孩愿意且能够独自睡觉呢？

案例解析

小乐不愿意独自睡觉，最主要的原因在于恐惧——恐惧黑暗，恐惧莫须有的鬼怪，恐惧父母的离开……其实，很多男孩子和小乐一样，他们恐惧这些的根源在于缺乏安全感。

男孩子会缺乏安全感，主要有以下几点原因：

1. 父母关系不好。有些家长经常会因为一些鸡毛蒜皮的小事争吵，但孩子们年龄小，分辨不出父母的吵架是为了什么，只知道父母吵架时那种紧张的氛围会让他们焦虑、难过。所以，他们会害怕父母吵架，进而心中没有安全感。

2. 父亲的常年缺失。有些父亲常年在外工作，或者是离异家庭、跟随妈妈生活的男孩子，由于常年接触不到父亲，他们就缺少阳刚之气和勇气，会娇气一点。

3. 看的动画片太多了。有些动画片里面有神仙鬼怪之类的东西，孩子看到后会当真，就会恐惧。

4. 对陌生环境的恐惧。有些孩子常年和父母一起睡，突然让他们自己去一个之前没睡过的房间睡觉，会感到很不适应，也会觉得恐惧。

 解决办法

1. 父母要关起门来吵架。吵架，对于有些夫妻来说是婚姻的调和剂，但是，孩子对此是不知情的。所以，父母即使吵架，也应该背着孩子吵，以免他们有心理阴影。如果不小心被孩子看到了，父母可以告诉孩子那只是在玩"吵架游戏"，让他们不要放在心上。

2. 多让男孩子与爸爸等男性接触。由于女性较为胆小，也很容易焦虑，喜欢将自己的碎碎念说出来。如果男孩子和妈妈在一起的时间多，就很容易受到妈妈情绪的感染，变得娇气。所以，不妨让男孩子多和爸爸独立相处。

3. 先给男孩做一个心理预设。如果父母计划让男孩单独睡觉了，可以提前一两个月就给孩子看别的小朋友单独睡觉的照片或视频，让男孩认识到他即将自己睡觉的事实，并告诉男孩："因为你要长大了，要变得勇敢独立。"

4. 为男孩准备一个他喜欢的房间。家长可以询问男孩意见，问他想要什么床、什么桌子，按照男孩的想法为他布置自己的房间。

5. 单独睡觉要循序渐进地来。刚开始的时候，爸爸妈妈可以先和孩子分床睡，但是还在同一个房间内，先让他适应一个人睡一张床的感觉。慢慢地，再将这张床移到孩子的房间内。

6. 要安慰害怕的孩子。如果孩子说自己害怕，不敢一个人睡觉，家长不要急着训斥孩子，而是应该了解一下孩子在怕什么，并细心开导他们，安慰他们。

7. 为孩子开启一盏灯。如果孩子很怕黑，家长可以在孩子的床头、床尾留一盏光亮比较微弱的灯。

24. 注意改变男孩的睡眠障碍
——男孩有睡眠障碍怎么办？

　　欧阳妈妈说："对我的儿子，我真不知道该怎么办？你说他小小年纪，却已经有了失眠的毛病，经常睡不着不说，好不容易睡着了吧，却很容易被惊醒。而且，我儿子在睡眠中经常哭泣、抽筋，我觉得是缺钙了，给他吃了很多钙片，还是不见效。去医院检查，医生说他精神紧张，有睡眠障碍。你说一个年龄这么小的孩子，精神有什么好紧张的？我实在是搞不懂。"

 案例解析

　　男孩子正处于无忧无虑的年龄，再加上他们每天的活动量都很大，正需要充足的睡眠来补充体力，一般也都会睡得很好。但是，当有些男孩子，像上文中的男孩一样，出现睡眠障碍后，就说明他们的身体或心理出现了问题。所以，家长应该了解清楚，孩子到底是哪里出了问题。

　　首先，我们来看看孩子因为身体原因而出现的睡眠障碍有哪些：

　　1. 身体生病了。有些孩子出现了睡眠障碍，是因为他们的身体出现了问题，比如说肚子里长了蛔虫，这时家长应该先带着孩子去医院排查生理原因，对症下药。

　　2. 缺钙或神经系统没发育好。有些孩子在睡梦中会出现惊跳现象，一般都是因为缺钙引起的，家长只要给孩子补钙就可以缓解。

　　3. 睡不踏实。有的孩子睡觉时爱翻滚，一般造成这种情况的原因比较多，有可能是睡前吃得过饱，导致肠胃负担过重，也有可能是穿得过多，或者被子过厚，让孩子觉得不舒服。

　　其次，我们再来看引起孩子睡眠障碍的心理原因有哪些：

　　1. 大哭。有些孩子在睡着后会突然大哭，父母确定孩子没有生病的话，那么，有可能是因为白天过度疲劳，或是受到了惊吓。

　　2. 易醒。成年人入睡后会直接进入安静睡眠，但是孩子却需要 20 分钟左右才能进入安静睡眠。在这个过程中，孩子很有可能醒过来，但是有时候并不是真的醒了，而是睡眠过程的转换，只要家长不理他们，他们过一会儿就会再次进入睡眠。

 解决办法

　　想要提高男孩的睡眠质量，家长可以尝试以下方法：

　　1. 安抚孩子的睡前情绪。孩子之所以会出现睡眠障碍，是因为情绪上出现了问题。父母对此可以多留意男孩的心情，找出问题的源头所在，并适当安抚孩子的情绪，让他能够安稳入睡。

　　2. 建立一个安静的睡眠环境。如果男孩的睡眠本就不太好，再处在一个吵闹的环境中的话，他的睡眠质量会更差。所以，家长一定要为孩子创造一个良好的睡眠环境，不论是光线还是声音，都应该调到适合睡眠的最佳状态。

3. 男孩子也可能怕黑。很多家长认为"怕黑"是娇滴滴的女孩子才有的专利，其实，这种想法是不对的。很多男孩子睡觉时容易做噩梦，就是因为他们也怕黑。所以，家长发现男孩子怕黑时，不要急于让孩子更正，而是带孩子去买一个他们喜欢的床头灯，让这束微弱却温暖的光陪伴他们入睡。

4. 父母应当给予孩子帮助。当父母知道孩子有睡眠障碍后，应将这件事放在心上，给予孩子适当的帮助。比如说，到了孩子要入睡的时间了，父母不要粗暴地赶孩子去睡觉，自己却在一边看电视、忙工作，而是陪着孩子一起去睡觉，和孩子来一场温馨的睡前谈话，给他们制造一个安静的睡眠环境，帮助孩子早点进入睡眠。

25. 不良习惯容易导致男孩生活不规律
——男孩生活不规律怎么办？

耿乐上初二了，正是长身体的时候，但是他却长期过着一种不规律的生活。因为他做事非常专注，如果他投入了学习或者是游戏，他非得解完这道题或者是打过这一关才能进行下一个活动，如果他没有弄完这些，连饭也不吃，觉也不睡。但是，长时间的不规律生活，导致耿乐出现了很多问题，又是头昏脑涨，又是无精打采的。

对于男孩生活不规律的问题，该怎么办呢？

案例解析

每一位家长都希望自己家的孩子能够有一个健康、规律的作息时间，能够按时睡觉、起床、学习、活动。但是，外面的不可抗因素太多，而孩子们也有自己的思想，不太愿意接受父母的管制。当面对外面那么多诱惑时，如果孩子的自控力差一点，就很容易让自己的生活秩序变得混乱。

总结来看，导致孩子作息不规律的原因主要有以下几点：

1. 父母作息就不规律。现在很多父母，也经常熬夜看电视、玩手机、看小说，自己的作息时间都不规律，让孩子也跟着过上了"昼夜颠倒"的生活。

2. 睡前玩得太兴奋。有些家长认为，孩子如果玩得累一点，消耗的体力多一点，就会因为身体疲惫而睡觉了。但是，让孩子们玩得太嗨，反而让孩子们兴奋、紧张而难以入睡。

3. 上补习班后的"补偿"。有的家长给孩子报了很多补习班，为了补偿孩子，会在孩子功课不忙的时候，任由他们玩耍到很晚，使得作息变得紊乱。

4. 孩子的课业负担重。现在很多孩子因为写作业的时间过长，再加上爸爸妈妈额外给孩子报很多班，比如学琴、练书法、绘画、写日记、背诵等，导致孩子连连熬夜，作息被打乱了。

 **解决办法**

为了保证孩子养成良好的作息习惯，让孩子的生活变得规律，爸爸妈妈们应该注意以下几点：

1. 规定好睡觉时间，不可轻易改动。家长根据实际情况，给孩子规定好睡觉的时间，并提前半个小时让孩子为睡觉做准备。比如说，让孩子去阳台呼吸新鲜空气，或者是看会儿书，听会儿轻缓的音乐等。而且，不论什么情况，都不能轻易更改这个时间。

2. 入睡前不要刺激孩子。什么会刺激到孩子呢？影视剧、打骂训斥孩子、强迫孩子做不愿做的事、父母吵架，等等，都会影响到孩子，让他们无法安然入睡。

3. 晚上的饮食要注意。晚饭应该吃一些清淡的食物，也不要吃得过饱，可以多吃一些含有氨基酸的食物，让身体慢慢消化。需要注意的是，不应该让孩子吃夜宵、吃刺激性食物，也不能喝茶、吃巧克力等东西。

4. 为孩子创造一个舒适安静的睡眠环境。孩子的房间应该多通风，被阳光多照照。同时，孩子的被子、床单、枕头、睡衣等东西应该柔软舒适，并勤洗勤换。

5. 制定赏罚分明的制度。如果孩子因为贪玩而不想睡觉，或者是延误了睡觉的时间，家长要给予严肃的批评和惩罚；如果孩子坚持得很好，那么家长也应该多多鼓励和奖励。

26. 培养"小男子汉"意识，让男孩快速成长

——为什么男孩总喜欢腻着妈妈？

张爱明已经 11 岁了，还非常喜欢黏着妈妈，他就算看一会儿电视，也会央求妈妈和他一起坐在沙发上看。看的过程中，他不是拉着妈妈的手臂，就是靠着妈妈的肩膀，或者直接躺在妈妈腿上看。甚至有时候睡觉，他也会吵着要和妈妈一起睡。爱明的爸爸妈妈跟他说了很多遍，他只会撒娇："不嘛不嘛，我就是喜欢黏着妈妈！"

男孩子年龄大了，还一直黏着妈妈，该怎么办呢？

 案例解析

孩子从生下来之后，会在很长一段时间内喜欢黏着妈妈，这是天性。但是，当孩子度过了这段时间后，就不会再像之前一样喜欢黏着妈妈了。在这个案例中，张爱明已经 11 岁了，早应该度过黏着妈妈的那个时间段，但是，他还是一直喜欢黏着妈妈，可能与他的家庭教育有关系。

很多家庭的组成模式是"爸爸负责挣钱养家，妈妈负责照顾家庭"，这样一来，孩子与妈妈每天接触的时间最长，不怎么与爸爸接触，导致男孩的性格上缺少阳刚的一面，所以就会黏着妈妈。

太黏着妈妈，对于男孩的成长是不利的。这样的男孩子往往不够自信，总会担心自己做

不好事情，也不太合群，很容易成为一个"妈宝"，容易成为一个暴躁又懦弱的人，影响到将来的心理发展和人际交往。

 解决办法

为了让男孩子有一个健康的身心，就不应该让他太黏着自己妈妈了。面对喜欢黏着妈妈、腻着妈妈的男孩子，家长们可以尝试以下方法：

1. 与父母分床而睡。当男孩子到二三岁的时候，父母就可以锻炼男孩子，让他独自睡觉了。在这个阶段，无论男孩子怎么哭闹，父母都应该安抚好他的情绪，向他讲明白独自睡觉的好处，坚决让他一个人睡觉。在这个阶段中，作为父母，尤其是妈妈，千万不能妥协。

2. 多与父亲接触。在男孩的成长过程中，父亲是绝对不能缺位的！所以，无论做父亲的再忙，也要经常花时间与儿子单独相处。比如说，有些家庭可以建立"父子日"，一周一次或一月两次，到那一天，就是父亲带儿子出去玩耍、活动的时间，可以借此培养父子之间的感情，让儿子多向父亲学习。

3. 妈妈要摆正自己的位置。作为一名妈妈，她应该了解到自己与儿子是存在性别差异的，所以，妈妈应该正确把握和儿子之间的亲密关系度，避免与男孩有过于亲昵的举动，让男孩明白他与妈妈之间是不同性别的，不能过于依赖妈妈。

4. 为男孩提供自己动手做事的机会。男孩子不同于女孩子的安静，喜欢闹腾，喜欢动手做事情。当父母看见男孩子想要干点什么时，比如说有些男孩子看见家中的吹风机、手电筒就想拆开来看看，家长不要阻止他们的这种行为，可以为他们准备一些废旧的、二手的机器，供他们动手玩耍。这有利于培养男孩的独立性，让他不那么黏人。

27. 父母宠爱易导致男孩生活不自理
——男孩喜欢让父母穿衣服怎么办？

孙女士抱怨说："我儿子从小和爷爷奶奶一起长大，被老人家宠坏了，今年都7岁了，还不会自己穿衣服。每天早晨，我不仅要叫他起床，还要给他穿衣服！如果我让他自己穿吧，他就又哭又闹，说我不爱他了。真不知道他这想法是怎么来的！而且，我还发现，他对于自己每天要穿什么衣服也没有主见，都是我让他穿什么他就穿什么，有一次穿多了，他热得直流汗，因为不会脱，就一直捂着！哎，可愁死我了！"

对于不会自己穿衣服的男孩子，该怎么办呢？

 案例解析

孙女士的儿子之所以不会自己穿衣服，就是因为家里长辈对他过于疼爱。这也是当今社会普遍存在的问题之一。

很多孩子在父母、长辈的宠爱下，不会自己穿衣、吃饭，像一个无法自理的人一样。其实，父母、长辈们应该明白，他们对孩子的过度宠溺是不利于孩子的成长的，会无法让他们形成独立自主的人格。就像本案例中的孙女士的儿子，不仅不会自己穿衣，也不能决定自己每天要穿什么、穿多少。这样的孩子和橱窗里的洋娃娃、模特有什么差别呢？由此可见，父母和长辈们，应该"狠心"一点，该放手时就放手，给孩子们一片独立的天空！

 解决办法

面对男孩们无法自己穿衣服这个难题，家长们可以尝试以下方法：

1. 让男孩们自己选择穿什么。如果直接让不会穿衣服的男孩们自己穿衣服，有点难度太大，男孩们也会不适应，所以，父母可以先从选衣服开始，让男孩意识到这是自己的事情。比如说，父母可以拿几套衣服，问男孩们想穿哪个。如果男孩们一开始摇摆不定，无法做出选择，父母可以从旁告诉他们这几套衣服的不同之处、穿上的效果等，供男孩们参考。

2. 明确告诉男孩穿衣是自己的事情。父母可以在日常的对话中，找一些孩子自己穿衣服的影视剧、故事等，告诉孩子穿衣服是自己的事情。另外，父母在给孩子穿衣服的时候，可以说出"伸左手""换右手"等话语，给孩子一种"我在自己伸手穿衣服"的感觉，增强他们对于自己穿衣服的兴趣和信心。

3. 用耐心去教孩子穿衣服。如果孩子有了主动穿衣服的倾向，或者父母说要教孩子穿衣服的时候，一定要有足够的耐心。因为男孩们在学习穿衣服时，会不断出错，也会因为出错而紧张、焦急，所以，父母一定要温言细语地耐心教孩子们怎么做，千万不能斥责、数落孩子，不然会打击他们的自信心，让他们对穿衣服更加反感。

4. 给孩子一个榜样。孩子的好胜心也是很强的，父母可以借用孩子的这种心理，说"××能够自己穿衣服了"，孩子们自然就会想要超越对方，学着穿衣服。

28. 为了健康着想，纠正男孩光脚的习惯
——男孩喜欢光着脚走路怎么办？

张扬不喜欢穿鞋子，一回到家就将鞋脱下来，光着脚走来走去。可是，家里有些地方是没有地毯的，张扬很容易就把脚弄脏了，他又不注意，直接上床、上沙发，弄得哪里都是灰脚印。而且，家里的地板是大理石的，非常凉，妈妈担心张扬凉了脚心会生病，就让他穿上鞋，但是张扬却反驳说："穿上鞋太束缚我的灵魂了，我要自由！"

该怎么办才能让男孩子穿上鞋袜呢？

 案例解析

关于男孩喜欢光着脚走路这件事，父母之所以想要阻止他们这种行为，不外乎三个原因：身体受凉、不文明以及脏。但是，如果抛开这三个因素，男孩子光脚走路，其实对他们自身是有很多好处的：

1. 光脚能够走出漂亮的脚形。鞋子能够起到保护脚的作用，但是也能阻碍脚的发展。当男孩子光着脚走路时，双脚由于没有了鞋子的束缚，脚形就会自然生长。在这个过程中，不仅能够预防扁平足、脚内外翻等情况的出现，还能够充分活动脚踝，有助于增强男孩脚踝的灵活性和韧性。

2. 光脚走能给脚底做个按摩。当男孩子在光脚走路时，地板会对脚底、脚心、脚趾产生一个直接的力，这种力能够对足底的各个穴位进行按压，就相当于做了一次按摩，起到健脾益肾、镇静安神的作用和疗效。

3. 光脚走能够增强男孩的体质。当孩子的双脚裸露在空气和阳光中，由于直接接触了地面，孩子脚部在没有不舒服的情况下血液循环会加快，进而带动全身的新陈代谢速度也加快了。从而，会影响到孩子的食欲，让孩子的食欲旺盛。另外，还能够提高身体的免疫力。

4. 光脚走能够增强感官刺激。由于人的脚上分布着很多末梢神经，所以，当孩子光脚走路的时候，这些神经在外界的刺激下会得到锻炼，能够提升孩子的大脑活力和记忆力。

 解决办法

虽然孩子光脚走路好处多多，但是，妈妈们的担心也不是毫无道理，所以，家长做好以下防护措施，就可以让男孩子们放心光脚走路了：

1. 尽量多铺地毯。妈妈担心男孩们光脚走路会着凉，可以在地板上铺上地毯，并规定男孩们只能在有地毯的区域光脚走路，这样一来，妈妈就不用担心着凉的问题了。

2. 要检查地板是否光滑、平整。孩子的皮肤很稚嫩，他们的双脚又常年包裹在袜子和鞋内，足底的皮肤更加娇嫩，很容易被刮伤。所以，在孩子光脚走路之前，家长应该将地面清扫一遍，并检查地面是否有钉子、玻璃渣子等东西，以免弄脏或扎伤孩子的脚。

3. 告诉孩子只能在自己家光脚走路。如果孩子光脚走路习惯了，可能去别人家做客，也直接脱了鞋。所以，父母应该告诉孩子，在别人家脱鞋、光脚走是不文明不礼貌的行为，只能够在自己家里这样做。

4. 光脚走路的时间不宜过长。毕竟孩子的身体很娇弱，所以，家长可以控制孩子光脚走路的时间，不宜过长。

29. 用对方法，让男孩自然养成刷牙习惯
——如何才能让男孩爱上刷牙？

石头才9岁，就经常牙疼，他妈妈就带着他去看了牙科。结果，医生说他烂掉了好几颗牙，不仅需要补牙，还说石头的牙神经也坏了，需要去掉！原来，石头非常喜欢吃糖、巧克力等甜食，但是他非常不喜欢刷牙，经常好几天才刷一次牙，还是在爸爸妈妈的棍棒教育下进行的。

如果遇到了和石头一样不爱刷牙的男孩子，如何才能让他们喜爱上刷牙呢？

案例解析

男孩子不爱刷牙，除了因为没有养成爱刷牙的好习惯外，还有其他原因：

1. 对刷牙的兴趣不高。男孩子喜欢风风火火地玩耍、做事情，却对一些比较细致的工作没耐心，比如刷牙就是如此。在很多男孩看来，拿着一个小小的牙刷在嘴里刷来刷去，是一件很麻烦、也没有什么意思的事情。

2. 牙刷牙膏不合适。一些家长在购买牙刷牙膏的时候不注意，没有买到适合小孩子用的牙刷牙膏，会导致他们牙龈出血，他们自然也就排斥刷牙了。

3. 自觉能力差，就懒得刷。有些孩子的自觉能力差，没有别人的监督，自己就不想刷、懒得刷。

解决办法

1. 给孩子们买一套适合他们的、他们也喜欢的牙具。这一套牙具里面有牙刷、牙膏、牙杯等东西，最好父母带着孩子一起购买，并由孩子亲自挑选花样、形状、味道，家长把关质量，这样，才能够激发孩子刷牙的兴趣。而且，父母要定期变换牙具的形状、颜色，给孩子们一种新鲜感，让他们爱上刷牙。

2. 给孩子普及关于刷牙的知识。比如说，家长可以带着孩子看一些相关方面的影片、绘本、动画等，让孩子知道这个年龄的小孩子都在刷牙，而且都应刷牙。那么，看着动画中的人物、榜样，很可能会激发孩子们刷牙的兴趣。

3. 家长可以和孩子玩比赛刷牙的小游戏。比如说，家长可以和孩子比赛谁刷得又快又干净，比赛谁刷出来的泡沫多，让孩子在游戏中找到刷牙的乐趣。

4. 给予适当的夸奖与赞美。当孩子刷完牙后，有的会站在镜子前自己看牙齿刷得干净与否，有的会给父母看效果，这时，面对孩子们的小炫耀、小得意，家长应该给予大大的肯定。

5. 教导孩子们正确的刷牙方法。有些孩子不会刷牙，只是拿着牙刷乱刷一气，不仅没有效果，反而会让自己不舒服。所以，家长应该教给孩子们正确的刷牙方法，让他们刷得正确、刷得开心。

30. 及时引导，不要让邋遢行为成为习惯

——男孩是"邋遢大王"怎么办？

雷雷是一个爱学习的孩子，老师和家长经常为他的学习成绩感到骄傲。但是，雷雷却有一个"毛病"令家长和老师们很头疼——雷雷非常邋遢，鼻涕经常挂在脸上，头发经常像从稻草堆里滚过一样乱，衣服也穿得不伦不类的，不是衬衫扣子扣错了，就是校服裤子皱皱巴巴的，或者是校服外套上经常被墨水、油水浸染……不仅如此，雷雷的房间也很乱，常常是妈妈上一秒收拾好，一下秒就乱如常态。为此，雷雷的妈妈十分头疼，孩子的衣服一天一换、

一天一洗都能弄成这样的效果，她实在不知道该怎么办了。

当遇到邋里邋遢的男孩子，父母应该怎么做呢？

 案例解析

有很多像雷雷一样的男孩子，不在乎外在的着装，也不会想要收拾自己，他们似乎意识不到他们是邋遢的。但是，事实上，这些男孩子是知道什么是"干净"的。那么，他们为什么不收拾自己呢？因为他们知道，他们不用自己收拾，自然会有人来收拾。这些人就是他们的父母。既然如此，他们还费什么劲儿呢？他们什么也不用做，就能让自己干干净净、整整齐齐的。时间一长，就成了一个只能靠父母来收拾的"邋遢鬼"。

再有一点，男孩们是非常向往自由的。比如说，他们想要爬一棵树，直接就爬树了，才不会去思考在爬树的过程中会不会弄脏衣服。很多男孩子宁愿邋遢一点，也要自由。

 解决办法

想要改变男孩邋遢的生活习惯，家长们可以尝试以下方法：

1. 分配给男孩们一些家务。很多男孩将父母对自己的付出看作是理所当然的，也不会觉得父母洗干净一件衣服有多辛苦，所以，他们才能毫无顾忌地弄脏自己。如果父母分配给男孩子们一些家务活，让他们知道做家务并不容易，他们自然就能体会到父母的辛苦，也就会注意不让自己弄得那么脏了。

2. 父母可以给男孩们制定一些守则。有些男孩会把脏衣服乱扔，或者把房间弄得一团糟，等父母给他洗衣服的时候还要费尽心思去找脏衣服。因此，父母最好跟男孩们约定好一些规矩，比如衣服几天一换，换完后脏衣服放在哪里，手脚指甲多长时间修剪一次，等等。

3. 让男孩认识到"干净"的重要性。父母应该告诉孩子，人保持整整齐齐、干干净净的外表，是对其他人的尊重，也会给别人留下一个好的印象；而且，一个人让自己保持干净了，就不会滋生那么多的细菌，身上也不会产生怪味，也不会生病了。

4. 经常帮孩子检查仪表。如果男孩子实在邋遢得不像样子，父母应该监督孩子们的仪表，如果哪里有问题，要及时告诉孩子，帮助他们纠正，不能放任不管。

5. 父母应该允许男孩们一定程度上的脏乱。男孩向往自由，喜欢不加约束的感觉，如果父母经常为了"干净"而责骂孩子，会让他们束手束脚的，严重时会感觉到压抑。所以，父母应该允许让男孩们有一定程度的脏乱，如此男孩们才能成为自由、热情和热爱生活的人。

31. 找到乱扔的原因，不要直接训斥

——男孩喜欢乱扔玩具怎么办？

李女士对自家儿子喜欢乱扔玩具这件事非常生气："我就不明白了，我天天跟他说了那么多遍，不要乱扔玩具，不要乱扔玩具，他就是不听！玩完玩具以后就随手扔在一个地方，东

一个西一个的，弄得家里乱七八糟的不说，我一个人收都收不过来！"

面对男孩子喜欢乱扔玩具这个问题，家长该怎么办呢？

案例解析

男孩们喜欢乱扔玩具是有很多原因的，最主要的原因有两个：

1. 男孩们将扔玩具当作了一个游戏。有些男孩子很喜欢听玩具扔在地上发出的那种响声，他们觉得这是一个很好玩、很刺激、很有意思的游戏，所以才会不听父母的劝说，不厌其烦地玩这个游戏。

2. 借助扔玩具来引起父母与其他人的注意。有些孩子觉得自己受到了冷落，或者是他们有情绪，但是表达不出来，他们就会通过扔玩具这种行为来吸引别人的注意，向别人宣告自己的存在。

解决办法

1. 父母可以和男孩们一起收拾玩具。当父母在给孩子收拾玩具的时候，可以请孩子们来帮忙，并说道："宝贝真棒啊！都可以帮爸爸妈妈的忙了。"父母这样夸奖孩子，会让他们产生一种愉快懂事的感觉，也会对收拾玩具这件事产生兴趣。而且，还有些孩子在听到父母这样说后，会觉得"这是我玩的玩具，结果爸爸妈妈还要帮我收拾，最后还要夸我，真是太不好意思了"，那么，下次孩子就会主动收玩具了。

2. 把孩子的不良行为变成好行为。如果孩子喜欢乱扔玩具，并将这个行为看作是一个有意思的游戏时，家长可以针对他的这种行为，增加"游戏"的趣味性。比如说，父母可以在房间里放置几个玩具筐，让男孩们将这些玩具筐当成是篮球筐，看看谁能扔东西扔得准。

3. 反面出击，放任孩子的行为。当男孩一直乱扔玩具、屡教不改后，家长可以沉住气不管不顾。等到男孩需要某个玩具，却始终找不到的时候，家长可以适时地告诉他们将玩具摆放有序的重要性，通过对比让他们意识到把玩具摆放整齐才是最好的选择。

4. 家长要以身作则。一个温馨的家庭，应该时刻都收拾得干干净净、整整齐齐。孩子常年生活在这样的环境中，自然就会跟随父母的行为，养成良好的生活习惯，也就不会随处乱扔东西了。

32. 让男孩爱上整齐的居住环境

——如何让男孩养成收拾屋子的习惯？

尽管王祥才 10 岁，但是他从小就没有养成"物归原处"的好习惯，对房屋的破坏力那是"一流"的。

王祥一回到家，就把书包随手丢在鞋柜上、餐桌旁、沙发里，等需要做作业了才会找书包；他的衣服、鞋袜也是随处乱放，从来不会规规矩矩地叠好，也不会放在衣柜里，经常为了找一只袜子，花费十几分钟的时间。不仅如此，王祥还经常忘记带书本或学习用品。对此，妈妈经常唠叨，让他去收拾自己的房屋。在妈妈的唠叨下，王祥有时候也会收拾，但如果没有人说他，他绝对想不起来收拾房间。

家长应该怎么做，才能让男孩养成主动收拾房屋的好习惯呢？

案例解析

爱玩是男孩子的天性。很多男孩子都喜欢打打杀杀，却不喜欢收拾自己的房间，这并不是因为男孩子们都很懒惰，而是他们觉得收拾房间是一件没有乐趣的事情，所以他们才不想去做。

再一点，尽管很多妈妈总在抱怨孩子的房间乱，抱怨孩子不肯自己收拾房间，但是抱怨过后，妈妈们还是会迅速地将房间收拾好，给孩子创造一个干净、整洁的生活环境。男孩们都很聪明，他们已经了解了妈妈的"套路"，所以就不将妈妈们的唠叨放在心上，也不会主动去收拾房屋。

解决办法

1. 让男孩子们体会到房间干净的好处，认识到房间整洁对于生活的重要性。父母可以在日常的生活中，告诉男孩们干净、整洁的环境有什么好处，比如说，能够让他们很快找到想要的东西、能够让他们的心情愉悦、能让他们和他们的玩具生活在一个更舒适的环境中，等等。如果孩子们尝到了很快就找到东西的甜头，就会越来越喜欢整理自己的房间。

2. 让男孩们感受一下房间脏乱的后果。必要的时候，父母可以狠狠心，不帮着孩子收拾房间，让他们的房间变得足够乱。这时，当孩子们找不到自己想要的东西和衣服，闻着房间里难闻的气味时，就会难以忍受，主动要求妈妈帮忙收拾房间，或者自己直接上手去收拾房间了。

3. 赞扬男孩们收拾房间的行为，并给予适当的奖励。当男孩们主动将自己的房间收拾干净后，父母要不吝惜地给予大大的赞扬，或者给孩子们一个爱的抱抱、烧一些孩子喜欢吃的菜做奖励，以此来鼓励男孩们继续保持收拾房屋的好习惯。

4. 父母和男孩们一起收拾房间。当父母收拾房屋的时候，可以拉着孩子一起，并让孩子发表自己关于整理房间的看法，让他认识到自己是房间的主人。当房间整理好后，家长还可以和孩子一块儿欣赏劳动成果。

5. 约定一个打扫卫生的固定日期。家长可以和孩子们约定一个打扫、收拾房屋的日期，比如说定在每周六，那么，到那一天的时候，家里所有成员都要参与劳动。这样做既能联络情感，还能让孩子慢慢养成收拾房屋的习惯。

Part 3
男孩的礼貌培养：教养从礼貌开始

33. 过度的危险教育，会加重男孩的恐惧感
——为什么男孩会害怕生人？

一位妈妈说："我儿子大龙长得高高壮壮的，却胆小如鼠，非常害怕陌生人。他今年都12岁了，见到陌生人却一句话也说不出来。因为他没有办法和陌生人说话，出门点餐都要别人代点。如果他一个人在家，家里来个快递他都不敢开门签收，就害怕快递员威胁到他的生命安全。我天天跟他说，社会治安很好，没有那么多坏人，也不让他看那么多悬疑、惊悚的电影、电视剧了，可他还是很害怕生人，这可怎么办呢？"

 案例解析

大龙很害怕和陌生人沟通，这是为什么呢？就是因为他认为陌生人对他是有敌意的，会伤害到他。大龙之所以会这样认为，和他妈妈的教育有关。有很多家长和大龙的妈妈一样，在孩子还小的时候，担心孩子被陌生人骗，就会跟孩子说"不要和陌生人说话"等话语。父母的这种做法无可厚非，但是当过了一个"度"之后，这种善意的说教就成了恐吓，在孩子幼小的心灵中留下了阴影，让他们对整个世界和陌生人都充满恐惧，也不敢再和陌生人说话。

除了上述原因外，男孩会害怕陌生人还有其他原因：比如说，家庭氛围不和睦、家长行为粗暴以及教育方法的不得当等，都会让孩子们缺乏安全感，会让他们对外界的事物抱有一种戒备心。

还有一点，父母急于向世界推销自己的孩子。比如说，父母会让孩子见到陌生的叔叔阿姨就问好，如果孩子不问好，还会被训斥为"不懂礼貌"。父母这种一心把孩子往外推的行为，名义上是为了锻炼孩子的胆量，实际上只会让他们更加紧张，更加刺激到孩子们的畏惧心理。

 解决办法

1. 要理解男孩怕见陌生人这种行为。如果家里的男孩怕见陌生人，父母应该尊重和理解他们的行为，要多和他们谈心，了解他们"害怕"背后的原因。找到原因后，父母再想办法

努力消除他们心中的恐惧。

2. 父母要多带孩子出去玩。如果孩子很胆小，父母可以多带孩子去人多的地方走走，有意识地让他们多和外界接触。比如可以让孩子去找警察问路、找售货员问价格，因为父母的存在，会让孩子勇敢很多。借这个机会，父母也可以告诉孩子，不是所有陌生人都是有恶意的。慢慢地，孩子就会逐渐放下自己的防备，会变得更加勇敢和自信。

3. 对孩子的进步及时做出表扬。当父母发现孩子的胆子变大了一点后，应该给予孩子及时的肯定。父母这样做，既能够满足孩子在心理上的期待，还能够让他们知道自己的行为是正确的，他们就会继续这样下去。需要注意的是，父母的表扬应该具体化，应该让孩子知道自己具体"棒"在哪里。

4. 要给男孩们一个适应和提高的过程，不要操之过急。男孩想要从害怕陌生人变得不害怕陌生人，这注定是一个漫长的过程，父母不要过于着急。而且，在这个过程中，有些孩子的行为是反复的，有可能他今天不害怕陌生人，明天就又害怕了。见到孩子这样的行为，父母不要觉得自己长时间的努力没有效果，而是应该继续鼓励孩子、帮助孩子，让他们慢慢勇敢起来。

5. 父母要敢于认错。如果孩子害怕陌生人，是因为家长小时候的过于恐吓而产生的结果，那么，家长要勇于承认自己的错误，应该向孩子解释清楚原委，并认真向孩子道歉。

34. 当面训斥男孩不礼貌要不得
——男孩不爱招呼客人怎么办?

"小东，李阿姨来家里做客了，你快跟李阿姨聊聊天啊!"小东的妈妈来到小东的房间，如是说道。

谁知，小东却振振有词："李阿姨是来看你的，又不是来看我的，我为什么要跟她说话。再说了，我们两个有代沟，有什么可聊的?"

"你这个孩子，怎么那么不懂事呢!"小东的妈妈数落完小东，就出去招待客人了，并随口说了一句："我家小东昨晚上学习到 12 点多，正在睡觉呢! 大妹子，咱俩聊天，别管孩子了，来，吃水果!"

小东在屋内听到妈妈说的话，嘴一撇，默默说道："虚伪的大人!"

如果家里的男孩子不喜欢招呼客人，家长应该怎么处理这件事情呢?

 案例解析

在这个案例中，小东不喜欢招呼客人李阿姨，一是因为他觉得与李阿姨没有什么共同话题可聊，二是因为妈妈的态度。小东明明是不想和李阿姨聊天，结果妈妈却"骗"了李阿姨，说他正在睡觉，这让小东觉得大人是虚伪的，他认为大人之间聊天、打招呼等都是充满谎言的，所以他才不喜欢招呼客人。

在我们的生活中，有很多男孩不想招呼客人都是有原因的。除了像小东那样，觉得和客人没有共同话题可聊之外，最主要的原因在于孩子们面对陌生的或不常见的客人，会有一种畏怯和害羞的本能反应。但是，很多家长却不理解孩子的这种行为，他们只会一个劲儿地让孩子与客人打招呼、问好，如果孩子因为害羞退缩了，家长为了自己的面子，就指责孩子"不懂事""没礼貌""胆子小""没规矩"等。家长这样做，不仅伤害了孩子们的自尊，还会为孩子们贴上标签，导致孩子认为自己真的就是"害羞""胆小"的，他们就更不会和别人打招呼了。

 解决办法

当家里来客人后，父母应该怎么做，才能让男孩爱和客人们打招呼呢？

1. 为孩子做个好榜样和好靠山。平常的时候，父母应该做到以诚待人、平等待人、礼貌待人，孩子们才能有一个好榜样。

2. 父母应该充当媒介，做一个互相介绍。当家里有孩子不认识的人来做客后，对于孩子而言，这些客人就是陌生人，所以，父母可以给孩子做个介绍，打消他的恐惧心理。比如说，父母可以告诉孩子，"这是××，他是妈妈/爸爸的好朋友"，既能让孩子熟悉对方，也能让孩子感觉到安全。当然，在介绍完对方后，也应当正式地把孩子介绍给对方，让孩子感觉到自己被尊重，那么他们就会代表自己和客人打招呼。

3. 父母可以引导孩子和对方打招呼。如果孩子的年龄太小，或者是胆子小，或者是不知道该怎么和别人打招呼，那么，父母可以从旁协助，比如说，父母可以用温和而平等的语气问孩子是否愿意和客人说"你好"。一般情况下，孩子都会做出回应。如果孩子还是不肯和客人打招呼，那父母可以退一步，说出类似于"如果不愿意打招呼，那可以和阿姨握个手吗？"之类的让孩子下台阶的话。

4. 及时表扬孩子。当孩子逐渐愿意和客人打招呼了，或者有哪些行为做得很好的话，父母要及时表扬孩子，并且做一个事后总结："今天的事情你做得很棒，你这次很勇敢地跟叔叔打招呼了，还请他喝茶，真是太棒了！我希望下次你还能这么勇敢，这么棒。"

35. 父母的言传身教是最佳的礼貌教育
——怎么教会男孩用礼貌用语？

周五，蔡泓的妈妈去开家长会，感觉很没有面子。原来，蔡泓的妈妈被蔡泓的班主任点名批评了。班主任说蔡泓从来不说"请""谢谢"等礼貌用语，直接用祈使句、命令句说话，导致班里的很多同学都不喜欢他，甚至因为礼貌用语和其他同学产生了很多矛盾。不仅如此，蔡泓就算进老师办公室，也是直接推门而入，从不敲门，也不会跟老师问好，直接就说："老师，我要……"

面对蔡泓班主任的反馈，蔡泓的妈妈很不以为然，还和蔡泓的班主任"理论"了一番，觉得小孩子之间还说什么"请"啊、"谢谢"啊，又不是市侩的大人，搞那么生分干什么。

面对不会使用礼貌用语的男孩子，我们应该怎么办呢？

 案例解析

蔡泓不会说礼貌用语，完全是因为他的妈妈在教育上的问题。蔡泓的妈妈认为，让小孩子讲礼貌是"市侩"，小孩子就可以不懂礼貌，小孩子之间的互帮互助是玩闹……在成年人这种错误的教育下，孩子又怎么能够学会礼貌用语呢？

人不是生来就懂礼貌的，这是后天教育的结果。很多时候，小孩子是不懂得"礼貌"本身的意义的，他们只是接受了成年人的教导，或者是在模仿成年人的行为。所以，对于那些不会使用礼貌用语的孩子，要么是成年人没教好，要么是因为他们通过这些无礼的行为在宣泄情绪或是吸引别人的注意。

 解决办法

家长们应该通过怎样的后天教育，让男孩们学会礼貌用语呢？

1. 言传不如身教。讲礼貌这件事是后天培养出来的，不是先天就有的。父母与其说一万遍"你要讲礼貌"，不如注意自己的言行举止，自己时刻做到讲文明、讲礼貌，给孩子树立一个好的榜样，孩子自然就会模仿父母，做一个懂礼貌的人。

2. 给孩子创造一个懂礼、用礼的良好环境。有些家长只教导孩子在外要讲礼貌，却放任自己和孩子在家庭内部的言行。这样"双标"，孩子怎么能做到言行如一呢？所以，家长最好要求孩子在家里也讲礼貌，给孩子创造一个懂礼、用礼的环境。长期坚持下去，孩子就能养成用礼貌用语的好习惯了。

3. 要及时纠正孩子不礼貌的语言和行为。如果孩子没有讲礼貌用语，或者是行为上做出不礼貌的行为了，就要及时地、客观地指出孩子的错误，并分析错误的原因，让孩子下次纠正，做得更好。但家长在做这些的时候，要注意场合和自己的语调、语态，不能凶巴巴的，给孩子留下不好的印象；也不能很随意，让孩子感觉改不改正都无所谓。

4. 巧用奖惩制度。父母可以多带孩子外出，参加一些有意义的聚会，既能够模仿别人的言行，开阔眼界，还能看出孩子的礼貌教育结果如何。如果孩子的表现很得体，展现出了自己有礼貌的一面，那么家长可以适当给些奖励；如果孩子的行为举止有些无礼，父母要做出评价，并视情节做出惩罚，从而进一步强化孩子的礼貌行为。

36. 教导男孩对主客之别的正确理解
——男孩爱翻别人东西怎么办？

金金就是"熊孩子"的典范，是幸福小区有名的"破坏王"。他每到一个地方，就很喜欢翻别人的东西，李阿姨的包、王叔叔的抽屉、杨奶奶的储物柜……都让他翻了一个遍。问他在找什么，他说在找"有意思的东西""好玩的东西"。而且，他翻过一次不算，他无论去过几次，都会翻箱倒柜折腾一遍。渐渐地，整个小区都对金金避而远之，甚至有很多人都跟金金妈妈说："你有什么事电话联系我就行了，千万别带着金金来我家！"

对于男孩子这么爱翻别人的东西，家长们应该怎么办呢？

案例解析

男孩子喜欢乱翻别人的东西，是因为男孩子的占有欲比较强，而且，他们对外界的事物有很强的好奇心。尤其当男孩子到了一个陌生的环境中，他对这个地方更是充满了极大的好奇心。

在这个陌生的环境中，所有东西都因为未知而充满趣味和吸引力，所有东西都值得一看。特别是抽屉、包、柜子等物品，更像是一个宝库一样，对好奇心强烈的男孩而言，有着巨大的吸引力。在这种吸引和好奇心的驱使下，会促使男孩不听父母的劝阻、命令和唠叨，非要将所有东西翻个遍。在翻遍这些东西的过程中，对于男孩子而言，是一个探险的过程，一片纸片、一颗石头、一包没见过的糖，等等，都能让他们的心理得到满足。

另外，如果男孩在家长的多番劝阻下，依然无法改正自己翻看别人东西的行为，那就说明这个孩子的自控能力是比较弱的。他们明知道自己的行为不对，但是面对这些东西的吸引，却无法控制自己的好奇心。

解决办法

1. 让孩子安然度过空间敏感期。6岁之前，每个孩子都处在空间敏感期内，这也是孩子在成长过程中不可缺少的一个阶段。在这期间，他们喜欢到处钻、爬，通过翻找东西去认识这个世界。家长应该知道孩子有这个发展阶段，并让他们正确度过这一段时间。当他们对世界有了充分的认知后，就不会再那么强烈的好奇心了。

2. 父母应该帮助孩子形成主客体的意识。很多家长一看到自己的儿子在翻别人的东西，就会大声责骂一句："谁让你乱翻的，没规矩！"这样做其实是不对的。正确的做法是，家长应该在孩子面前蹲下来，告诉他："宝贝，你是不是对这些没见过的东西很好奇？"接着，再告诉他，"但是，这里是别人家，这些东西是属于别人的，我们不能随便翻动。如果你真的想要看，必须要经过主人的同意才可以。"父母这样说，会让孩子意识到主客之别，自然就不会随意乱翻别人的东西了。

2. 了解并理解孩子这么做的原因和目的。如果孩子乱翻别人的东西，家长应该知道孩子这么做的原因：是因为自己饿了，在找吃的？是因为没见过，所以想看看是什么？家长只有弄清了孩子行为背后的动机和目的，才能针对孩子的行为做出正确的处理方式。

3. 成年人要反省自己的行为。当家里的男孩在别人家随意翻东西时，家长应该选择正确的方式，在不伤害孩子自尊的前提下，及时制止孩子的这种行为。但是，有些家长可能和对方比较熟悉，或者是亲戚等原因，就放纵孩子的行为，导致他们养成不好的习惯。

4. 语言的误解。有些成年人面对带着孩子来家里做客的小孩，会为了表示自己的大方，说出"把我家当自己家，不要拘束"的客气话，但是孩子听不懂背后的意思，会当真。

37. 乱扔垃圾的不良习惯要及时纠正
——如何让男孩不随意乱扔垃圾？

有一次，张鑫所在的四（2）班举行了一次"亲子夏令营"，让爸爸妈妈和孩子一起去野外生活三天。在野外生活的时候，每一户家庭都住在帐篷里，靠自备的食物、捕鱼、摘野果生活。为了不污染环境，老师要求每个家庭将自己的垃圾收纳好，等离开的时候一起带走。可是，张鑫却走到哪里将垃圾扔到哪里。老师说了几次，张鑫还是不改。张鑫的爸爸妈妈看着老师批评张鑫，觉得在其他父母面前很没有面子，就打了张鑫一巴掌，说道："跟你说了几遍了，将垃圾收好，你怎么不听？"谁知张鑫"哇"一声哭了，说道："你们不也是随手扔垃圾，为什么要打我？"

如果男孩有乱扔垃圾的坏毛病，应该怎么办呢？

案例解析

张鑫之所以喜欢乱扔垃圾，有乱扔垃圾的坏习惯，就是因为他的爸爸妈妈也乱扔垃圾，没有给他做一个好榜样。

男孩子年龄小，他们还没有树立正确的世界观、价值观和人生观，无法正确分辨什么是正确的，什么是错误的，他们只能模仿别人怎样做。在这其中，父母要承担主要责任。还有一种情况，小孩子之间互相模仿，这时家长应该制止孩子之间的错误模仿，才能让他们养成一个好习惯。

解决办法

1. 家长应该让孩子明白乱丢垃圾的危害。家长可以让孩子看一些环境保护的纪录片，让孩子看到乱丢垃圾对人类产生的危害。例如，乱丢垃圾将地球环境弄得很脏，也很不美观；乱丢的垃圾会滋生出细菌，给人类带来疾病，等等。孩子们清楚地认识到乱丢垃圾的危害后，下一次再扔垃圾就会思考一下。

2. 家长首先要做到自己不乱扔垃圾，以身作则，给孩子树立良好的榜样。同时，家长还可以带着孩子去马路上看其他人乱丢垃圾的错误行为，并让他们看看环卫工人的辛苦工作，他们就会意识到乱丢垃圾这种行为有多丑陋，又给别人带来了多大的困扰。

3. 适当的批评。如果孩子做出了乱扔垃圾的行为，父母看到后，在第一时间内要及时指出这样做是错误的行为，让孩子知道自己做错了事情，并告诉孩子怎么做才是正确的。不过，在批评孩子的错误行为时，父母也要注意方式和语气，可以适当地用严厉一点的语气来批评孩子，但是不能随意发脾气，否则会适得其反。

4. 及时的鼓励。如果孩子将垃圾正确地投放进了垃圾桶内，或者由原来的乱丢垃圾变成了主动将垃圾扔进垃圾桶内，那么，家长要对孩子的这种行为做出及时的鼓励和赞美。有了鼓励，孩子意识到自己这样做是正确的，就不会乱扔垃圾了。

38. 让男孩知道礼仪的重要性

——男孩不懂握手礼仪怎么办？

一年级的鹏鹏一脸苦闷地放学回来了。妈妈看到了，就问他怎么了。鹏鹏说："妈妈，今天班里转来了一位新同学，我看他挺好看的，就想和他做朋友，所以我下课后就去找他了。我问他能不能做他的朋友，他同意了，竟然伸出手来要跟我握手！可是，我最讨厌别人握手了，手上都是细菌，万一沾到我手上怎么办啊？于是我就将他的手打开了，他就哭了，说不要和我做朋友。妈妈，为什么不跟他握手就不能和他做朋友啊？"

男孩子不懂握手礼仪，很排斥握手，家长们应该怎么办呢？

 案例解析

在这个案例中，鹏鹏因为不明白什么是"握手礼"，所以拒绝了与新同学握手，从而产生了不愉快。

"握手礼"这个礼节由来已久，被人们赋予了很多意义。尤其是现如今的人们，无论是熟人相会，还是与陌生人初次相见，一般都会通过"握手"来寒暄、致意，表达相见之喜、告别愁绪、感谢祝贺、鼓励支持等意义。所以，父母应该在日常的生活中，或言传，或身教，让男孩明白并适应"握手礼"这种礼节。

 解决办法

面对不懂得握手礼仪的男孩子，家长们可以采取下列方法：

1. 告诉男孩们握手礼的意义。要想男孩们使用握手礼去交朋友，那么，他们就应该知道什么是握手礼。所以，家长可以告诉男孩们什么是握手礼。当然，也不用很刻意，可以通过影视剧、动画等途径，向男孩们讲解一下。

2. 言传身教的作用。要想家里的男孩们学会握手礼，首先家长就应该明白并正确掌握握手礼的细节。不然，家长做的都是错误的，每天跟着父母学的孩子又怎么会做对呢？

3. 学习握手时的方法。握手礼既然是个礼节，那么就有一定的讲究。比如说，握手时一般都是伸右手；握手的时间也不能太长、力度不能太大；如果对方是前辈，为表尊敬年龄小的应该先伸出手，等等。

4. 不能握手时要用其他礼节。如果男孩因为一些原因无法握手，最好可以告知对方，或者是采用其他的礼节，比如说拥抱、微笑挥手、鞠躬等行为表达自己对对方的欢迎，以免像案例中一样造成误会。

39. 重视沟通，解决男孩子打架问题
——男孩喜欢随便动手怎么办？

何明是一个血气方刚的男孩子，非常崇尚英雄主义，也很喜欢看古惑仔系列电影。在何明看来，世界上没有什么事情是拳头解决不了的！所以，当他和同学、陌生人发生争执的时候，经常会动用拳头去解决问题。为此，何明经常受伤，那些被打的人也经常找上门来讨说法。

面对那些喜爱随便动手的男孩子，家长该怎么办呢？

 案例解析

与人争吵后喜欢动手，几乎是所有男孩子的通病，尤其是那些青春期的"热血男儿"，就是"能动手绝不吵吵"的典范。男孩子们为什么喜欢动手呢？因为青春期的男孩子会分泌睾丸激素，而这种激素会对男孩的心情和精力造成影响，导致他们精力旺盛、性格变得狂躁。这个时候的男孩子很爱面子，崇尚武力，也很容易被激怒，会因为一丁点儿事情就大打出手，以此来展示自己的男子气概、雄性威风。

 解决办法

家长们要想男孩子不再随便动手打架，可以尝试以下方法：

1. 家长找出男孩喜欢动手的原因。当男孩子发生打架行为后，家长应该问清楚孩子和其他小孩子打架的具体原因，然后再想合适的解决方法。比如说，家长如果发现是对方挑衅，那么，男孩动手则是对自己主权的维护，只不过方法比较激烈而已；如果是自己孩子在滋事，那么，父母应当观察孩子是为了什么动手打架。

2. 摆事实，讲道理。家长了解清楚男孩动手的原委后，可以找孩子进行谈话，告诉他们这样做是不对的，不应该攻击其他孩子。并让他们知道，用武力攻击会造成不可预计的后果。

3. 家长应该教育孩子大度做人，用智慧解决纠纷。家长应该让孩子认识到，暴力是解决不了问题的，只能激化矛盾，还很容易两败俱伤。最好的解决方法是用智慧解决矛盾，化解纠纷。

4. 多让孩子玩一些温和的游戏。有些男孩子天性就具有攻击性，性情急躁，喜欢攻击别人，所以，父母可以让他们参加一些安静、平和的课程，比如下棋、练毛笔字等，培养一下他们的性情。当孩子在这些学习中有了进步后，家长应该多多鼓励他、肯定他、赞扬他，转移他的兴趣，逐渐培养他有益的性格特征。

5. 家长以身作则，帮助孩子建立良好的行为方式。家长应该身体力行地告诉孩子，人属于群体动物，应该学会与人合作，而不是攻击。比如说，要想让其他孩子佩服你，不应该诉诸武力，而应该使用智慧，发挥人格的魅力。当男孩打架的行为变少后，家长应及时给出鼓励。

6. 杜绝孩子看过于暴力的影视剧。现如今网络发达，上面的影视剧参差不齐，我们国家

的影视剧也没有分类，孩子很容易就看到一些比较暴力的镜头，不利于他们的身心健康发展。所以，家长可以定时和孩子一起看电影，让他们看一些励志、向上的电影，升华心灵。

40. 培养宽厚之心，杜绝口舌之争
——男孩喜欢责骂别人怎么办？

张伟是一个"严于律人，宽以待己"的人，经常会因为一点小事就责骂别人，却从来不会反思自己。比如说班里的篮球赛输了，张伟会破口大骂队友是个猪头；他考试不及格，会私下责骂老师教得不好，或者怪罪爸爸妈妈打扰了他学习；就连他自己走路摔了一跤，都会骂地板为什么那么滑。

如果家里男孩子像张伟一样，喜欢责骂别人而不反思自己，那么家长应该怎么办呢？

 案例解析

在这个案例中，张伟喜欢责骂别人，是因为他不懂得什么是担当和责任。当男孩们年龄还小的时候，他们无法认识到自己的责任，只能将形成错误的原因归罪于外因，而不是去寻找自己的原因。幸运的是，孩子还是很容易知错就改的，所以，家长可以多与孩子交流，让他们意识到自身的问题。

另一方面，有时候孩子向家长抱怨、责骂别人的不是，不一定就是他们认识不到自己的错误，很有可能他们是在"撒娇"，借此机会向家长寻求帮助或是沟通，希望从家长这里就某件事情得到反馈。因此，家长在听到孩子的责骂后不要不闻不问，最好表明自己对某件事情的看法和态度，帮助孩子建立一个正确的价值观，让他对身边的事物有一个新的认知。

 解决办法

面对那些喜欢责骂别人的男孩子，家长可以采取以下方法来安抚他们的情绪：

1. 弄清楚男孩责骂别人的原因。有些男孩喜欢责骂别人，是因为他的脾性就是如此。家长可以针对男孩的性格想办法，才能治本。但是，有些男孩会责骂别人，则是因为他们在通过这些方法吸引对方或家长的注意，家长要思考一下自己是不是过于忽略了孩子的感受，才逼迫他们使用这样的方法。

2. 日常教育要教会男孩们承担责任。家长可以带领男孩看一些关于责任、担当之类的影视动画或者是故事，让他们明白什么是责任，让他们逐渐能够为自己的行为负责，而不是将所有错误都怪罪在他人身上。

3. 家长要做好表率。有些家长自身就很喜欢指责别人，但是他们没有意识到自己的缺点，却只看见了孩子的缺点。家长是孩子们学习的老师和榜样，如果家长都不改正，又凭什么要求孩子改正呢？所以，家长不妨做好表率，不要经常责骂孩子、责骂别人，孩子们才不会养成这个坏毛病。

41. 不打不骂纠正男孩的坏脾气

——怎样改变男孩乱发脾气的问题？

张女士最近很苦恼，跑来向儿童教育专家求助："我儿子非常容易愤怒，经常因为一点小事就乱发脾气。当他一发脾气的时候，充满了攻击性，不是跟家里人大吵大闹，就是随手乱扔东西，常常把屋子里的东西扔得到处都是。不仅如此，就连我儿子在学校的老师都来抱怨，他在学校动不动就发脾气，还会打同学。有这么一个爱发脾气、爱扔东西的孩子，我真的不知道该怎么办。"

 案例解析

小孩子不像成年人一样克制、理性、成熟，他们无法用理智去控制自己的情绪，因此，当孩子发脾气的时候，其实是在表达自己的情绪和感受。尤其是一些男孩子，他们不像女孩子一样会找妈妈撒娇、倾诉，也不会通过哭泣去排除自己的郁闷，所以，当男孩子感到无能为力的时候、知道自己无法得到自己想要的东西时、伤心难过的时候，就会通过发脾气、打架等具有攻击性的行为举止来表达自己的情绪。

由此可知，家长想要改变男孩子乱发脾气的坏毛病，那就得知道是哪方面的原因招致他们发怒：是因为做父母的太干涉孩子的自由了？还是因为感觉到父母不尊重他们，他们才会通过发脾气来表达？或者是因为与其他男孩发生了争执？总之，家长只有找到男孩发脾气的原因，才能想出合理的解决方法去应对。如果家长不寻找原因，只想着通过强制命令、控制，甚至是以暴制暴去回击男孩子们的坏脾气，只会让情况变得更糟糕。

 解决办法

如果父母想要改变男孩乱发脾气的问题，那么，父母首先就应该认识到一点：孩子年龄虽小，但是也有自己的尊严和感受，家长应该尊重孩子。在此基础上，家长可以采取以下措施，帮助男孩一起改掉坏脾气：

1. 耐心寻找男孩发脾气的原因。面对正在发脾气的男孩，家长应该好言好语地劝说他们，让他们说出自己发脾气的原因。等到孩子诉说自己发脾气的原因时，家长应该认真倾听，并能够尊重孩子，而不是一棒子打死："你不应该生气。"

2. 家长不要急着站队。如果男孩和其他人发生争执了，家长不要急着选择站在哪一方。如果站错了队，冤枉了孩子，这会更加激怒孩子；另一方面，如果是自家孩子的问题，家长选择偏袒自己家的孩子，会让他们的脾气越来越大。所以，家长最好面对吵架双方，让他们将这些争吵的理由各自说一下，再做调和。

3. 等孩子说完家长再说。有些家长很强势，不听孩子说话，也不相信孩子的话，这样一来，孩子的诉求无法说出口，就只能通过发脾气来宣泄自己的情绪了。所以，家长应该多点耐心，听孩子说话。等孩子说完话后，家长有什么话再与孩子好好沟通。

4.制止男孩伤害别人的行为并解释原因。男孩子发脾气的时候，火药味一般比较大。如果家长看到男孩的怒火波及了他人，或者是做出了伤害他人的行为，家长应该立即制止男孩的这种行为。

42.引导男孩根据场合调整音量
——男孩说话总是很大声怎么办？

松松这一次的期中考试没考好，他的妈妈很生气，就开始大声数落他："你一天到晚就知道玩儿，不拿出时间来学习，结果傻眼了吧，考了这么几分……"一开始，松松听着妈妈的数落，一声不吭的，结果，妈妈说起来没完没了的，松松受不了了，就朝着妈妈吼道："谁说我一天到晚就知道玩，你天天看着我，难道不知道我有没有学习吗？"

松松的妈妈愣了一下，没想到儿子会这样大声对自己说话，顿时气上心头，一巴掌打在松松身上，并尖声吼道："谁教你这样大声跟我说话的？没大没小。"

如果男孩说话总是很大声，应该怎么办呢？

 案例解析

科学研究表明，孩子们身上所表现出来的一些行为特点是可以在父母身上找到原型的。但是，生活中，有很多父母都不这样认为，他们不注意自己平时的一言一行，也不知道自己正在暗暗"教坏"孩子。这说明，父母们对自己的认识还不够深刻，也没有把孩子的行为和自己的性格特征联系起来。就像这个案例中讲到的那样，松松的妈妈就是因为在平常对着松松大吼大叫，所以松松才会养成大声说话的坏习惯。

另外，除了家长的影响外，还有其他原因会导致男孩们大声说话。比如说，他们在玩游戏的时候，觉得大声说话很有意思；当他们不满的时候，会用大声说话来表达自己的情绪；当他们感觉自己不被重视的时候，他们就会通过大声说话来吸引注意力。

 解决办法

1.让男孩们了解大声说话的危害。有些男孩子们不知道噪声也是一种污染，所以，家长可以让男孩们知道声音带来的危害有哪些，他们就会注意说话的分贝了。不过，为了防止男孩们不知道正常的声音分贝是多少，家长可以通过一些小游戏、小测试，让他们对声音的高低有一个精确的认识。

2.家长轻声轻语，孩子自然也会学习。无论什么情况下，家长说话都应该是轻声细语的，让孩子们意识到，大声说话这样的沟通方式是不对的、不礼貌的。如果男孩们第一次出现大声说话的情况后，家长不要直接发火，最好还是平静而坚定地告诉他："我已经听到你说什么了，不用这么大声，不然我没办法和你商量。"

3. 排除生理原因。有些孩子说话大声却不自知，家长要确定不是生理上的原因造成的。所以，家长可以带孩子做一个耳部检查，以免是听力出现了问题。

4. 检查房间的噪音是不是很大。孩子们在噪音很大的房间里面可能会在说话的时候提高自己的音量。那么，父母应该要在孩子们提高说话的音量的时候检查房间里面是不是有很大的噪音。如果是的话，就将噪音调小一些，这样孩子们就能将自己说话的声音降下来了。

5. 明确告诉男孩们在室内和室外怎样说话。因为室外比较空旷，声音容易扩散，这时，还用室内的音量的话，会容易听不清。所以，当身处室外的时候，可以稍微提高一下音量。

6. 安慰男孩们的心理。有时候，男孩们说话大声，并且在父母纠正了很多次后依然如此，那么，父母就要考虑是否是心理原因。如果是男孩们的心理出现了问题，家长不要讳疾忌医，最好带孩子们去看心理医生。

43. 父母巧立威信，让男孩学会尊重长辈
——男孩让父母下不来台怎么办？

一天，小江妈妈的同事来家中做客。这位同事看到小江家收拾得干干净净的，就夸赞小江的妈妈很贤惠。小江听后却在旁边轻轻地说了一句："这都是保姆收拾的，我妈那么懒，她才不管呢！"小江妈妈很尴尬，和同事说童言无忌，两人又接着继续聊其他话题了。

后来，这位同事看到家里的桌子上摆着的很多奖杯和墙上贴着的很多奖状都是小江的，就夸赞小江是个优秀的孩子，并为此夸赞小江的爸爸妈妈教育有方。谁知小江听后，又默默补刀："得了吧！我妈每天一有时间就打麻将，才不管我学习呢！"顿时，小江妈妈和他的同事都很尴尬。没过一会儿，小江妈妈的同事就找借口离开了

如果男孩子热衷于拆家长的台，让父母下不来台，该怎么办呢？

案例解析

看了上面这个案例，很多人都觉得小江说的没毛病。因为从小江的言语中，可以看出来，他说的是实话。而正是因为小江的实话，才让他的妈妈感到脸上无光，觉得自己丢了面子，才会觉得下不来台。

事实上，很多情况都是如此。父母之所以觉得孩子让自己下不来台，就是因为父母信口开河，或者是未经孩子的同意就替孩子做出承诺，等等。比如说，有些父母很喜欢拿自己的孩子和别人家的孩子作比较，或者是为了展示自己孩子的优秀，让孩子表演一个节目之类的，但是有时候，孩子因为性格害羞、怕生或主观上不想表演等原因，会拒绝父母的要求，父母就觉得孩子在别人面前不听自己的话，让自己无法展示大人的"威严"，所以会觉得难堪、尴尬。

 **解决办法**

1. 父母应该以诚待人。很多父母经常"当面一套，背后一套"，他们觉得这是成年人的生活法则，又觉得自己的孩子不是外人，不用避讳，所以就当着孩子的面表现了出来。但是，成年人的这种行为，孩子是不能理解的，他们觉得父母的言行和对他们的教育有所出入，所以，有时候孩子就会在无意间拆穿父母。

2. 父母应该尊重孩子。父母觉得孩子总是让自己下不来台，就要思考一下自己是否没有尊重孩子了。因为很多时候，孩子就是在模仿父母大人的言行。所以，当父母觉得自己的孩子对他颐指气使、出言不逊，让他下不了台的时候，不妨想一下自己平常对孩子、对他人说话的语气是不是也是这样。

3. 父母可以和孩子制定一些暗号，互相监督。父母可以在日常教育中，告诉孩子与别人相处的一些礼仪，并告诉他们适当的"赞美"有助于对方心情愉悦。但是，父母也不要过于夸大事实。为此，父母和孩子可以互相监督。比如说，互相约定一些暗号。当有外人在场的时候，如果孩子觉得父母的言行过于夸张，可以咳嗽一声提醒父母；如果孩子的言行过于出格，让其他人感觉到尴尬了，父母也可以通过一些暗号告诉孩子适可而止。等外人走后，父母再和孩子进行深度的沟通。

44. 培养男孩正确的交流方式和技巧
——男孩总爱打断别人讲话怎么办？

邻居王阿姨因为一些事情来小明家找他妈妈聊天。于是，小明的妈妈就和王阿姨坐在沙发上说话，让小明回房间做作业。结果，小明总是有各种各样的理由打断妈妈和王阿姨的谈话："妈妈，我口渴了，要喝水。""妈妈，这道题我不会做。""妈妈，我作业做完了，我们出去玩吧！""妈妈，你们说的……是什么意思啊？"明明十分钟就能说完的事情，在小明的干扰下，她们说了一个多小时才算完事。

遇到像小明这样总爱打断别人讲话的男孩子，我们应该怎么办呢？

 案例解析

像小明这样的男孩子，之所以喜爱打断别人讲话，并不是成人所理解的"不懂事"，而是有以下几个原因：

1. 分不清自我世界和外部世界。由于小孩子年龄小，无法辨别清楚自我世界与外部世界的关系，因此，他们在思考问题时习惯以自我为中心，也不明白打断别人讲话的行为会对别人造成干扰。

2. 记忆力和耐心不够。尽管父母一而再，再而三地嘱咐孩子们，不要在大人说话的时候来扰乱，但是因为孩子们的年龄原因，导致他们会很快就忘记父母说过的话，所以，他们就会不断地去打断别人。

3. 没有时间概念。对于还未成年，尤其是那些更小的孩子们来说，他们对于时间的概念是模糊的。在他们看来，10 分钟、20 分钟和 1 小时之间是没有区别的。或许成人认为他们不过说了几分钟的话，但在孩子看来，已经过了几个小时那么漫长，所以，他们才会忍不住去打断成人。

4. 讲话中的内容吸引了他们。还有一些孩子会打断成人的谈话，是因为他们听到了某个自己熟悉的词语，或者是听到了一些自己非常感兴趣的内容，他们就会迫不及待地想要解决心中的"疑问"，去打断别人的谈话。

 解决办法

1. 给孩子做一个心理准备。如果父母确定要和别人来一场谈话，那么，在此之前，父母应该向孩子解释清楚，他们需要有一场没有干扰的谈话。当父母这样说后，一开始或许效果不明显，但是几次过后，孩子就会意识到，父母在谈话的时候他是不能打扰的。

2. 事先给孩子安排合适的任务。由于我们知道，很多孩子是没有时间观念的，所以，家长不妨在谈话之前，给孩子安排一个与谈话时间相匹配的任务。比如说，如果是一场 10 分钟左右的谈话，那么，家长就让孩子看一个 10 分钟左右的动画，或者玩一个需要花费一点时间的小游戏，并告诉男孩们，在玩这个游戏期间内不能打搅父母。

3. 让男孩们在游戏中学会正确的交流方式。家长可以有意识地和男孩们进行"一问一答"的对话游戏。当孩子问完问题后，家长要询问他一声是否说完了，如果说完了，那么家长再接着说。等家长在说的过程中，男孩们没忍住，想要插嘴的时候，家长可以用手指碰碰他的嘴唇，示意他不要说话。等家长说完自己说的话后，再告诉孩子："现在该你说话了。"

4. 家长要给男孩们做一个好的示范。小孩子的模仿能力是很强的，因此，家长要注意自己的言行。比如说，当家长发现自己有打断别人的习惯后，要为自己打断别人而道歉。孩子在耳濡目染之下，不仅能学会正确与人交流的方式，还能养成大方承认错误的好习惯。

5. 和男孩们来一个"暗号"。如果男孩们实在控制不住自己打断别人谈话的欲望，那么，父母可以和男孩们约定一些"暗号"。当孩子做出了"暗号"动作后，父母就可以找机会让孩子来说话，既满足了他说话的需求，也不会不礼貌。

45. 尊老爱幼是男孩美德教育的重要一环

——该如何教育男孩懂得尊卑有序？

小岛已经 8 岁了，却不懂得尊老爱幼、尊卑有序。在公交车上，他看到有老年人上车，从来不会让座。爸爸妈妈教育他，让他给爷爷奶奶们让座，小岛却说："为什么给他们让座？我又不认识他们。"爸爸妈妈解释说要尊敬老人，爱护比自己更小的孩子，结果，小岛回答说："为什么要尊敬老人？就是因为他们多活了几年吗？要我说，一个个这么老了，走路都晃晃悠悠的，就别出门了，省得麻烦别人。"不仅如此，对比自己年龄小的孩子，他从来不懂得谦让，而是仗着自己人高马大的，抢夺这些小孩的玩具或零食。

家长应该怎么做，才能让男孩们懂得尊老爱幼、尊卑有序呢？

 案例解析

小岛之所以不懂得尊卑有序，是因为他本身就不理解其中的含义，也不知道这样做的意义何在。现在有很多男孩像小岛一样无礼，不是因为他们"年少无知"，而是因为家长的教育不当。

由于现在的家庭多是独生子女，而且现在的生活条件也好了很多，所以，很多家长开始溺爱孩子，培养了一个个"小皇帝"出来。既然父母是将儿子当"小皇帝"培养的，那么，他们没大没小、不尊重长辈、说话颐指气使、喜欢命令别人等也就不足为奇了。等到家长感受到这些"小皇帝"们带来的苦恼，就觉得他们怎么一个个这么不懂尊老爱幼、不懂礼貌呢？这个时候，家长又想让孩子们变得乖一点、懂事一点，殊不知孩子们只是在做着大人们允许他们做的事情而已。所以说，要想男孩们懂得尊卑有序，家长在一开始的教育上就不应该马虎。

 解决办法

1. 以身作则，文明示范。有时候，男孩们不懂得礼数，是因为他们的家长在平时就不注意对待长辈和晚辈的态度，所以他们才依葫芦画瓢，学成了这个样子。所以，家长在指责孩子的时候，不如先给自己进行一场教育！

2. 约法三章，预防为主。如果父母要带着孩子出席一些场合，在此之前，父母应该告知孩子一些规则，并对孩子提出具体的行为和语言要求。如果孩子还不理解，父母可以以玩游戏的名义，告诉孩子"这是游戏规则，必须遵守"。同时，父母还应该告诉孩子，如果不遵守"游戏规则"，那么就会受到相应的惩罚。

3. 及时指出，明确要求。如果孩子出现了不礼貌的行为，那么，父母应该及时制止他们的行为，并指出来，并让孩子为他们的行为道歉。哪怕孩子们做一些事情的出发点是好的，但是，只要他们因为自身表达能力或理解分析能力的限制而出错了，父母也应该指出来，不能以"说话太直""说话不经头脑"等语言糊弄过去。否则，孩子将认识不到自己的错误。

4. 把握时机，强化训练。空口无凭，任家长说得天花乱坠，孩子也不会当真，也无法理解。所以，一旦孩子身上发生了不尊老爱幼、没大没小等不良行为，家长要借着这个机会，让孩子意识到自己的错误，并告诉他们为何要尊老爱幼，指导他们如何学着做一个懂礼貌的人。

46. 主动沟通，让男孩学会倾听

——男孩不愿意倾听怎么办？

不知从什么时候起，每当妈妈找萧华说话谈心，萧华总是摆出一副"我不听我不听"的样子和神情，要么就是看似在听，却两眼无神，神游在外，既不接妈妈的话茬，也不知道妈妈具体说了些什么。

其实，萧华不只在面对妈妈时是这样，在面对所有人时他也是这样，他总是一副很不乐意听别人说话的样子。慢慢地，也没有人再找他去倾吐心事了。

对于不愿意倾听别人说话的男孩，家长该怎么办呢？

 案例解析

从这个案例中，我们可以看出来，萧华不是一开始就不愿意倾听的，他是在后来慢慢变成如此的。而萧华会有这样的变化，其中肯定有一些原因。比如说，别人说的话很无聊，他不愿意听；没有人愿意听他说，所以他也不倾听别人的话；与妈妈产生了矛盾，通过拒绝倾听来反抗……要想知道男孩们为什么不愿意倾听别人说话，那我们就应该找到其中的原因。

再者来说，男孩们是没有什么耐心坐下来听一个人唠唠叨叨说话的，他们也不像女孩子一样能够用细腻的语言来表达自己，他们更喜欢的是有来有往的对等交流，你听我说，我也听你说，而且这样的交流在男孩看来必须是有"价值"的，不能无聊。所以，父母要想男孩学会倾听，就应该选择男孩喜欢听的话题。

最后，很多父母在教育孩子的时候，只注重培养孩子们的说话能力、表达能力，却忽视了教他们如何倾听。所以，父母应该让男孩们明白倾听的重要性，让他们学会倾听，才能与他人融洽地交流、相处。

 解决办法

当男孩们不愿意倾听父母、他人说话的时候，父母可以尝试下列方法：

1. 多交流，建构倾听的桥梁。父母与男孩之间应该多交流，尤其是父亲，可以和男孩子多讨论一些男孩们喜欢的话题，比如说汽车模型、游戏等，不仅能够融洽父母与孩子之间的关系，还能够让父母了解孩子的想法。这种交流不用特别刻意，也不用花费多长时间，在上学路上、餐桌上、临睡前等零碎的时间中都可以完成。

2. 多阅读，养成倾听的习惯。很多父母只注重培养孩子们的说话能力，却忘了倾听也是很重要的一种交际方式。所以，父母们不妨每天抽出半个小时的时间，和孩子一起阅读书籍。在阅读之前，父母可以和孩子各提出一个问题，等到阅读结束后再回答，并就这个问题进行讨论。如此一来，既增加了孩子对阅读的兴趣，还能让他们听得认真。

3. 多玩乐，锻炼倾听的能力。很多综艺节目中都有"你听我说""我说你猜"这样的游戏，父母也可以带着孩子一起，在周末的时间玩一些这样的游戏，不仅能激发孩子的兴趣，还能培养他们的耐心。

4. 父母与孩子在交流的过程中，如果出现了孩子不认真倾听的现象，父母应该及时指出来，告诉他们如何正确倾听别人讲话，他们才能明白应该怎么做。

47. 强制要求讲礼貌，不如让男孩自己体会
——男孩待人接物有问题怎么办？

教师节到了，许多孩子都给老师准备了鲜花、贺卡、礼物，送给他们的老师，庆祝老师们教师节快乐。妈妈让嘉盛也给老师准备一张贺卡，嘉盛反问为什么要给老师送贺卡。妈妈解释说："因为教师节到了，你们作为学生，老师辛苦教育了你们一学期，你们不应该表示一下自己的感谢之情吗？"谁知嘉盛却认为他交了学费，老师也拿着工资，他与老师之间是银货两讫的关系，不用再感谢。

等过中秋节的时候，妈妈让嘉盛给在老家的爷爷奶奶打个电话问声好，嘉盛也不打，说自己从小到大没见过爷爷奶奶几次，没什么话与他们说。嘉盛妈妈就不明白了，儿子怎么这么不懂事呢？

面对男孩在待人接物上的问题，家长应该怎么办呢？

 案例解析

在这个案例中，嘉盛之所以待人接物上有问题，就是他不明白待人接物的礼仪。在嘉盛看来，他和老师之间是银货两讫的利益关系，和爷爷奶奶是无话可说的"亲人"，他觉得自己与这两者之间是没有什么情感关系的，所以才不想去送贺卡、打电话。

那么，是什么导致嘉盛这样的男孩子对"感情"特别淡薄呢？第一，家长过于溺爱、保护孩子，不让他们出去玩，将他们整天束缚在家庭中，与外界的接触太少，所以不通人情世故；第二，很多家长只是强制性地要求孩子讲礼貌，要求他们做这做那，却不告诉他们为什么要这样做，导致孩子不知道很多行为的原因是什么，甚至会对家长的"命令"产生抵制心理；第三，一些孩子性格比较内向、慢热，缺乏人际交往的经验，也轻易不会表现自己的情感，所以就会给人一种"冷漠"的感觉。

 解决办法

面对那些不懂待人接物等礼节的男孩子，家长可以这样做：

1. 多带男孩们出去玩。家长不要过于拘束男孩们，而是应该带着他们玩，让他们多与别人接触，才知道如何待人、与人相处。不然的话，一个个只能做家中的"小皇帝"，一到外面就成了安静的"纸老虎"，不利于他们的身心健康发展。

2. 家长要言传身教。当遇到案例中的这种情况时，家长可以通过一些故事、各个节日的

由来，告诉孩子们为什么要给老师送贺卡、为什么要在过节的时候给爷爷奶奶打电话，让孩子们知道其中的礼节代表什么意思，他们就会理解这些行为，并做出相应的改变。而且，家长在孩子面前说话也要三思，更要注重自己的行为，做到真心待人，孩子们才能有一个学习的好榜样。如果家长在逢年过节的时候，在待人接物上就存在问题，孩子们自然也就不懂得待人接物的礼节了。

3. 给孩子一个童真的世界。在现实压力下，很多家长觉得生活很累，认为有些人际往来就是利益往来。家长应该纠正自己这种不正确的想法，才能为孩子树立一个正确的价值观。退一万步讲，哪怕有些家长真的这样想，但还是要尽量给孩子营造一个童真的世界，不要让他们也浸淫在大人的"金钱世界"中。

4. 阅读的力量很强大。如果家长自身能力有限，不知道该怎么培养孩子待人接物的礼节，可以多让孩子看一些书。俗话说："书中自有黄金屋，书中自有颜如玉。"孩子们多看书，既能增加知识，还能提升自己的气质和学问，从书中获得一些生活中学习不到的知识。

48. 当感受被忽略，男孩就容易性情大变
——男孩"人来疯"怎么办？

邀请了亲朋好友几次来家做客，直树的爸爸妈妈再也不敢邀请别人了。为什么呢？因为直树一遇到家里有客人在，就变成了"人来疯"：不是与客人打闹，就是在家里大声喧哗；不是拿着客人的包翻来翻去，就是把家里各房间翻腾得一团糟；不是在客人面前毫无礼貌，就直呼家长名字，还一副扬扬得意的表情……总之，只要家里有外人在，直树的性格就比以往活泼很多，像孙猴子一样无法无天，让他的爸爸妈妈感觉很丢脸，就再也不敢邀请别人来家里做客了。

对于那些在客人面前"人来疯"的男孩子，家长应该怎么教育他们呢？

案例解析

所谓"人来疯"，就是说当有外人、客人在的时候，家里的男孩会"性情大变"，变得格外疯狂，要么大喊大叫，要么上蹦下跳，异常兴奋。男孩们的这种表现，不仅显得自己没有礼貌和家教，也会让父母和客人感觉到尴尬。那么，为什么有的男孩会有"人来疯"的表现呢？这就要从他们的婴幼儿时期说起了。

当男孩们处于婴幼儿时期的时候，关于自控力正处于不断学习的过程中。在这时候，很多孩子，尤其是多动、爱热闹的男孩们，由于没有什么自控力，所以他们常常无法控制自己的行为，经常会因为环境、情绪的变化而做出一些冲动的行为。这个时候，就需要家长的正确引导了，告诫他们要学会控制自己的行为。但是，有些父母因为溺爱孩子，觉得男孩闹腾一点不是坏事，也不想训斥打骂自己的孩子，所以就纵容了男孩们的这种行为，导致他们的自控力越来越差，逐渐成为"人来疯"。

另外，现在的很多父母都是双职工，工作很忙，无暇带着孩子出去玩。喜爱闹腾的男孩们只能和电视、玩具打交道。所以，当有人来做客时，他们就会很兴奋，会不自觉做出一些疯狂的行为去吸引父母、客人的注意，以满足自己的心理需要。

 解决办法

面对经常"人来疯"的男孩们，家长们应该怎么做呢？

1. 多给予男孩们爱与关注。很多家长认为男孩要"放养"，不用那么过于关注他们。家长们有这样的想法也无可厚非，但是，虽然不能"过于关注"男孩们，也不能"一点都不关注"。所以，家长应该抽时间和男孩们一起玩，并给予他们适当的关注，让他们知道父母是爱着他们的。

2. 多让男孩与外界接触。有些男孩在平时很少会接触到陌生人，所以他们一看见家里有客人来访，就很兴奋。而且，男孩因为接触的陌生人不多，也缺少和他人交往的经验，不知道该怎样正确地和别人相处，难免就会表现过度。所以，家长应该在闲暇之余带着孩子出去玩耍，多和陌生人接触，并告诉他们如何正确和他人相处。

3. 加强男孩们的自控力锻炼。男孩们表现出"人来疯"，有一个很重要的问题就是他们自身的自制力太差了！所以，他们才会在见到陌生人后，无法控制自己的兴奋感。因此，父母可以从自控力入手，告诉他们什么是正确的行为，什么是错误的行为，并制定奖惩制度，让他们学会自控。

4. 别冷落孩子。如果家中来了客人，恰好男孩们自己也没有什么活动，那么，家长可以让男孩们参与到招待客人的事情中来，让他们做一些力所能及的事情。如果父母只顾着招呼客人，却认为"小孩子只会添乱"而将孩子丢在一边不闻不问的话，孩子就会感觉自己被冷落，就会做出一些出格的行为来吸引大人的注意力。

49. 给男孩的交友观正确的引导
——男孩喜欢嘲笑别人怎么办？

小强被人打得鼻青脸肿地回家了，他妈妈看到了，就问他是怎么回事。小强说："因为我笑话一个同学吃得太胖。"

小强的妈妈听了很是无奈，因为小强不止一次因为嘲笑别人被打，她也因为小强嘲笑别人而多次跟别人赔不是。小强的妈妈就问小强："你为什么要嘲笑别人呢？"

小强哭着说："这真不怨我！他就是吃得很胖，跟头猪一样，我实话实说而已。还有上次，小华就是长短腿，走路一摇一晃的，还不许我说吗？"

"那许你说别人，就不准别人因为这事打你了？有本事你挨打了别哭着回来啊！"小强的妈妈恨铁不成钢地说道。

"那他们不和我玩，我就说他们。"小强说完这句，赌气地关上了门。

小强的妈妈很想知道，面对总是嘲笑别人的男孩子，她应该怎么改善这种情况呢？

案例解析

在这个案例中，小强很喜欢嘲笑别人，有两个原因：一是因为在他看来，他的言行不是嘲笑，而是"实话实说"；二是因为有些小朋友不喜欢和他玩，所以他会通过嘲笑别人来吸引这些小朋友的注意，或者是借此来维护自己的自尊。

再看小强的妈妈，从她的语言中，不难看出来，她对小强嘲笑别人的行为是放纵的。小强的妈妈没有去告诉小强不要再嘲笑别人了，只是用自己的行为告诉儿子小强，"你嘲笑了别人，并因此而挨打，是应该的"。小强妈妈的这种反应会给小强一种"我嘲笑了你，但你打了我，我们互相扯平了"的认知。小强自然认为他与被嘲笑的人之间是平等的，也不认为自己的行为有错，自然也不会改正了。

另外，男孩子喜欢嘲笑别人，还有其他原因：第一，在 7~10 岁这个阶段中，男孩们很喜欢使用嘲讽去表达他们的竞争意识；第二，嘲讽能让男孩们享受到控制他人或局面的快感，让自己获得同伴的吹捧、得到其他孩子的呼应；第三，受到外部环境和大人的影响。

解决办法

要想改掉男孩们喜欢嘲笑别人的坏习惯，那么，家长朋友们可以尝试以下方法：

1. 父母注意言传身教。父母平常应该注意自己的措辞，不要说一些过于包含贬义的话语。比如说，有些父母看到别人家的小孩吃得胖，他们私下聊天的时候，不注意措辞，就会说"那家的小孩怎么跟猪一样胖，他父母也不知道控制点他的食量"等话语，被家里的孩子听到后，就会向父母学习，甚至会自动将语言升级，嘲笑那个小孩为"大肥猪"。

2. 不溺爱孩子，注重道德教育。有些家庭的条件很优越，加上家长的溺爱，导致这些孩子眼高于顶，喜欢嘲笑那些家庭条件不好的孩子。所以，父母应该多给孩子讲述一些有教育意义的故事、影视剧，让他们了解幸福生活的来之不易，他们才不会嘲笑那些穷苦人家的孩子。

3. 将孩子嘲笑别人的苗头扼杀。如果家长看到孩子有了嘲笑别人的行为，不要置之不理，而是应该及时劝阻或制止他们这种行为，并以正确的教育方法引导孩子，让孩子知道这种行为是不对的，从而改掉孩子的不良行为。

Part 4
男孩的习惯培养：做独立的小男子汉

50. 粗心大意源于错误的思维习惯
——如何改变男孩粗心的习惯？

小树的期末考试试卷发下来了，小树妈妈看着上面的红叉，发现小树又犯了粗心的毛病：把"3"看成了"8"，"祈祷"多写了一点……小树妈妈因为小树粗心的问题，敲打过他很多次，结果他依然不改，明明能得一百分，就因为粗心得了95分，导致学习成绩总是上不去。

小树不仅在学习上粗心，在生活中也很大意，不是忘了带钥匙，就是下楼倒垃圾将自己锁在了门外，或者是买东西找错了钱都没发现。小树的妈妈就想："如果是个女孩子，肯定就不会这么粗心了。"

请问，如何改正男孩粗心的坏毛病呢？

 案例解析

首先，我们先来看一下造成男孩粗心的原因有哪些。

1. 生理原因。一个孩子是否拥有健康的听觉和视觉是影响学习能力的重要因素。然而，有的男孩的视力、听力下降了，小孩子自己不清楚，家长也不知道，反而责怪孩子学习不认真、不努力。

2. 思维习惯出现了问题。很多家长片面地认为，粗心只是孩子的生活习惯、学习习惯不好，所以才会做题马虎、做事丢三落四的。其实粗心不仅仅是生活习惯的问题，还可能是因为孩子的思维习惯出现了偏差，导致他们做事情没有条理，所以，他们才给人一种"粗心大意"的假象。

3. 孩子对家长的抵制情绪。有些孩子之所以很粗心，并且屡教不改，不是因为他们笨，而是因为他们在通过这种方式消极抵抗家长的压制。

在这个案例中，小树那么粗心，很明显是因为第二和第三个原因。他本来就没有养成系统的思维习惯，所以才会丢三落四的，但是妈妈又因此而经常数落他，渐渐地，他就产生了一种消极抵抗的情绪。这种情绪或许他自己都没有意识到，但是这种情绪却让他"粗心"不断，无论妈妈怎么"敲打"他，他都没有改正。

解决办法

想要让男孩不再变得那么粗心，能够认真对待一件事情，家长可以尝试以下方法：

1. 家长要定期带孩子检查视力、听力。视听力是学习能力的一个重要组成部分，而每个孩子的视觉能力却是不一样的。如果一个孩子的视觉能力没有达到同龄人应有的水平，那么他即使身体健康，也很难做到专心致志，就很容易出现粗心的现象。

2. 自小就让男孩养成良好的生活习惯和学习习惯。有些男孩之所以粗心，是因为他们的不良习惯导致的。比如说，有的男孩在草稿纸上算对了答案，但是在抄到本子上时却抄错了；有的男孩字体不好，也很容易缺撇少捺；有的男孩明明记得出门要带钥匙，但是因为忙着出去玩，或者是脑子里惦记着其他事情就忘记了。

3. 别让男孩养成了思维定式。所谓"思维定式"，就是说因为先前的活动而形成的一种习惯性的动作或心理状态，会促使人按照一种固定的方式去思考问题。这种思维定式在解决一些数学题目上是有帮助的，但是，如果男孩在生活中养成了思维定式的习惯，那么他就很容易产生"积累性错误"。

4. 家长可以送给男孩子两个本。这两个本分别是"改错本"和"备忘本"。顾名思义，"改错本"是用在学习上的，让男孩将因为粗心而出错的题写在改错本上，加深印象；而"备忘本"则能够帮助男孩子记录生活中的琐事，比如记得拿钥匙、记得关门窗、记得拿作业本等事情。

5. 培养男孩多动手的能力。家长可以有意识地培养孩子的动手能力，让他们明白"自己的事情自己做"，能够为自己负责。

51. 改变洁癖毛病，从纠正强迫症入手
——男孩有洁癖怎么办？

安石有很严重的洁癖：每天要用消毒液洗很多遍手，就连他上学的书包里都背着小瓶的洗手液、消毒液；衣服早中晚各换三套，如果不换衣服，他宁可站着不睡觉，也不会坐在沙发上，更不会去床上睡觉；除了爸爸妈妈外，不与其他人有任何身体上的直接接触，就连握手礼也是戴着手套进行的。安石也知道自己这么爱干净惹人烦，但是他控制不住自己。如果他不这样做，他浑身就不舒服，难受得跟什么似的。因此，为了让自己好受一点，他只好做同学眼中的"异类"。

看着自己家儿子这么爱干净，甚至到了洁癖的地步，安石妈有时候会自问："是不是他小时候不讲卫生，我吓唬了他几次，将他吓住了？这么爱干净，将来可怎么和外人相处啊！"

如果男孩有洁癖，家长该怎么做呢？

 案例解析

在这个案例中，安石的洁癖其实是强迫症的一种表现。他自己也知道自己的一些行为是

不必要的，也会给自己和他人带来困扰，但是，他就是无法控制自己的行为。

一般情况下，性格、家庭和社会这三个因素，是让青春期的少年们患上强迫症的重要原因。比如说，有的男孩过于固执，过分追求完美，很难适应陌生的环境，就会通过洗手来给自己安全感；有的家庭中，父母过于严厉（就像案例中的安石妈妈一样），在孩子的婴幼儿时期对他们要求特别严格，过分的督促反而将他们逼成了一个强迫症患者。另外，青春期的孩子正在发生生理和心理上的变化，再加上他们正处于学业、人格塑造的关键阶段（中考、叛逆期等），很容易就变得情绪紧张。因此，有些男孩会通过洗手来缓解自己的焦虑和紧张。

 解决办法

如果青少年们只是有些轻微的强迫症，家长不必过于担心，也不用刻意要求男孩们怎样做，而是应该以平常心对待，等到少年们度过了青春期，有些强迫症自然就消减下去了。当然，如果孩子的强迫症很严重，就像安石一样，已经影响到了他的生活，那么，家长可以采取以下措施加以干涉：

1. 普及科学知识，正确认识"脏"。家长在教育孩子的时候，应该告诉他们要正确认识细菌，让男孩们既能知道细菌的危害，也能知道细菌的作用——适当的"脏"会提高人体的免疫力，能够增强自身的抵抗力。

2. 找出造成孩子洁癖的根本原因。心理学研究证明，一个人反复洗手有很大一部分原因是心理焦虑，他们在通过洗手来缓解自己内心的焦虑。所以，家长看到男孩成了一个"洗手控""换衣控"，不要简单认为这是男孩爱干净，而是应该寻找一下孩子在焦虑什么，从而才能缓解他们的焦虑情绪。

3. 教育孩子，要顺其自然。当家长发现孩子有洁癖、强迫症后，不要觉得这是多大的事情，更不要用一些敏感词汇，说孩子"有病""不正常"。家长最好的做法是，以平常心对待这件事。

4. 督促男孩少洗手。当男孩刚洗完手没多久，又想洗手的时候，父母可以告诉他："是你真的需要洗手，还是强迫症在作祟？如果是强迫症，希望你不要被它控制了自己。"

5. 通过游戏、运动等去转移注意力。在缓解强迫症上，父母可以建议男孩将洗手、换衣服等行为换成运动或自己喜欢的活动。比如说，当男孩有想洗手的念头后，可以运动十分钟、看十分钟漫画等，从而缓解强迫症的冲动。

6. 过分严重的，可带孩子去看心理医生，让心理医生帮助解决。

52. 从小事做起，改正懒惰的恶习

——男孩习惯性懒惰怎么办？

"强强，你出门的时候把垃圾带下去。"

"啊？为什么又是我带垃圾？"

"强强，这道题你先自己思考一下怎么做，好吗？"

"我都不会做，怎么思考呀？"

"强强，吃完饭我们出去散会儿步吧？"

"不去，我懒得动，而且我也不喜欢散步。"

上述就是强强和妈妈每天的日常对话。强强妈妈发现，儿子不仅在身体上很懒惰，就连思想都变得懒惰了，恨不得每天什么都不用思考，也不用动。如果让他稍微动一下，他就显得特别痛苦。强强妈妈应该怎么办，才能改掉强强的习惯性懒惰这个坏毛病呢？

 案例解析

在这个案例中，强强不仅是懒惰，而且已经有了习惯性懒惰的坏毛病。什么是"习惯性懒惰"呢？主要表现如下：一个人已经不能愉快地去做某一件事了，哪怕这件事他很想做，在做的过程中依然会让他感到痛苦；整天陷入自己的胡思乱想中，却对周围的环境漠不关心；日常生活极其混乱、没有秩序，也不讲卫生；不知道学习的目的，不能主动去思考问题；哪怕什么也不做，都觉得很累，打不起精神，等等。

男孩子正是活泼好动的时候，为什么会感染"习惯性懒惰"呢？这主要和他们的生活环境有关。很多父母溺爱孩子、控制孩子，将孩子的学习、生活安排得满满当当的，不给孩子们自由活动、自由发挥的时间和空间。如果孩子们觉得反抗无效的话，他们慢慢就像被"拴在原地的小象"一样，不再反抗了，以懒惰、消极的情绪执行着父母的命令。长此以往，他们失去了思考的能力，没有了生活的激情，就养成了习惯性懒惰的毛病。

 解决办法

男孩们要想克服习惯性懒惰，是一件很困难的事情，不仅需要自己有决心，还需要父母的配合：

1. 先从一些难度小、兴趣高的小事做起。习惯性懒惰不是一朝一夕养成的，要想克服这个坏习惯，不能着急要慢慢来。男孩们可以先从自己感兴趣的事情着手，可以由少积多。比如说，有的男孩喜欢打篮球，但是又懒得打，那可以先从五分钟开始。等打了几天的五分钟篮球后，再增加到十分钟、二十分钟……以此类推，男孩对于篮球的热爱之情就重燃了起来。

2. 应让男孩保持乐观向上的情绪。习惯性懒惰会让一个人的情绪不高、意志消沉，而精神上的低迷也会影响到一个人的身体状态。所以，当遇到男孩生气、情绪低迷的情况时，父母应该及时开导他们，缓解他们的不良情绪，以免他们陷入自怨自艾的低潮。

3. 父母要多多鼓励男孩们。当面对一点小挫折的时候，那些习惯性懒惰的男孩会倍受打击，让他们越来越不想、不敢尝试新的事物。所以，父母应该多多鼓励男孩，肯定他们的优点，让他们认识到自己的长处，变得更有自信。

4. 制订具体的、可行的目标。男孩们要想摆脱习惯性懒惰的"藩篱"，要制订一个具体的、可行性高的目标。这个目标不要定得太高，可以详细一点，将该做什么、怎样去做等要求列得一清二楚。如果在这个过程中，男孩又犯了"懒癌"，父母可以监督、督促、鼓励他们，激励他们朝着目标前进。

53.巧用收纳工具，传递收纳技巧
——怎么培养男孩收纳物品的习惯？

威威从小就有乱丢东西的毛病，经常急着需要某样东西，却要找很长时间才能找到，有时候甚至就找不到。为了让威威改掉这个坏毛病，妈妈给他买了桌面收纳盒以及收纳柜，但是成效甚微，威威还是经常把东西乱丢乱放。

家长应该怎么做，才能让男孩养成收纳物品的好习惯呢？

 案例解析

很多家长认为，孩子的收纳整理能力是随着年龄的增长而递增的，然而，事实告诉他们并非如此。就像本案例中的威威，尽管已经成了一个"大小孩"，依然不具备收纳物品的能力，即使在父母的多次指导下依然效果不明显。这其中的原因是什么呢？难道是威威在收纳整理方面的动手能力差吗？不是！是因为他们已经度过了正确学习收纳整理的秩序敏感期。

当小孩子长到2岁的时候，就开始进入秩序敏感期了。这个时候，小孩子会有很多"怪癖"，比如说不许别人碰自己的水杯、只能被固定的一个人或两个人喂饭、玩具摆放的位置不可以变更，等等。如果发生了改变，小孩子就会大哭大闹。但是，因为很多家长都不了解孩子的这一点，随心所欲地变更各个物品的摆放位置，导致他们在秩序认知上发生了错乱，渐渐地就变成了"无秩序"，发展到后来，就是无法拥有收纳、整理物品的能力。

 解决办法

关于那些已经度过了秩序敏感期的男孩，家长要想让他们重新学会收纳物品，可以尝试以下方法：

1. 修复的过程是漫长的。如果已经错过了孩子的秩序敏感期，家长要想重新让孩子学习收纳整理的能力，那么，家长应该明白，这将是一个漫长的过程，而且需要家长和男孩一起付出更多的努力才行。所以，在这个学习的过程中，家长应该有足够的耐心，去接纳和包容孩子的不足，还要以身作则，身体力行地告诉他们如何收纳物品，并不断激励他们前进。

2. 借助一些安全有趣的游戏型收纳工具。家长为了锻炼男孩们收纳整理的能力，可以借助收纳工具。但是，需要注意的是，在购买这些收纳工具的时候，一定要往简单、有趣的方向购买，不能过于复杂、无趣，不然无法吸引男孩子。比如说，同样是书架，可以选用一些造型奇特、设计别致的书架，而不是那些最普通常见的书架造型。同时，家长还要注意，既然是为孩子准备收纳工具，那么高度、大小等一定要适合孩子。

3. 适当教孩子一些收纳技巧。在日常的生活中，父母在收纳东西的时候，应该以唠家常的形式，告诉孩子一些收纳技巧。比如说，收纳衣服时可以按照季节分类，也可以按照内衣、上衣、裤子、袜子等类别进行分类，还能够按照色系、类型等区别去收纳衣物。家长说得多了，孩子也经常见到父母怎样做，就会模仿父母的行为，学着如何收纳物品。

54. 提示方式，让男孩养成洗澡习惯
——如何让男孩养成爱洗澡的习惯？

"旦旦，要睡觉了，快去洗澡！"爸爸催促道。

"哎呀，爸爸，我前天刚洗的澡，还不脏呢！今天就别洗了吧！好不好？"旦旦最讨厌洗澡了，一听爸爸这样说就抵制地说道。

"不行！昨天都让你放松一次了，今天你又出去疯跑，一身臭汗，必须洗。"

旦旦一看爸爸下了硬性命令，知道这次逃不过去了，就开始和爸爸讨价还价。最终，爸爸承诺带他去吃肯德基，还给他买最新的汽车模型，他才不情不愿地去洗澡了。

对于男孩不爱洗澡这个问题，该怎么办呢？

 案例解析

很多男孩子不喜欢洗澡，是有原因的。在这个案例中，旦旦不喜欢洗澡，主要有两个原因：一是他认为不脏，可以不用洗那么勤；二是他认为洗澡是一件能够为自己换来切实利益的事情，需要"洗在刀刃上"，才能让自己利益最大化。由此可以推测，在旦旦洗澡的问题上，他的父母是不怎么在意这个问题的；为了让旦旦能够去洗澡，他的父母用很多东西诱惑了他，比如案例中的肯德基和汽车模型，父母的这种行为让旦旦觉得，洗澡是别人强加给他的、不舒服的事情，所以才需要用一些利益来做交换。如此一来，旦旦又怎么会自觉洗澡呢？

 解决办法

想要让男孩养成爱洗澡的好习惯，家长可以尝试以下方法：

1. 寻找男孩不爱洗澡的原因。孩子不是无缘无故不想洗澡的，家长应该找到其中的原因：是他正玩得高兴或有其他事情做，却被父母强行要求去洗澡而不乐意？还是洗澡的时候经常将水弄进眼里，觉得不舒服，所以才不想洗澡？抑或是玩了一天太累了，懒得去洗澡？只要父母弄清楚了男孩不爱洗澡的原因，就可以采取相应的措施，让孩子喜欢上洗澡。

2. 给孩子一个轻松的洗澡环境。父母要想让孩子喜欢上洗澡，那就应该让他们感受到，洗澡是一件很轻松、很愉悦的事情。既然是愉悦的事情，他们又怎么会拒绝呢？所以，父母不妨购买一些符合孩子的洗浴用品和浴具，也注意调节好水温，让洗澡变成一件轻松有趣的事情。同时，父母要注意，如果孩子喜欢在卫生间玩，导致他洗澡的时间有些长，家长也不要过于催促，让他们享受洗澡的乐趣。

3. 在合适的时间洗澡。当孩子玩了一天回来，累得实在不想动，不想去洗澡的时候，家长也不要急着催促他们洗澡，可以先让他们简单擦洗一下，等到休息好了，再去洗澡。在洗澡前，父母还可以稍微给孩子一些提示，比如告诉他们"十分钟之后是洗澡时间"，让他们做

好心理准备。如果男孩们玩得正嗨，却被父母要求去洗澡，他们怎么会乐意呢？

4. 为男孩准备一些洗澡"伴侣"。男孩子天性爱玩、爱闹，让他们乖乖去进行洗澡这样无聊的行动，他们当然不乐意了。所以，父母不妨为男孩准备一些洗澡"伴侣"，比如说玩具小鸭子、超人造型的沐浴露、玩具游艇等，可以让他们打发无聊的洗澡时光。而且，这些玩具一般都在水中玩耍，男孩们要想玩这些玩具，自然就会去洗澡了。

55. 安静地吃饭更有助于消化吸收
——男孩不能安静吃饭怎么办？

　　每天吃饭的时候，就是宁宁最闹腾的时候。要想宁宁吃饭，必须具备三大要素：唱歌、跳舞、哈哈笑。所谓唱歌，可不是听别人唱，而是宁宁边吃边唱，经常是唱了好几首歌了，饭却没吃几口；所谓跳舞，就是宁宁在吃饭的时候，会跟着歌声手舞足蹈，或站起来蹦蹦跳跳转个圈；所谓哈哈笑，其实描述的是宁宁吃饭时的状态，古时候的"食不言"在宁宁这里一点用都没有，他最讨厌安静的吃饭环境了，必须要热热闹闹的才行。这三大要素缺一不可，不然宁宁就又哭又闹，不肯吃饭。

　　如果男孩子不肯安安静静地吃个饭，该怎么办呢？

 案例解析

我们看宁宁吃饭时必须要有的"三大要素"，不难看出来他不能安静吃饭的原因是为什么。不知道父母有没有觉得宁宁吃饭时的场景很熟悉？没错！类似于宁宁这样的男孩子，还是婴幼儿的时候，父母为了让他们集中注意力做一件事情，比如说吃饭、叫他们认图片等，经常会通过唱歌、跳舞的方式去吸引他们的注意力。长此以往，宁宁就养成了吃饭必须要唱歌、跳舞的坏习惯。

至于说"哈哈笑"的由来，应该也和家长们的逗弄有关。很多人觉得小孩子很可爱，就经常通过挠痒痒、做鬼脸等方式逗他们玩，让他们闲着没事就"哈哈大笑"一遍。成年人都觉得，听到婴儿们开怀的笑声，自己好像也年轻快乐了很多。但是，成年人这样的做法，偏偏给婴儿带去了不好的影响，导致他们长大后依然保持着"哈哈笑"的习惯。

其实，关于男孩不能安静吃饭的因素，除了上述几点外，还有很多原因，基本都和家长的教育有关。只除了一点，有些男孩子在生长发育的过程中缺锌也会好动，不能安安静静地坐下来吃饭。所以，父母除了要思考自己的教育方式哪里出了问题外，还要了解男孩本身有无什么原因。

 解决办法

想要让男孩安安静静地吃一顿饭，家长可以尝试以下方法：

1. 向男孩们讲述进餐礼仪。父母应该在孩子学吃饭的时候，就通过言行向他们讲述、示范进餐礼仪，比如说先等长辈落座或动筷子、吃饭不要一直说话等，让男孩自小就养成良好的吃饭习惯。

2. 就餐时不要纵容孩子。很多家长为了哄自家的孩子多吃几口饭，可以说是威逼利诱都用上了，以"看电视""吃零食""玩游戏"等外在活动去刺激男孩多吃饭。父母这样做，会让男孩认为吃饭是痛苦的事情，是需要通过其他活动来进行弥补的，那么，他们又怎么会乖乖地、安静地吃饭呢？

3. 为男孩们准备适合的餐具。成人使用的碗筷一般都比较大、长，是不适合手短、手小、力气小的孩子使用的。所以，父母可以为孩子们购买一些适合他们的、他们喜欢的餐具，以促进吃饭的兴趣。

4. 做一些美味、色艳的食物。有些男孩无法安静坐下来吃饭，可能是父母做的饭菜太难吃了。但是，很多父母不自知，还要逼着他们吃，这对他们而言是一件多么痛苦的事情啊！男孩们必然要反抗，不肯听父母的话乖乖坐下吃饭了。所以，父母不妨做些美味又有色彩的食物，吸引孩子的注意，增加他们的食欲。

56. 错误的站姿会影响挺拔的体态
——怎么纠正男孩站姿不对的习惯？

古德白就是老师和家长口中常说的那种"坐没坐相，站没站姿"的男孩子，他从来不能端端正正地站着，不是斜靠着墙，就是靠着桌子，好似软体动物一样站不直。为此，古德白的爸爸经常训斥他，甚至拿棍子敲打他的腿和背，他还是站不直，说自己没力气，站直了就累得很。唉，到底应该怎么做，才能纠正男孩子错误的站姿呢？

 案例解析

像古德白这样的男孩子，之所以没有正确的站姿，一是没有养成良好的习惯，二是因为身体原因。

首先说站立习惯。有些人一站立的时候，就塌背瘫肩的，或是靠着一个东西歪歪斜斜地站着，这是因为他们一开始就没有养成正确的站姿习惯。什么是正确的站姿呢？就是"站如松"，昂首挺胸收腹地站立，两眼平视着前方，让双臂自然下垂。站立的时候，我们最好让两个足跟靠拢在一起，中间有一个 45 度的夹角，并将身体的重心放在两只脚的前脚掌上。

一般情况下，人们都可以养成良好的站立姿势，但是，也有一些男孩子，因为身体原因，比如说缺钙、脊椎腰椎不适、身体乏力、营养不良等，导致他们"心有余而力不足"，无法如青松一般挺拔地站立。

 解决办法

想要提高男孩的注意力，令其专心对待某一事物，可以尝试以下方法：

1. 让男孩们意识到不良站姿的危害。有些男孩不认为自己的站姿有问题，也没意识到不良的站姿有什么危害，所以，父母不如搜集一些图片、案例，让他们看看不良站姿带来的严重后果有哪些。

2. 长辈要做好榜样。有些长辈，尤其是男孩尊敬、喜爱的长辈们，他们本身就站没站姿，坐没坐姿的。再加上当今网络上"北京瘫""葛优瘫"的盛行，导致很多大人的站姿都是歪歪扭扭的，被喜爱他们的男孩子们看到了，自然有样学样。

3. 采取一些方法去纠正男孩的不良站姿。父母一旦发现男孩的站姿有问题，要及时进行纠正。比如说，家长可以让他们每天靠墙站立 10~15 分钟，以纠正不良的站姿。在靠墙站立的时候，男孩需要将脚跟、小腿肚和臀部这三点紧紧贴在墙面上，但背部却要离墙约 5~8 厘米。坚持一段时间后，会有明显的效果。

4. 制定一些奖惩措施。家长可以和男孩一起，制定一些奖惩措施。如果男孩站姿不准确一次，父母就罚他们多靠墙站立十分钟；如果男孩坚持了一天、一周、一个月等，站姿都没有什么大的问题，那么就可以给予他们适当的奖励。

57. 让男孩学会更理智地表达感情
——男孩子太爱哭了怎么办？

肖肖上初中二年级了，学习成绩很好，个头也长得不小，就是太爱哭了：看个温情的电影，哭；学习成绩下滑了，哭；爸爸妈妈话说重了，哭；与好朋友起争执了，哭；哪里磕着碰着了，还是哭。肖肖的爸爸妈妈很苦恼，怎么养的儿子比别人家的女儿还娇气呢？

对于男孩子太爱哭这个问题，家长们应该怎么办呢？

案例解析

哭泣，是人类表达情感的一种方式，尤其是小孩子，更是经常用哭泣来宣泄自己的情绪。但是，世人为男孩贴了很多标签，认为他们是坚强和勇敢的代名词，认为他们不应该哭泣，只有那些弱小的、令人怜惜的女孩才可以哭泣。所以，很多家长一看到男孩子哭泣，就会像肖肖的爸爸妈妈一样，觉得自家的男孩子过于娇气、懦弱。

诚然，与女孩子相比，很多男孩子都更皮实，他们也不像女孩子那样敏感，因此，有很多男孩子不怎么哭。但是，人们不能因此就剥夺男孩子哭泣的权利，也不能因此就嫌弃爱哭的男孩子，并轻视、嘲笑他们。要知道，哭泣可以帮人们缓解压力，减轻痛苦，所以，家长应该正确看待男孩子的哭泣，不要用固有的观念去阻止男孩子哭泣，更不能因此就给他们贴上"娘娘腔""娇弱"的标签。

解决办法

面对男孩子的哭泣，家长应该做到以下三点：

1. 家长要正确看待男孩子的哭泣。就像前文所说的，哭和笑都是人类释放压力的一种很自然的方式，并没有什么褒贬意义。当家长看到男孩子哭泣的时候，应该以平常心对待，并理解他们的眼泪，尊重、认可他们的感受，知道他们为何而哭，而不是教导男孩子不能哭。再说了，哭泣有助于孩子的身心健康，适当哭一哭的男孩子不仅不会"娘娘腔"，反而会更阳光、健康。

2. 父母不要强行阻止男孩哭泣。很多家长认为"男儿有泪不轻弹"，所以，他们一看到男孩子哭，就会特别生气，甚至斥责他们"男孩不许哭"！然而，有些男孩的性格很胆小，他本来就是因为心情不好而哭泣，结果父母不仅不理解他的难过，还因为他哭泣而斥责他，这只会让男孩更加害怕，也更加想哭。男孩哭得越狠，父母就越严厉，这就形成了一个恶性循环，给男孩的身心造成很大的伤害。

3. 家长可以引导男孩理智地表达情感。虽然哭泣可以宣泄情绪，但是，如果男孩太爱哭了，就不是好现象了。因为一个人太爱哭的话，就像林妹妹一样，会哭坏自己的身体。而且，有些男孩动不动就哭，表明在他们的潜意识中，哭泣是一种有利的工具，能帮助他们得到一些东西，比如说周围人的关注、求而不得的玩具等。这时的哭泣对男孩来说就不是情绪的宣泄了，而是一种向大人撒娇的手段。所以，遇到这样的男孩子，家长可以引导男孩子，要正确、理智地表达自己的情感。同时，家长还要注意，自己不要被男孩的眼泪欺骗了，不要满足他们无礼的要求，以免令他们哭得更凶。

58. 注意教育男孩正确的走路方式
——男孩走路连蹦带跳怎么办？

如果有人说一个 11 岁的男孩子不会走路，大家会不会觉得难以置信？但是，郑荣确实如此。据郑荣的妈妈说，郑荣自从学会走路后，从没有安安稳稳地走过一段路，经常不是蹦就是跑。如果有人叫郑荣，郑荣都不是走过去，而是连蹦带跳地颠过去或跑过去。他妈妈经常说他，让他安静地走路，可是郑荣总是"左耳朵进，右耳朵出"，一边答应得好好的，却转头就忘。郑荣的妈妈就不明白了，儿子怎么走路非要连蹦带跳呢？要怎么做，才能让他改掉这个坏习惯呢？

 案例解析

有些男孩子走起路来像郑荣一样，喜欢蹦蹦跳跳的，主要原因有以下几点：

1. 精力过于旺盛。这是大多数男孩的特点。男孩因为生理的原因，会分泌出大量的睾丸素，导致他们拥有生机勃勃的力量。所以，从会走路开始，男孩就比同龄的女孩子具有更多的能量和精力。这让男孩安静不下来，变得淘气、捣蛋，喜欢到处攀爬，也喜欢追逐打闹。

2. 没有养成正确的走路习惯。有些男孩在学习走路的时候，就没有养成正确的走路习惯，或是习惯了蹦跳着走路。

3. 寻求关注度。有些男孩走路蹦蹦跳跳的，而且在家长的多次劝说下也不改正，很可能是在寻求父母或他人的关注，想要获得别人的瞩目。

4. 故意为之。当父母过于严苛的时候，男孩对父母有不满情绪，他们明知道父母讨厌，还会故意蹦蹦跳跳地走路，想要借此而挑衅、抵制父母。

 解决办法

面对那些走路喜欢蹦蹦跳跳的男孩子，家长可以尝试以下做法：

1. 家长不应该把自己的喜好作为男孩行为的标准。首先，家长要认识到，之所以要纠正男孩子走路蹦蹦跳跳的毛病，不是因为自己喜欢安静才不许男孩跑跳，而是因为男孩这样的蹦跳不礼貌、不稳重，也不利于男孩的骨骼、脊椎发育。

2. 陪男孩用运动的方式释放能量。古语说："憨嬉跳跃是其本性，拘坐则伤脊骨，尤损天柱。"意思是说，男孩子的生理因素决定了他们天生就是"淘气包"，父母不应该过分压抑他们的天性，而是允许他们去宣泄自己的精力。所以，父母不妨利用男孩好动这一点，引导他们去做一些有益于身体发育的事情。比如说，带着男孩一起跑步、打球等，不仅能够消耗他们过多的精力，还能强身健体。

3. 让男孩知道蹦跳走路的利弊。男孩喜欢蹦蹦跳跳地走路，是因为他们觉得这样好玩，也认为这样走没有什么大不了，所以，父母不妨向他们普及走路姿势的重要性以及对身体发育带来的影响。男孩明白了其中的利弊后，自然就会在走路上多加注意了。

4. 加强男孩的自制力锻炼。很多男孩因为精力旺盛，无法控制自己的行为。其实，宣泄精力的方式有很多，不必非得通过走路蹦蹦跳跳这种方式，还可以通过练习书法、画画、下棋等脑力劳动来宣泄。所以，父母应该培养孩子的自制力，让他们学会将精力分配在其他地方，而不是肆意发泄。

59. 以平常心对待男孩过强的领地意识
——为什么男孩的领地意识很强？

荣浩是一个领地意识很强的男孩子：他的房间只能妈妈进去，其他人都不能进去。有一次，他舅舅的孩子来家里玩，闯进了他的房间，还弄乱了他的书桌，他非常生气，直接将这个小孩子揍了一顿。还有一次，表哥有事来家里借宿，爸爸让表哥睡荣浩的房间，荣浩一口回绝了。在学校也是如此，荣浩使用的笔，如果被别的同学用过了，他就认为那支笔上浸染了别人的汗液、味道，直接将那支笔扔进了垃圾桶。

为什么男孩子的领地意识这么强呢？家长应该怎么做，才能减少他们的领地意识呢？

 案例解析

相较于女孩子而言，很多男孩子都拥有强烈的领地意识。什么是"领地意识"呢？顾名思义，就是说，在男孩的认知范围中，他会规划出一片区域为他的私有领地，比如说他的家、卧室、课桌等。在他的私有领域中，是不允许其他人，尤其是其他男孩或男性去干涉的。如果男孩觉得自己的领地被侵犯了，那么，他们就会像案例中的荣浩一样会生气、发怒，甚至是打架、揍人，通过这些行为来表示自己的不满，捍卫自己的领地主权完整。

男孩子拥有如此强烈的领地意识，和他身为雄性的本能有关，也和他的性格、家庭成长环境有关。一个缺爱、缺少安全感的男孩子，或者是一个性格霸道、强硬的男孩子，是非常注重保护自己的领地的。

 解决办法

1. 多给男孩一点爱和关注。对于那些领地意识比较强的男孩子，他们一般都有很强的占有欲，希望自己爱的人也能够多爱自己。所以，父母不妨多关注男孩的身心发展，多给他们一些爱和关注，他们有了充足的安全感，也就不会那么想要将很多东西据为己有了。

2. 让男孩学会分享。父母可以给男孩讲一些有关分享的小故事，也可以和他们做一些与分享有关的游戏，让他们知道分享带来的好处，比如说交朋友。男孩们体会到了分享的妙处，就不会那样霸占着一些东西不放了。

3. 带男孩出去多交友。父母可以带着男孩出去交朋友、参加集体活动。因为这样势必会拜访到别人的"领地"中，让男孩亲自看到并感受一下，别人来自己的领地也不是什么太坏的事情。

4. 父母要有一颗平常心。一般情况下，男孩们的领地意识会随着他们年龄的增长而有所收敛，或者将其表现在一些不影响生活和交际的方面，父母不用太过于在意。

60. 要及时纠正男孩爱咬指甲的毛病

—— 男孩爱咬指甲怎么办？

伟峰有个坏毛病，很喜欢咬指甲：看电视无所事事的时候，会不自觉地咬指甲；做作业遇到不会做的题，会咬着指甲思考问题；和陌生人搭话、紧张的时候，也会咬指甲……伟峰的十个手指头，指甲就没有长长过，总是被咬得坑坑洼洼的。伟峰不停地咬指甲，爸爸妈妈看到就打他的手，想让他改掉这个坏毛病，还骂他"娘娘腔""小家子气"。但是伟峰屡教不改，他们也不知道该怎么办了。

如果男孩子特别喜欢咬指甲，并养成了咬指甲的习惯，家长们应该怎么办呢？

 案例解析

在这个案例中，我们很明显就可以看出来，咬指甲这种行为能够缓解伟峰紧张、焦虑的情绪，能够让他感受到"安全"。其实，很多孩子缺乏关注度和安全感的时候，就会咬指甲。这种行为是不分男孩女孩的。但是，有些家长，比如说伟峰的父母就觉得咬指甲的行为女孩子气、不大方，也有些家长觉得指甲里都是细菌，孩子经常咬指甲会引发疾病，所以，家长对于孩子的咬指甲的行为，会进行严厉的批评、责骂或训斥。然而，家长的这种做法无异于火上浇油，反而会加重男孩们的紧张感和焦虑，导致他们的精神更不容易放松，指甲也咬得更厉害了。

 解决办法

要想男孩子戒掉爱咬指甲的坏习惯，家长们可以尝试以下做法：

1. 家长应该告知男孩们咬指甲的坏处。虽然咬指甲能一定程度上缓解男孩的焦虑情绪和紧张感，但是，世界上有很多种方法都可以缓解这些不良的情绪，没必要一定要用咬指甲的方法。如果家里的男孩习惯了咬指甲，那么，父母应该告诉他们经常咬指甲的坏处，比如说感染细菌、影响手指的发育和生长、会导致牙床发生病变等。

2. 观察男孩是否压力过大。家长不要以为男孩粗养、放养就是正确的，也不要觉得男孩不需要精神上的鼓励和安慰。男孩子的神经也是很敏感的，他们也会感受到别人细小的情绪，也会因为压力过大而感到紧张、焦虑，从而养成咬指甲的坏习惯。所以，父母还是要时刻关注男孩的心情和精神状态好坏，当知道他们遇到不开心的事情后，要教会他们用正确的途径消遣苦闷。

3. 用温和的态度去纠正男孩咬指甲的行为。父母可以轻轻地移开孩子的手，不可打骂、恐吓，以免对孩子造成更大的心理伤害，或加强咬指甲的欲望。

4. 用其他方式分散男孩的注意力。父母可以经常和男孩一起出去打球、跑步，或是玩小游戏、讲笑话，让他们的心情放松。

61. 培养男孩的家庭责任意识
——如何才能让男孩乐于参与家务？

五一劳动节放假了，陆地的家庭作业中有一项是帮助爸爸妈妈做家务。陆地的妈妈看到这项"作业"后，就嘲笑陆地："你看你看，你们老师也看不下去了，知道你在家太懒了，什么也不做，这才给你们布置了做家务这项任务。"

陆地听到妈妈的嘲笑，很生气，说道："妈妈，我不做家务就是懒了吗？那照你这么说，宇航员不去做医生，是不是也很懒？"

陆地妈妈听后都笑了，说道："我说说你还有理了？你看看隔壁的小明，天天在家帮助爸爸妈妈做家务，可乖了，哪像你啊，这么懒还不让说。"

陆地直接气哭了，说道："爸爸也不做家务，你怎么不说他懒啊？我每天要上那么多课，也很辛苦的，回家只想躺在沙发上，哪里懒了？"

家长该怎么做，才能让男孩乐于参与家务事呢？

案例解析

陆地不做家务的原因有以下几个：一是课业繁忙，让他觉得很累，没有体力去做家务；二是陆地的爸爸也不做家务，陆地觉得妈妈"双标"，感觉自己受到了不公平待遇；三是妈妈的"嘲讽"让陆地心生反感，故意和妈妈对着干。

除了上述显性原因外，有些男孩子之所以对做家务不感兴趣，还因为他们的父母觉得他们的任务就是好好学习，不需要被其他活动打扰到他们的学习。在父母、老师们一心追求成绩的结果下，男孩们意识到，只要学习成绩好了，就有家庭地位和班级地位，而这些都不是做家务能够换来的。所以，在成人们以成绩为重的影响下，男孩们自然不会主动并喜欢参与家务活动了。

另外，一些家长嫌孩子动作慢、做得不好，给他们很多打击，孩子们自然不喜欢做家务了。

 解决办法

想要让男孩乐于参与家务活动，家长可以尝试以下方法：

1. 父母要以身作则。父母在要求男孩主动做家务的时候，一定要以身作则，自己先做到这一点，为孩子们树立一个好榜样，他们才会主动去做家务。

2. 给男孩分配一项家务。有些家长要求男孩做家务，只是口头上随便吼吼，也不告诉他们去做什么，男孩们自然不知道应该干什么。所以，家长不妨将一项具体的家务活动分配给男孩，有了具体的目标，男孩就知道他应该要做什么了。

3. 允许男孩们慢慢来。当男孩们刚学习做家务的时候，势必没有那些做了很多年的家长们熟练。所以，父母要有耐心教导他们，不能在一开始就要求他们达到成人的速度和质量，也不能因此而责骂他们，以免打消他们的积极性。

4. 多鼓励男孩们。有些孩子在刚开始做家务的时候，总做得不好，所以，当他们做出一些成绩后，父母应该多给予一些鼓励与奖励。甚至当家中有人来做客的时候，还可以告诉客人们，"我们家的地（碗）都是孩子扫（洗）的"，让他们有一种成就感，以增加对家务的兴趣度。

5. 家务劳动不是惩罚和有价劳动。父母应该让男孩们明白，家务劳动是每个家庭成员都应该参与的一项活动。但是，有些父母却将家务活动变成了一项惩罚活动，经常在男孩们犯了什么错后，罚他们做家务劳动。既然是惩罚，男孩们会觉得，"我又没有犯错，凭什么做家务"？还有些父母，为了让男孩可以劳动一次，就用金钱、游戏、玩具来交换，会让男孩觉得家务活动是有偿的行为，自然不肯在没有报酬的情况下主动去做家务了。

62. 时刻提醒男孩注意交通安全

——男孩不遵守交通规则怎么办？

董建不论是骑自行车上学，还是走人行道过马路，他从来不遵守交通规则，都是横冲直撞，在各种缝隙间穿插行走。问他为什么不遵守交通规则，他的回答很简单："麻烦，浪费时间。"如果有人问他为什么不担心出车祸这个问题，董建的回答也让人很无语："我妈妈说了，人不看车车看人，那些汽车不敢撞行人的，不然得赔死。"

面对董建这样不遵守交通规则的男孩子，该怎么办呢？

 案例解析

董建不能遵守交通规则，主要有以下几个原因：

1. 没有遵守交通规则的意识。在董建的意识中，他是没有遵守交通规则的意识的。这应该与家庭的教育有关，他的父母自小就没有培养他养成遵守交通规则的好习惯。

2. 嫌麻烦。董建认为，遵守交通规则要等红灯，要靠右边行走，要走斑马线，这种种行为都过于麻烦了，令他感觉到不自由。

3. 父母的坏榜样。在关于遵守交通规则这一点上，董建的父母没有起到一个好的榜样的力量，而是告诉董建汽车不敢撞行人，助长了董建的不良行为。

 解决办法

一般情况下，男孩子不遵守交通规则是由以上几个原因造成的。所以，父母可以从以上几个方面寻找解决方法：

1. 父母要向男孩们普及交通法则知识。等孩子到一定年龄，父母可以通过图册、故事等方式，或者是带着他们过马路的时候，向他们普及遵守交通规则的重要性，以及马路上的交通规则有哪些，那些红黄绿灯、斑马线、车辆行驶左右闪灯等有什么意思，让他们知道闯红灯将会来带来的危险和伤害。

2. 父母要以身作则。很多男孩对于父母的话都是"左耳朵进，右耳朵出"，尤其那些枯燥的、乏味的说教和唠叨，只会让他们烦躁。所以，父母不如以身作则，在带着孩子上街的时候，做到遵守交通规则。哪怕马路上没有行人和摄像头，依然能够不闯红灯，坚持走斑马线，用自己的行为给孩子做出一个好的榜样。

3. 告诉男孩们无规矩不成方圆。有的男孩觉得交通规则太琐碎，按要求过马路过于束缚和浪费时间，所以就不遵守交通规则。父母可以让孩子知道什么是"无规矩不成方圆"，让他们明白交通规则对于百姓生活的重要性，他们才不会那么肆无忌惮。

Part 5
男孩的青春期培养：平稳度过青春期

63. 良好的个人生活习惯从穿内裤开始
——男孩不爱穿内裤怎么办？

王女士找她的闺蜜诉苦："我儿子今年12岁了，从来都不穿内裤！我给他买了好几条，有宽松的，也有修身的，有运动的，也有卡通图案的，但是他只穿一会儿就脱下来了，还说不舒服。我让他爸爸在他晚上睡觉的时候偷偷给他穿上过，结果他第二天就脱下来了，还因此和我们大吵了一架，说穿上不舒服。哎，你说，怎样才能让我儿子乖乖穿内裤呢？"

 案例解析

很多男孩子不喜欢穿内裤，是因为他们感觉穿上内裤很不舒服。为什么穿内裤会不舒服呢？一是因为内裤尺寸没有选择好，要么太紧了，要么太窄了，要么太宽松了，等等。内裤就像鞋子一样，合不合身只有当事人最清楚，稍微有些不合适就会很难受，男孩们当然不想穿了。二是因为身体的原因。由于男孩子和女孩子的生理构造不一样，所以他们对内裤的感受也不同。对于很多男孩子而言，穿内裤会让自己的生殖器官很难受，他们感觉自己受到了束缚，所以男孩子普遍都不爱穿内裤。这就需要父母加以正确地引导，让他们爱穿内裤。

 解决办法

想要让男孩爱穿内裤，父母可以尝试以下方法：

1. 告知男孩穿内裤的重要性。父母应该让男孩认识到内裤对于身体发育的重要性，告诉他们内裤能够保持身体的卫生和整洁，男孩们才会自觉穿内裤。

2. 购买男孩们喜欢的舒服的内裤。既然男孩们普遍不喜欢穿内裤，那么，父母就应该选择那些让人体感觉更舒服的内裤，比如说纯棉内裤，让他们穿上更舒服一点。同时，父母最好带着孩子一起去买内裤，选择他们喜欢的图案和样式，并选择适合他们的大小，以免尺寸不合适，或是勒得太紧，或是松散得要掉下来了，让男孩们穿上感觉不舒服。

3. 允许夜间不穿。有些男孩实在不愿意穿内裤，父母可以和他们协调好，白天必须穿，晚上睡觉的时候可以不穿，让他们放松一下。不过要注意的是，晚上不穿内裤睡觉的话，父母就应该多为男孩更换床单、被套，保持床的干净。

4. 多多鼓励男孩穿内裤。当不爱穿内裤的男孩穿上内裤后，爸爸妈妈一定要多鼓励他们，让他们觉得穿内裤是正确的、值得表扬的行为。同时，父母还可以以身作则，告诉男孩每个人都要穿内裤。切忌：当男孩不爱穿内裤，父母不能批评他、指责他，或是用武力逼迫他穿，这样只会让男孩对穿内裤更加反感。

64. 允许男孩有追星行为，但要注意尺度
——怎么纠正男孩过度追星的问题？

郭女士看着自家儿子的房间里满是"龙龙姐姐我爱你！""龙龙姐姐就是美！"这样的标语以及这位龙龙美女的画像，就十分恼火。没错！这就是她13岁的儿子正在追的明星。一年前，娱乐圈横空出道一个女团，从来不追星的儿子不知为何，喜欢上了这个女团中一位名叫"龙龙"的明星。自此，郭女士的儿子在追星之路上就一去不复返了：不仅买回来与龙龙有关的大量物品，他还逃课去追龙龙的行程！郭女士和老公忙工作，一直不知道这件事，直到儿子的班主任打来电话，他们才知道儿子为了追星已经逃了好多课了，导致学习成绩直线下降。郭女士是劝也劝了、打也打了，儿子就是不听，执意追星，还经常朝他们要钱。如果郭女士不给钱，儿子又哭又闹的，还吵吵着要跳楼，没办法，郭女士只能一次次妥协。

父母应该怎么做，才能纠正男孩过度追星的问题呢？

 案例解析

青春期的孩子开始追星，是社会中普遍出现的情况。很多成人认为追星是小姑娘爱干的事情，为什么有些男孩子也会追星呢？这可能和大众对"追星"的误解有关。不是追逐那些娱乐明星、偶像明星才是追星，大家对运动员、画家、音乐家等各界出色人士的关注和追逐也是追星。只不过后者追逐的那些"星"的形象正面，所以成人就不觉得这是个问题。但是，不论追逐什么样的"星"，只要过度了，就是不好的。

而且，当男孩开始追星的时候，表明男孩已经有了社会化倾向。在社会化的过程中，男孩开始挑战父母、师长的权威，他们需要有一个榜样来支持他。所以，父母面对男孩们的追星行为，只要孩子不是过度追星，可以不用那么紧张。

 解决办法

如果家长发现男孩过度追星了，可以尝试以下方法来纠正他们的行为：

1. 先正确看待男孩追星的问题。追星、崇拜偶像，是一个青少年在成长过程中必然经历的过程。只要男孩的追星行为没有影响到日常的生活和学习，也没有给他带来什么坏的影响，那么，父母就不要横加干涉男孩的行为了。如果父母蛮横地干涉男孩的追星行为，不让他们追星，反而会挫败男孩对于这个社会探索的欲望，要么永远长不大，要么更加叛逆。

2. 父母可以和男孩一起追星。父母之所以想制止男孩追星，无非是担心孩子"学坏"，所以，父母可以试着去了解孩子正在追的星，知道男孩喜欢他们的原因是什么。父母只有了解了男孩为什么喜欢某个明星，才和孩子有共同话题，才可能判断男孩正在追的这个"星"是好是坏，才有可能通过潜移默化去影响男孩正确追星，形成正确的人生观与价值观。

3. 制止男孩过度追星的行为。当男孩发生过度追星的行为后，像案例中的龙龙一样为了追星而逃课，那么，父母可以干预他们的行为。但是，父母在采取干预措施时一定要注意方法，不能只想着掐断资金来源或用武力解决，这只会激化男孩的敌对情绪。父母可以这样告诉男孩："你追星我不反对，但是你不能因此而逃课。你的偶像那么棒，你难道不想向他们学习，变得一样优秀吗？"也就是利用男孩的"崇拜心理"，激励男孩进步。

65. 让男孩明白崇拜和爱恋的区别
——男孩喜欢上女老师怎么办？

"我今天把大家都不会的那道数学题做了出来，刘老师因此夸奖了我，说我是一个聪明、有想法的人，能够从不一样的点着手解决问题。虽然我故作高冷地说着'小意思'，但我其实挺高兴的，因为我吸引了刘老师的注意力。为了让刘老师多关注我，我要更加努力才行。啊，对了，刘老师很喜欢运动型的男生，我以后还要多花时间做运动，争取成为她喜欢的'型男'！"

除了这一篇文章，王正达的微博上还有很多文章，都是记载与"刘老师"有关的事情。张女士知道儿子口中的"刘老师"是谁，她是一位知性、温和的女性，教儿子数学。很明显，自家儿子对这位刘老师是很有好感的！她不由有些担心，应该怎么办才能制止儿子恋上女老师的这种行为呢？

案例解析

张女士和许多父母一样，担心自家儿子喜欢上女老师。而且，许多家长不得不正视一个问题，那就是男学生喜欢上女老师的概率还是很大的。这是因为男学生们正处在情窦初开的年纪，而他们每天上学，与他们朝夕相处的不是同学就是老师，所以，他们要么是爱上同学，要么是爱上老师。

然而，很多家长都接受不了自家的儿子喜欢上老师，觉得这是有违人伦的事情。当发生这种事情后，很多家长认为自己的孩子有"问题"，不然怎么会喜欢上比自己年龄大，甚至是大那么多的人呢？其实，家长还真是想多了。中学生们对老师的这种爱恋更多的是对老师身上所具有的美好人格的向往。家长可以观察一下，会发现中学生们迷恋的老师一般都有着与众不同的外表，或是有着超凡的智慧、出类拔萃的品格。说白了，中学生对老师的这种"热爱"，更像是他们对内心自我完善的追求，能够让他们为了完善自己而积极进取。所以，从某种意义上讲，男孩们一定程度的恋师情结对自身的发展具有一定积极的潜在动力作用。

解决办法

如果家长发现男孩喜欢上了自己的老师，可以尝试以下方法做正确的引导：

1. 理解并尊重男孩的感情。恋师情结是青少年中很常见的一种阶段性心理现象和情感现象，它代表了青少年的生理、心理正在逐渐成熟。所以，家长应该理解男孩们的这种情感，尊重他们。

2. 与男孩多进行沟通，帮助他们塑造更独立的自我。由于男孩爱恋老师的过程，就是完善自我与内心的过程，因此，家长不妨多与男孩进行沟通（如果男孩不喜欢与家长聊天，家长可以找他们愿意敞开心扉的人来聊天，或者是帮他们购买一些适合他们阅读的、对他们身心发展有利的书籍），让男孩通过其他途径去塑造自己、提升自己。

3. 让男孩多与同龄人交往。很多男孩之所以会爱上老师，就是因为他与同龄人的交流不太顺畅。因此，家长可以组织一些男孩可能会喜欢的活动，多找一些志同道合的同龄人来参加，或者是鼓励男孩多参加集体活动，让他们与同龄人玩耍、交往、沟通，以此来转化和消除男孩们对老师的迷恋。

4. 发挥恋师情结的有利面，激励男孩积极成长。家长可以通过一些正面教育与暗示性指导，帮助男孩正确认识到自己的情感，并能够理智处理自己的情感，激发出他们学习的积极性，让男孩去追求更完美的自我。

66. 以尊重的态度面对男孩的成长
——男孩早恋了，怎么办？

朱天鹏是一个15岁的初三男孩，他由于性格比较内向，不怎么说话，也不打篮球，做运动，所以没有什么朋友。可是不知道从什么时候起，他就对同班一位性格开朗的女生产生了一种朦胧的情感。这个女生名叫周海燕，班里的同学都亲切地叫她"燕子"。朱天鹏每天不受控制地追逐着燕子的身影。但是他很自卑，不敢表白，所以只能艳羡地看着燕子和其他人开开心心地玩，他只能在一旁暗自伤心。渐渐地，朱天鹏的学习成绩下降了，他也更加沉默寡言了。

那么，当男孩早恋后，家长应该怎么做呢？

案例解析

关于男孩早恋的问题，其实仔细想想，父母担心的不是谈恋爱这件事，而是担心男孩早恋后变"坏"了：逃课、成绩下降、与人争风吃醋、偷吃禁果等。就像案例中的朱天鹏，因为早恋而导致自己意志消沉，成绩下降了很多。

其实，孩子不早恋，也会有各种各样的原因导致他们成绩下降。由此可知，早恋不是让男孩变"坏"的唯一原因和主要原因，男孩们不懂得自爱、不懂得如何爱别人、不懂得控制自己的行为，才是让他们变"坏"的根本原因。

 解决办法

在对待青春期男孩们的"早恋"问题上，家长可以采取以下具体措施：

1. 教会男孩自尊自爱，让他们在爱情面前发乎情、止于礼。等男孩长到一定年龄后，家长可以对他们进行适当的、系统的性、恋爱与婚姻的教育，让男孩知道什么是真正的爱。如果家长发现男孩早恋了，也不要惊慌失措，而是告诉他们，这是青春期每个人都会经历的过程，要学会正确处理这个心理和生理的变化期。

2. 正确引导男孩走出低迷。如果男孩不仅早恋了，而且情感发展还很不顺利，导致他们意志消沉、魂不守舍的话，家长千万不能讥讽、责骂孩子，而是要理解他们的痛苦，并帮助他们展望未来，权衡利弊，开导他们走出低潮。

3. 鼓励男孩多参加积极向上的活动。当男孩早恋后，家长想要阻止他们的这种行为，可以采用迂回的方法，鼓励他们多参加一些有益的活动，发泄他们充沛的精力。同时，参加的活动多了，男孩会接触到更多的同龄人，会转移他们的注意力，适当地减弱和转移"早恋"这种情感。

4. 让男孩多与女生发展友谊。俗话说："距离产生美。"很多男孩之所以会陷入恋爱，是因为他们对女孩充满好奇，感觉他们很神秘。所以，家长可以让他们与女孩子多来往，并在日常生活中强化"高尚的友谊比爱情更伟大"的意识，让男孩觉得女孩没有什么神秘的。

67. 引导男孩拓展狭窄的交友圈
——男孩无法与女孩正常交往怎么办？

小八和小杰是一对难兄难弟，因为他们都没有办法和女孩子正常沟通。不过，这两个人的原因却不一样：小八是不屑和女孩子沟通，认为班级里的女孩子一个个都娇滴滴的，手不能提、肩不能抗的，动不动就哭鼻子；而且，女孩子们都喜欢那些偶像明星，夸他们这个帅那个好看的，小八觉得她们很幼稚，跟她们没有共同话题可以聊。小杰不一样，他是因为太害羞了，一和女孩子说话就脸红脖子粗，还结巴，所以不敢和女孩子沟通。

遇到类似于小八和小杰这样无法和女孩子正常沟通的男孩子，我们应该怎么办呢？

 案例解析

小八和小杰这两个男孩子虽然都不能和女孩子正常沟通，但是原因却不一样：小八是嫌弃女孩子娇气、胆小；小杰是自己性格比较害羞，不敢和女孩子说话。其实，在生活中有很多男孩都不能和女孩正常沟通，一般也都是因为这两个原因。但是很多家长却不把这件事情放在心上，认为等孩子长大了就好了。还有些家长认为男孩子不会和女孩交流，正好避免了早恋的问题。然而，物极必反，如果男孩子不能和女孩子正常交流的话，是不利于男孩的身心健康发展的。

因为青春期发育的原因，有很多男孩内心深处是希望和女孩沟通的。如果男孩因为一些原因无法正常与女孩沟通的话，就会对女孩子充满好奇，不仅不利于自己心理的健康发展，而且会很容易就让男孩陷入情网中，走向极端。

 解决办法

当男孩无法与女孩正常沟通后，父母要正确看待这个问题，并尝试以下方法：

1. 妈妈与男孩的关系决定了男孩与女孩的相处方式。男孩从出生后接触到的第一个关系比较亲密的女性就是他的妈妈，所以，一定程度上，妈妈与儿子的关系如何、妈妈教育儿子怎么和女孩交往等，往往决定了男孩与异性的相处模式。如果妈妈为了防止男孩早恋，而不支持男孩与女孩正常交往的话，那么，男孩在处理与女孩的关系时，始终是缺乏真诚和热情的。

2. 可让男孩先与关系比较近的女性开始攀谈。如果男孩只是因为害羞而无法与女孩正常交流的话，那么，他可以先和身边比较熟悉的女孩多交谈一下。比如说，男孩可以找自己的表姐妹、堂姐妹，和她们一起玩耍、沟通与交流，从而找到与其他女孩的相处之道。

3. 男孩要对自己有信心。父母应该经常鼓励男孩，让他们认识到自己的优点，他们才会有足够的自信，才会鼓起勇气和女生来往。

4. 要让男孩明白男女有别。有些男生可能觉得女孩娇滴滴的，觉得她们不好相处，这时，父母应该让他们知道，因为男女身体构造的不同，决定了男女的性格上存在着很多不同。此外，男孩也可以先和那些性格比较像男孩的女孩一起玩耍，慢慢地增进对女孩的了解，就不会那么排斥女孩子了。

5. 扩大男孩的社交范围。父母可以让腼腆的男孩多参加一些集体活动、社团活动，让他们学习如何与人交际，逐渐提高自己的活跃度，从而能够与女生交流。

68. 在恰当的时候给男孩一些性教育
——男孩对生理发育很恐慌怎么办?

王大力到了青春期，身体逐渐开始发育：出现了喉结、体毛。这让王大力十分苦恼，因为他很讨厌体毛这种东西，但是他偏偏属于毛发旺盛的人，手臂上、腿上、腋窝下都长了很多毛发。这让他感觉自己像个"长毛怪"，他动不动就拿着剪刀、镊子修剪这些体毛。而且，随着喉结的发育，他开始变声了，声音变得粗哑难听，跟公鸭嗓一样，这让他变得越来越沉默，不想再说话，就连喜欢唱的KTV也不去了。在第一次梦遗后，王大力更加惶恐，他不知道自己怎么了，也不敢跟爸爸妈妈讲，只能自己在网上搜索信息。王大力觉得，青春期实在是一个恐怖的时期！

面对青春期正在发育的男孩子，家长们应该如何消除男孩们的恐慌心理呢?

案例解析

很显然，正处于青春期的王大力之所以对自己的生理发育感到非常的恐慌，就是因为他不知道自己怎么了。这就要归因于王大力的家长在对他的青春期教育方面的失败了。

在生活中，有很多父母像王大力的父母一样，觉得与男孩子谈论青春期的发育问题是一件很羞耻的事情，而且他们都认为，等孩子长到一定年龄后自然就懂了，所以，就对处于青春期的男孩不闻不问。但是，家长们设身处地地想一下，每个人面临自己之前没有遇到过的情况时，总是会恐慌、胆怯的。面临青春期的男孩也是如此。他们第一次遇到这些问题——遗精、体毛开始生长、变声等，肯定会觉得自己的身体出现了问题。如果是那些性格大大咧咧、承受能力强的男孩，可能会自己查网络了解一下情况，能够坦然接受自己的变化；但是，如果是那些敏感的男孩子，比如说王大力这样的，他们不清楚自己的变化，就会觉得很恐慌，也会讨厌自己变成这样。

 解决办法

如果男孩在发育时感觉到了恐慌和不安，家长可以尝试以下方法：

1. 早做预防，提前普及。家长最好能提早就向男孩们普及一些青春期的知识，教导他们如何正确地调整自己的心理以及正确地处理这些事情。比如说，父母可以事先告诉男孩，他在青春期发育时会有什么样的变化，让男孩提前做好心理准备。等青春期发育真的来临了，他就不会那么惊恐。

2. 理解孩子的不安，教其正确对待。家长应该理解孩子在面对青春期发育时的这种恐慌和不安的心态，不能斥责他们"大惊小怪"。父母最好能和男孩心平气和地平等沟通一下，让他们知道自己是怎么会有这些变化的，并为自己的失职（没有提前告知男孩）而表示歉意，让男孩知道这不是他们的错。

3. 用实例打消男孩的恐慌。如果男孩还是无法接受自己在青春期的这些变化，依然对生理发育感到恐慌的话，家长可以拿男孩崇拜的对象（或男孩的爸爸自己）举例子，让男孩知道，经历这些变化是成为一个勇敢、有担当的男子汉必经的过程，让他们知道，自己只有勇敢面对这些生理变化，才会成为真正的男子汉。

69. 青春期需要良好的生活习惯

——男孩长青春痘很自卑怎么办？

小航自从进入青春期后，脸上就开始不断地长痘痘。虽说这是"青春美丽疙瘩痘"，但是如果此起彼伏、接连不断地长，那就有点烦人了。更烦人的是，别人的青春痘长起来是小小的一个，他的青春痘却一长一大片，而且还很大、很红，整张脸都是红彤彤的一片，完全看不出本来的皮肤。在被很多同学笑话之后，小航变得非常自卑，每天不想出门，即使出门也是低着头走路，不和别人说话。

请问，男孩子长了青春痘，要怎么做才能消除他们的自卑心理呢？

 案例解析

随着青春期的到来，由于雄性激素分泌的原因，导致很多男孩都长了青春痘。原本，青春痘不用管它，自己慢慢就会消减下去。但是，有些男孩在饮食习惯上很不健康，经常吃一些油炸食品及葱、蒜、辣椒等带有刺激性的食物，让他们的青春痘此起彼伏；再加上他们也不注意卫生，睡眠时间也不规律，导致雄性激素越来越多，毛孔变得粗大，油脂分泌较多，脸上的青春痘也慢慢演变成了痤疮。到最后，这些青春痘就影响到了男孩面部的美观。

不过，如果是神经大条的男孩子，顶多觉得脸上长疙瘩不好看，不会太在意，但是，像小航这样的男孩子，心思比较细腻，就觉得长了一脸痘的自己很丑，并因此产生了自卑心理。随着痘痘的增多，他的自卑心理越来越严重，影响到了他的正常生活和交友。

 解决办法

当男孩因青春痘而自卑了，家长可以尝试以下方法缓解他们的自卑心理：

1. 对男孩进行心理疏导。家长应该告诉男孩，青春期长青春痘是很正常的一件事情，会发生在很多男孩身上。只不过，有的人长得痘痘多，有的人长得痘痘少，等过了青春期这个时期，那些痘痘自然就消下去了，不用过于紧张。

2. 帮男孩购买一些祛痘产品。家长可以根据男孩的青春痘生长情况，为他购买一些洁面皂、洗面奶等祛痘产品，用药物帮助男孩消除青春痘的烦恼。

3. 让男孩注意脸部的整洁。家长要叮嘱男孩，平时一定要注意卫生，不能用手触碰或挤压青春痘。同时，也让男孩注意自己脸部的整洁干净，勤更换使用的毛巾和床单、枕巾。

4. 从饮食上做出改善。如果男孩的青春痘比较严重，那么饮食一定要健康，不能吃重油重辣的食物。平常，父母最好可以多给男孩准备一些富含维生素 A 和维生素 B 的食物、水果，因为这些食物能够有助于保持皮肤的温润光滑。

5. 让男孩养成良好的生活作息习惯。督促男孩早睡早起，经常做些运动，养成良好的生活作息习惯，以免内分泌失调让青春痘更严重。

70. 减肥可以，前提是先要保证健康

——怎么解决男孩节食减肥的问题？

胖胖身高 1.7 米，体重却有 220 斤。学校经常有同学嘲笑胖胖是个"大肥猪"，这让胖胖很难过。他不想别人笑话他，于是就开始减肥。也不知道他从哪里看的，说不吃晚饭可以减肥，于是，从一个月前开始，胖胖就没有吃过晚饭了。就连午饭，他也只吃蔬菜和水果，不吃主食。尽管这一个月胖胖瘦了七八斤，但是，节食减肥却给他带来了其他问题：午饭吃不

饱，导致他下午没有精力上课，落下了很多课程；吃得太少，让他总饿得胃疼；每天都无精打采的，脸色都变黄了。

应该怎么劝说胖胖，让他不要再节食减肥了呢？

案例解析

胖胖之所以要节食减肥，是因为他被同学们嘲笑了，感觉很自卑、很受伤。但是，他选择的节食减肥其实是最错误的方法，因为他正处于发育期，正在长身体的时候，身体的新陈代谢很强，需要补充大量的食物和营养来维持身体机能的运转。看到这里，或许有人觉得，水果和蔬菜里有很多维生素，正好可以补充营养，不是减肥的最佳选择吗？话虽如此，但是人们只说要多吃蔬菜和水果，没说"只"吃蔬菜和水果。人体所需的一些碳水化合物、蛋白质，还是需要通过主食和肉类来补充的，不然无法满足青春期少年们的身体需要。

再说了，如果人人都像小胖一样，通过节食减肥的话，时间长了引起青春期厌食症。严重时，还会影响到身体的发育，导致发育变缓，人体的抵抗力下降，就连智力也会受到影响。由此可知，青春期的男孩们通过节食减肥的方法是不可取的。

解决办法

如果发现家里的男孩在通过节食减肥，父母可以尝试以下方法：

1. 告知男孩们节食减肥的危害。父母应该让男孩了解节食减肥的危害有哪些，比如说厌食、营养不良、抵抗力下降，等等。同时，父母还应该让男孩知道，节食减肥虽然见效快，但是反弹也很快，很容易就白费力气。

2. 带领男孩一起做运动。最好的减肥方法就是锻炼，但是，一个人锻炼往往不能坚持下来。所以，父母不妨和男孩一起，和他早起锻炼。当男孩气馁想放弃的时候，要为他加油打气。

3. 让男孩们科学饮食。男孩身体太胖的话，会影响到身体健康，所以，家长平时要注意男孩的饮食结构，不要让他们暴饮暴食，也不要让他们吃太多脂肪含量高的食物，以免身体发胖，引起其他身体疾病。

4. 必要时找心理医生。如果男孩执意要通过节食来减肥的话，甚至达到了"疯魔"的地步，家长千万不要掉以轻心，可以带男孩去看一下心理医生，看看他们是否有什么难言之隐。

5. 让男孩明白内在美的重要性。父母应该让男孩知道，一个人的外表尽管重要，但是他的内在才是最重要的。就像案例中那些嘲笑胖胖的同学，他们或许有着正常的身材和外表，但是他们嘲笑同学，让他们的内在形象变得不那么美好。

71. 尊重男孩的阶段性审美
——男孩奇装异服怎么办？

周一学校升旗，别人都穿着校服，唯独慕容冲穿着抗日战争时期的八路军军服。老师因此批评他穿的是奇装异服，他却振振有词道："我这怎么是奇装异服呢？这可是共产党前辈们打日本鬼子时穿的衣服，我这叫追本溯源！"

学校要举行合唱比赛，老师要求参加合唱的人穿白色衬衣、黑色裤子和白球鞋。结果，慕容冲穿着一条黑色的破洞裤就来了，老远就看见他那两个白花花的膝盖。慕容冲的老师让他换掉裤子，慕容冲还不同意，说道："我是领唱，就应该穿得和其他人不一样，才能凸显我自己。再说了，您只说让穿黑色裤子，又没说不让穿破洞的！"

类似于这样的例子数不胜数，慕容冲在穿着上总是与众不同。那么，面对像慕容冲一样，喜欢穿奇装异服的男孩子，我们应该怎么办呢？

案例解析

上中学后，男孩们的身体不仅发生了变化，他们的心理也有了相应的改变。他们从一开始黏在爸爸妈妈屁股后面跑的小孩子，变成了一个个独立自主的少年，也开始有了自己的交际圈。

在这个过程中，随着男孩们自我意识的增强，他们不再希望自己是那个什么都不知道的"小孩子"，而希望自己能够摆脱成人的"监护"，成为一个独立的人。而且，这个年龄段的孩子都认为自己是独一无二的，他们很担心外界会忽视自己的存在，因此，他们会通过一些手段和方式来确立自己的地位。所以，就有很多男孩子像案例中的慕容冲一样，"不听"父母和老师的话，穿一些奇装异服来表现自己的与众不同，吸引别人的注意力。而且父母越反对他们的穿着，他们反而越高兴，因为他们觉得自己这样做挑战了父母、师长的权威。

解决办法

男孩喜欢穿奇装异服，家长可以尝试以下方法：

1. 弄清楚男孩们喜欢穿奇装异服的原因。如果男孩是进入了青春期，通过这种方式来挑战父母、师长的权威，那么父母可以置之不理，男孩们就没有那么大的热情了；如果男孩们只是单纯的喜欢某个款式的衣服，比如有些人很喜欢汉服，就会穿这样的衣服，那么，父母要尊重并理解他们的喜好，同时告诉他们哪些场合适合穿这些衣服。

2. 家长要理解、信任、尊重孩子。我们一直在强调"理解""尊重"，但是说起来简单，做起来却很难。因为中国的很多家长都觉得自己是"一家之主"，认为孩子什么都不懂，需要事事听从自己的要求。这样"专断"的家长一旦发现孩子脱离了自己的管束，就会大发雷霆，粗暴地全面否定孩子的所为，导致孩子反抗得更加激烈。所以，家长不妨多信任孩子，多尊重他们的选择，不要盲目地完全否决他们，才能和孩子和平交流。

3. 父母要放宽心。有些父母一看到孩子穿着奇装异服，就觉得他们"叛逆""不听话"，就想斥责他们，从不想去了解他们为什么要这样做。其实，父母应该意识到一点，那就是他们与孩子之间是存在代沟的。因此，父母不如放宽心，让孩子穿他们爱穿的。只不过，父母应该告诉孩子们，在一些场合（比如升旗、学校的集体活动），穿"正常"的衣服是有必要的，这是对别人也是对自己的尊重。

72. 尽早地给男孩传递性别意识
——男孩喜欢穿女孩的衣服怎么办？

"啊！你怎么又偷穿我的裙子，又偷偷用我的化妆品？"王铁军的妈妈咆哮道。

原来，在王铁军上幼儿园的时候，他的妈妈见王铁军长得可爱，就经常给他穿漂亮的小裙子，把他当成女孩去打扮。后来，随着王铁军慢慢长大，他的妈妈也就停止了这种行为。但是，王铁军的妈妈无意间发现，儿子现在会换上她的裙子穿。王铁军的妈妈觉得这样不好，就严禁王铁军穿裙子，还为此狠狠打了他一顿。但是王铁军还是会偷偷地穿。

对于喜爱穿裙子的男孩子，父母应该怎么纠正他们的这种行为呢？

案例解析

在这个案例中，王铁军之所以喜欢穿女孩的衣服，是因为妈妈的教育问题。在案例中我们看到，王铁军的妈妈因为觉得婴幼儿时期的王铁军很可爱，就经常将其当作女孩子装扮，让他穿裙子、留长发。结果，王铁军妈妈的这种做法，导致王铁军在性别认知上产生了错误的认知，所以，王铁军才会一直穿裙子等具有女性标志的衣服。

有很多男孩子和王铁军一样，因为父母在家庭教育中的失误，或者是生活环境的不寻常，导致这些男孩子的心理出现问题，或者是性别认知上有了错误，会通过一些不一样的举动（穿裙子、将自己做女孩子打扮等）来给自己安全感。

解决办法

1. 要做到男女有别。父母如果不想男孩穿女孩的衣服，在孩子出生后，就应该按照他们的性别培养他们成长。如果是男孩子，那么，父母就应该给他们取男孩的名字，让他们穿男孩的衣服、玩男孩的玩具。尤其在孩子 3 岁左右的时候，正是孩子建立性别意识的关键时期，父母应该明确地告诉男孩们性别是什么，让他们对性别有一个清晰的认知。

2. 将小火苗及早掐灭。一旦父母发现男孩有穿女装的行为后，就应该高度重视，及早与男孩进行沟通，了解男孩的心理，尽可能地将苗头掐灭。

3. 寻找背后的原因。如果父母发现家里的男孩喜欢穿女孩的衣服，先不要暴跳如雷，而是应该寻找其中的原因。如果是因为缺少了父亲的关爱，那么父母在之后的日子里可以多让男孩和父亲接触，让男孩了解男人的思维和生活是怎样的；如果因为性别认知错误，那么父母应该认真地告诉男孩他的性别，以及他和女孩之间的差别，让男孩从"女孩梦"中醒过来；如果男孩只是想穿一下女装，体验一下异性角色，那么父母可以不用太大惊小怪，平淡看待这个问题就可以。

4. 区分异装癖和同性恋。当男孩喜欢穿着女孩的衣服后，父母应该区分清楚，自己的孩子到底是异装癖还是同性恋（也就是说，他希望自己是个女孩）。如果只是单纯的异装癖，那父母就可以将其看成一个小爱好，慢慢地让男孩寻找其他爱好来代替就可以了；如果男孩打从心底里希望自己是个女孩，那么父母应该带男孩去专业的医院找医生了解情况，看是心理原因还是生理原因，并和医生商议，找出合理的解决方法。

73. 慎重与男孩沟通染发问题
——男孩染头发怎么办？

彭飞很喜欢一个韩国男团明星，经常模仿他们的穿着打扮。在这个男团中，有一个人经常染头发，一两周就换个颜色，或是将挑染的部位变化一下。彭飞看自己的偶像不断染头发，觉得这样很酷、很好看，于是，他也将一部分头发挑染成了酒红色。结果，彭飞回到家后，他爸爸妈妈看到了很生气，逼着他染回去，不然就要给他剪掉那部分染过的头发。彭飞因此和爸爸妈妈大吵了一通，觉得父母就是老古董、思想封建，干涉他的人身自由。

如果青春期的男孩子要染头发了，我们应该怎么办呢？

案例解析

从表面上看，彭飞之所以喜欢染头发，是因为受到了他喜爱的那个韩国男团的影响，也觉得这样做很酷炫、很好看。但是，如果我们追究根本原因，则会发现这和彭飞的家庭教育和自我发展有关。

很明显，彭飞已经到了树立自我意识和独立意识的年纪，也有了自己的审美。但是，从他爸爸妈妈逼迫他把头发染回来，甚至要给他剪掉染过的那部分头发的行为可以看出来，彭飞的爸爸妈妈是非常传统、专制的父母，他们要求彭飞必须听他们的话，不然就会斥责彭飞，或武力镇压彭飞的行为。父母的这种严厉的控制，让彭飞非常反感，他也就更加渴望自由与自我。于是，他就通过染头发这种在父母看来很叛逆的行为，来表现自己的独立性，来彰显自我，来与父母的专制做斗争。

解决办法

男孩染头发，爸爸妈妈可以尝试以下方法与他们进行沟通：

1. 理解男孩们染头发的原因。男孩自己做主去染头发，表明他开始有了自己的审美和独立意识，想要用这种方式来表现自己。家长要正确看待男孩的这种心理，并能理解他们偶尔的小叛逆。

2. 告知男孩染头发的坏处。如果家长实在不喜欢男孩染头发，可以心平气和地和男孩沟通一下这个问题，并告诉他们："我理解你想要帅、想要与众不同的心情，但是染发剂对头发、身体有很大危害，你可以尽量少染几次吗？"

3. 和男孩一起探讨如何染头发。如果男孩真的很想染头发，父母可以和他们一起商量染什么颜色、用哪种染发剂，让男孩知道，父母在真心为他的健康考虑，也没有想要阻止他染头发的念头。这样染过一两次后，男孩自然觉得染头发也不过如此。

74. 青春期的叛逆谁都躲不开
——如何正确对待男孩的叛逆行为？

刘青的妈妈去青少年教育中心求助："我儿子刘青以前非常听话，我让他干什么他就干什么。现在到了青春期，性格发生了迥然不同的变化，我让他干什么他偏偏不干什么。前几天，我跟他说天气要降温了，要多穿一件外套，结果他还是穿着短袖出门。后来，感冒了不说，还死犟着不吃药。不仅如此，他也不再一心扑在学习上了，和学校里的那些学习不好的孩子混在一起，成天称兄道弟的，搞得成绩都下滑了。我该怎么办呢？"

面对孩子在青春期的逆反行为，我们应该怎么办呢？

 案例解析

刘青出现的这种表现，就是逆反行为。这是青少年们经常会出现的一种现象，这种表现，在心理学上叫作"逆反心理"。凡是出现逆反行为的男孩，就像刘青一样，一改以往的乖顺（或者是性情比以往更加不羁），会明着、暗着与父母、师长对抗，反抗任何成年人认为"对"的事物。

不过，对于男孩的逆反行为，家长不必太担心。因为在一般情况下，当男孩出现逆反心理后，就表明他在通过这种手段来确立"自我"与外界的联系，表明他正在成熟，正在走向独立。家长只需要正视和尊重男孩们的逆反心理，以平常心对待他们，他们就能形成独立的人格，成长为优秀的男孩子。

 解决办法

如果男孩子进入了逆反心理时期，家长注意到以下几点，是完全可以缓解孩子的这种心理的：

1. 家长应该尊重孩子。青春期的男孩子对"英雄人物"很感兴趣，也认为自己是个"不凡之人"，所以，家长应该了解他们的这种心理，并尊重他们。如果男孩出现了逆反行为，家长不要急着进行镇压、管制，而是告诉男孩们："虽然我不太理解你的想法，但是我尊重你的选择。你能不能详细跟我说说你是怎么想的，让我更加了解你一点。"与此同时，家长千万不要忽略男孩的看法，不听他们的诉求，也不要在男孩面前摆出一副"我很行，你不行"的样子，这只会激怒他们。

2. 家长要注意说话的语言、语气。在与男孩说话时，家长可以注意一下自己的语气、语调与用词，尽量避免使用一些带有命令词汇的语言，比如说"应该""必须""务必"等词语，会让男孩感觉"自我"受到了挑战和侵犯，会让他们更加抗拒家长的话。

3. 委婉地纠正男孩的错误。当家长知道男孩做了错事后，不要不留情面、过分地指责与强调他们的错误。男孩们都有自己的尊严和面子，而且，他们有一定的是非观，也知道自己到底错没错。如果家长一味说"你错了""我说过这样做不行，你还不听"等话，只会让男孩们的逆反心理更强。

4. 家长可以"逆"着来。逆反心理时期的男孩，不是都不听父母的话，喜欢跟父母对着干吗？家长可以利用这一点，故意说一些"错误"的指令，让男孩逆着来，以达到自己的目的。

75. 和男孩敞开心扉谈网恋利弊
——男孩网恋怎么办？

初中生张涛前段时间在网上认识了一个很有个性的女孩子，很快坠入情网。两人经常一起聊天、视频、打游戏，还互相称呼彼此为"老婆""老公"。由于张涛与他网络上的女友是"异地恋"，张涛怕漏过女友的任何消息，走哪儿都拿着手机。张涛还经常不顾父母的劝阻，与女友聊到半夜两三点。没多久，张涛的黑眼圈就重得不得了，身体变得绵软无力，也没有什么精神。如此一来，张涛的成绩不仅一落千丈，连身体也不好了。

面对正在网恋中的儿子，张涛的父母应该怎么做呢？

案例解析

张涛之所以会网恋，有以下几个原因：

1. 张涛到了对异性产生情感的年龄，自然会对谈得来的异性充满好感。

2. 网络的发达和便捷，让现在很多孩子都像张涛一样，结识了很多志同道合的"网友"。

3. 现在有很多网络游戏，在不断"打怪升级"的过程中，也会有"结婚"这一项任务。很多男孩像张涛一样，原本只想找个游戏中的"老婆"完成任务升级，谁知道两人经常一起打游戏，共同话题也多，再加上"老婆""老公"这样具有迷惑性的称呼，导致情窦初开的小男生抵挡不住诱惑，开始了网恋。

但是，网恋中具有很多不确定因素，比如说，很多家长觉得网络里面的信息有真有假，也无法确定对方是不是骗子，总担心自己的孩子吃了亏还不自知。所以，很多家长才不赞同男孩网恋。

解决办法

俗话说："堵不如疏。"如果家长发现了家里的男孩正在网恋，直接用强硬的手段去制止反而会起到反效果，不如尝试以下方法：

1. 要让男孩看到网络的阴暗面。很多男孩觉得网络是一个百利而无一害的东西，对网络上出现的各种东西和信息也很放心，所以才会大胆地使用网络。因此，家长不妨举例子、讲道理，教会男孩正确地看待网络，让男孩知道网络是一把双刃剑，是有利也有弊的。如此一来，男孩在应用网络时才会谨慎区分信息的真假，而不是一股脑将自己的信息全部透露出去。

2. 限制男孩上网的时间。父母应该严格把控男孩上网的时间，规定每天是多长时间就是多长时间，不能无缘无故就延长上网时间。

3. 让男孩知道网恋的危害。父母可以从身心发展两个方面，让男孩知道网恋是不利于身心发育的：一是网络费时，像张涛一样，经常上网到半夜，影响身体发育，对眼睛也不好；二是用网络建立的感情是虚拟的，会让人患上网络孤独症、网络成瘾症，导致在现实世界中的人际关系越来越差。

76. 允许大男孩也有小秘密

——男孩不再和父母分享秘密怎么办？

格子妈说："我儿子原本跟我之间是没有秘密的，我们俩无话不说。可是，从前一段时间开始，他不再跟我分享秘密了。"

当问到格子为什么不再和妈妈分享秘密后，格子是这样回答的："她（指妈妈）不想听我说啊！很早之前我就发现了，妈妈只想说她自己的，她都不在乎我的感受。无论我跟她说什么，她总能找出理由来反驳我，都能扯到学习上。有好几次，我都想对她说说我的心里话，结果话还没说完，妈妈就哭了，说自己有多么多么辛苦，说我辜负了她的期望。长此以往，我绝望了，也不再和妈妈沟通了。"

当男孩不再和家长分享秘密后，家长应该怎么办呢？

 案例解析

在这个案例中，格子之所以不和妈妈分享事情、分享秘密了，是因为他发现妈妈不懂得倾听自己。其实，在生活中有很多这样的例子，很多家长习惯了"我说孩子听"的生活模式，也不认为这样的相处模式有什么问题。可是，这样的相处模式却让男孩们觉得痛苦，因为他们得不停地听着父母唠唠叨叨，而且是反复听。这就像听唐僧念咒一样，怎能不令人感到痛苦呢？

再说了，任何人都有诉说的欲望。男孩子们虽然还没有长大，虽然对这个世界的认知不够多，观点可能也不鲜明，但是他们也会有想要诉说的时候。结果，等男孩兴致勃勃地向自己最亲近的人——父母诉说自己的见解、苦恼时，却发现父母们无论听到什么，都能转到学习上面。甚至有时候，父母们压根都听不进去，也不会理解、不想理解自己的想法。慢慢地，男孩们就像格子一样，将自己"包裹"了起来，不愿意再向父母分享自己的秘密了。

 解决办法

当男孩不再和父母分享自己的秘密了，做父母的可以尝试以下方法和男孩进行沟通：

1. 父母要反思自己的行为。如果男孩变得沉默寡言，不再像之前知无不言了，那么，父母要反思自己的行为，是不是听得不认真，还是没有理解孩子的意思，或者是给男孩太多压力？父母如果知道了自己哪里做错了，要向男孩们道歉，并表示一定会认真听他们说话。

2. 寻找男孩不愿意分享秘密的原因。有些男孩不愿意分享秘密，是因为他长大了，有了自己的"隐私"，觉得不用事事都和父母打报告了；有些男孩则是因为父母不理解自己，感觉说了和没说一个样，所以也就慢慢不说了……总之，男孩不愿意分享秘密有很多原因，父母要找到根本原因，才能治标治本。

3. 做一个好的听众。不论工作多么繁忙，生活的担子有多么重，孩子说的话题有多么无厘头，当孩子来找父母聊天的时候，父母还是应该调整一下自己的状态，让自己做一名优秀的听众，才能听到孩子内心的想法。

4. 定期与男孩来一场谈话。如果父母实在太忙，没有时间天天和孩子聊天，那么，父母也应该和孩子约定好，一周或两周进行一次谈话，互相说说自己最近遇到的事情和烦恼，让彼此之间不那么生疏。

77. 用倾听打破男孩自闭的枷锁
——为什么男孩突然变得自闭起来？

刘东的爸爸妈妈都是做生意的，经常不着家。从小到大，刘东都是跟着爷爷奶奶生活。每一次，爸爸妈妈都是匆匆忙忙回家，塞给刘东和爷爷奶奶很多钱，就又飞到其他城市谈生意去了。刘东只能在晚上很晚的时候，通过视频与爸爸妈妈联系。可是，自从爷爷上次大病一场后，刘东就变得沉默了起来，不再像以前一样吵着要和爸爸妈妈视频。即使偶尔视频一次，刘东也变得沉默寡言，不再主动和爸爸妈妈说话了。刘东的爸爸妈妈不知道发生了什么，主动问刘东，刘东又不说。再加上距离隔得远，他们只能通过视频骂了刘东几次，让他敞开心胸，不要惹事。

如果男孩像刘东一样，突然变得自闭、沉默了，家长应该怎么办呢？

 案例解析

刘东突然沉默自闭的转折点是因为爷爷生了一场大病，再结合刘东爸爸妈妈的情况，不难看出来，刘东的父母可能在爷爷生病期间因为生意忙而没有顾得上照顾爷爷，或者是一味通过花钱的方式来表示自己的心意。父母的行为，让从小被爷爷奶奶照顾大，和爷爷奶奶感情很好的刘东感到很不满，或者说，刘东很可能认为，在爸爸妈妈的心中，钱才是最重要的，他感受不到爸爸妈妈的关心和爱，所以，就不像之前一心热忱地要和父母视频，也不主动和他们说话了。

再看刘东的爸爸妈妈关于刘东自闭后的反应，可以看出来他们真的不是合格的父母。他们在发现了刘东的异样后，没有想着去寻找背后的原因，只是问了几句，刘东拒绝沟通后，他们又单方面地斥责刘东要敞开心胸，还告诉他不要惹事。父母的这种反馈只会让刘东更加沉默和自闭。

 解决办法

当男孩突然变得自闭，家长可以尝试以下方法：

1. 了解让男孩自闭的原因。原本性情活泼开朗的男孩子突然变得沉默、自闭了，那么，他肯定有什么原因。因此，家长要找到其中的原因，是失恋了？还是与同学吵架了？或者是被人欺负了，等等。家长知道原因后，才知道怎么开导男孩。

2. 多关心孩子的精神需求。很多家长认为给孩子吃饱穿暖就是尽到了做父母的责任，其实，在很多情况下，精神上的满足更重要。所以，家长要多与孩子进行交流，及时了解他们的想法，并适当地疏导他们，给他们一些建议。

3. 仔细聆听孩子的倾诉。如果男孩们来找父母倾诉问题、寻求帮助，家长一定要认真对待，不能因为他们提出的问题很幼稚，或者是觉得有些问题根本不值得一提，就去指责孩子。

4. 及时就医，及早治疗。如果家长始终找不到男孩突然自闭的原因，家长可以带着他去找专业的心理医生看一看，以便快速找到病因，让男孩们恢复正常的生活。有些家长，比如说像刘东的家长一样，如果明知道孩子突然性情大变却不闻不问，会让他们的"病"越来越严重，酿成不可挽回的后果。

78. 做好男孩"情趣"认知的引导工作
——男孩偷看情趣读物怎么办？

谢团的妈妈在收拾谢团的房间时，从床缝中、褥子底下发现了很多色情杂志。那些杂志上的姑娘们，一个个衣襟大敞，或者是一丝不挂，就那么将自己的私密部位露了出来。杂志上还有很多小故事，有讲主妇诱惑的，也有讲女老师的……谢团的妈妈看着这么多的色情杂志，不知道该怎么办。她一直以为谢团是非常乖巧懂事的孩子，没想到私底下偷偷看这么开放的读物，而且这上面的很多内容明显都不适合这个年纪的男孩子看。她很想骂谢团一顿，但是理智告诉她这是青春期的儿子必经的过程。可是，让她当什么都没发生，她又做不到。

如果妈妈发现男孩偷偷看情趣读物，应该怎么办呢？

案例解析

谢团为什么要看情趣读物呢？因为他长大了，想要去"性"的森林中走一走。但是，没有人跟他讲过"性"是怎样的，他也不知道从哪里获取这些信息，只能自己摸索，将那些好的、坏的统统看一遍，才能知道自己的喜好。没错，这就是谢团，包括大多数没有系统地接受过性知识教育的男孩子的心里路程。

其实，人类的性并不是从青春期开始的。男孩们早在3~6岁的时候，就已经对性非常好奇了，所以，他们才会和小女孩一起玩"过家家"的游戏。只不过，父母没有意识到他们这种行为背后的原因是什么，只是当作小孩子的玩闹来看。直到男孩们进入了青春期，父母们知道男孩们的"性"觉醒了，才特别关注这个问题，总担心他们走弯路。然而事情总是这样，父母越担心，就觉得男孩们做出的一些举动特别出格。就像案例中的谢团，因为看了色情杂志，他妈妈觉得上面的内容过于"奔放"，担心儿子的"口味"出现问题。但是，实际上，父母应该明白，他看了什么杂志并不代表他就喜欢那种类型，他们这个年龄段的一些行为，就像渔夫在广撒网一样，他们在浏览、翻阅着很多东西，从中挑选出自己最喜欢的那条"鱼"。

 解决办法

当男孩偷看情趣读物后，家长可以尝试以下方法：

1. 家长可以选购一些适合男孩们阅读的、既不奔放又不枯燥的情趣读物，让他们在阅读的同时，能系统地学习一下青春期性知识教育，消减他们对"性"的好奇心。

2. 可以让爸爸与男孩子适当地交谈一下，谈一下自己的想法、喜欢什么类型的女孩子等，引导男孩建立正确的婚恋观。

3. 家长应该告诉男孩，可以光明正大地看这些情趣读物，但是不能把心思都扑在上面，要将自己的事情做好。

4. 家长可以锻炼男孩的意志力和自控能力，让他们控制自己的情欲，不要沉迷其中。

79. 过度的沉迷会给男孩带来负面影响
——男孩偷上情趣网站怎么办？

萧敬家的书房摆着一台台式电脑，那是家里的公共电脑。因为爸爸妈妈都有各自的笔记本电脑，所以那台台式电脑基本上就是萧敬一个人在用。有一次，萧敬妈妈的笔记本坏了，送去店里维修，她正好想网购一件衣服，就去打开了那台台式电脑。结果，在台式电脑的使用记录中，萧敬妈妈发现上面有很多浏览色情网站的信息，甚至有一周，接连五天都有人在晚上浏览这些网站，有些还是在半夜两点看的。萧敬妈妈一看就知道是萧敬在看这些网站，她也知道青春期的男孩子看这个很正常，但是，萧敬看的次数也太频繁了！她总担心这样会影响萧敬的身体健康和发育，却不知道该怎么跟他沟通这个问题。

对于男孩偷偷上情趣、色情网站的事情，家长应该怎么办呢？

 案例解析

网络就像一把双刃剑，既能方便人们的生活，又能扰乱人们的生活。由于成年人已经对性比较了解，而且他们也有自控力，所以能够控制自己不看那些突然蹦出来的色情网页。但是，青少年们正处在对性好奇的年纪，他们又没有那么强的自制力，在上网时看到这些对自己具有冲击力的网页，很可能会点开看一看。一旦看了第一次，就会有第二次、第三次。青少年们在看的时候，还要避开父母，更是给他们增添了一种刺激感，让他们特别兴奋。

 解决办法

如果父母发现男孩在偷偷浏览情趣网站，那么，他们可以尝试以下方法：

1. 让男孩知道这是正常的心理。家长应该告诉男孩，想要看性视频、性图片的这种心理是正常的，但是要有节制地看。

2. 家长看情趣网站后要消除痕迹。作为成年人，家长自然也会有性方面的需求，他们也会浏览一些情趣网站。但是，家长看完后一定要记得消除这些网站的痕迹，不然等男孩在上网时，说不定会蹦出什么网页，或者是根据父母的浏览痕迹找到那些网站。

3. 告诉男孩艺术和现实生活的差距。父母应该让男孩知道，色情网站上的视频、图片等都是经过剪辑和PS的，与现实生活还是有一定差距的，不要想着自己没有达到视频中的"男主角"的样子就产生自卑心理。

4. 与男孩约定看的时间。如果父母担心男孩看的次数太多，会影响身体和休息的话，父母不如找他们正面交流，与他们建立一个"君子约定"，比如说，让他们每周末看一次。如此一来，既满足了男孩们对"性""异性"的好奇和需求，也不会毫无节制。

80. 尊重男孩的隐私，给他们独立空间

——男孩开始有隐私概念怎么办？

刘强是一名初一男生，上学已经不需要父母接送了。一天，他因为忘记带东西，就半道上返回家了。刘强一回到家就冲向自己房间，结果，他就看到妈妈正在自己房间里。仔细一看，妈妈正在翻他的抽屉！这让刘强十分生气，他顿时就炸了，朝着妈妈喊道："你怎么不经我同意就随便翻我的东西？"

刘强的妈妈虽然有些不自然，还是强硬地回答道："我是你妈！你都是我生的，我还不能看看你的东西？"说完，刘强妈妈就走了。

刘强就不明白，妈妈明显就是在侵犯自己的隐私权，她怎么还能这么理直气壮？而刘强的妈妈也不明白，孩子大了，为什么就开始有隐私了？

案例解析

当男孩子到了青春期，很多父母肯定会和刘强的妈妈一样，因为"隐私"问题和孩子发生争吵。争吵的原因也很简单，就是互不理解。

就像这个案例中说到的那样，很多父母都无法理解，青春期的孩子怎么对"隐私"那么在乎？父母们想：自己生养的孩子，从小看着他们长大，他们怎么会想要对自己有所隐瞒呢？到了青春期，过去一直依赖父母的孩子们开始远离自己的父母，甚至反感父母的接近，父母们想不明白，孩子们到底怎么了？

同样的，青春期的少年们也不明白，大人们为什么那么独断专权，非要自己事事跟他们汇报？就这样，男孩们渴望得到父母的尊重，有了属于自己的"秘密"，不想父母侵犯自己的隐私；而父母却意识不到男孩们的独立意识和自主意识正在觉醒，依然想要控制男孩们的一切，所以双方发生了矛盾。

解决办法

当父母发现男孩开始有隐私观念后，他们可以尝试以下方法，和男孩和平共处：

1. 理解男孩的隐私权并尊重他。父母应该尽可能地理解男孩，明白他们所谓的"隐私"并不是故意针对父母的，也不是不亲近自己的父母了，这只是他们在树立独立意识的一种表现。这是青春期男孩必经的一个过程，父母应该给予理解与尊重。如果可以的话，父母可以多看一些关于青春期男孩成长的书籍，也可以和其他有同样情况的父母多联络、沟通，看别人是怎么做的。

2. 用平等的态度和男孩沟通。青春期男孩有了独立的意识后，会特别在意"自我"。这个时候的他们，最讨厌别人还将他们看成小孩子。有些父母依然呼来喝往地和男孩说话，男孩会觉得自己不被尊重，也不会好好和父母说话。父母们要想和男孩好好沟通，最好忘记自己是他们的长辈，而将自己变成他们的"朋友"，和他们平等对话。

3. 转移自己的低落情绪。有的男孩在青春期之前很依赖自己的父母，等他们到青春期之后，有了自己的朋友、社交圈，会疏远父母，或与他们保持距离，不许他们像之前那样侵犯自己的隐私。有些父母很难接受孩子的这种转变，会因此而变得情绪低落。建议这个时期，父母们不要一门心思扑在孩子身上，要多去自己的社交圈中活动，转移自己的注意力，也就不会那么情绪低落了。

81. 允许男孩有自己的"小城府"

——男孩的朋友圈屏蔽你怎么办？

在爸爸妈妈看来，小康的朋友圈毫无问题，都是"今天又学习到了11点半，好辛苦""今天体育课打了一节球，很开心""妈妈给我做的饭，超好吃"等内容。可是，在小康的同龄人看来，他的朋友圈却火爆多了，诸如"今天逃课去听×××的演唱会""婷婷答应做我女朋友了，真开心"此类的信息，甚至还有几张他抽烟的照片。直到一次偶然的机会，小康爸爸用小康的手机打了个电话，闲来无事就翻进朋友圈看了看，才看到了这些内容，小康爸爸才知道，小康的朋友圈将他和妻子屏蔽了。他和妻子看到的内容，都是小康想让他们看到的！小康的爸爸去质问小康为什么这么做，小康和他大吵了一架，说不尊重他，偷翻他的手机。

如果男孩子的朋友圈屏蔽了父母，家长们应该怎么做呢？

案例解析

在这个案例中，小康就是典型的"有两副面孔"：在爸爸妈妈的朋友圈中，他是一个关心父母、听话乖巧的好孩子；在爸爸妈妈之外的朋友圈中，他却是一个逃课、早恋，有着独立人格的"坏孩子"。是什么让小康屏蔽了父母朋友圈呢？或者说，是什么让小康变成了"双面人"？就是小康父母的教育。

男孩在青春期之前，尤其是年龄更小的时候，他们没有自我意识，一切听从大人的安排。但是，当他们到了青春期，慢慢会有自我意识，开始有了自己的感受和想法，想要自己来支配自己的生活。但是，孩子的这种做法挑战了父母的权威，所以，有很多父母（包括小康的父母）就想将男孩们的自我念头打压下去。于是，为了不挑战父母的权威，又为了能够发展自我意识，男孩们就像小康那样，变得有两副面孔，表面上是父母们欣然乐见的样子，私底下却变成了另外一副样子。

解决办法

当父母发现自己被自己儿子的朋友圈屏蔽了之后，可以尝试以下方法：

1. 进行自我反思。父母要及时反思自己：是不是对孩子的要求太苛刻了？是不是压抑了他们的天性发展？是不是我让他感觉到了不被信任？如果是父母自身的原因，父母应从自己这方面做出改善。

2. 故作不知或和平沟通。当发现自己被孩子的朋友圈屏蔽后，父母可以采取两种方式来处理这件事：要么故作不知，继续观察孩子的言行，尝试着不让自己那么专断；要么与孩子和平沟通，让他们讲出父母做得不对的地方，互相改进、进步。

3. 允许男孩们的小叛逆。在男孩成长为男人的过程中，必然会经过一个叛逆的过程。换言之，没有经过叛逆期的孩子是很难变得独立的。所以，家长要允许孩子出现小叛逆，在确保安全和不触犯法律的前提下允许他们自己做主。

82. 用运动减少青春期的性躁动

——如何看待男孩自慰的问题？

有好几次，岳子林妈妈给他收拾房间的时候，发现房间的垃圾桶内扔着很多团卫生纸。岳子林妈妈是过来人，一看就知道儿子干了什么。岳子林妈妈在欣慰儿子长大的同时，觉得儿子自慰的次数有些太频繁了。她想问一问大家，都是怎么看待男孩自慰的问题呢？

 案例解析

当男孩子长大后，有一个很明显的特征就是性觉醒。这个时候的男孩子，因为好奇、新鲜、激素分泌等原因，会不断地通过自慰来纾解自己的性觉醒意识。这是每个青春期的少年都会经历的情况，成人们对此事也看得很平淡。但是，有些父母，比如说案例中的岳子林妈妈，就觉得儿子自慰的次数太频繁了，担心对他的身体不好，所以才会忧心这个问题。

其实，性也是一种能量，需要定期释放，不然很容易让男孩憋出问题。而且，适当地自慰，可以缓解焦虑情绪，让男孩不那么具有攻击性，还能帮助他们有一个良好的睡眠。当然，关于"适度"这个问题，每个男孩的体质不同，衡量他们之间的"度"自然也不一样，父母不能以自己或其他孩子的标准来约束男孩，以免引起男孩的反感。

 解决办法

关于男孩的自慰问题，家长只要注意以下几点就可以了：

1. 和男孩讲解关于自慰的知识。如果男孩真的自慰很频繁，父母（尤其是爸爸）可以找男孩谈一谈，告诉他过度自慰对身体发展的不利之处，让他们了解其中的危害。

2. 父母要允许男孩自慰。有些父母觉得孩子自慰是一件很羞耻的事情，会阻止男孩进行自慰。但是，不是父母阻止他们，他们就不会自慰的，这是身体的需求，他们无法控制。相反，如果父母一味反感、阻止男孩在家里自慰，那么男孩就可能在其他地方自慰，这样反而更不好。

3. 让男孩自己把握"度"。每个男孩子的身体情况不一样，他们对性的需求度也不一样，所以，父母不妨放宽心，相信孩子自己能够把握好这个"度"。

4. 合理安排男孩的饮食。如果父母觉得男孩自慰的次数太频繁了，担心他的身体出问题的话，可以在饮食上下功夫，给男孩进行一下食补。当然，父母在食补的过程中，一定要根据男孩的实际情况来，以免补过了头，让他更加躁动。

5. 让男孩多做运动。早起的时候，是男孩最尴尬的时候。父母可以建议男孩做一些运动，比如说俯卧撑、仰卧起坐等，让男孩通过运动将身体内的激情发泄出去，就不用通过自慰来缓解了。

83. 以平常心对待男孩的性早熟现象
——男孩过早性成熟了怎么办？

可能由于生活环境或者饮食习惯导致，杭杭才 10 岁就已经梦遗了。杭杭的妈妈在洗床单和内裤的时候发现了这件事。杭杭的妈妈觉得，儿子年龄还小，怎么现在就性成熟了呢？难道是身体出问题了？还是他偷偷地看黄色网站了？不放心的杭杭妈妈又不好意思直接开口问儿子，只好偷偷摸摸去翻看他的房间，却什么都没发现。与此同时，杭杭妈妈发现，儿子近来沉默了不少，看起来忧心忡忡的，不知道怎么了。

如果男孩子过早地性成熟，家长应该怎么办呢？

 案例解析

生活中有很多男孩子像杭杭一样，过早地性成熟。很多父母也像杭杭的妈妈一样，不知道是什么原因造成的孩子过早性成熟，也不知道该怎么办。其实，不只父母面临这种情况会有些不知所措，提前性成熟的男孩们也很惊慌。由于他们年龄很小，没有系统地接受这方面的知识，而他们的同龄人也没有过这样的经历，导致他们无法借鉴，又不敢和父母说，只能自己胡乱猜测，引发自己的焦虑情绪。

那么，是什么原因导致男孩们过早性成熟呢？这主要有三个方面：第一，随着人们生活水平的普遍提高，现在的孩子吃得越来越好，尤其是那些家境优越的家庭，总担心孩子吃不好，就拿一些营养很高的东西给孩子们吃，结果"催熟"了孩子们；第二，现在的社会网络普及，尽管国家一直在监管网络上的不良信息，但还是防不胜防，那些经常上网的孩子一不小心就点进了不法页面中，里面的许多图片、视频在无形中给了孩子"性"刺激，让他们性成熟的年龄提前了。第三，有些男孩子会遗传父母的体质，比同龄人提前性成熟。

 解决办法

家里的男孩子提前性成熟了，家长可以参照以下方法：

1. 不要急着责怪孩子。有些家长会像杭杭的妈妈一样，胡乱猜测男孩提前性成熟的原因，甚至会一股脑怪罪到男孩身上，觉得他偷看色情网站、生活不检点等，才导致提前性成熟。其实，让男孩子提前性成熟的原因有很多，家长不能急着责怪孩子，应该找到其中的原因，并正确地引导孩子度过这个时期。

2. 补充性知识教育。一旦发现男孩们提前性成熟，家长要抓紧时间给他补充性教育知识，让他了解自己身上发生的变化以及产生变化的原因。同时，父母最好可以开导一下男孩们的心理，以免他们像杭杭一样，被自己的发育吓到，性情突变。

3. 注意男孩的饮食结构和生活习惯。在平时的生活中，父母要给男孩吃健康的食物，不要纵容他们吃过多的快餐（快餐一般都能诱使男孩提前性成熟）；还要让他们有充足的休息时间，保持作息规律。

84. 让男孩明白"爱"和"性"的区别
——男孩偷吃"禁果"了怎么办？

周末，扬扬的妈妈给他洗书包，竟然在书包的侧口袋中发现了两个安全套！扬扬的妈妈顿时很生气，直接拿着这两个安全套扔到了扬扬的面前，大声问道："这是什么？"

扬扬懒洋洋地看了一眼，说道："您还不认识这个吗？还要问我。"

"你！你才多大呀，就干这些事！没羞没臊……"说着，扬扬妈妈就气得打了扬扬一巴掌。结果，却引发了家庭大战。

如果家长发现男孩子偷吃"禁果"了，应该怎么处理最合适呢？

 案例解析

扬扬的妈妈在发现扬扬有了性行为后，第一反应就是破口大骂，指责扬扬的行为。类似于扬扬妈妈的父母有很多，因为在他们看来，性行为本身就是羞耻的、不好的，而这种不良行为是不能发生在还未成年的孩子身上的，他们无法接受这一点。所以，父母就指责、打骂孩子，说他们"没羞没臊"，甚至会骂他们"不要脸"。

然而，父母的这种反应只会激发家庭矛盾。因为对于那些处于青春期的男孩而言，他们正是处于对"性"充满好奇的年龄，而且，也因为身体发育的原因，他们经常会有性冲动。在他们看来，父母（成人）能够有性行为，为什么我就不行？甚至有时候，父母的反抗会让他们对性行为更加充满好奇，想要一探究竟，想要知道父母为什么会强烈反对这种行为。所以，男孩们就会去网上搜罗各种信息，反而接触到了错误的信息，以至于自己无法控制自己的性冲动，偷吃了禁果。

 解决办法

当家长发现男孩偷吃禁果后，应该尝试以下方法去纠正他们的行为：

1. 完善性知识教育。如果家长发现男孩偷吃了禁果，而且家长确定自己之前没有对男孩有过系统的性教育的话，那么，家长应该与男孩来一场平等的谈话，完善一下未成年人的性知识教育，让他们知道成人为什么要阻止现阶段的他们有性行为。随着家长对性知识的普及，男孩们知道了性没有什么神秘的地方，也了解了不成熟的性行为会给自己和对方带来的后果有哪些，他们在偷吃禁果时自然会三思而后行。

2. 建议男孩建立正确的恋爱关系。有些家长发现男孩偷吃禁果，不仅将他们训斥了一通，还逼迫他们断绝恋爱关系。这是很不人道的行为。开明睿智的父母会建议男孩："如果你真的喜爱对方，应该尊重对方、爱护对方，与她一起进步，谈一场甜蜜的恋爱。等到你们都长大成人后，再进行下一步的交往。这样做，对你们双方的身体发展和心理发展都有好处。"

3. 教男孩学会自控。作为父母，应该告诉男孩，自我控制能力是一个人必须掌握的一项能力，而且也是很重要的一项能力，而这也是人与动物的根本区别。尤其在恋爱关系中，男孩更要学会控制自己的性冲动，让自己成为一个理智的人，而不是一头发情的野兽。

4. 告诉男孩要注意卫生和安全。当男孩有了性行为后，家长应该让他们注意卫生和安全，以免伤害自己和对方。

85. 不要一味封杀，而要正确引导
——怎样引导男孩约见网友的行为？

"放我出去！你们囚禁我的人身自由，这是违法的，我要告你们！"一个半大少年在屋子里吼道。

这个少年就是大壮，他前两天撒谎骗父母去同学家玩，结果竟然是去邻省见一个女网友！而且这个女网友还结婚了！大壮与这个女网友正约会的时候，被网友的老公看到，两人打了一架，被抓进了派出所。大壮的爸爸妈妈大半夜接到电话，连夜赶过去将他从派出所带了回来。结果，大壮不知悔改，一心要去找那个女网友，说他们是真爱，说两人要在一起。大壮的爸爸妈妈好言相劝，让他不要再见什么网友了，但大壮不听，还企图偷偷逃跑。没办法，大壮的爸爸妈妈只好将他锁在了房间中。

面对执意要见网友的男孩子，家长应该怎么劝导他们呢？

 案例解析

在这个案例中，大壮不仅欺骗了父母，瞒着他们去约见了女网友，而且还和女网友的老公大打出手，被当地的派出所扣留。所以，大壮的父母才会非常生气，将大壮反锁了起来。在发生了这么多事之后，大壮为什么还要执意见网友呢？难道他们真的是情比金坚吗？不尽然。

众所周知，大壮正处于青春期，正是叛逆的时候。他自认为遇见了"真命天女"。女网友的丈夫也好，他父母也罢，在大壮看来，这些人都是阻拦他与真命天女相见的"坏人"，所以，他才会"血性大发"，像一个"英雄"一样，与这些"坏人"做斗争，捍卫自己的爱情。

其实，生活中像大壮这样的男孩有很多，他们在闲暇之余上网，认识了很多网友。而他们正处于单纯的年纪，也正是对外面十分好奇的年龄，很容易就与人交心，也自认为交了很多"朋友"。但是网络的虚拟满足不了他们的需求，他们会忍不住和对方见面，于是就有了约见网友的行为。但是，男孩们毕竟年龄小、经验不足，很容易上当受骗，所以，家长才会对他们约见网友的行为很不满。

 解决办法

男孩要约见网友，家长可以尝试以下方法进行引导：

1. 与男孩多沟通。作为家长，不论怎么忙，都要抽时间与孩子进行交流，给他们及时的关怀和帮助，让他们不那么依赖网络。

2. 让男孩看到网络的虚假。家长应该让孩子明白，网络是一把双刃剑，里面的许多信息，包括一些网民的姓名、单位、年龄等资料都有可能是假的，不能轻信，也不能轻易将自己的真实信息告诉对方。

3. 见网友时做好安全措施。如果男孩们真的很想见自己的网友，家长可以根据男孩所言判断一下真假，并告诉男孩约见网友时的注意事项。

4. 切忌采取封杀态度。有些家长一听孩子要见网友，就断然拒绝，或是像审问犯人似的刨根问底，这只会催生他们的逆反心理，让孩子做出冲动的行动。

86. 适当增加生活中父亲占据的比重
——为什么男孩没有性别意识？

易千13岁了，逐渐开始发育了，但是却没有一点性别意识。不论家里是否有外人在，哪怕家里来了女客，他洗完澡后始终是光着出来。妈妈让他穿上衣服再出来，他却说："有什么关系？你是我妈妈，又不是外人，穿不穿无所谓。再说了，不都说'君子坦蛋蛋'吗？"不仅如此，易千上厕所也好、洗澡也罢，始终不关卫生间的门，也不拉上帘子。妈妈告诉他："我们住在2楼，很容易被路过的人看到，羞不羞呀？"结果，易千却说："人都长得一样，拉不拉帘子无所谓。再说了，我不认识他们，他们也不认识我，看就看呗！"

如何才能让男孩子意识到"男女有别"呢？

案例解析

是什么让易千没有性别意识呢？毫无疑问，这和易千的家庭教育有关。

现如今，很多家庭都注重孩子的学习、身体发展，却忽略了性教育这一块。很多家长认为："关于孩子的性别还用教吗？等孩子大了自然而然就知道了。"话虽如此，但很多家长一般从婴儿时期，就将男孩、女孩区别开来。比如说，会给男孩起一个男性化的名字，让他们穿男装、留短发；如果是女孩子，则会给她们留长头发、穿花裙子，让孩子认识到自己是女孩。但是有些父母却喜欢将男孩打扮成女孩，觉得这是无伤大雅的玩笑，殊不知却在孩子的心中留下了印象，让他们对自己的性别认知产生了混乱。

所以，父母一定要在男孩的婴幼儿时期，就对他们进行正确的性别角色教育，让他们知道自己的性别是什么，和女孩有什么差别。不然，就会像案例中的易千一样，都已经到青春期了，却没有性别意识，不懂得男女有别。

解决办法

面对男孩出现这种问题，家长可以尝试以下方法：

1. 有意识地培养男孩的性别意识。父母可以在日常生活中，从吃、穿、住、用等几个方面去有意识地培养男孩的性别意识。比如说，给男孩买性别鲜明的男装，给他们买笔挺的裤子，有利于让男孩养成刚毅、果断的性格；给男孩选择蓝色、黑色的生活用品；话里话外让男孩知道自己和女孩子是不一样的。

2. 父亲尽可能地参与到教育男孩的过程中。科学研究表明，当男孩在四五个月大的时候，如果由父亲带孩子，会让孩子变得更加勇敢。另外，父亲在日常生活中应该多和男孩沟通，带领男孩做一些属于"男子汉"之间的游戏，亲身告诉男孩真正的男子汉是怎样的。

3. 母亲要有意识地与男孩拉开距离。当男孩到一定年龄后，母亲要有意识地和男孩拉开身体上的距离。比如说，不再给男孩洗澡，让他自己洗，或者是让他爸爸给他洗澡，让男孩知道，男孩的身体就像爸爸的身体一样，和妈妈是不一样的，需要和女孩、女性保持距离。

4. 多带男孩做一些挑战性的运动。平常，父母（尤其是爸爸）可以带着男孩做一些具有挑战性的运动，比如说爬山、攀岩，培养男孩坚强、不畏艰险的性格。

87. 男孩也需要有对待性骚扰的教育
——男孩遇到性骚扰怎么办？

王昊最近有一件羞于启齿的事情，他不知道该怎么说出口，也不知道该和谁说——他感觉自己受到了性骚扰！

事情是这样的：王昊今年初三了，正在准备考重点高中。妈妈担心他的英语拖后腿，就请同小区的英语老师赵阿姨给他补课。赵阿姨是本市重点高中的一位英语老师，王昊的妈妈对她来教英语十分放心。一开始，王昊对请到赵阿姨来给他补课也是十分高兴的，但是，他慢慢发现，赵阿姨总在找借口悄悄地摸他！不是不小心碰到他的胸，就是趁讲题抱着王昊，甚至还有几次不动声色地摸到了他的生殖器，或者赵阿姨自己的胸会在他胳膊上蹭啊蹭的。

如果男孩子遇到了性骚扰，应该怎么办呢？

案例解析

很多人认为，性骚扰只有女孩才会遇到。其实，在生活中，男孩也会遇到性骚扰，但是他们比女孩更加无法说出口，所以很多人都不知道。就像案例中的王昊一样，他感觉自己受到了赵阿姨的性骚扰，但是他却不能确定自己是否真的被性骚扰了，他也不知道该找谁诉说这样的苦恼。

王昊之所以会有这样的烦恼，是因为没有人清楚地告诉他什么是性骚扰，遇到了性骚扰又该怎么办。这也是我国青少年教育中面临的一个很常见的问题。中国人普遍内敛、羞涩，在对青少年的性教育方面还不完善，很多男孩都没有系统地学习生理发育方面的知识，只是懵懵懂懂地自学成长。而且，中国人在谈论到"性"时，都是难以启齿的，觉得这是一件羞耻的事情。所以，很多遇到性骚扰的男孩子，就像王昊一样有口难言。

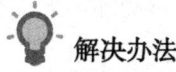 **解决办法**

当男孩遇到性骚扰后，家长可以尝试以下方法：

1. 父母要相信自己的孩子。当男孩们鼓起勇气，告诉父母自己受到了性骚扰后，父母一定要相信自己孩子的所言，而不是质疑他的真假。因为事实证明，很多性骚扰都发生在熟人之间（就像案例中的王昊一样，他的父母对赵阿姨是很欣赏的），很多父母在听到这件事后第一反应是难以置信。父母的这种反应会给男孩带来二次伤害。所以，父母一定要相信自己孩子的话，也可以在私下做调查，调查事情的真相。

2. 保持冷静，做孩子的强大依靠。当男孩遇到性骚扰后，父母一定要保持冷静，不能让自己的情绪影响到孩子。同时，父母可以尝试让男孩说出事情发生的经过，如果男孩实在不想说，父母也要让男孩明白这件事不是他的错，即使说出来也不会受到人们的责备。

3. 给男孩做心理疏导。有些男孩遇到性骚扰后，会产生严重的心理问题，必要的时候，父母可以带男孩做心理疏导，让心理医生帮助他们走出这个阴影。

4. 未雨绸缪，做好预防。等男孩到了一定年纪后，父母要给男孩普及系统的生理发育知识和性知识，让男孩知道什么是性骚扰，遇到性骚扰后应该怎么保护自己、保存证据。

88. 青春期需要父母更多的关爱
——男孩因发育迟缓而忧虑怎么办？

小康原本是个很活泼的男孩，但是随着他进入青春期，性格逐渐变得有些沉郁，看上去总好像是有什么心事。妈妈本以为是孩子遇到了一些什么事情，几次三番地询问他原因，小康最后才说出了自己所忧虑的事情。原来，随着孩子们的成长，小康意识到很多原来比女生身高矮小的男生都在快速长高，而且有些还长出了小胡子，连声音也变得低沉了。但是反观自己呢？还是那样的矮小，声音没有改变，胡子也没有长出来，而且班上有些同学甚至笑称他是班里的"矮人王"。

妈妈听后意识到，这个问题必须马上解决，不然可能会成为小康成长中的心理阴影。可是，该怎么给孩子进行辅导才最恰当呢？

 案例解析

在青春期的成长中，男孩的身体会发生一些明显的变化，尤其是身高、毛发、声音的变化最为突出。通常男孩的成长发育并不是同时进行的，在时间上会先后的差异，这主要是男孩的身体机制导致的。像上述案例中，小康因发育落后于其他同学而感到忧虑，主要还是来自孩子的心理上，导致男孩有这一心理问题一般有以下几点原因：

1. 缺乏青春期知识。在青春期中，随着性成熟而逐渐表现出的一些外在特征，让男孩开始关注自己的性别特点。虽然在学校会有一些青春期教育的生理卫生课，但是大部分处于青春期的孩子会羞于启齿，所以一方面是心理感到好奇，另外一方面是没有足够的知识来解答他们内心的好奇。

2. 与同性对比之下的自卑感受。人的本性中都有对比的成分在，因比别人优秀而满足，因不如别人而失落，这是人之常情。孩子在偷偷与别人对比之后，产生的失落感会让他们有些自卑。这种自卑的感受如果是在外向性格的孩子身上，只会是一时的郁闷，但是在内向性格的孩子身上，则容易变成长期的忧虑，反而容易影响到孩子的生长发育。而案例中的小康，虽然原本性格活泼，但是在同学们的笑称中，他即便原本不在意，也难免会担忧起来。

解决办法

1. 给男孩青春期知识的引导。学校的教育是一方面，家庭的教育则更为重要，尤其是在孩子的心理辅导问题上。要让男孩了解到个体差异的问题，有很多因素都会影响到发育的先后，比如运动、饮食、睡眠等身体原因和轻松、愉悦等心理原因。

2. 调整男孩的饮食结构。男孩在成长的每个时期，身体机能对能量和营养的需求都是不同的。所以在男孩进入到青春期后，家长需要适当地调整男孩的饮食结构，给他们增加一些有助于生理发育的饮食来满足身体所需。

3. 鼓励男孩增加体育锻炼。适当的体育锻炼尤其有助于男孩的身体发育，比如游泳、体操、健美操等伸展运动，篮球、足球、跑步等全身性活动项目，跳绳、滑冰等弹跳运动，都有助于男孩青春期的身高成长。但要注意的是，体育锻炼必须从实际出发，因人而异，不要过量运动，只有适当的体育锻炼才能达到促进身体发育的目的。

89. 合理激发男孩的倾诉欲望
——男孩"心理闭锁"怎么办？

不知从什么时候起，活泼好动的赵毅开始沉默寡言。一开始，妈妈只是以为赵毅长大了，进入了青春期，不像小时候那么爱疯爱闹了。但是，渐渐地，妈妈发现，赵毅不仅不说话，竟然开始封闭自己的内心，不再和他们交流，也不和同学玩耍，每天只是把自己关在房间中学习、游戏，一个人玩耍。有时候，妈妈能感觉到赵毅很烦恼，能看到他的焦虑，但是他就是不说自己怎么了。赵毅的妈妈很担心，不知道自己的儿子怎么了。

案例解析

赵毅的这种行为，在心理学上被称之为"心理闭锁"。什么是心理闭锁呢？顾名思义，就是一个人放弃了与外界的接触，不再与别人交流、沟通，而是把自己封闭了起来。但是，他们是不享受一个人的过程的，而是无法抑制对他人的情感需求，总希望别人能不计较他们的冷漠和敌视，主动来接近他们、关心他们。换言之，就是说心理闭锁的那些人不喜欢双向的人际交往关系，只要求对方无条件地开放和接纳他们。

　　像赵毅那样的男孩子，为什么会心理闭锁呢？一般这种行为都发生在青春期。这个时期，青少年们的内心世界变得丰富多彩了很多，他们既渴望被人理解和关注，又因为独立感、隐私、尊严感等增强而不想将自己的软弱内心轻易表露出来，所以就出现了心理闭锁这种矛盾的现象。不过，也不是所有的青春期男孩子都会心理闭锁的，通常容易心理闭锁的男孩子都具有内倾型心理：优点是做事认真，勤于思考；弱点就是思想狭窄，很容易因为一点挫折和自卑而郁郁寡欢。当性格上的气质与青春期烦恼冲撞在一起，就会导致一个人变得沉默、孤僻。

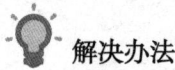 **解决办法**

　　心理闭锁是青少年在发育过程中经常出现的一种阶段性的、正常的心理现象，家长朋友们可以平常看待它，并尝试以下方法帮助男孩们走出心理闭锁：

　　1. 家长应该正确看待心理闭锁这件事。心理闭锁是男孩在青春期普遍存在的一种心理现象，不是什么精神疾病，也不是心理变态。希望家长朋友们能正确看待这件事，才能给男孩正确的帮助和引导。

　　2. 教导男孩通过提高自己的素质来获得自信。青春期的男孩自尊心都很强，希望自己能得到别人的尊重和敬仰。但是，一个人没有什么真才实学，别人怎么会尊重你呢？所以，父母不妨告诉男孩这个道理，让他们学着提升自己，具备开阔的胸怀和高尚的品德，让自己成为一个值得被他人尊重的人。

　　3. 打破封闭，学会主动交往。一般心理闭锁的男孩是不会主动与人交际的，而是等着别人来找他。对此，父母可以通过一些故事、生活实例等，让男孩知道，交际是双向的活动，任何感情都不是单方向地索取。男孩们只有主动放开了自己，在与别人交往时积极主动一些，别人才会接住你们抛来的"橄榄枝"，与你们建立良好的人际关系。

　　4. 热心助人是很好的外交手段。当一个人在生活、学习、情感上遇到困难时，男孩们及时伸出了援助之手，给予了对方理解与支持，就可以缩短彼此的心理距离，赢得对方的好感。所以，古往今来，热心肠的人都有很不错的人际关系。当然，男孩在热心助人时要坦诚、真诚，不能为了帮助而去帮助人，这就有些舍本逐末了。

　　5. 男孩要多参加运动锻炼。男孩可以每天运动半个小时，不仅能够强身健体，还能让自己的情绪放松下来，让自己的心胸变得开阔、性格变得开朗，也就不会那么郁郁寡欢了。

校园篇

让男孩顺利地接受
学校的培养

Part 6
男孩的学习培养：让男孩爱上学习

90. 给男孩宠爱，但不给过度依赖
——男孩不愿意与妈妈分开怎么办？

　　小明今年要开始上学了，但是小明的妈妈很担心小明不想去学校。因为小明平时在家就比较依赖自己，有时小明的衣服都还是妈妈帮助穿的。不出妈妈的意料，在送小明去上学的路上，小明就开始哭泣。妈妈把小明送到幼儿园的班级之后，小明还是一个劲地哭泣，叫嚷着妈妈不爱他，要把他抛弃。在看到妈妈转身离开的时候，小明更是躺在地上打滚，惹得妈妈既心疼又不知所措。那么，面对这种情况，家长要如何处理呢？

 案例解析

　　送孩子上学的确是一个困扰很多家长的大问题，孩子在面对陌生的环境的确会产生恐惧感，这些恐惧感会让平时很勇敢的小男孩变得脆弱，而且，如果孩子在平时的生活上很依赖自己的家长，那么在送孩子上学的问题上更是棘手。

　　像故事中的小明，他在平时的生活中就比较依赖自己的妈妈，我们从故事中了解，有时他穿衣服都是在妈妈的帮助下，可见平时妈妈对孩子的宠爱。但是这种宠爱并没有转化为利于小明成长的正能量，而是让孩子变得不独立，太过于依赖他人。我们可以想象得到即使小明的妈妈离开了，小明真的坐在了班级里，但是在接下来的时间里，小明还是会遇到各种问题，这些问题的出现都与小明的家人对小明的教育有关。

　　我们非常清楚家长对孩子的爱和孩子不舍得自己的家长的心情，但是孩子终归是一个个体，总有一天会独立面对自己的成长环境，尤其是男孩子，他需要承受的其实比女孩子更多。所以，在平时的教育上，家长就要及早地培养男孩子的独立性，让他及早地掌握生活技能。如此之后，他在面对要与家长分开的情况时就会多出一分从容与淡定，而且离开自己的家长后，他可以很好地照顾自己。

 解决办法

　　孩子不愿意和自己的家长分开，归根结底是因为缺乏独立性以及面对陌生环境时的恐惧。

那么在解决这个问题的时候，家长就要从这几个方面入手：

1. 在平时的生活中，家长要适当放手让孩子自己去做事情。如果在孩子很小的时候就让他自己去动手解决问题，那么他就会学会思考，去解决问题。如果家长一味地包办孩子的一切，那么只会教育出非常低能的孩子，他就无法在没有家长的时候轻松生活。

2. 在平时的生活中，家长要时常让孩子去接触外面的世界，在他认识陌生的世界的时候也是锻炼他胆量的时候，而且在与陌生人相处的过程中也可以训练孩子与人沟通的能力。这样的孩子在面对独自去上学这件事情的时候就会比平时不接触外界的孩子显得从容得多，而且对学校的适应期会更短。

3. 如果孩子实在不愿意和自己分开，那么家长不要一味地忽略孩子的感受，在条件允许的情况下，家长可以和孩子一起在学校待一会儿，在和孩子相处的过程中，家长要引导孩子与周围的小伙伴建立友谊，与老师增加了解，在环境相对比较熟悉之后，孩子就不因对环境过于陌生而排斥了，这样就有利于家长从中脱身。

91. 找对方法，让男孩先爱上校园环境
——如何对待男孩讨厌上学的问题？

小强今年上三年级，学习成绩一般。有一天，小强突然告诉妈妈自己不想去上学，妈妈觉得可能是因为小强赖床、想偷懒，所以不想去上学，于是就开始教导小强，做任何事都要懂得坚持，而且上学这件事关乎自己一生的命运，所以不能因为偷懒而不去上学，这是非常不对的。总之七言八语地说了一堆，最终小强也起来去上学了。但是接下来的一周里小强表现出的都是对上学这件事的拒绝，妈妈也不知道为什么小强突然会这样。那么，面对孩子讨厌去上学这件事，家长要如何去做呢？

 案例解析

在孩子接受教育的道路上，学校在其间占的比重相当之大，学校既是孩子正式开始社会生活的地方，也是孩子脱离以自我为中心，接受客观世界的地方。在孩子去学校接受教育这件事上，孩子的学习成绩的好坏其实都是次要的。如果孩子能将去上学看成一件生活中自然而然的事情，那就意味着孩子正在适应他人的眼光，正在接受社会中的规则，他已经把上学这件事当成生活中正常的一部分。

在孩子拒绝去上学，出现讨厌上学的想法与行为时，那就代表着孩子的生活出现了问题。

 解决办法

面对孩子突然讨厌上学的问题，家长可以从以下几点入手解决：

1. 了解男孩不想上学的原因。当男孩突然改变了学习态度时，家长一定要耐心地与孩子

进行沟通，而不是强制性地对男孩提出要求，避免男孩产生更加过激的情绪反应。

2. 帮助男孩合理分析问题。如果男孩的确是遇到了一些问题，家长不要一味地责怪，更不要站在自己的立场上去看待男孩遇到的问题，而是应该以男孩的视角来帮他们分析问题，再给他们一些合理化建议。让男孩从父母的分析中学会如何看待问题、处理问题，如何更好地适应校园环境。

3. 拒绝男孩的不合理要求。如果男孩不想上学的原因并不客观成立，那么家长要首先纠正男孩的认识角度，让他们知道上学对他们意味着什么，让他们知道上学是必行的事情，不能由着他们的性子胡来。

92. 言传身教，让男孩掌握学习方法
——男孩学不好语文怎么办？

晨晨今年上初中二年级，是一个阳光的小伙子，喜欢打篮球喜欢电脑游戏。在学习上，晨晨的偏科现象比较严重，比如晨晨的数学成绩很好，但是语文成绩非常差，120 分的卷子，晨晨的语文成绩一直徘徊在 60 分左右。但是晨晨并不是那种不好好学习的孩子，对待语文课晨晨也非常重视，但语文成绩就是上不去，这让晨晨和妈妈都非常着急。那么，男孩学不好语文，家长该怎么去帮助孩子呢？

案例解析

影响男孩语文成绩的原因很多，其中语文教学会严重影响孩子对语文的兴趣。我们知道如果一个男孩对语文感兴趣，那么他的语文成绩一般不会差。现在的语文教学，尤其是初中阶段的，基础的字词句的学习过程是有些枯燥的，而且有些老师会给孩子布置一些惩罚性的作业，往往让其把字、词、句写多少多少遍。本来孩子就对此没有多少兴趣，这样一来，孩子对语文的兴趣更是没有了。尤其是男孩子，他们对此会更加抵触。如果孩子失去对学习语文的兴趣，那么我们很难期待他的语文成绩会好。

解决办法

我们知道男孩的抽象思维一般会比较发达，逻辑思维强，更加理性，但是语文是属于文学范畴的科目，需要很强的文科素养。所以，想要提高男孩的语文成绩，就要培养他的语文素养，而且语文素养的培养并不是一蹴而就，是在长期的积累中形成的一种思维方式与感悟能力。如果不培养语文素养，那么提高语文成绩只是一种浮于表面的机械行为。语文的解题过程并不能套用一定的公式然后得出准确无误的答案，语文试题的答案往往是开放性的，需要很强的同理心去理解一个句子、一首诗中的意蕴。所以，在平时的生活中，家长就要着重培养孩子的文科素养，可以带孩子去参与一些读书活动，扩大孩子的阅读量并在阅读之后和孩子交流思想感悟，这样在点点滴滴的生活中就可以培养起孩子的文科素养，孩子在学习语

文的时候也不会显得过于吃力。

好的理解能力离不开生活中的种种体验。所以，家长在平时要多给孩子创造一些体验生活的机会，这种体验对于孩子理解语文课本中的文字有极其巨大的帮助。

家长要告诉孩子如何去听语文课。男孩子一般会喜欢简单直接的表达，他们更喜欢套用公式，喜欢直接知道结果。但是在语文的学习过程中，家长要告诉孩子听课的重要性，在老师讲解问题的时候，要注意听解题的思路是什么，不能一味地去听答案。只要了解了解题的思路，然后在平时的解题过程中多加练习，这样孩子才能一步步把语文成绩提高上来。

93. 偏科会影响到男孩智力的平衡发展

——男孩偏科怎么办?

亮亮在学习中偏科非常严重。亮亮今年上初三，学习压力慢慢在加重，每天的作业都好多。妈妈在观察亮亮做作业的时候就发现，亮亮对待作业是根据自己的喜好来做的，比如，亮亮比较喜欢数学，所以他会在自己精力最旺盛的时候做数学题，做完数学题之后他还会留出时间去预习及复习，但是亮亮非常讨厌英语，所以他每天都是睡觉之前才做英语作业，往往是做不完就上床睡觉了。所以亮亮的数学成绩很好，英语成绩最差，有时英语成绩会不及格。那么，面对偏科如此严重的孩子，家长要如何去做呢?

 案例解析

孩子偏科的情况是普遍存在的，为什么孩子会出现偏科的情况? 主要原因有以下几种:

1. 孩子偏科是因为个人喜好。每个孩子都是一个独立的个体，而且有鲜明的个性，他们个性的表现就在于他们拥有不同的喜好和兴趣。有的孩子喜欢逻辑性很强的科目，但是有些孩子就会喜欢偏文科一些的科目。因为兴趣不同，所以，他们就会出现偏科的情况。

2. 有时孩子喜欢哪个科目或是不喜欢哪个科目也与老师有很大的关系，在中学阶段，学生一般都会喜欢那些随和的老师而对那些性格古板的老师望而生畏。因为喜欢的老师不同也会导致孩子在各科的成绩上存在差异。

3. 也可能是因为学习的方法不对，导致孩子出现偏科的情况。由于科目与科目之间的学习方法存在一定的差异，导致他们出现偏科的现象。

4. 孩子出现偏科的情况其实也反映出孩子自我控制能力差，某一科目比较差并不是一朝一夕的结果，如果孩子能够在刚开始出现偏科的时候采取措施补救，那么也不会导致严重的后果。

 解决办法

面对孩子出现的偏科现象，家长可以采取以下措施进行弥补:

1. 家长要帮助孩子找出偏科科目中的薄弱环节。孩子出现偏科的现象，其实很影响孩子整体的成绩及排名，孩子也不希望出现偏科的情况，所以，在孩子出现这种情况的时候，家长就要扮演起引路人的形象，帮助他找到科目中比较薄弱的环节，可以通过分析卷子或是学习方法上找到成绩差的根本原因，然后对症下药。

2. 家长要对孩子进行积极的心理暗示。大多数男孩子在面对自己学不好的科目时会有一种自卑的心理，但是孩子的这种自卑心理通常是盲目的。这时家长就要对孩子进行正确的评价，让他的自卑心理得以消减。这时家长可以对孩子进行积极的心理暗示，让他明白这一科目并不是很难，只要自己找到学习的方法，肯去努力就一定会提高成绩。而且对待孩子的薄弱科目时，在孩子正确地做出题目时，家长要进行及时的夸赞与激励。

3. 家长可以视情况给孩子请家教。而且在这个过程中家长要明白提高孩子的综合成绩是关键，不能在弥补孩子的薄弱科目时让孩子的其他科目受到不好的影响，这样就得不偿失了。

94. 寓教于乐，让男孩爱上写作业
——怎么才能让男孩喜欢写作业？

　　津津是一个小学生。津津的父母工作都很忙，所以平时对津津的学习抓得不是很紧，只是偶尔督促津津要好好学习，将来考上一所好的大学。最近津津的班级进行了一次摸底考试，从考试成绩上可以看出，津津最近的学习状态并不是很好，于是津津的家长就开始留意津津平时的学习状况。他们发现，津津不太爱写作业，有时拖到很晚才写，有时则告诉家长没有作业。那么，面对孩子不愿意写作业这种情况，家长要如何去做呢？

 案例解析

　　在普通的家庭中，几乎每个家长每天都要问孩子一句："你的作业做完了吗？"我们知道爱玩是每个孩子的天性，没有一个孩子是天生喜欢写作业的，有时家长面对孩子不喜欢写作业的情况会一味地指责，其实这是不对的，家长的严声指责只会让孩子更加厌烦做作业，孩子在嘴上不说出自己的不满，但是在接下来对待作业的态度上就会变得更加磨磨蹭蹭。我们很理解每个家长望子成龙的心情，但是依靠一味地指责只会适得其反，而且有可能使家庭关系变得紧张。

　　其实孩子不喜欢写作业是有原因的，有些孩子在写作业的时候感到吃力，是因为他们在上课的时候对老师讲解的知识点理解不够；有的孩子虽然聪明，能很快地掌握老师所讲的知识点，但是他们的注意力不集中，也会导致他们不能在凳子上待太久，也就表现得不爱写作业。

　　所以家长在面对孩子不爱写作业这件事时，不要一味地去指责孩子，而是要帮助孩子找到不爱写作业的原因，这样才能从根本上解决问题。孩子在家长的权威之下写作业，反而会对学习感到厌恶。

 **解决办法**

解决孩子不爱写作业的问题，家长可以从以下几点入手：

1. 家长要寓教于乐，以提高孩子的学习兴趣。其实在孩子还小的时候，家长要清楚地认识到，培养孩子的学习兴趣远比孩子喜欢写作业更为重要，如果孩子的学习兴趣培养起来了，家长就不愁孩子在今后的学习中不爱写作业了。

所以，在平时的生活中，家长可以视情况把学习的内容融入实际的生活当中。家长可以利用各种方式，比如问答、猜谜的形式等，这样既可以帮助孩子增长知识又可以增加孩子的学习兴趣。所以，在孩子出现不爱写作业这一情况时，家长不要一味地围绕写作业进行解决，还要从增加孩子的学习兴趣入手去解决。

2. 在孩子学习、做作业的问题上，家长不要和孩子进行讨价还价。家长要让孩子知道学习是自己的事，做作业也是自己的事。在平时家长可以给孩子讲一些名人刻苦学习的事迹，引导孩子去自觉学习，自觉做作业。当然，在孩子取得一些进步的时候，家长要给予及时且中肯的肯定与激励，以强化孩子对学习的热爱。

3. 家长在辅导孩子学习、写作业的时候要注意方式方法。家长要适时告诉孩子学习的技巧，培养孩子预习、复习的习惯，还要注意劳逸结合等。

95. 课外书有助于男孩心智的成长
——男孩不喜欢读课外书怎么办?

宁宁今年上小学，是个勇敢好斗的小男孩，在平时的生活中，宁宁的家人发现宁宁在为人处世、待人接物上面有一些问题，于是就想让宁宁通过扩大阅读范围来弥补他在日常生活中表现出的不足。宁宁的妈妈给宁宁买了一些关于情商、礼仪方面的书籍，但是宁宁并不爱看，有时宁宁的家人也会带着宁宁去新华书店，让他自己挑书，但是宁宁一进书店就想着出去，心思完全不在看书上。那么面对孩子不爱看课外书的情况，家长要如何去做呢?

 案例解析

我们自小就听过这样一些名言，如"开卷有益""阅读好书就像是和一个品格高尚的人对话"，这些其实都在告诉我们阅读是一件多么重要的事情。在我们平时的生活中，我们的体验是有限的，但是在阅读的过程中，我们的身心都在体验着别人经历的事情，这些经历也可以转化为我们自身的经验；而且在阅读的过程中，也培养了我们自身的专注力与自制力等。一个处在小学阶段的孩子，他通过阅读可以丰富自己的词汇量，可以增加他对事情看法的多面性，也可以促使他在发表自己看法的时候有话可说。对于男孩子来说，通过阅读可以增加他成熟稳重的气质，这对于孩子的将来是非常重要的。

有研究表明，小学阶段是培养阅读习惯的最佳时期，如果孩子在这一阶段养成阅读的习惯，那么对于他的一生而言都是非常有益的。但是有些家长却认为阅读学习之外的书都是浪费时间，也有些家长在课外给孩子安排了太多的辅导班，使得孩子没有时间进行阅读等，这一切都会使孩子错过培养阅读习惯的关键期。

故事中，宁宁的家长有培养孩子阅读习惯的意识非常值得表扬，但是培养的过程是要讲究方式方法的，家长要知道没有一个孩子是天生喜欢阅读的。

 解决办法

培养孩子的阅读习惯，家长可以从以下两点入手解决：

1. 在挑选书籍的时候要结合孩子的兴趣与特点。有些家长在培养孩子的阅读习惯的时候只是根据自己的喜好或是觉得这一类书对孩子的成长有帮助，从而去挑选书籍，其实这是不对的。要让孩子阅读，首先要保证书籍里的内容是孩子比较感兴趣的，这样孩子才肯拿起书籍进行阅读，这样才有可能把阅读当成一种习惯。如果家长挑选的书籍压根不是孩子所喜欢的，那么也就无从谈起培养孩子的阅读习惯。比如男孩子一般对网络游戏比较感兴趣，那么家长就可以引导孩子购买一些讲解如何编程游戏的书籍，这样既培养了孩子的兴趣爱好，又可以让孩子体会到阅读的乐趣，从而喜欢阅读这件事。

2. 在刚开始的时候，孩子可能无法独自进行阅读，那么家长在这个时期就可以陪着孩子一起阅读，在阅读的时候，家长可以根据书籍的内容让阅读的形式多样化，让孩子充分感受到阅读的乐趣。与此同时，家长还要一步步引导孩子进行独自阅读。因为孩子终有一天需要独自面对生活，所以，培养独自阅读的能力也非常重要。在培养的过程中，家长可以循序渐进，不要操之过急。例如，家长可以先给孩子阅读一小段故事，但是不给孩子说出结局而是让他自己通过阅读去寻找故事的结局，这样孩子就不会停止阅读，而且为了找到答案，也会开始进行独立阅读。

96. 培养男孩专心的能力

——男孩上课不注意听讲怎么办？

小春是一个小学生，平时在班级里属于比较活跃的人，大家都很喜欢和小春一起玩耍。但是在学习上，小春的成绩一直提高不上去。观察小春在上课时的表现，我们对此就不太惊讶了。小春在课间活动期间非常活泼，但是在上课的时候就仿佛蔫了一样，而且注意力很不集中，在课堂上他不是掰掰自己的手指就是戳戳前面同学的背，总之就是不注意听课。那么，面对这种情况，家长要如何去做呢？

 案例解析

其实，在现实生活中，孩子上课不注意听讲是一个非常普遍的问题，也是一个让许多家长非常头疼的问题。同样的，家长在思考怎么解决这个问题的时候，首先要做的是要了解孩子为什么上课不注意听讲，也就是孩子上课不注意听讲的原因，只有知道了原因之后，家长才能对症下药，否则一切都是盲目的。

孩子不能注意听讲，可能并不是孩子不想听讲，而是孩子的注意力不能集中，注意力是需要专门培养的，如果孩子是因为注意力不集中导致不能认真听课，那么家长就要从解决孩子的注意力上面着手。

孩子不能注意听讲也可能和上课的老师有关。我们在上学期间都会有这样的体验，就是如果我们喜欢一个老师，那么就会认真听他的课，因为这代表着对他的一种尊重，但是如果不喜欢某位老师，那么就很有可能不注意听他所讲的课。是否认真听课还与老师的讲课风格有关，如果老师的讲课风格过于死板，那么孩子也很难集中自己的注意力进行听课。

再就是孩子的心情也会影响孩子的听课情况，如果孩子的心情不好，那么他的注意力就会受到影响，可能他在上课的时候就会想着其他的事而不能把注意力放在听课听讲上面。

所以，家长要对症下药，彻底解决孩子上课不注意听讲的毛病。

解决办法

彻底解决孩子上课不注意听讲的毛病，家长可以从以下几点入手：

1. 家长要培养孩子的学习兴趣。我们都知道兴趣是最好的老师，因为对某件事情有足够的兴趣，孩子就会克服很多的问题进行学习。所以，对待学习这件事也是同样的道理，如果孩子对学习有足够的兴趣，那么他就会克服自身条件的局限性，保持对学习的动力，自然也就会在课堂上认真听讲，不错过老师讲解的任何一个知识点。

2. 我们根据自己的经验会发现这样一个问题，就是在几十分钟的课堂上，我们可能在前半段时间注意力很集中，但是因为在老师讲解的过程中，我们跟不上老师的思路，这样就会导致我们失去对听讲的兴趣，从而把注意力集中到了其他的事情上。让孩子跟上老师的讲解进度，也就是提高了孩子的注意力，所以，家长可以让孩子养成预习的好习惯，这样孩子就对老师要讲的知识有一个统筹的把握，不会对新的知识点产生恐慌，在态度上就不会懈怠，从而集中注意力听老师讲解。

3. 家长还要在平时的生活中注意与孩子的沟通，了解他的情绪变化，及时做疏导。而且家长要保证孩子具有充足的休息时间，良好的心情与身体状况是保证孩子注意力的基础。

97. 给男孩寄宿生活更多的鼓励
——男孩不适应寄宿生活怎么办?

小东的父母因为平时工作非常忙，而且经常出差，所以，从小学开始就让小东进入一所寄宿制的学校进行学习。家人给小东挑选了一所教学质量非常不错的学校。本来以为离开家长的管束，小东会表现得非常高兴，但是万万没想到，小东在开始自己的寄宿生活后反而心情非常不好，每次周末回家，小东就不想回学校。小东向家里人抱怨寄宿生活不好，对寄宿生活非常不适应。那么，家长在面对这种情况时，应该如何去做呢？

 案例解析

现在有许多父母都会遇到类似小东家长的这种情况，因为工作比较忙，没有时间照顾孩子，于是把孩子送去寄宿学校，通过学校的规章制度去管理孩子的日常生活，家长从照顾孩子的生活起居及学习中解脱出来；还有的家长是因为害怕孩子上学的路途比较浪费时间，想让孩子的时间充分用在学习上，也会选择把孩子送去寄宿学校。

但是，有些家长会发现，孩子从家庭生活转移到学校生活的过程中会出现各种不适应的情况。比如说，孩子进入寄宿学校之后，情绪变得消极；孩子因为进入寄宿生活，学习成绩出现下降；有些孩子甚至在学校做出极端的行为去反抗父母把自己送入寄宿学校这一行为。

所以，如果家长打算将来把自己的孩子送入寄宿学校或是送出国读书，那么在平时生活的点点滴滴中就要培养孩子的自理能力、与人沟通的能力、培养孩子的自信心等，只有这样，孩子在开始自己的寄宿生活后才不会出现太大的问题，否则家长送孩子去寄宿学校只是麻烦的开始。

 解决办法

为了将来让孩子适应寄宿生活，家长在平时就要注意以下几个方面：

1. 家长在日常生活中要注意对孩子的自信心进行培养。有些孩子之所以不适应新的环境，是因为在那个环境中他觉得自己是不受欢迎的，不被那个环境所接受的。这很大程度上是孩子的臆想，原因就在于孩子缺乏自信心。他们会因为一些小事去否定自己，轻易地对自己下结论。所以，家长在平时的生活中就要向孩子灌输自信的思想，让他明白每个人都是独一无二的，每个人都是有优点和缺点的，每个人都是无可替代的，一时的失败并不能说明任何问题。而且家长可以通过培养孩子的兴趣爱好去增强孩子的自信心。

2. 家长要让孩子掌握生活自理的能力。如果一个孩子有生活自理能力，那么无论他到任何地方，都会合理地安排自己的生活，而且有自理能力的人会减少陌生环境给自己带来的孤独感，能让自己快速适应新的环境。

3. 家长在平时的教育中要注意增加孩子的课外知识，丰富他的知识面，这些知识会帮助孩子建立自己的乐观性格与适应新环境的能力，也会帮助孩子处理人与人之间的关系。总之，使孩子的智商与情商得到双向发展，也可以避免孩子出现不适应寄宿生活的现象。

98. 只有专心才能做好每一件事情
——男孩写作业总分心怎么办？

小龙的学习成绩一直处在班级的中等位置，上不去也下不来。妈妈一心想提高孩子的学习成绩，于是打算在孩子写作业的时候在一旁给予帮助。在小龙写作业的时候，妈妈发现小龙总是坐立不安，搞东搞西。比如，他在写作业的时候会突然想削铅笔，还给出一些削铅笔的理由，削完铅笔找橡皮、喝水、上厕所。妈妈一直督促小龙认真写作业，但是没什么效果。那么，面对写作业不认真的孩子，家长要如何去做呢？

 案例解析

孩子的天性是爱玩的，尤其是精力旺盛的男孩子，所以，让孩子安静下来，认认真真地写作业的确存在难度。孩子不愿意写作业也是有具体的原因的。

当孩子比较小的时候，他的兴趣还没有培养起来。这时对他来说，写作业并不是一件有趣的事情，在他的意识中，玩游戏、看电视是一件比写作业要有趣得多的事情。其实，家长要非常充分地理解孩子的这一心情，如果家长认为一件事是没有意思的，那么很多时候也不愿意去做。所以，孩子不爱写作业或是说在写作业的时候容易分心就是一件非常正常的事情。

其次，这时孩子的习惯还没有养成。我们知道习惯的重要性，如果在日常的生活中，我们已经养成了一种习惯，那么做起事来会觉得非常自然与顺畅，但是习惯的养成并不是一天两天的事，所以，让孩子养成写作业不分心的习惯也不是一件一蹴而就的事情。

在面对孩子写作业分心的事情上，家长一味地指责也会加重孩子不爱写作业的毛病。因为孩子本来就认为写作业是一件痛苦的事情，如果家长在这时还一味地去责备孩子，只会让孩子更加烦躁，甚至让孩子从此不写作业。

最后，孩子不能专心写作业的原因也有可能是孩子并不知道学习是自己的事情，如果他感觉学习是在为别人而学的话，自然就不会认真对待写作业这件事。

 解决办法

家长在知道了孩子不能写作业专心的原因之后，就可以对症下药。

1. 要保证孩子的心情愉悦。孩子本身觉得写作业是一件痛苦的事情，所以在写作业的时候心情比较容易急躁，这时家长就不要再去干涉孩子，以免加重孩子的急躁情绪。如果孩子实在不想写作业，家长也不要过分勉强，可以和孩子约定先去做他自己想做的事情，然后回来做作业。

2. 家长不要时刻催促孩子写作业，要让他明白写作业是自己的事情。孩子有时因为任性不想写作业，或是一味地分心去做其他的事，这时家长不要大声苛责，可以让孩子体会不写作业受到老师惩罚的结果，这样他就会知道写作业这件事是自己的事情。

3. 家长要允许孩子按照自己的节奏去写作业，不要催促他。

4. 家长可以在孩子写作业的时候给予适当的辅助。如果孩子的学习基础很差，家长就可以辅助孩子，帮助他解决一些学习上遇到的困难，这样孩子就不会因为题目太难而拒绝写作业或是在写作业的时候不够专心。

5. 家长在辅导孩子写作业的时候，最为重要的就是让孩子知道通过自己的努力是可以解决问题的。所以，家长可以帮助孩子理顺解题的步骤，但是最后让他自己说出问题的答案，在孩子说出答案的时候给予充分的肯定与激励。

6. 家长可以通过一些游戏锻炼孩子的专注力，比如一起玩盯住某件东西观察五分钟或是更久的游戏，这样就可以锻炼孩子的专注能力，也可以帮助他在写作业的时候更加认真。

99. 成绩不稳定？多是情绪波动闹的
——男孩学习成绩不稳定怎么办？

说起小胖的学习，小胖的家人和小胖自己都非常担心。小胖的成绩一直非常不稳定，家长觉得小胖的学习成绩完全是看运气，运气好的时候可以排年级 50 名左右，运气差的时候就是年级 100 名以后了。成绩的不稳定给小胖和家人带来很多困扰。那么，面对孩子成绩不稳定的情况，家长要怎么做呢？

 案例解析

通常情况下，家长都会非常重视自己孩子的学习成绩，一般孩子也会比较重视自己的成绩。但是家长也要认识到，如果孩子的排名或者是成绩只是小幅度的波动，其实那是正常现象。学习成绩是一个综合性的结果，并不是平时学习成绩好，孩子的考试成绩就一定会好，还与近期孩子的学习状态、心情状态与身体状态等有关。即使孩子自身的情况是不变的，那么其他学生的学习情况也会导致孩子的成绩排名发生变动。所以，家长在对待那些成绩处在中间，年级排名或是班级排名有十名左右的变化的，不要抱以非常吃惊的态度，要知道这都是正常现象。

即使孩子的成绩真的出现大幅度的波动，也是有很多原因的，既有主观原因也有客观原因。比如说孩子最近的心情不太好，导致他在课堂上不能集中精力去听课，这种情况会导致孩子的考试成绩有所下降；还有孩子的学习兴趣突然下降，孩子觉得学习是一件特别无用的事情，也会导致孩子的成绩大浮动下降。在客观因素上，学习是一个动态变化的过程，学习内容的难易程度是不一样的，可能最近的学习内容是孩子觉得特别难的，也会导致他成绩出现波动，还有就是出题的难易程度也是在变化的。总之，家长要明白，孩子学习成绩的波动是由不同的因素导致的，不能一味地责怪孩子，要找出具体的原因，然后帮助孩子解决问题。

 解决办法

在关注孩子成绩的同时，家长更要关心自己的孩子，关心他的心情是如何的，学习状态怎样，在学习或是生活中遇到了什么难题等。家长还要知道自己孩子的能力是有限的，他的学习状态是会发生变化的，学习的难易程度和考试的难易程度也是在变化的。所以，当孩子出现成绩不稳定的情况时，家长不要单纯地责怪孩子学习不够努力，而是要和孩子进行沟通以增进了解，这样才能发现孩子为什么成绩不稳定，然后才能对症下药。

家长与孩子之间建立良好的沟通是非常重要的。家长在平时要给孩子创造良好的家庭氛围，让孩子勇于表达自己的观点，互相之间要平等且融洽地沟通彼此生活中遇到的问题。家长在平时的生活中要扮演孩子的朋友的角色，这样孩子在遇到问题的时候才会想到告诉家长，这样家长才能和孩子一起去发现问题、解决问题。

对于成绩一直很好，只是偶尔成绩波动的孩子，家长只需要对孩子多加鼓励就可以；对于那些成绩一直不好，又波动比较大的孩子，家长要引导孩子总结自己的问题，引导孩子通过分析试卷或是习题册找到成绩波动的根源等，一步步把成绩提高上去，然后做到成绩稳定。

100.男孩逃课的现象必须坚决遏制
——面对男孩逃课该如何解决？

小乐今天又逃课了，小乐的班主任已经打电话给小乐的家长。其实小乐逃课的行为是最近才出现的，以前小乐顶多是告诉家长他今天不想去上学，但是最终还是在父母的劝说下选择去学校，但是最近小乐的情况比较严重。小乐接二连三的逃课行为使小乐的家长非常气愤也非常担心，怀疑小乐被坏人蛊惑。那么，面对孩子的逃课行为，家长要如何去面对呢？

 案例解析

我们先分析一下孩子逃课的原因：

1. 孩子可能是因为贪玩而逃课。孩子爱玩，尤其是男孩子，爱玩是他们的天性，如果上学的路上有什么好玩的事情发生，那么孩子的注意力很可能被好玩的事情吸引住了，导致他忘记自己要去上学这件事。等到他意识到自己要去学校的时候，其实已经迟到了，但是为了避免上课开始后进入班级的尴尬，为了逃避老师的责怪，有些孩子就会选择逃课。

2. 孩子可能是因为在学习上遇到困难而选择逃课。在孩子的学习过程中，遇到困难是非常正常的事情，但是有些消极的孩子会因为遇到的困难而选择消极的方式去应对，那就是逃课。在班级管理比较松懈，学习风气比较淡薄的情况下，这种情况更容易发生。

3. 孩子有可能是在学校因为与老师或是同学的关系出现嫌隙而逃课。在学校受到老师的责难、责怪或是处理不好同学之间的关系，也可能导致孩子出现逃课的行为。

4. 孩子可能受到其他人的挑唆。孩子的意志力是比较差的，而且男孩也比较容易冲动，受到一些人的挑唆之后，他就可能选择不去上课，甚至出现厌学的情况。

 解决办法

为了防止孩子出现逃课的行为，家长可以从以下几点着手去做：

1. 在孩子第一次出现逃课的行为时，家长不妨用攻心的战术代替一味地批评。其实孩子知道自己的逃课行为是不对的，他选择逃课可能是因为对学习不感兴趣，如果孩子因为这个原因选择逃课，那么家长的批评只会加深孩子对上学的厌恶，出现适得其反的效果。所以，这时家长要站在理解孩子心情的基础上，提高孩子的学习兴趣，提高孩子的自控能力。

2. 家长一般会非常重视孩子的学习成绩，几乎把孩子的成绩看成孩子生命中最为重要的事情，其实这也加重了孩子的厌学心理。这时家长不妨降低对孩子学习成绩或是作业难度的要求，而加强对孩子其他方面的要求，比如说品格和身体素质。这样做的好处就在于让孩子明白家长是爱自己的，而且，降低孩子的学习任务之后，孩子更容易产生满足，有利于帮助孩子建立学习的自信心。

3. 家长要与学校的老师沟通，共同发现孩子身上可能出现的问题，然后携手解决。这样双管齐下，也会及时纠正孩子的逃课行为。但是在进行纠正的时候，家长与老师要注意方式方法，不要让孩子觉得家长是在和老师一起联手对付自己，而是要让孩子明白家长和老师是因为重视自己、关心自己才联手解决问题。这样做也可以增加孩子对学校及家庭的认同感，让孩子回归家庭、回归学校。

101. 掌握学习方法，让成绩显著提升
——男孩考试分数低怎么办？

小小今年上五年级，在不久的将来会面临小升初的考验。但是小小的成绩一直上不去。这似乎并不是因为小小学习不认真造成的，因为小小对待学习是相当认真的，每天按时完成老师布置的作业，在课堂上也会积极举手回答问题。但不知为何，考试成绩就是上不去。有时小小都会觉得是不是自己的智商有问题，所以成绩一直上不去。那么面对孩子考试成绩一直不佳的情况，家长要如何去做呢？

 案例解析

从案例中我们可以了解到，小小的学习态度是比较认真的，但是学习成绩一直提升不了，其实这也是很多孩子在学习上可能遇到的问题。那么，那些看上去学习非常认真的孩子，为什么会出现成绩不好的情况呢？

1. 可能是孩子在学习上遗留的问题太多。有这样一种情况就是孩子刚开始在学习上遇到问题的时候，没有给予足够的重视，没有想着怎么去解决，而且在考试成绩上似乎对其的影响也不是很大。所以，孩子就会把问题一直拖着，等到时间一久，就会发现学习上的漏洞越来越多了，这时想弥补就有些心有余而力不足了。那么最直观的反映就是成绩一直提高不上去。

2. 可能是孩子的听课效率比较差。我们常说，会听课的孩子听的是思路，不会听课的孩子听的是结果。那些在课堂上能高效听课的孩子其实在课下时间是非常轻松的，但是如果孩子的课堂听课效率太差就会导致孩子在课下花费很长时间而且学习效果不好，这也是导致孩子看上去很用功，但是学习成绩不好的原因之一。

3. 孩子考试成绩一直提升不上去也可能是因为孩子的学习方法不对。好的学习方法可以事半功倍，但是有些孩子却掌握不了，在学习难度还很低的时候，掌握不了学习方法对学习成绩影响不大，但是一旦学习难度与强度加深，学习方法的重要性就凸显出来了。

 **解决办法**

提高孩子的学习成绩，家长可以从以下几点入手：

1. 家长在孩子还小的时候就要培养孩子好的学习习惯，好的学习习惯的培养是有利于孩子一生的学习的。比如，要让他在学习的时候专心，不能一心二用；比如，在平时完成作业之后要养成预习及复习的习惯。

2. 家长在孩子开始学习的时候，可以适当陪伴孩子。在陪伴的过程中要积极引导孩子，告诉孩子在遇到任何问题的时候都要及时解决，否则问题只会越积越多，而且不利于今后新的知识内容的学习。

2. 家长要告诉孩子一些正确的学习方法。对待学习，孩子只是一个入门者，家长有义务将自己觉得好的学习方法介绍给孩子，然后让孩子根据自身的情况进行学习。在掌握了学习方法之后，孩子学习的过程就会轻松很多。而且在孩子取得一定的进步之后，家长要及时进行肯定与激励，这样孩子才能建立对学习的自信，并对学习充满激情。

3. 引导孩子建立错题本。家长要给孩子树立正确的考试观念，要让孩子明白考试成绩并不能代表一切，但是它却能反映出学习上的薄弱环节。所以，家长要引导孩子将考试或是作业上的错题进行整理，不定期对这些错题进行回顾，这样孩子才能知道自己真正的弱项在什么地方，才能对症下药。

102. 掌握学习方法，告别死记硬背
——男孩总是死记硬背怎么办？

健健今年已经上小学六年级了，即将升入初中开始学习，但是健健的妈妈发现健健的学习方法还是之前的笨方法，就是死记硬背。因为之前学习的知识比较容易，所以，健健的学习成绩还是不错的，但是现在学习的难度一点点在加大，所以健健在学习上逐渐表现出比较吃力的情况。妈妈觉得如果健健上了初中，学习的压力一定会加大，死记硬背更是不行。但是如何能让孩子改掉死记硬背的学习方法呢？

 案例解析

我们知道死记硬背是一种比较简单的学习方法，没有太大的难度而且是男生和女生都适用的一种学习方法，但是它同样是一种比较低效的学习方法。在学习的难度并不是很大的情况下，这种学习方法可以一时解决孩子成绩差的问题，在短时间内的确可以取得一定的效果。但是一旦学习的强度和难度提升上去之后，这种学习方法的弊端就显现出来了。

死记硬背的学习方式其实就是用一种非常笨拙的方式将知识反复地在大脑中回想直至记忆完成。通常运用死记硬背的方法进行学习的孩子是比较踏实的孩子，他们对待学习比较认真，但是也说明这样的孩子缺乏高效的学习方法，所以在通常情况下，这些孩子学习比较努

力但是学习成绩并不是很好。然而那些在学习上并不是很认真，但是知道如何高效学习的孩子，他们虽然不像认真的孩子一样踏实学习，但是因为学习方法比较高效，所以他们的成绩也不会很差。家长在知道死记硬背的学习方法的弊端之后，就要思考如何让孩子摆脱这样低效的学习方法，从此不再死记硬背。

 解决办法

针对孩子习惯死记硬背的学习方法，我们给出以下建议：

1. 观察孩子的学习方式。在一开始进行学习的时候，孩子其实并不知道要以怎样的方式去学习才是最好的。所以，有时他们就会出现死记硬背的情况，那么在这个过程中，家长就要及时发现孩子的学习方法，以便及时对孩子的学习方法提出建议。这一点其实是非常重要的，因为孩子固有的学习方法一旦形成，那么他们在短期内是无法改变的。

2. 家长要做出表率。孩子的学习习惯不光是在学校养成的，在家里更是养成孩子良好的学习习惯的场所。所以在平时的生活中，家长要有意识地留出时间让孩子和自己共同学习，孩子在观察父母的学习过程中知道其他更高效的学习方式，而且在其间父母要大力宣传自己的学习心得，让孩子知道哪种学习方式才是更高效的，让孩子知道死记硬背是一种效率非常差的学习方式。

3. 为孩子提供高效学习的方法。家长不能只告诉孩子死记硬背的学习方式有多不好，还要告诉孩子怎样的学习方式是更高效的，只有在体会到高效学习的乐趣之后，孩子才能从根本上摒弃之前死记硬背的学习方式。比如家长可以教授孩子一种发现事物之间的相关性来高效学习的方法，就是将学习的知识关联起来，使得知识联系在一起。

103. 用鼓励和肯定为男孩增加动力
——怎么提升男孩的学习动力？

胖胖今年上小学。由于家里人都是知识分子出身，所以都非常重视胖胖的学习，对胖胖的学习要求很高。但是胖胖的学习动力不足，只有在家人的严加管教之下才去认真学习，如果家人不严加督促，胖胖就会去玩。那么，面对孩子学习动力不足的情况，家长要如何去做呢？

 案例解析

我们做任何事都有一定的动机，对于孩子来说，学习也是如此，学习动机是直接推动孩子学习的力量。

学习对于孩子的重要性不言而喻，他们是国家未来的希望，所以我们都在期望他们成为一个对家庭对国家有用的人。其实对于孩子自身而言，他们也希望自己成为大家口中的人才，但是有时他们并不能把这种强烈的成为人才的愿望转化为学习的动机。原因可能是孩子缺乏足够的自我控制能力。在他们的生活中娱乐的方式太多，他们抵挡不住诱惑，从而把心思放在玩上而没有放在学习上面；也可能是家长没有给孩子起到良好的榜样作用，也没有引导孩子形成良好的生活习惯；也有可能是孩子想进步，但是他们对社会的认知能力差，以至于无法做出正确的人生规划。

所以，在这个阶段，家长就有义务帮助孩子形成强烈的学习动机，助孩子成为国家的栋梁之材。

 解决办法

家长培养孩子的学习动机，可以从以下几个方面入手：

1. 家长要对孩子讲明白学习的目的是什么，从而培养孩子学习的自觉性。学习目的是孩子想要通过学习取得的一种成果，也是让孩子产生动机的原因，所以家长想要孩子形成强烈的学习动机，就要让孩子认识到学习的目的是什么。家长在这个过程中要结合孩子的具体情况，比如孩子的年级、孩子的年龄等，明确学习的目的，提高孩子的热情，从而使孩子产生一种自发性的学习动力。

2. 家长可以给孩子创造问问题的情景，从而激发孩子的求知欲望。培养学习动机就是要激发孩子对学习知识的一种自我需要。家长可以在平时组织家庭成员或是召集一些小朋友参与到自己设定的教学游戏当中去。在这个游戏过程中，家长一定要根据孩子的情况进行问题的设定，这样就可以慢慢培养孩子的求知欲望。

3. 如果孩子在学习上取得一些进步，那么家长就要及时对孩子进行肯定与表扬，有时可以用一些物质作为孩子进步的奖励。通过这样的方式，孩子就可以体会到好好学习带给自己的荣誉感和成就感，有利于孩子形成学习动机。

104. 培养男孩谦虚的品质
——男孩认为请教别人很丢人怎么办?

变变是一个学习成绩很好的小男孩，尤其是数学成绩，每次的数学考试成绩都在95分以上，正因为这个原因，变变有些骄傲。有一次，变变的数学考试得了满分，他同桌只考了70多分，于是他就以很不屑的态度对同桌说："这次数学试卷那么简单，你怎么考这么低。"但是变变同桌的英语成绩很好，每次考试都可以考到90分以上，而英语是变变的弱项，但是即便是这样，面对自己不懂的问题，变变也不会请教同桌关于英语的问题，他觉得这是一件很丢人的事情。那么面对男孩觉得请教别人很丢人的问题，家长要如何进行纠正呢?

 案例解析

我们知道现在的孩子都是很聪明的，家长从小就注重培养孩子的智商和情商。而且，家长也越来越注重孩子的早期教育，不再一味地采取批评式的教育，而是改为夸奖式的教育。

但是有些家长在夸奖孩子的时候没有很好地掌握夸奖的尺度。也就是说孩子无论做些什么，家长都会夸奖自己的孩子，在这样的教育方法下，就很有可能让孩子养成骄傲自满的心态。这种心态会体现在方方面面，包括体现在孩子的学习过程中。一方面，当孩子的成绩比较好的时候他会夸大自己的成绩，以满足自己的虚荣心；另一方面，太骄傲自满的孩子，他们无法虚心去请教别人，就像案例中的变变一样。

孩子因为自己的成绩好而产生一种骄傲的情绪是非常正常的，但是如果太过于骄傲则是一种不好的行为，这会影响孩子自身的学习，也会影响他的人际交往。所以在日常的教育当中，家长就要教育孩子正确地看待自己的成绩和自身的能力，不要骄傲自满，要懂得虚心请教他人，也要懂得不要贬低他人。

 解决办法

面对孩子产生骄傲自满、不能虚心请教别人的情况的时候，家长可以采取以下几点措施去应对：

1. 让孩子明白"人外有人"的道理。在孩子取得一定的成绩或是在某一方面表现得很好的时候，家长是要对孩子进行针对性夸奖的，但是最好不要夸奖得太空泛，让他觉得自己哪方面都是很好的，而是要有针对性，具体地、点对点地夸奖。与此同时，还要教导孩子"人外有人"的道理，可以给他讲一些名人和伟人虚心请教别人的故事，以此让他学习，不要骄傲。

2. 帮助孩子认识自身的不足。家长不要向他传递出他是完美的没有缺点的信号，要让他知道再优秀的人也会有短板，都会犯错。家长在这个过程中可以找一些具体的缺点去说服孩子，让他认识到自己是有缺点的。但是家长不可以针对缺点进行批评，只是让他意识到自己是有缺点的这一点，让他明白自己还有进步的空间。

4. 提醒孩子学习是没有止境的。家长要告诉孩子，学习是一项没有尽头的事情，现在有的知识只是一时，如果自己不去学习就会被别人所超越，所以任何人都没有骄傲的资本。

105. 鼓励男孩积极表达自己的想法
——男孩上课不积极发言怎么办？

小杰的妈妈在开家长会时了解到，小杰虽然在平时的生活中表现得非常勇敢与活泼，但是在上课的时候表现比较消极。小杰上课听讲还算是认真，坐姿还算端正，眼睛也是盯着黑板看的，但是小杰从来不积极发言，只有在老师点他的名字时，他才会站起来回答问题。那么，家长要如何做，才能让孩子养成积极发言的习惯呢？

 案例解析

我们知道，在上课的时候，老师为了活跃课堂气氛，也为了检查大家对知识点的掌握情况，会提问让学生们进行回答。面对这种情况，有些孩子会积极举手发言，但是有的孩子却表现出缩手缩脚的情形。有些孩子即使偶尔举手回答问题，但是在回答的过程中，会表现得吞吞吐吐，一点都不自信。

我们知道，孩子如果能在课堂上积极回答老师的问题，不仅能调动孩子学习的积极性，也可以帮助孩子更好地理解知识，充分融入课堂学习中去。我们会发现那些在课堂上积极发言的学生大多也是学习认真的孩子，所以，家长一定要让孩子养成积极发言的好习惯。

那么为什么有些孩子不能在课堂上积极发言呢？

有可能是因为孩子缺乏自信。这些孩子其实对知识点的掌握不存在太大的问题，老师问的问题他也可以回答上来，但是他没有自信面对全班同学和老师回答问题，面对那么多人说话时，他会表现得非常紧张，甚至会出现语无伦次的情况。

也有可能是因为孩子缺乏学习的主动性。有些孩子在面对老师的提问时，会选择低下头去，生怕老师问到自己，其实这就是缺乏学习主动性的表现。孩子不爱去思考，当然就不愿意积极去发言。

 解决办法

我们知道那些在课堂上不能积极发言的孩子往往在课后学习中遇到问题时也不能主动地请教别人，他们往往对那些不能理解的问题听之任之，不往心里去。我们可想而知，这样的孩子的学习成绩也好不到哪里去。

认识到在课堂积极发言的重要性之后，家长可以采取以下几点措施去解决：

1. 家长可以寻求老师的帮助。家长可以和孩子的班主任进行沟通，让老师在课堂上多提问自己的孩子，并且请求老师在孩子回答完问题时给予适当的鼓励与肯定。在这样的过程中，孩子就会慢慢习惯当众发言，而不会对回答问题产生排斥的心理。而且老师的肯定会增加孩子的自信心，从而让他更加大胆地回答老师的问题。

2. 家长在平时的生活中要引导孩子进行课前预习，这样孩子对上课的内容就会有一个大概的了解，也会抓住课堂的重点与难点，那么孩子在上课的时候就会更加集中自己的注意力，对于知识的掌握会更加容易，遇到自己可以回答的问题也就会积极主动地发言了。

3. 家长要让孩子知道积极发言的重要性，不管回答得对与错，只要敢于战胜自己去发表自己的看法，那么就会充分地参与到课堂中去，对于知识的掌握就会更加深刻。

106. 引导男孩善用检索工具
——男孩不用"百度"怎么办？

用用是一个六年级的男孩，从小就比较喜欢问问题，面对用用如此多的问题，用用爸爸妈妈有时也不知道如何回答，其中有些问题是需要具备专业的知识的，但是用用的父母的文化水平并不是太高。所以有时用用的妈妈就会建议用用遇到问题先用检索工具去寻找问题的答案，比如说百度之类的。如果看到答案之后依旧不明白的话再来问他们。但是用用还是不习惯用检索工具去自己解决问题，而是一味地去问别人。面对这种情况，家长要怎么做呢？

 案例解析

现在社会可以说是互联网的时代，那么学会用互联网带来的便利去解决问题就显得尤为重要。因为互联网兴起也对现在的教育方式产生了巨大的影响。孩子在学校再也不是单方面的接受群体，而是和老师及其他教育工作者形成了一种互动的教学相长的模式。这其中就离不开孩子对于检索工具的接受和使用。

案例中的用用是一位不太善于用检索工具解决问题的孩子，这样的情况势必会造成用用的诸多不便。因为总有很多情况是周围的人无法替自己解答的，而且周围人的知识水平也决定了得到的答案的准确程度。同时善于利用检索工具也是一种解决问题的思维方式，它要求孩子在面对问题时首先想到的应该是如何利用周围的工具去决问题，而不是第一时间去让别人帮忙解决。这并不是说孩子在遇到问题时不可以向别人求助，而是说在孩子遇到问题时首先要做的是自己利用检索工具去解决，实在解决不了再去询问别人。

 解决办法

针对孩子不善于利用检索工具解决问题的情况，我们给家长以下几点建议：

1. 从小锻炼孩子使用现代化的工具。我们很难想象一个从来没有接触过或是只接触过几次现代化的检索工具的孩子会在遇到问题时，首先想到利用检索工具去解决，所以从孩子很小的时候开始，父母就要让孩子熟悉电脑、iPad等工具。

2. 家长要以身作则。在遇到问题时，家长首先要做的就是利用检索工具去解决。就像在平日里遇到什么问题不懂就要和孩子一起去"百度一下"或是"谷歌一下"，让孩子在潜移默化中养成善于利用检索工具的习惯。而且在家长利用检索功能的时候要故意"做"给孩子看，让他们体会到自己解决问题的喜悦感。

3. 让孩子多加练习。家长可以在平日里给孩子出一些问题然后让孩子利用检索工具给自己一个答案。在完成后家长要对孩子提出适当的表扬和建议，以帮助孩子更好地建立自信，下次更好更自信地使用检索工具解决问题。

107. 找寻冲突原因，耐心劝导男孩
——为什么男孩会与老师发生冲突？

小伟平时是个乖巧可爱的小男孩，和老师同学们一直相处得非常好，但是就在前几天，小伟却和自己的老师发生了冲突。事情的经过是这样的，小伟的学校每周三都会进行集体大扫除——就是每个班级的学生负责把自己班级打扫干净，有些同学还负责学校的打扫。在老师检查班级的打扫情况时，发现地上有一处打扫不干净，于是让小伟重新进行打扫，但是小

伟却说自己已经打扫了很多遍。就是因为这件事，小伟和班主任产生了一些口角争执。那么，面对孩子与老师发生冲突的情况，家长要如何去做呢？

案例解析

在孩子与他人相处的过程中，难免会出现不和的情况，孩子与老师发生冲突只是其中的一种情况，孩子也可能与家长发生冲突，与自己的好朋友发生冲突等。所以，在遇到孩子与老师发生冲突这件事时，家长也不要过于惊慌，这正是家长对孩子进行教育的关键时机，也是绝佳的机会。

我们知道在成长的过程中，男孩子与周围的人发生冲突的机会会明显多于女孩子，这是由性别决定的。在家庭教育中，家长都希望自己的儿子在今后可以成长为一个勇敢的小男子汉，可以承担起更多的责任与义务。但是在这个过程中，家长也会发现，男孩子在面对别人的不理解或是不友好时会更加容易发生口角或是肢体上的冲突。而且我们知道当男孩子开始有了自我意识之后，他们会产生更加强烈的面子需求，有些时候，为了维持自己的面子与自尊，他们就会与别人发生争执。

当孩子与老师发生冲突时，家长会格外地担忧，毕竟老师的身份不同于其他人，他们是传授孩子知识的重要媒介之一。所以，家长更要妥善处理，让孩子与老师和平相处，还要适时对孩子进行教育，让他懂得利用正确的方式去处理人际交往中可能遇到的问题。

解决办法

往往家长在听到自己的孩子与老师发生冲突这件事之后就会火冒三丈，觉得自己的孩子肯定是错的。所以，他们往往会严声责怪自己的孩子。其实这是非常错误的做法，孩子也是一个独立的个体，我们家长更要站在理解的基础上和孩子积极沟通，了解事情发生的经过，然后给出孩子合理的建议并且通过这件事对孩子进行教育。所以，我们建议家长可以用以下方法进行解决：

1. 事情发生之后，家长要与孩子进行沟通交流，去听一听孩子对这件事的看法与想法，家长可以通过这件事让孩子学会反思。并且家长要让孩子了解老师的良苦用心，要让孩子学会多从自己的身上找到不足，让他形成"严以律己，宽以待人"的好品质。

2. 家长可以和孩子一起找到发生冲突的原因，然后解决孩子身上可能存在的问题。一般来说，老师对孩子的教育是比较理性的，但是老师在学校也有很多事情需要处理，有时不免也会出现错误，要让孩子试图体谅老师的难处。孩子既然改变不了老师，那么就要从自身做出改变，努力改正自己身上的不足与缺点，这才是解决问题的关键。

3. 家长还应该采取积极的态度与老师进行沟通。首先要感谢老师对孩子成长的帮助，家长可以适当告诉老师孩子的习性与性格，这样老师也可以变换自己对孩子的教育方式，和孩子建立友好的相处模式。

108. 教会男孩有计划地安排时间

——男孩做作业很拖拉怎么办？

皮皮是个小学生，平时在生活中就是一个做事比较拖拉的人。所以，不出所料，皮皮在学习的过程中也表现出拖拉的毛病。比如每天放学回家，妈妈总是会催着皮皮进屋写作业，但是皮皮总是会一拖再拖，等到晚上大约 9 点的时候，皮皮才会真正开始写作业，而且皮皮在写作业的过程中也是极其磨蹭，一道题他会磨蹭好久。总之，别的孩子可以用半小时写完的作业，皮皮总是要用两个小时才能写完。那么，面对做作业如此拖拉的孩子，家长要如何去做呢？

 案例解析

做作业比较拖拉是很多孩子都存在的问题，尤其是那些年龄比较小又缺乏自制力的孩子。一般孩子写作业比较拖拉的原因有以下几个方面：

1. 孩子的注意力不集中，很多孩子写作业比较拖拉都是因为注意力不集中造成的，他们在写作业的时候总是心里想着别的事情。身体坐在书桌前，但是心早已飞了。所以他们在写作业的时候就会一会儿想喝水，一会儿走神什么的。

2. 可能是孩子上课没有听懂老师今天所讲的知识。孩子如果在课堂上没有掌握今天所要学的知识的话，那么写作业就会存在困难，这种情况不是他们不想早早完成作业，而是因为不会做题。

3. 可能是孩子的学习习惯不好，他们没有时间观念，不能很好地处理玩耍与学习之间的关系。所以，他们在学的时候就会想着玩，在玩的时候也可能会想着怎么去学。

4. 孩子可能是故意为之。现在的家长会格外重视孩子的学习情况，他们不想让孩子输在起跑线上，于是他们就会给孩子安排各种辅导班或是其他学习之类的。那么在这种情况下，孩子就会故意拖延写作业的时间去逃避其他的学习任务。

 解决办法

解决孩子写作业拖拉的毛病，家长可以从以下几点着手：

1. 家长要给孩子营造良好的学习环境。其实孩子写作业拖拉很大原因在于孩子的注意力不集中，而孩子的注意力与周围环境有很大的关系。如果孩子处在一个极其安静的环境下，那么孩子的注意力就会集中；但是如果孩子所处的环境比较嘈杂，因为孩子的自控能力有限，那么孩子的注意力就很有可能受到影响。

2. 家长可以帮助孩子制订学习计划，这样就可以培养孩子合理分配时间的意识和习惯。尤其对那些没有时间观念的孩子来说。这样不仅能够培养他们强烈的时间观念，而且能够帮助他们处理玩耍与学习之间的关系。

3. 家长要明白孩子的注意力是有限的，如果孩子长时间做同一件事，那么他们很难集中自己的注意力。所以，家长可以帮助孩子把他们的作业分成几个部分，然后分时间段进行完成。

4. 家长望子成龙的心情我们可以理解，但是不要过多地增加孩子的学习负担，这样只会让孩子感觉到疲劳，从而排斥学习。

5. 孩子如果在一定的时间段能够保持很专注的状态，那么家长就要给予孩子充分的肯定与赞扬并提出更高一点的要求。在此过程中，孩子的自信心得到提升，而且孩子的专注力也得到训练，孩子就不会出现写作业拖拉的情况了。

109. 预习有好处，让学习事半功倍
——男孩拒绝预习怎么办？

噜噜是一个小男孩，今年已经上小学五年级了。噜噜在日常的学习中没有表现出什么特别的缺点，他对待老师布置的作业会按时完成，在课堂上也会专心听讲，但是噜噜的成绩一直是中等水平，没有特别差，但是也没有很优秀。妈妈在观察噜噜学习的情况时发现，噜噜没有预习的习惯。对此妈妈对噜噜说过预习的重要性，但是噜噜就是不听。那么，面对孩子拒绝预习的问题，家长要如何去做呢？

案例解析

从案例中，我们了解到噜噜是一个学习中规中矩的孩子，但是也有自己的小脾气，面对家长对他学习上的建议，噜噜采取的是拒绝的态度。其实在现实生活中不只噜噜认为预习没有必要，或是没有意识到预习的重要性。有些孩子会认为预习功课不值得，反正老师会在课堂上讲，如果自己再去预习，简直就是在浪费时间，孩子认为只要做到在课堂上认真听课就已经足够了。

其实孩子的这种想法我们完全可以理解，家长可以试图回想自己小的时候，可能有一段时期也无法认识到预习的重要性。所以，出现这种问题的时候，家长就要对孩子说明预习的重要性。我们知道"凡事预则立，不预则废"。如果预习得好，在学习的过程中可以起到事半功倍的效果。所以，孩子在学习中学会预习，就是让他学会在处理任何事情的时候不要去打没有准备的仗，没有准备意味着对于即将面对的问题是完全未知的，那么在真的面对的时候难免会出现恐慌或是一时接受不了的情况。学习也是如此，通过预习，孩子可以在学习新知识的时候做到有的放矢，以更好地融入课堂中去。

解决办法

家长知道预习的重要性，所以要坚持培养孩子预习的习惯，这样可以使孩子在学习新的知识的时候事半功倍。家长可以从以下几点着手培养孩子预习的习惯：

1. 家长要向孩子说明预习的重要性，这样孩子才能在态度上重视预习这件事。家长可以

拿自己作为例子，向孩子说明自己小的时候刚开始也不知道预习有多么重要，但是听了别人的意见开始预习之后，学习就变得轻松很多。而且因为预习了，所以在课堂上可以回答出老师提出的很多问题，能够很好地融入课堂中去。

2. 家长在要求孩子预习的时候，要保证孩子的预习时间不要太久，这样会耽误孩子的睡觉时间，也会让孩子觉得预习是一件特别辛苦的事情，从而更加排斥预习。

3. 家长在培养孩子预习的习惯时，还要培养孩子预习的自觉性。有些孩子是这样的情况：家长要求了，他就预习，不要求了，他就不预习，这样其实是没有形成预习的自觉性。这时家长就要帮助孩子进行前后对照，使孩子看出预习与不预习效果明显不一样。经常进行鼓励，增强自觉性，使孩子体会到预习成习惯的好处，门门功课提前思考就会越学越主动。

110. 引导男孩体验主动学习的乐趣
——男孩不爱上晚自习怎么办？

峰峰所在的学校要求比较严格，从小学的时候起就要求学生们上晚自习。峰峰的晚自习是从晚上 7 点开始到 9 点结束。学校安排晚自习的意义在于，让学生利用晚自习的时间充分进行自主学习，以提高自己的学习成绩，而且在全班同学都写作业的安静环境下，学生能够自觉进入学习的状态中去。但是峰峰却是那个无法充分利用晚自习时间的人，每次一到晚自习峰峰就不知道做什么，看到大家都在学习，峰峰表示不知道他们在学什么。那么面对这种情况，家长要如何去做呢？

 案例解析

我们知道现在有很多人诟病学校安排晚自习的行为，有些人认为学校安排晚自习是在扼杀孩子们的创造力。放学之后本来是孩子的自由时间，在自由时间里孩子们可以去做自己想做的事情，但是因为晚自习而无法完成；有些人认为学校安排晚自习是在限制学生们的个性发展，孩子本来是应该个性鲜明的，但是晚自习却让大家坐在同一间教室里进行学习，他们可能会养成一定的学习习惯，但是却没有了自己个性化的爱好，就是一条生产线上的产品，毫无个性可言。

无论晚自习本身是好是坏，我们要知道，孩子在晚自习中的表现其实可以反映出孩子对待时间的态度，也可以反映出孩子是否能够自主学习。如果孩子能够充分利用晚自习的时间，那么孩子可以在课后进行良好的自主学习，如果孩子能够利用晚自习弥补自己的薄弱环节，那么孩子就能够取得不错的成绩。而且因为晚自习是全班同学一起上，那么在这个过程中，孩子也可以就不懂的问题及时请别的同学帮忙。

 解决办法

家长要知道不论晚自习本身应不应该存在，对课后的自主学习时间的利用都是非常必要且重要的。利用课后的自主学习，可以使孩子们的学习事半功倍。所以，我们提供给家长以下方法去帮助孩子充分利用晚自习的时间：

有些孩子对晚自习其实并不排斥，只是他们不知道晚自习应该去做什么或是他们不知道如何充分利用晚自习的时间。所以，家长就要帮助孩子厘清晚自习应该去做哪些事情。

1. 家长要提醒孩子晚自习第一阶段应该是复习。复习白天老师在课堂上所讲的教材内容，包括一些定义、例题等；要去完善自己的课堂笔记，因为在课堂上的笔记一般比较简洁或是潦草，这时利用晚自习的时间，孩子就可以整理自己的笔记内容；对于课堂上没有听懂的内容，可以去请教会的同学或是老师。

2. 晚自习第二阶段应该是完成作业，而且在完成作业的过程中要注意作业完成的前后顺序，先做那些自己不擅长的科目的作业；如果作业量很大，那么那些费脑子的作业可以留到最后去做，首先要去解决自己会的题目；对于那些自己实在不会的题目，可以先放一放，最后请教同学或是老师。

3. 晚自习的第三阶段是预习。孩子在完成自己的作业，处理了今天所有的问题之后就应该着手去预习，预习明天要学的知识点，如果时间允许，可以尝试去做课本上的课后习题。

孩子回到家后，家长在轻松的氛围中询问自己的孩子是不是按照自己所说的去做的，如果是就提出表扬，如果没有也不要过分指责，只要提出期望并给予孩子充分信任就可以，要知道所有习惯的养成都是需要时间的。

111. 上学后是培养独立意识的最好时机
——男孩要求家长接送上下学怎么办？

闹闹今年上三年级了，学校和家的距离非常近，以小孩的速度大约走10分钟就到了，但是闹闹现在每天都需要大人接送才肯去学校。别的小朋友都可以自己上下学，只有闹闹不行。对此闹闹的父母非常着急，觉得闹闹真的是太依赖别人了，自己的工作本来就很忙，结果闹闹还如此添乱，实在是有些承受不了。那么，面对男孩一直要求父母接送上学放学的问题，家长应该如何去做呢？

案例解析

从故事中我们可以了解到闹闹是一个非常依赖大人的孩子，即使学校离家很近，闹闹依然希望自己的父母接送自己上下学。其实出现这种情况，责任并不在孩子，最主要的是大人对孩子过于溺爱，在平时的生活中忽略了对孩子自立性的培养。

我们知道现在的孩子一般是家里人的掌中宝，家人希望把所有的爱给予孩子，所以有时表现得有求必应，不舍得让孩子承受一丁点儿的苦。家长如此对待孩子看似是在爱孩子，其实是在害孩子，孩子对于这个新鲜的世界是未知的，他们只有通过体验，通过自身的经历才能获得技能，心理发展才能跟上身体的发展。但是父母如此对待孩子，就会使孩子各方面的发展比较滞后，家长如此教育孩子，孩子就有可能出现案例中闹闹的情况。

父母包办孩子的一切事务，等到孩子出现了问题之后才发觉孩子的成长是滞后的，家长这时不应该责怪孩子，而应该反省自己的教育。

如果家长不希望自己的孩子成为将来的"闹闹"，就要充分衡量自己的爱，给予孩子正确的教育方式，这样孩子才能得到良好的身心发展。

 解决办法

培养孩子的自主意识，不要让孩子拥有过分的依赖心理，家长可以从以下几点做起：

1. 家长对孩子的爱要有分寸感。我们知道每一个家长都是非常爱自己的孩子的，但是如果这种爱是一种溺爱，就有可能阻碍孩子的健康成长。家长一般习惯于安排自己孩子的生活，想要让他不费丝毫力气就可以得到自己想要的一切，其实这是不对的。生活中的种种锻炼机会都可以提高孩子自身的技能，让孩子更好地适应这个社会。所以，家长在平时的生活中要创造更多的机会让孩子自己的事情自己做，比如，他可以自己洗一些较小的衣物的时候就让他自己去洗，平时可以让他帮助父母做家务，这样就可以锻炼他的生活技能，在这样的锻炼之下，他的身心都可以得到发展，也就不太会出现过分依赖父母的情况了。

2. 针对孩子总是希望自己的父母接送自己的情况，家长可以在平时多和孩子一起熟悉学校和家之间的那条路。在熟悉的过程中，家长可以教导孩子在路上不要和陌生人说话，告诉他路上会有很多像他这么大的孩子一起上学等，慢慢减轻他的心理压力。家长还可以以玩游戏的方式让孩子自己走这条路，比如，父母站在路程的中间，让孩子独自从家里出发找到自己等。

3. 家长还可以给孩子找一个同班同学陪伴孩子一起上下学，这样孩子一般容易接受。

112. 孩子抄作业成习惯，父母不能坐视不管
——男孩抄同学作业，怎么解决？

小豆是一名小学生，每天放学回来，小豆都会回到自己的房间写作业。在写作业的时候，小豆都会要求自己的爸妈不要打扰自己。如果小豆的家长在小豆写作业的时候敲门，小豆就会异常生气，所以小豆的家长一般不会随便进入小豆的房间。但是有一次，小豆在写作业的时候忘记关门，小豆的妈妈蹑手蹑脚地走进去，希望不打扰自己的儿子写作业，但是妈妈却发现，小豆在抄别人的作业。那么，发现自己的孩子有抄作业的坏毛病时，家长要如何去做呢？

 案例解析

上学的孩子或多或少都有过抄作业的经历，偶尔为之无关紧要，如果孩子抄作业成了习惯，家长就得认真分析其中的原因并加以解决。孩子抄作业一般有以下几点原因：

1. 孩子的学习能力滞后，导致他在上课的时候听不懂老师所讲的内容，这样就使他开始抄别人的作业，这也是大多数孩子抄袭别人作业的原因。面对新学的知识，总是有一部分孩子是非常茫然的，他们听不懂新的知识，但是第二天又要交作业，就只能采取抄别人作业的方式完成。

2. 如果孩子的作业量太大，也会导致孩子抄作业。我们知道现在的孩子的学业压力非常重，各科的老师都希望孩子的成绩是优异的，就会给孩子们布置很多的作业，孩子们的作业量就很有可能超过孩子可以承受的极限，于是不得已他们就会抄作业。

3. 孩子在生活中是受到家长的处处呵护的，这就让他们存在一种普遍的畏难心理，于是变得不喜欢思考，只喜欢现成的答案，于是他们为了不思考就可能去抄别人的作业。

 解决办法

解决孩子抄袭作业的毛病，家长要从以下几点做起：

1. 家长要给孩子提供必要的辅导。孩子在学校的学习时间非常有限，而且孩子对新知识的接受能力也是非常有限的，所以，家长可以在孩子放学之后就孩子听不懂的知识加以辅导。在这个过程中，孩子的学习能力或是对学习的自信都能提升，这样孩子就能逐渐戒掉抄袭作业的毛病。

2. 家长要在平时的生活中锻炼孩子的综合能力。家庭优越的孩子因为家长的过分溺爱往往综合能力是比较低下的，孩子变得不爱思考、缺乏毅力等。因此，家长要充分认识到综合能力的提升对孩子未来的成长有多么重要，所以在平时的生活中家长不要溺爱孩子。

3. 家长在面对自己的孩子出现抄袭作业的情况时，一般会表现得非常急躁，其实这对于事情的解决是没有用处的，这时家长一定要冷静，以平和的方式慢慢处理孩子遇到的问题，然后帮助孩子戒掉这一毛病。

4. 如果孩子是因为作业量比较大而抄袭作业，那么家长就要和老师商量，对孩子的作业量进行一定的统筹安排。

113. 找对方法，帮男孩提升写作能力
——男孩不喜欢写作文怎么办？

小松是一名小学生，在平时的语文课程的学习中，小松表现出的突出问题就是写作文。现在小松已经上五年级了，但是小松写的作文还像小学二年级的小学生，这让小松的妈妈非常着急。但是写作文这件事是急不得的，也不是妈妈批评小松几句，小松的作文质量就可以提升上去的。而且，因为小松的作文写不好，所以小松也变得非常不喜欢写作文。那么，面对孩子不喜欢写作文的情况，家长要如何去做呢？

案例解析

其实像案例中的小松一样，在现实生活中，因为不喜欢而不愿意写作文的孩子有很多，他们不喜欢写作文的原因就在于他们写不好作文。再者，他们的作文写不好有可能受到老师的指责和同学们的嘲笑，于是他们就会变得越发不喜欢写作文。如果这样的恶性循环得不到解决，那么孩子就会一直讨厌写作文。

孩子不会写作文，就是说孩子冥思苦想，但就是不知道写什么，如何展开。即使勉强写出一个开头，也不知道怎么把句子写下去。那么我们家长就要分析孩子为什么写不出句子：一方面可能是因为孩子缺乏对写作文的兴趣；另一方面是因为孩子阅读得太少，以至于肚子里并没有多少语言的积累，这样就导致孩子即使想写，也写不出什么文字。

所以，家长在解决孩子不喜欢写作文的问题上要解决两个问题：一是要激发孩子对写作文的兴趣，二是要保证孩子有句子可写，也就是提高孩子的阅读量，让孩子积累语句。

 解决办法

要让自己的孩子爱上写作业，提高孩子的作文质量，家长可以从以下几点做起：

1. 培养孩子对写作文的兴趣。在平时的生活中家长可以给孩子阅读一些优秀的作文，而且要表现出对作文很有兴趣的样子，在阅读优秀的作文的时候家长要对此作文为什么优秀做出自己的分析。家长可以时常查看孩子的作文，要善意地告诉孩子他的作文的问题出现在哪里，要提醒孩子下次在写作文的时候要注意些什么，这次的作文存在哪些问题，这样孩子就知道自己的问题出在哪里，有利于帮助孩子提高自己的作文水平，也有利于提高孩子对写作文的兴趣。

2. 家长可以给孩子买一些辅导作文的书籍。刚开始的时候，家长可以允许孩子有选择地引用作文书上的词语或是片段，然后慢慢地减少引用的量，最后让孩子自己去写。一般在这样的训练之下，孩子的作文水平都可以得到提升。

3. 家长在看到自己孩子的作文水平有提高之后，就要进行有针对性的表扬与肯定。比如孩子的作文开头写得很不错，那么家长就要对孩子说："你的作文开头写得很不错，很有新意，如果在接下来的中间部分和结尾再用点心，那么这篇作文就非常棒了！"在这样的激励之下，孩子的自信心就能得到提升。

114. 只有复习功课才能巩固知识

——男孩不知道怎么复习怎么办？

小东是个初中生，在平时的学习过程中还算比较认真，从作业的完成情况上来看，小东的学习还是比较踏实的，但是小东有一个问题就是，他不知道怎么去复习，他也不知道复习到底有用没用。在临近考试的时候，同学们都在复习，但是小东觉得自己在平时的学习中已经足够认真了，完全可以不用复习。于是别人在复习，他在玩。结果考试成绩当然不理想。那么，孩子出现不知道怎么复习的情况时，家长要如何去做呢？

案例解析

回想自己在学校的日子，尤其是中学阶段，我们都知道良好的学习习惯的重要性，尤其是预习和复习两个方面。记忆是遵循曲线规律的，如果在学习之后不加以复习回顾，那么就很可能忘记。通过复习，孩子能对之前的知识加以回顾，就能熟能生巧，对知识融会贯通。

解决办法

家长想让孩子养成定期复习的习惯，就要时常告诉孩子复习的重要性以及如何复习。

1. 家长要抓住时机，告诉孩子复习的重要性。比如在孩子因为没有复习未取得理想成绩的时候，家长就要用相对平和的语气告诉孩子，如果他在考试之前复习，那么结果可能就会出现不同。如果孩子不以为然，那么在下一次考试之前就可以让他践行自己的理论，在他尝试到较好的成绩之后，他就会认识到复习的好处。

2. 在孩子知道复习的重要性之后，家长还要告诉孩子一些复习的方法。比如说章节复习。无论哪个科目，在一个章节学习完后，孩子就要针对一个章节的内容进行复习，要抽出一整段的时间把整个章节的内容系统地串在一起学习一遍。这样复习的原因在于，作为一个章节，小节与小节知识之间必然会有联系，这样的复习有利于把小节之间的知识构架联系在一起，方便孩子的记忆与学习。

115. 支持男孩不耻下问的学习态度
——怎样让男孩乐于请教别人？

笑笑是一个自尊心非常强的孩子，可能是因为自尊心太强，导致笑笑在平时的学习中不喜欢请教别人问题。笑笑的成绩一直不错，在平时的生活中，笑笑的同学遇到不懂的问题，总是会请教笑笑，笑笑也会乐于解答。但是如果笑笑遇到不懂的问题却不会请教别人，而是自己在那儿思考，就是最终解决不了也不会去问别人。妈妈看到这种情况，觉得笑笑在性格上可能存在问题。那么，面对孩子不乐于请教别人的情况，家长要如何去做呢？

案例解析

不乐于请教别人的人，有种种原因，可能是因为自卑的心理在作祟。孩子如果有自卑心理，那么在平时的生活中，他就会害怕暴露自己的不足，把请教别人看成一件非常丢人的事情，那么就会出现面对他不会的问题不去请教的情形；也可能是因为孩子在与人沟通交流上存在问题，这种问题一般出现在性格比较内向的人身上，他们因为不能建立与人正常的沟通方式，于是在面对事情的时候会表现得缩手缩脚，而不乐意去请教别人问题只是其中之一而已。

像故事中的笑笑，他不乐意去请教别人问题，很可能是因为看不起他人而导致的。因为从故事中我们了解到笑笑是一个成绩不错的孩子，在平时的生活中，家长对笑笑的肯定与赞扬很多，这样就导致笑笑觉得自己是完美的，这样完美的自己是不可以向别人请教问题的，于是，他也就不喜欢向别人请教问题。

 解决办法

家长在平时的教育中不要对孩子的事情过于包办，这样只会让孩子产生畏难的心理。我们在鼓励孩子遇到自己解决不了的问题要请教别人的时候，也要教育孩子不要一出现问题就寻求别人的帮助，这样对孩子的成长也是相当不利的。所以，家长在平时的生活中，在发现孩子遇到困难的时候，要先鼓励孩子利用自己的力量去解决，如果看到孩子实在解决不了问题，那么就要积极暗示孩子去请教有能解决问题的人。

在平时的教育中，家长要教育孩子要有谦虚之心，要知道世界上的每一个人都有其优势与劣势，在遇到自己的短板的时候就要积极地去请教别人，这样不但能解决自己的问题，而且会增进与他人之间的友好关系。

要让孩子勇于去请教他人，家长在平时就要在对孩子的夸奖上有分寸，不要过分夸大孩子的优点，让孩子觉得他是完美的，是没有短板的，这样他只会看不起别人，一味地夜郎自大。这样的骄傲心理自然不能让他养成遇到自己不会的难题寻求别人帮助的习惯。

在孩子敢于去请教别人问题的时候，家长要及时给予肯定与表扬，以达到强化此种行为的目的。

116. 增加男孩学习的主动性
——男孩写作业总让人指导怎么办？

果果今年已经上四年级了，但是果果在独自写作业方面存在比较大的问题。在果果刚开始上学的时候，果果的妈妈觉得果果还小，于是在果果写作业的时候就时常陪在果果的旁边，在果果遇到问题的时候及时给予解答。这样做的结果是果果上四年级了，还是要求妈妈在自己写作业的时候陪伴左右，否则就会拒绝写作业。那么，面对这种情况，家长要如何去处理呢？

 案例解析

其实果果妈妈的想法并没有错，在孩子刚开始上学的时候，孩子的自立能力是比较差的，而且孩子的自制力也相对比较差，家长在孩子写作业的时候陪伴左右有利于孩子作业的完成。但是在陪伴孩子写作业的过程中，家长对待孩子的态度要有所转变，这样孩子才能逐步适应独立去做事情，而不需要家长的督促。所以像案例中的果果的情况，就是妈妈在陪伴孩子写作业的过程中忽略了对孩子的独立意识的培养，导致孩子一味地依赖自己。

孩子在写作业的时候希望自己的家长陪在身边，最大的原因是，他们希望自己在做题遇到任何问题的时候及时得到家长的帮助，这也就反映出了孩子缺乏一定的独立思考的能力，只是希望别人帮助自己。这与家长在平时对孩子的教育有着很大的关系，家长可能在平时就习惯对孩子的事情采取包办的态度，这样才导致孩子产生强烈的依赖心理。这样的孩子也就很难独自解决自己面对的问题。

 解决办法

为了解决或是避免孩子出现必须有人指导才能完成作业的情况，家长可以从以下两点入手：

1. 在孩子刚开始学习的时候，家长可以在旁边指导孩子进行学习，但是当孩子逐渐适应学习的节奏之后，就要有意识地训练孩子独自完成作业或是其他学习任务的能力。

2. 在平时的教育中，家长不要包办孩子的事情，要尽可能给孩子创造自己解决问题的机会。这样的孩子独立意识比较强，加上家长的引导，孩子能很快改掉做作业的时候必须有人指导的毛病。

117. 培养男孩学习的自信心
——男孩写作业要依赖参考书咋办？

小舟上初中了，为了帮助他更好地学习，小舟的家长在学期即将开始的时候带着小舟去新华书店选购了一些学习上的资料，包括各种参考书和习题册。小舟的家长目的非常单纯，就是希望这些资料可以帮助小舟更好地学习，小舟在遇到不懂的问题时可以随时得到解答，也可以在学习之后检验自己的学习成果。但是结果却出乎小舟父母的意料，小舟现在学习非常依赖参考书，感觉没有参考书就想不出问题的答案，有了参考书之后，小舟的学习成绩反而下降了。那么，面对孩子非常依赖参考书的情况，家长要如何去做呢？

 案例解析

故事中的小舟出现的问题其实非常普遍，家长的本意是希望参考书帮助孩子理解知识，结果适得其反。因为参考书上有现成的答案，孩子就不再自己思考，直接将答案照搬到作业上，导致考试成绩不理想的情况。所以，如何善用参考书就是一件非常迫切需要解决的问题。

 解决办法

当孩子依赖参考书时，家长可以采取以下措施：

1. 家长可以与孩子约定，在做作业的时候不可以看参考书，要等到完成本科目的全部作业时再查看参考书，这时可以检查自己的答案存在哪些不足或是错误。这样就不会造成孩子一味依赖参考书的习惯。

2. 家长要向孩子说明参考书的真正价值所在。要让孩子知道，自己的思考过程是最重要的，参考书的作用只是给我们提供一种解题的思路，或是检验自己作业完成得如何。

118. 成绩差的男孩自卑心很强
——孩子讨厌别人问他成绩怎么办？

冲冲性格比较好，不论在与家长还是朋友的相处中，表现得都非常好，但是冲冲有一个"怪癖"就是不喜欢家里来人，无论是家里的亲戚还是爸妈的朋友。在家里来人之后，冲冲一般只会在刚开始的时候和他们打声招呼，之后就躲进自己的房间不出来。家人刚开始以为冲冲是因为害羞，但是结合冲冲平时的表现觉得冲冲不是一个怕见生人的孩子，仔细询问之后才知道原来冲冲是因为不想让别人问自己的成绩，于是就选择逃避的方式。那么，面对这种情况，家长要如何去做呢？

 案例解析

从故事中我们可以了解到冲冲是一个对自己的成绩非常敏感的一个人，我们可以用自己的经验判断出冲冲的成绩可能并不是很理想，这也就更加深了冲冲对别人询问自己成绩的反感。但是造成孩子对别人询问自己成绩的反感是多方面原因造成的。

孩子本身性格敏感是其中一个原因。如果孩子的性格过于敏感，那么对于别人说的任何话，孩子都会采取过分注意的态度，这样不利于孩子的身心发展，反感别人对自己的成绩做出评价与指导是其中一个体现。

这也可能与家长过分注重孩子的成绩有关。孩子的价值观会受到家长的影响，如果在平时家长十分注重孩子的成绩，一直把孩子的成绩当作最为重要的事情，那么如果孩子的成绩不好，或是在某次考试中没有取得很好的成绩时，孩子就会产生很强的自卑感与自责感，这样的话，孩子就会出现逃避的现象。所以，家长在解决这一问题时要着重培养孩子对成绩的正确认知，以免孩子出现认知上的错误而导致行为上的不合理。

 解决办法

针对这种行为，家长可以从以下两点入手改善或是避免：

1. 如果孩子在平时的生活中是一个比较敏感脆弱的孩子，家长可以改善孩子的这一性格特点。在平时的生活中家长会想当然地以为男孩是比较皮实的，所以有时会不顾及孩子的感受。其实家长这样的想法是错误的，男孩一般会比女孩的性格坚强，但是并不意味着家长可以不顾及男孩子的心理感受，尤其是那些性格相对比较敏感的孩子。所以，发现自己的孩子性格比较敏感之后，家长一方面要避免自己或是他人触碰孩子的敏感点，另一方面要寻找一切机会帮助孩子改善敏感的性格。

2. 家长在平时的生活中要传递给孩子正确的认知，不要把成绩看成孩子生活中的全部，也不要轻易地拿别的孩子的成绩去与自己孩子的成绩比较。否则，孩子就会觉得成绩的好坏就是自己生活的全部，而成绩不好是一件非常丢人的事情，那么，这样的孩子就会在自己成绩不好的时候非常反感别人询问自己的成绩，也会在自己成绩好的时候扬扬得意。家长要告诉孩子成绩只是一种衡量自己最近学习情况的工具，如果成绩较好，说明最近的学习状态比较好，不能因此而骄傲；如果成绩不好，也不能说明自己不够聪明，只是说明最近的学习状态可能出现了问题，这时应该找到自己的问题，然后对症下药。在家长的教导中，孩子就能形成正确的认知。

119. 上课捣乱的毛病不能纵容
——男孩在上课时总是捣乱怎么办？

小风是一个聪明可爱的小男孩。上幼儿园的时候，班里的老师都非常喜欢小风，因为小风总是能逗老师高兴。但是上了小学之后，小风开始让老师感到头痛，因为小风在上课的时候坐不住，总是故意捣乱。老师想管教他，但是又怕影响其他孩子正常上课，只好忍耐。那么，面对上课捣乱的孩子，家长要如何管教呢？

 案例解析

学生在老师上课的时候不能专心听讲，总是捣乱的原因可能是因为孩子不喜欢老师上课所讲的内容。在学校的生活是相对比较枯燥的，孩子在上课几十分钟的时间里，要集中注意力听老师讲课，对于他们而言是一件不容易的事情。如果这时老师所讲的内容不够有吸引力，那么他们就会出现各种各样的问题，而上课捣乱是其中之一。

孩子上课捣乱也可能是因为他们的兴趣没有被激发出来。其实这时主要考验老师讲课的技巧。例如，有些孩子不喜欢上古诗文的课，他们一到上这个课就会出现注意力不集中，甚至捣乱的情景，那么这时老师可以讲一些关于古诗文的故事给他们听，去提高他们的注意力，他们了解这些诗文的背景、来历，就可能引起他们的兴趣，他们就不会在上课的时候捣乱了。

有的孩子上课出现捣乱的情况，可能是因为他们自身的坚持力还不够，他们不能控制自己。每天在学校上课是一件需要毅力的事情，如果孩子自身的毅力不够，那么他们很难在上课的时候保持端正的姿势，就可能出现捣乱的情况。

 解决办法

为了让孩子课上集中注意力听讲，不出现捣乱的情况，家长可以从以下几个方面去做：

1. 家长要时常鼓励孩子在上课时认真听讲。家长在平时应该树立必要的权威性，以让孩子在必要的时候遵从自己所说的话。这样家长鼓励孩子上课认真听讲的时候，孩子就会相应地提高警惕去认真听老师讲解的知识，这时家长还应该告诉孩子上课应该重点听什么。

2. 家长要鼓励孩子积极思考老师提出的问题。家长在平时就要注意培养孩子对问题的敏感性及积极思考的习惯，这样对老师提出的问题，孩子就会乐于去思考，就会专心听老师的课，从而不会轻易地去捣乱。

3. 家长在平时要培养孩子好的学习习惯，尤其是课前预习、课堂记笔记和课后复习的习惯。这样孩子就能带着问题上课，也不至于因为对新知识过分陌生而产生厌倦的心理，而做课堂笔记有利于孩子集中自己的注意力。

总之，家长要提高重视程度，对孩子上课注意力不集中、捣乱的情形拿出正确的解决措施，这样孩子才能上好每一节课，每天学习到新的知识。

120. 加强男孩秩序性和服从性的培养
——男孩不听老师的话怎么办？

小胜是一名小学生，但是在学校的时候他总是不听老师的话。老师让他考试的时候交试卷，他不交；每天早晨交作业的时候他也不交。因为不听老师的话，小胜的父母说过他很多次，甚至动手打过他，但是不管用。那么面对这种不听老师的话的孩子，家长要如何去教育呢？

案例解析

我们不得不承认，现在的孩子成熟得比较早，他们在很小的时候，就会有自己的很多想法，他们的心理是敏感而脆弱的。所以家长在发现自己的孩子在校不听老师的话的时候，不要一味地使用自己的权威性，或者是不问青红皂白就对孩子大打出手，这样既解决不了现实问题，又可能使孩子的身心受到伤害。正确的做法是，家长在听到自己的孩子在学校不听老师的话时，应该冷静下来，其实这件事本身就牵扯到很多因素，可能不光是孩子的问题，还可能是老师的做法问题。人与人之间会因为一些极其小的事情而发生冲突，那么学生和老师之间也会因为一些小事而发生顶撞与冲突，所以，家长不要把这件事看得过分严重，这可能也是教育孩子的有利出发点。

家长要冷静下来，和孩子进行真诚的沟通，充分了解孩子的想法，问清楚他为什么不听老师的话的原因。孩子不交试卷是什么原因，是因为自己有太多没做的题吗？还是因为害怕交上去会遭到老师的责怪？不交作业，是不会做，还是其他原因。家长应该做孩子的好朋友，让孩子说出自己的想法，然后和孩子一起解决。

解决办法

要让孩子在学校听老师的话，家长就要从以下几个方面教育孩子：

1. 家长要充分了解孩子的心理状况。面对孩子的不听话，家长不要过分急躁，不要对孩子采取暴力的解决方式，而是应该坐下来和孩子进行沟通。当然在沟通的时候，家长不要一味地利用自己的权威性，要给孩子营造一个和谐、自由、愉快的沟通环境，这样孩子才能说出自己内心的真实想法，家长才能找到问题所在，然后才能解决问题。

2. 家长在平时生活中要注意对孩子的秩序性和服从性的培养。孩子的天性是喜欢无秩序的，所以家长在孩子成长的过程中要注意到孩子秩序性和服从性的培养。家长可以采取游戏的方式，例如和孩子一起玩"123木头人"。平时还可以多给孩子看一些有教育意义的视频等。如果将孩子的纪律性培养起来，那么孩子就能很好地遵从别人。

3. 家长如果了解到这其中还有老师的原因，那么家长就要积极地和老师进行沟通，以彻底解决此问题。

121. 告诉孩子上课发言好处多多
——孩子上课不发言怎么办？

壮壮今年上小学四年级，从小性格就比较腼腆，平日在和家人的沟通上是没有任何问题的，在家里问题也比较多，想象力也非常丰富，可以自己编出许许多多的小故事出来，也经常讲故事给家人听，在学校的时候也能和小伙伴们愉快相处。但是壮壮在上课时就比较蔫，从不主动举手发言，老师点名回答问题时也能回答上来，却从来不举手主动回答问题，老师也鼓励他要大胆举手发言，但是效果不是很明显。那么家长要如何告诉孩子举手发言的好处，让孩子爱上举手发言呢？

 案例解析

孩子不爱主动举手发言的原因，可能有以下几点：

1. 孩子自身性格的原因。孩子本身性格比较内向，不愿意在众人面前说话。有些孩子可能在课堂之外的环境中还是比较活泼的，但是在教室这样一个相对比较严肃的环境中就表现得比较羞涩，这也是孩子的自信心不足的一种表现。

2. 可能是因为孩子的专注力不够。孩子在课堂上没有认真专注地听讲，没有跟上老师的思路，那么就对老师的问题不感兴趣，自然也不会有自己的想法，那么谈发言就不切实际了。

3. 可能孩子觉得老师问的问题太幼稚了。老师问的问题很幼稚，自然也就不会引起孩子的兴趣，那么孩子也就自然不愿意主动举手发言。

4. 孩子的自信心不足，孩子在发言之前就想着如果自己回答错误了就可能引起其他同学的笑话或是觉得自己的回答可能不是正确答案或是其他同学肯定比自己的回答要好，出现这样的心理之后，孩子自然也就不会主动举手回答问题。

 解决办法

家长可以采取以下措施让孩子养成上课发言的习惯：

1. 帮助孩子克服羞涩的心理，建立自信心。家长可以在家庭的活动中帮助孩子克服羞涩的心理。比如孩子和爸爸妈妈一起模拟教室的环境，进行轮流发言，在这个过程中要营造轻松的环境，不要让孩子有太大的心理压力，在刚开始的时候，孩子的发言内容可能不是很多而且可能存在表述方面的问题，但是家长不要责怪，让孩子表达出自己的想法就可以了，在完成后要对孩子进行鼓励，建立他的自信心。

2. 让孩子明白上课发言的意义所在。要告诉孩子，老师要求上课发言不只是想得到正确的答案，而是锻炼孩子们表达自己观点的勇气，所以回答问题的正确与否其实并不重要，其他同学笑你的时候其实他们没有恶意，只是他们也像你一样不懂举手回答问题的意义罢了。

3. 锻炼孩子的专注力。有许多方法可以锻炼孩子的专注力，比如让孩子学习做家务、在写作业时要认真专注等都可以培养孩子的专注能力。

4. 和孩子约定上课发言之后会得到相应的奖励，这种方式也可以促使孩子养成回答问题的习惯。

122. 家长要给男孩做考前心理辅导

——男孩考试之前紧张怎么办？

在平时的生活中，淘淘是一个非常活泼可爱的小男孩，但是每次一到考试的时候，淘淘活泼开朗的性格就会发生改变。每次在考试之前，淘淘都会变得异常焦虑。他会问妈妈如果我考得不好怎么办？如果我看错题怎么办……那么，面对考试之前很紧张的孩子，家长要如何缓解孩子的紧张情绪呢？

 案例解析

我们成人在面临考核时尚且会出现紧张的情绪，也就不能责怪孩子在考试之前紧张了。其实在考前出现紧张的情绪并不都是一件坏事，适当的紧张会提高孩子对考试这件事的重视，他们会调动全部精力面对这件事。但是紧张过了头，是有百害而无一利的。所以，家长在平时的生活中要给孩子传递正确的考试观念，让孩子端正对考试的态度，然后以最佳的状态和轻松的心态去面对考试。

虽然有些家长嘴上对孩子说，考试不要紧张，但是自己在行为上却表现出紧张。例如，他们在考试之前会比以前更加关心孩子，生怕孩子的营养不够，生怕孩子冻着或是热着……其实这种种行为背后都透露着家长对考试的紧张。当然这种紧张会传递给孩子，让他们觉得考试是一件格外大的事情，以至于让他们也分外紧张。

要让孩子从容面对考试，家长就要端正自己对考试的态度，还要教给孩子一些考试的技巧。这样孩子就不会在考试之前太过紧张了。

 解决办法

解决孩子考试前容易紧张的现象，家长可以从以下几点入手：

1. 当孩子出现考试之前紧张的情绪时，家长要有共情心理。家长不要让孩子觉得考前出现紧张的情绪是一件非常丢人的事情，而是要让孩子知道这是非常正常的心理，这样孩子才能正确地认知自己的情绪，然后进行情绪管理。家长可以告诉孩子自己考前紧张的事例，然后告诉孩子自己是如何调节的，这样孩子就能从家长的经历中汲取正能量，改善自己的紧张情绪。

2. 家长在平时要给孩子传达关于考试的正确认知，让孩子知道考试只是检验自己最近学习状态的途径，是一种老师了解自己教学的方式。让孩子不要把考试成绩看得过重，考试的目的是发现自己在学习上的不足，而不是用于攀比。有了这样的认知，那么孩子对待考试就会多一分从容。

3. 因为孩子的考试经验并不足，所以家长在平时可以传授给孩子一些考试的技巧。例如不要把时间浪费在自己不会的题目上，收到卷子之后要对题目进行一个大致的浏览，如果考试时间不足以做最后一道题，那么就放弃做这道题而检查前面做过的题目等，掌握了这些技巧之后，孩子对考试也会增加一份自信心。

123. 帮助男孩树立一个个短期小目标
——男孩学习缺乏主动性怎么办？

小宇是一个低年级的学生，在平时的学习中，小宇每天完成老师布置的作业，也在课堂上认真听讲。但是小宇的妈妈发现小宇缺乏学习的主动性，因为小宇虽然每天都会完成老师布置的作业，但是在家长的催促之下才完成的，小宇虽然能在课上认真听讲，但是却从来不思考老师提出的问题。那么，面对这种在学习上缺乏主动性的孩子，家长要如何去做呢？

案例解析

我们知道每一个家长都希望自己的孩子在学习上是优秀的，都希望能在家长会上听到老师夸奖自己的孩子，但是孩子对于学习的主动性是有差别的，有些孩子会主动完成老师布置的作业，甚至在完成老师布置的作业之后还会做一些相关的习题，而有些孩子对待学习是非常被动的，他们往往在老师或是家长的催促下才能完成作业，对待作业也时常是马马虎虎。这两类孩子虽然都同样完成了作业，但是对于知识的掌握程度一定是有差别的，那么表现在学习成绩上就会出现成绩好与坏的差别。

所以，家长要想提高孩子的学习成绩，除了要让孩子养成良好的学习习惯之外，最重要的就是培养孩子对于学习的主动性，有了主动性之后，孩子在学习过程中就不会那么吃力，也能在学习的过程中体会到快乐。

解决办法

家长在培养孩子学习的主动性的时候要注意以下几点：

1. 家长在平时不要过分地督促孩子。有些家长生怕自己的孩子在学习上落后于其他人，所以在平时，孩子的动作慢了点，家长就会忍不住催促孩子，孩子在做作业的时候，家长会忍不住去指指点点，成绩考得不好就会去警告几句。家长认为只要自己平时多警告孩子，那么孩子就能规范自己的学习行为，就能在学习上取得进步。其实这是非常不对的想法，家长这样做，只会让孩子觉得学习这件事并不是在为自己而做，更像是在为家长而做，那么他们就会产生懈怠情绪，从而不能积极主动地进行学习。

2. 家长在培养孩子学习的主动性的时候，不要一味地唠叨，而是要求孩子每天进步、每天做到一点点。有些家长每天催促孩子去做作业，孩子产生逆反心理，更不愿意主动学习。而有些家长就做得很好，他们要求孩子每天必须做到哪些事情，而对其他事情暂且不做要求，这样孩子就能认识到这些事很重要。如果孩子讨价还价，家长就要坚持自己的立场，孩子一旦做到了，家长要对此行为进行奖励，这样才能促使孩子进行自我管理。

3. 要给孩子创造学习的家庭气氛，要让孩子感觉到自己身处的环境是平和、宁静、有安全感的，然后以循序渐进的方式提高孩子对学习的主动性。

124. 让男孩将注意力放在更高层面上

——男孩成绩不好自卑怎么办？

小颖是一名小学生，是个乖巧懂事的小男孩，但是因为小颖的学习成绩并不是很好，所以在平时与人相处的过程中，小颖的家长可以明显感觉到小颖存在很强的自卑心理。比如在和同学一起做作业的时候，明明自己的答案是对的，但是小颖也会因为不相信自己而认为别人的答案是对的。在班级讨论的时候，小颖也总是默默地坐在座位上不说话。那么面对孩子因为学习成绩不好而自卑的情况，家长要如何去做呢？

 案例解析

我们知道现在的家长都非常重视孩子的学习成绩，有些家长会本着不让孩子输在起跑线的想法，拼命地要求孩子努力学习，当孩子的成绩没有达到他们的要求的时候就会大声斥责孩子，甚至会对孩子冷嘲热讽。我们知道孩子的心灵是非常脆弱敏感的，即使是男孩子，也会因为家长或是外人的态度对自己产生怀疑，久而久之，这种怀疑就会演变成一种自卑。

如果孩子的自卑心理得不到缓解，那么在将来的生活中，孩子的身心健康就会受到影响。

 解决办法

避免让孩子因为成绩不好而产生自卑的心理，家长应该从以下几点入手：

1. 孩子因为成绩不好而形成自卑的关键原因是把学习成绩看得过于重要。而促使孩子形成这样的认知的原因很可能是家长对成绩的错误认知，家长可能在平时的生活中传递给孩子的思想就是成绩好才是优秀的人，而孩子是很容易受家长的影响的，所以他们就会认为只有成绩好才是一个值得夸赞的人，那么他们就会因为成绩不好而产生各种消极的情绪，而自卑只是其中一种。所以要扭转孩子的自卑心理或是防止孩子因为成绩不好而形成自卑的心理，那么家长就要在平时的生活中给孩子传达正确的成绩观念，不要把成绩好与人品好、命运好等扯上联系，而是要让孩子知道考试成绩只是检验自己最近学习成果的方式，也是老师检验自己教学情况的一种途径，这样孩子就不太可能因为成绩不好而形成自卑的心理。

2. 家长在平时应该更重视对孩子的综合素质和人格品质的培养，这样孩子就会知道家长更为看重的是一个人的综合素质与人品，那么孩子的努力方向就会发生一些改变，不会因为自己成绩不好就产生自卑的情绪。

3. 如果孩子已经因为成绩形成自卑心理，那么家长就要努力提高孩子的学习成绩，但前提是在孩子能够接受的范围之内。除此之外，家长还要注重培养孩子其他方面的才能，比如发展孩子的特长，在发展孩子的特长时对孩子的进步给予及时的肯定，久而久之，孩子就能重拾自信，降低或是消除自己的自卑心理。

125. 培养耐心让孩子敢于做"长"题
——男孩不爱做文字较长的题咋办？

成成的数学成绩一直不好，是几门课目中最差的，所以每次数学卷子发下来之后，妈妈总是会重点看一下成成的数学卷子，希望在其中看出成成数学成绩总是提高不上去的原因。在看成成的数学卷子的时候，成成的妈妈就发现一个问题：成成在前面的填空题和选择题上都做得非常不错，但是大题一个都没做，这样就直接导致成成的数学成绩很差。妈妈问成成是不是考试时间不够用，所以大题没有做。但是成成告诉妈妈不是时间不够用，而是他不喜欢那些文字比较长的题，觉得读起来好麻烦。面对这种不喜欢做文字表述比较长的题的孩子，家长要怎么去做呢？

案例解析

通过故事，我们了解到其实成成的数学成绩考得不理想，并不是他知识点掌握得不扎实，而是不喜欢解答文字表述长的题目。其实这并不是成成一个人的问题，有许多的孩子在做题时都面临这个问题。同时这也暴露了包括家长和老师在内的一些教育者的问题。

问题之一：我们在平时对待孩子的学习中，认为阅读只是语文和英语等这些文科所需要且必备的能力之一，却忽略了阅读在数学的教学中依旧很重要。在孩子接触到数学大题就会出现这样或那样的问题时就说明了这个问题。有时孩子遇到文字较长的问题时干脆就跳过，有时即使不跳过，也会出现阅读不仔细，漏掉小数点的问题等。所以在平时的学习中我们就要重视孩子的阅读能力的培养，即使是学习数学的过程中。

问题之二：缺乏对孩子耐心的培养。孩子在做数学问题时，一般家长都希望孩子可以快速知道问题的答案，这就让孩子产生解题越快越好的心理，就丧失了阅读文字的耐性。

解决办法

如果孩子面对文字较长的题目就选择跳过，那么我们给家长提供以下两点建议：

1. 培养孩子阅读的习惯。通过阅读习惯的培养，让孩子的理解能力提升上去，让他感受到阅读本身就是一件比较开心的事情，这样他对文字就不会排斥，也能迅速抓住一段文字中很重要的观点。在培养的过程中要讲求趣味性，要让孩子自然而然地爱上阅读。在生活中，可以让孩子阅读自己喜欢的故事书，家长在孩子读完一个故事后请求孩子讲给自己听，从而建立起孩子阅读的兴趣。长此以往，孩子对文字不再怯懦，也能在阅读数学题目时了解这段文字到底在说什么。

2. 在平时的生活中注意对孩子耐心的培养。孩子不喜欢文字较长的题目也反映出孩子是缺乏耐心的。那么家长就要注重培养孩子的耐心，可以在生活中让孩子做一些需要耐心的工作，比如搭积木、洗衣服、从芝麻里拣出来豆子等，而且在孩子完成这些任务的时候要给予及时的奖励及赞扬，从而培养起孩子的耐心。

126. 帮助男孩提高听课效率
——男孩不想记笔记怎么办？

方方的妈妈一直告诉方方在课堂上要记笔记，将老师说的一些重点记在本子上。方方开始时禁不住妈妈的唠叨，于是在数学课上记了一些笔记，但是之后就没有再记了。因为方方觉得记笔记是女生做的事情，而且不知道记笔记有什么好处。虽然方方看到班上学习比较好的同学都在记笔记，但是方方就是不肯记笔记。那么，面对这种情况，家长要如何去做呢？

 案例解析

我们知道在课堂上记笔记，然后在课下整理笔记是许多学习好的人的习惯，由此我们也可以看出记笔记是一种良好的学习习惯。我们在此系统地梳理一下记笔记的好处：

1. 长期记笔记有利于学生形成良好的学习、生活习惯。

2. 爱记笔记的同学知道，记笔记是学习以及思考的过程，而且记笔记这件事需要我们耳、脑、手的配合，这就促进了我们对课堂上老师所讲的内容的理解。再者，当我们在课堂上专心写笔记的时候，就避免了注意力不集中情况的发生。

3. 记笔记有利于学生温故知新。记笔记的人都有这样一个体验就是当我们再一次翻开自己的笔记的时候，我们可以回忆起当时讲课的内容及氛围。

4. 我们知道记笔记、整理笔记是一件花费心思的事情，也知道对于花费心思的事情我们往往会格外重视，那么利用这种心理，学生就很有可能对学习产生浓厚的兴趣，而兴趣是最好的老师。

 解决办法

针对男孩不想记笔记的情况，家长可以按照以下方法去做：

1. 家长要平心静气地让孩子知道记笔记的好处。一般男孩的逆反心理比较严重，家长在劝说的时候不要一味地强求，而是应该态度温和，有策略。在此过程中家长可以拿自己上学时候的事举例，让孩子真切地感受到记笔记的好处。

2.家长可以传授给孩子关于记笔记的具体方法，然后和孩子约定，先让他记一个星期的笔记，看看效果与感受如何。在这个试验期内，家长要有意识地培养孩子良好的记笔记的习惯，最为重要的是让孩子感受到记笔记并不是一个负担。如果孩子切身感受到记笔记的好处，那么孩子也就不会轻易拒绝。

3.家长可以和老师沟通，让老师给孩子说明记笔记的重要性、必要性及有益处。孩子一般是比较听老师的话的，那么家长就可以通过老师让孩子养成记笔记的习惯。老师还可以在班级上组织优秀笔记的分享会，让孩子知道记笔记是一件非常值得做的事情。

127.男孩对老师没有无端的厌恶
——男孩不喜欢授课老师怎么办？

小壮是一个身材魁梧的男孩子，性格活泼开朗。在学校，小壮可以与同学友好相处，也可以和大部分的老师和睦相处，但是唯独有一个老师，小壮极其不喜欢，就是小壮的语文老师。小壮每天回到家都会给妈妈说语文老师是如何不好，自己是如何地讨厌他。因为不喜欢语文老师，小壮的语文成绩也不是很理想。那么，面对孩子不喜欢自己的授课老师，家长要如何去做呢？

案例解析

从故事中我们了解到小壮特别不喜欢自己的语文老师，其实小壮的情况并不是一个个例，在现实生活中，有很多学生都会对某一位老师表现出喜欢或者是厌恶。孩子在向父母抱怨自己的老师不好的时候，或许只是想宣泄一下自己的情绪，这时家长不要指责自己的孩子，也不要以自己的认知去批评孩子。

孩子的世界有时非常单纯，他们不喜欢某一位老师可能是因为那位老师的长得不好看，也可能是这位老师在之前批评过自己，或者是孩子认为这位老师在人品或是在教学水平上存在问题等。总之，这些原因不管在成人看来如何荒谬，都在说明孩子不会无缘无故地讨厌一位老师。

解决办法

当发现孩子不喜欢某位任课老师之后，家长可以采取以下步骤进行解决：

1.家长要以真诚的态度倾听孩子不喜欢老师的具体原因。我们知道孩子不会无缘无故不喜欢自己的任课老师，这其中可能是孩子自身的问题，也可能是老师本身存在问题，家长只有在了解了孩子为什么不喜欢这位老师的具体原因之后，才能想出具体的对策帮助孩子。

2.家长要让孩子接受不完美的老师。大多数情况下，孩子不喜欢自己的任课老师不是因为他的教学质量不好，而是因为老师的一些小缺点，比如说偏心等。那么家长就要告诉孩子，人无完人，每个人身上都会有缺点，老师也是人，所以我们要试着接受老师身上的缺点。家长还可以和孩子一起发现老师身上的优点。当孩子对这位老师有了一些尊敬之后，他可能就会改变自己对这位老师的看法。家长也可以心平气和地和老师进行谈话，更深入地了解问题存在的原因，更好地解决问题。

3. 如果家长发现真的是老师存在问题，那么家长可以首先和这位老师进行沟通，希望他做出改变，如果无效，那么家长可以向校领导反映情况。但是这个过程家长不应该让孩子知道，以免他知道事情的真相之后嚣张跋扈。

128. 支持男孩把握锻炼自己的机会
——为什么男孩会有"当官"的想法？

铮铮是一个六年级的学生，从上小学开始，铮铮就喜欢在班级里"当官"。铮铮从一年级到四年级都是班里的班长，五年级的时候，铮铮没有当上班长，为此在家哭了好一阵，但是之后当上了体育委员，情绪也就好转了很多。今年铮铮上六年级，铮铮的妈妈为了铮铮能够专心学习，于是建议铮铮不要去竞争做班干部，但是铮铮就是不听，他说他喜欢"当官"的感觉。那么，对于这种"官儿迷"家长要如何处理呢？

 案例解析

一般男孩子都喜欢在班级上有个一官半职，对于这样"官儿迷"的孩子，其实我们很好理解。男孩子喜欢"当官"的第一大理由是觉得当班干部比较威风，他们觉得只要当上班干部，尤其是班长，就可以想管谁就管谁，同学们都要听他的。这样的威风感，会让他们觉得很过瘾；孩子喜欢"当官"的第二大理由可能认为当上班干部很自由，在管教别人的时候，自己获得的是自由的感觉；第三，孩子通过当上班干部拥有了更多的好朋友。在小学期间，其实孩子与孩子之间的友谊特别单纯，他们会因为觉得某人看上去很高大威武，就希望和他成为朋友，而当上班干部会让人觉得他高大威武，而且可以和老师经常在一起。第四，有时孩子喜欢当班干部是因为外界的因素，家人在日常生活中会对某个孩子当上班干部这件事给予一定的夸赞，这让孩子觉得当上班干部是一件值得骄傲的事情，所以会争先恐后地去当班干部。

 解决办法

家长在面对孩子想当班干部这件事时，需要知道孩子想做班干部的动机，如果孩子认为当上班干部可以锻炼自己各方面的能力，那么家长应该给予支持，但是如果孩子的原因是为了更加自由，为了显得自己很威风等而选择去当班干部，那么家长就要扭转孩子的认知。

现在的孩子接触的媒体是多方面的，在观看影视作品后，孩子可能对"官"的概念是扭曲的，他们以为当上班干部会有很多的好处。那么家长就要对孩子说，班干部需要为班级同学服务，成为老师的一个助手，因而会承担更多的责任。总之，家长就要给孩子树立正确的班干部的价值观。

家长要让孩子知道当上班干部之后应树立自己的威信，但是威信的树立并不是靠武力，而是靠人格魅力以及成绩。通过这种教导，孩子可能就会以更高的标准要求自己，也会更努力学习。那么当"官"这件事就是一件好事。

总之，如果当上班干部，孩子可以成为更优秀的人，那么家长就该予以支持，否则就该予以反对。

129. 要让男孩认识到作弊的可耻
——男孩考试作弊怎么办？

天天在一次考试中作弊被抓到，班主任通知了天天的妈妈来学校。天天的妈妈对此非常生气，尤其在听说天天已经连续作弊好多次之后，几乎在学校就对天天"大打出手"。天天的妈妈之所以如此生气是因为她在平时非常重视对天天诚信的教育，对天天三令五申不要在考试中作弊，但是天天还是没有听进去。那么，面对孩子在考试中作弊的情况，家长要如何去做呢？

案例解析

现在的家长非常关注自己孩子的成绩，所以现在的孩子承受的压力是非常巨大的。家长对孩子成绩的重视使孩子也异常重视自己的成绩，有些孩子会更加努力地去学习，希望自己的成绩满足父母的期望，但是有些孩子不管怎么样努力就是达不到家长的期望，他们就很有可能采取极端的方式去达到家长的期望，而在考试中作弊就是其中一个手段，有时班级里的不良风气也是促使孩子作弊的原因。总之，家长要深入了解其中的原因，这样才能采用更为有效的方式从根本上解决问题。

解决办法

要避免孩子在考试中作弊，家长在平时的生活中应如此教育孩子：

1. 家长要培养孩子诚实守信的品质。在教育的过程中，家长要让孩子知道诚实守信是中国传统的优良品格，是一个人做人的根本。家长还可以利用名人的案例对孩子进行教育，让孩子从小树立诚实守信的意识。

2. 家长要端正对孩子的考试成绩的态度，也不要对孩子的考试成绩要求过高。否则，只会让孩子的心理负担加重，让孩子觉得只有自己成绩好，父母才是爱自己的。于是他们就有可能采取一些不正确的手段去达到自己考试成绩好的目的。

3. 如果孩子是因为成绩不好而作弊，那么家长就要想办法提高自己孩子的成绩，如制订学习计划，在孩子的成绩提高之后要对孩子进行及时的表扬，这样，孩子的自信心得到提高也就不会出现考试作弊的行为。

4. 如果孩子是因为班级的考试风气不好而作弊，那么家长就应该和老师积极沟通，就班级的风气进行整顿与改良。

130. 谁都讨厌打小报告的人
——男孩爱打小报告怎么办?

多多今年刚上一年级，突然有一天，多多的妈妈在接多多放学的时候被老师留了下来，老师和妈妈就多多存在的问题进行了谈话。在谈话中多多的妈妈了解到，多多是一个非常聪明的孩子，但是多多有一个习惯就是喜欢给老师打小报告。例如，看到班上的某个人推别人，多多就会急忙跑到班主任面前进行报告。如此，一天会报告十几次，让老师很无奈。那么，面对孩子爱打小报告的行为，家长要如何改善呢?

案例解析

在平时的生活中，我们经常会听到父母抱怨自己的孩子爱在学校打小报告，他们对此非常担心，最担心的是如果孩子一直喜欢打小报告会影响他和其他学生的正常交往。我们知道如果别的孩子知道总是有人打他们的小报告，那么他们就会疏远这个人，这对于爱打小报告的人的成长是非常不利的。

另外，孩子对老师打的小报告是非常烦琐的一些小事，比如某人把某人推了一下，或是谁谁在上完厕所之后不洗手，或是谁在吃饭的时候没有把米饭吃干净等等。其实，家长对此不要过分的担心，孩子爱打小报告的行为其实并没有什么恶意，此时孩子正处在认知发展的时期，对老师或者是家长提出的要求和规矩是非常敏感的，因而会格外地重视。所以，在看到别的小朋友没有达到这些要求，没有守规矩之后，他们就会本能地给身边的大人汇报，就像一个小侦查员一样，这就是他们喜欢打小报告的原因。

解决办法

针对孩子爱打小报告的行为，家长可以采取以下措施进行改善:

1. 家长在听到孩子的小报告之后，不要做出非常鄙视的表情或是干脆置之不理，这是非常不对的，这样会让孩子对于自己的正义感产生怀疑，也会破坏他在内心所形成的规矩。如果家长抱以这样的态度，只会让孩子在未来缺失正义感，也会因此变得没有规矩。家长要告诉孩子，看到别人做错了，可以不去跟老师或是其他人打报告，可以出于好心提醒那个同学他做错事情了，帮助他改正自己的错误就可以了。

2. 如果家长发现孩子是因为嫉妒心理而去打某人的小报告，那么家长就应该给予充分的重视，要积极引导孩子，帮助孩子摆正自己的心态，不要总是盯着别人的缺点，要善于发现别人身上的优点，而且要在生活中树立孩子的自信，那么孩子就不会通过打小报告的方式去获得别人的夸奖。

3. 家长还可以告诉孩子，如果同学有缺点，老师会给他们指正，自己其实不用操心过多，而且要让孩子知道，如果别的孩子知道他喜欢打小报告，那么他很可能会失去别人的友谊。

131. 尊重同学是友好相处的前提
——男孩爱给同学起外号怎么办?

　　石头是一个非常开朗的男孩子，即将从小学毕业升入初中。石头无论在学习上还是生活上都是一个表现优秀的孩子，但就是有一个极其不讨人喜欢的毛病——喜欢给别人起外号，通常情况下惹得对方十分不高兴。比如石头有一个同学名字叫宋吉聪，宋吉聪的脑袋长得比同龄人要大一些，于是石头就叫宋吉聪为"大头哥"。为此，石头还和该同学打过一架。那么面对孩子喜欢给别人起外号的情况，家长要如何去做呢?

案例解析

　　案例中的石头喜欢给别人起外号，其实在生活中，有很多孩子，尤其是男孩子很喜欢给别人起外号。面对这种情况，家长不要过于担心。孩子喜欢给他人起外号，只是因为他处在了语言的敏感时期。在这个时期内，孩子前所未有地感受到语言的魅力，于是他们就会渴望利用语言去做点什么，这个时候，就很有可能出现给别人起外号的情况。

　　而有些孩子喜欢给别人起外号只是因为他想引起他人的注意，如果这时家长给予正确的引导，孩子会克服这一坏毛病。

　　有些孩子给别人起外号只是因为单纯地觉得这样很好玩，并没有任何恶意。但是我们不排除有些孩子就是喜欢欺负别人，他们喜欢看到对方生气的模样并以此为乐趣，这时家长就要严肃处理，以免孩子形成不良的品性。

　　此外，家长要看到孩子喜欢给别人起外号的有益之处，给别人起外号的孩子一般比较活泼开朗，他们的思维转换比较快，而且善于发现别人身上的特点。家长在面对这个问题的时候要采取积极的态度去解决，既要看到孩子身上的优点又要妥善引导孩子，让其不伤害别人。

解决办法

　　让孩子改掉给别人起外号的毛病，家长应该这样去做:

　　1. 家长在平时的生活中要保证自己是一个不给别人起外号的人。如果家长在平时的生活中善于给他人起外号，那么孩子就很有可能模仿家长的行为。所以，家长在要求孩子不要做什么的时候先要自己做到，然后才能以身作则地要求孩子。

　　2. 如果孩子在家长的面前给别人起外号，或是在家长的面前叫别人的外号，家长这时可以采取置之不理的态度，因为孩子很可能是因为想引起成人的注意才去叫别人的外号，那么这时家长冷漠的态度就告诉孩子"这样并不能引起我的注意"，孩子在今后的生活中就会减少此种行为。

3. 家长可以和其他家庭成员约定一起给孩子起一个非常难听的外号，然后约定在家只叫孩子这个外号而不叫孩子的名字，那么孩子就能切身感受到被起外号的人的内心感受，然后家长趁机对孩子进行教育，以达到不让他给别人起外号的目的。

4. 针对起外号的积极面，家长要肯定孩子善于发现他人身上的特点这一行为，然后引导孩子发现别人身上的优点，然后根据别人的优点给他人起一个外号，这样既满足了孩子起外号的欲望又能让被起外号的人开心。

132. 学习离不开合理的计划性和条理性
——男孩不会安排学习时间怎么办？

牛牛在平时做事的时候没有一点计划性和条理性，对于一天的时间没有系统的安排，总是想到什么就做什么。有时候会在做一件事的时候想着另外一件事，结果两件事情都没有做好。比如，牛牛每天在做完作业的时候会跟着视频资料学习英文，但是在学习英语的时候，又会想着待会儿要怎么做作业，结果英语与作业都没做好，心情也变得十分烦躁。那么，家长如何让孩子合理安排时间，成为一个做事有计划的孩子呢？

案例解析

孩子做事的时候都多多少少缺乏计划性，他们不能对时间做出一个合理的安排。那么合理安排时间，在做事之前进行详细的计划有什么好处呢？

1. 这样能让孩子学会把握时间。能在规定的时间内做好自己已经安排的事情是一种能力。现在很多孩子在做事的时候拖拖拉拉，因为他们没有意识到时间的宝贵，只有让孩子们把自己的事情安排在既定的时间内，他们才能真切地感受到时间在飞逝，他们也就能够珍惜时间。

2. 孩子只有养成做事有计划的习惯之后，他们才能合理地安排自己的时间，这样他们也才能够在规定的时间完成事情，才能在该玩的时候去玩，该学习的时候专心去学习，使得生活张弛有度。

3. 孩子做事有计划，相当于规定了一天或者某段时间内要达到某目标，那么他们就会思考采取什么样的方式才能最快最好地达到目标，这也能够训练他们的思维能力。

总之做事有计划，懂得合理安排自己的时间是一件非常值得孩子学习的能力，家长应该重视起来。

解决办法

为了让孩子做事有计划，懂得合理安排自己的时间，家长在平时可以这样教育孩子：

1. 家长应该以身作则。孩子许多习惯的养成是模仿家长得来的，所以，在平时的生活中，家长要做一个做事有计划的人。

2. 家长要让孩子认识时间，懂得时间与生活的关系，知道做事不能拖延、浪费光阴，要惜时如金、争分夺秒。父母要让孩子从小就具有时间观念，珍惜时间，这才能使孩子养成雷厉风行的作风，干什么事都会有责任感和紧迫感。可以将生活中的具体活动和时间结合在一起，让孩子知道时间的作用和价值，逐步理解"爱惜时间，就是爱惜生命"。

3. 家长可以和自己的孩子一起制订时间计划表。在制定的时候，家长要结合孩子的具体情况，不要一下子对孩子的要求过高。在逐步完成的时候，家长要对孩子按计划完成某件事情给予表扬，这样就能强化孩子的这一行为，同时使孩子的自信心得以提高。

Part 7
男孩的兴趣培养：找到最感兴趣的事

133. 用其他的游戏吸引男孩的兴趣
——男孩痴迷电脑游戏怎么办？

丁丁今年8岁了，从6岁开始，就会玩大人手机里的游戏，而且玩得很好。刚开始的时候，家长觉得孩子那么小就能把游戏打得那么好，很聪明，为此还非常高兴，但是时间一久，家长发现这是噩梦的开始，现在已经上二年级的丁丁一回到家就是打游戏，根本停不下来，成绩也很差。对于家长的话，丁丁也是置之不理的态度。那么，面对孩子沉迷在电脑游戏中这件事，家长要如何处理呢？

 案例解析

现代科技非常发达，差不多每个家庭都有电脑，而且现在的孩子比较早熟和聪明，所以他们在年龄很小的时候就会玩游戏，甚至有很多孩子玩游戏玩得比大人都好。我们知道现在是一个需要现代化工具的时代，如果孩子不从小接触现代化的东西，那么他们很有可能与同龄人存在差距，但是如果他们沉迷在现代化工具所带来的感官刺激下，那么他们也很有可能会影响自己的学业与生活。所以，家长在孩子很小的时候就要处理好两者的关系。

那么孩子为什么会沉迷在电脑游戏中无法自拔呢？其中的原因主要有以下两点：

1. 孩子认为玩游戏比生活中的其他事有意思，这也是他们沉浸在其中最重要的原因。

2. 他们或许只是在游戏中才能寻找到存在感，也就是说，现实生活中已经让他们失去了存在感，他们认为自己是不重要的。我们知道家长在发现孩子沉迷游戏，学习成绩直线下降的时候一般会对孩子采取非常恶劣的态度，有些家长会骂孩子，甚至会打孩子。这样做的结果就是孩子非但不会停止玩游戏反而会更加沉迷其中，而且家长这样的做法会让孩子比较自卑，他会觉得现实生活中的人都是看不起自己的，因此更加专注在游戏当中。

所以，家长在面对这个问题的时候不要一味对孩子进行责骂，而是要充分和孩子进行沟通，然后采取必要的措施帮助孩子戒掉游戏之瘾。

 **解决办法**

针对孩子沉迷电脑游戏这件事，家长可以采取以下措施进行解决：

1. 家长要善于寻找孩子其他的兴趣点。这一特殊的时期，家长可以接送孩子上下学，利用在路上的时间，家长可以跟孩子进行有效的沟通。这时，家长不要问孩子学习上的事情，以免引起孩子的反感，这时可以问一些孩子喜欢的问题。在孩子说的过程中，家长给予充分的关注，然后去寻找孩子的兴趣点到底在哪里。知道了孩子的其他兴趣点，家长就要想办法和孩子一起经营他的兴趣，孩子玩电脑游戏的一个很客观的原因就是孩子不知道在自由时间内他们应该去做什么，于是就把精力投入游戏当中。因此，如果家长把孩子的自由时间花费在孩子其他的兴趣点上，那么孩子自然就没有时间去玩游戏。

2. 孩子对某件事情感兴趣的时间是不会维持太久的，所以在孩子失去兴致之后，家长可以带领孩子去远行，就是带领孩子离开自己的家，离开熟悉的环境，带他去陌生的地方玩耍。在陌生环境下，孩子一般是比较依赖父母的，这也正是家长对孩子教育的关键时刻。在没有电脑的环境中，孩子会发觉自己也会生活得很好，时间一长也就不会对电脑游戏那么痴迷了。

3. 再次回到家中，父母可以把电脑收起来。因为有了之前的经验，孩子可能不会对电脑有那么大的需求了，但是如果孩子回到家后继续接触电脑游戏，那么孩子就很有可能再次迷恋上。所以，这时最好将家里的电脑藏起来。这样的隔离是必要的，时间一久，加上家长对孩子的教育，孩子就有很大可能不再沉迷于电脑游戏了。

134. 增加男孩的接触面
——男孩没有兴趣爱好怎么办？

在豆豆上学期间，豆豆的妈妈有一个深切的感受就是豆豆的同班同学各个都多才多艺，他们有的人擅长跳民族舞蹈，有的人可以写一手漂亮的毛笔字……但是自己家的豆豆却是一个什么才艺都没有的孩子。因为这个原因，豆豆的妈妈就想让豆豆学习一门才艺，但是豆豆却表现自己没有兴趣去学习任何东西，而且态度非常坚决。那么，面对这种情况，家长要如何去做呢？

 案例解析

有一位乌克兰的教育学家曾经说过这样的话，他说："一个孩子如果到了十二三岁还没有自己的兴趣爱好，那么做老师的人就应该为他担心。担心他长大之后对什么都漠不关心，成为一个平平庸庸的人。"这句话意在说明培养一个孩子的兴趣爱好的重要性。

兴趣往往是从孩子的好奇心发展而来的，如果在幼儿园时期，家长和老师没有很好地保护孩子的好奇心，那么在他长大之后，就很有可能成为故事中的豆豆——完全没有兴趣爱好。

在孩子的幼童时期，家长要鼓励孩子勤于思考，多加提问。而且教育学家说，兴趣是可以培养的。故事中豆豆没有兴趣爱好，说明在豆豆幼儿时期，家长是有些失职的，他们没有对豆豆的兴趣爱好多加培养。

 解决办法

针对孩子没有任何兴趣爱好的情况，我们给家长以下几点建议：

1. 孩子的兴趣爱好需要引导。教育学家总是说我们不能对孩子的兴趣多加干涉，要给予孩子自由发展，但是这句话并不是教唆家长对孩子的兴趣爱好或是其他方面放任不管，而是在尊重孩子的意愿的同时对孩子进行有意识的引导。孩子表现出没有任何兴趣爱好，不爱看书也不爱动脑筋的话，这时家长就要反省自己的做法，是不是对孩子太过放任不管了。

2. 兴趣源于好奇心。这就要求家长在孩子比较小的时候要保护孩子的好奇心，不要抹杀孩子爱问问题的天性，有了好奇心之后，他就会想尝试新鲜的事物，然后培养自己的兴趣爱好。再者家长要做出表率，多一些好奇心，多和孩子一起进行一些需要动脑筋的事情，慢慢地去引导孩子。

3. 不要对学习成绩看得过重。孩子对什么都没有兴趣，也有可能是因为学习的压力很大，让他觉得没有时间去发展自己的兴趣爱好，而且对此缺乏激情。所以，在日常的生活中，家长要权衡好学习与发展兴趣爱好之间的关系，让孩子的特长和学习共同进步。

135. 家长的兴趣会对男孩产生影响
——如何对待男孩对扑克牌的兴趣？

跳跳是一个小男孩，最近他迷上了扑克牌，总是拿着扑克牌不放，有时自己在那儿玩，有时还叫着妈妈和自己一起玩。跳跳的家人平时的放松方式就是在家打扑克，可能跳跳受到这方面的影响，所以对扑克牌很感兴趣。但是跳跳的妈妈担心，如果跳跳喜欢玩扑克牌，将来可能会影响跳跳的学习。那么，面对孩子对扑克牌的兴趣，家长应该怎么去做呢？

 案例解析

从案例中我们了解到跳跳是一个对扑克牌比较感兴趣的男孩子，但是跳跳的父母担心跳跳将来会对玩扑克上瘾从而耽误他正常的学习和生活。跳跳妈妈的担心有些多余，在孩子还小的时候，他并不知道玩扑克可能上瘾或是发展成赌博，家长只是在用自己的认知去衡量孩子的行为。其实在孩子年纪比较小的时候，他对扑克牌产生兴趣就像是他对任何新鲜的事物会产生兴趣一样，只是好奇心使然。有些家长会担心如果孩子小的时候不制止他对扑克牌的好奇心，那么在将来可能会向不好的方向发展。但是家长在孩子对扑克产生兴趣的时候，千万不可打击孩子的好奇心，如果家长对孩子的好奇心加以阻止，那么在将来，可能会对孩子产生不好的影响。如果家长实在担心，那么家长可以用其他可以吸引孩子注意力的东西去代替扑克牌，我们知道孩子的注意力是非常容易转移的。

在成人的认知中，扑克牌是一种固定的休闲娱乐方式，但是，扑克牌对于孩子而言有更多的用处，家长可以利用扑克牌去发展孩子的智力，比如可以利用扑克牌教会孩子数数，利用扑克牌教会孩子认识一些颜色等等。

 解决办法

男孩对扑克牌感兴趣，家长可以从以下几个方面做起：

1. 在孩子年级尚小的时候，孩子展现出对扑克牌的兴趣只是出于好奇的心理，家长大可不用担心，这时家长可以用其他有意思的东西去代替扑克牌，以转移孩子的注意力，让孩子失去对扑克牌的单一热爱。而且家长可以利用单纯的好奇心，利用扑克牌发展孩子的智力，把扑克牌转换成一种正能量的东西。

2. 如果孩子在年龄增长的过程中依然对扑克牌感兴趣，那么家长可以把这变成孩子的一种兴趣爱好，甚至让它成为孩子将来的一种职业（例如魔术师）。

3. 家长如果发现孩子在对扑克牌的兴趣近乎痴迷，而且可能会向不好的方向发展的话，那么这种情况就要引起家长的注意。这时家长应该给孩子营造一个健康的环境，以身作则，不要在家玩扑克牌，也尽量不要让孩子有接触扑克牌的机会。

4. 家长在平时的生活中要留心观察孩子的兴趣爱好，然后进行刻意的培养。家长可以带领孩子去少年宫进行参观学习，以培养孩子健康有益的兴趣爱好。

136. 电视剧不是转移男孩注意力的好媒介
——男孩总爱看电视怎么办？

冬子今年上五年级，是个比较爱玩的孩子，对学习不怎么用心。冬子每天回到家的第一件事就是打开电视，观看自己喜欢的奥特曼。在吃饭的时候，冬子也是端着碗走到电视机一边吃一边看，吃完饭如果家长不管束，冬子就不会自己乖乖学习，而是会继续看电视，直到睡觉。妈妈对此非常头疼，但是不让冬子看电视，冬子就会闹腾，使得全家不得安宁，无奈，家长只好妥协。那么，面对这种情况，家长应该如何去做呢？

 案例解析

电视是现代人主要的娱乐工具之一。其实孩子适当看电视是对孩子有好处的，电视中的知识与资讯可以帮助孩子成长，让孩子接触到多样的信息。但是如果孩子长时间看电视，总是坐在电视机前，那么观看电视就会对孩子造成很大的危害。

如果孩子长时间观看电视，那么孩子的视力就会受到影响，而且因为大脑始终在接受讯息，所以大脑处在非常疲劳的状态，这样孩子在接受其他方面的教育的时候就会处在迟钝的状态。而且电视中的内容有时并不适合孩子观看，再者，电视中的广告也会强化孩子的物质欲望。

孩子花费时间在观看电视上，那么就会减少做其他事情的时间，他们的学习与交际等方面就会受到影响，而且当他们沉浸在电视当中，被动地接受电视中的信息的时候，他们就会在现实生活中变得被动和缺乏想象力。

总之，在看电视这件事上，家长要把孩子观看的度拿捏好，而且在观看电视的时候要给孩子传递正确的价值观，不要让孩子被电视所害。

 解决办法

家长发现孩子痴迷于电视的时候，可以从以下几点入手解决：

1. 进行适当的批评。心理学家认为对孩子进行适当的批评和表扬都是非常重要的，表扬可以增加孩子对于是非判断的能力，提高孩子的自信心；而批评可以纠正孩子所犯的错误，让孩子为他所犯的错误产生一些内疚的心理，从而有动力进行改正。当然家长不能打骂孩子，而是要适当地控制他们的欲望。在孩子出现长时间看电视的情况的时候，家长就要采取措施限制他们看电视的时间，给他们创造与人交流接触的机会，让他们多多与人交流和沟通。

2. 增加与孩子交流的时间。爱看电视的孩子一般是感觉自己很孤独的孩子，他们只得在电视中寻找他们的乐趣，尤其是那些父母比较忙的孩子，他们更容易沉迷在电视中。那么家长就要抓紧一切时间增加与孩子的沟通交流机会。比如吃饭时、睡觉前都是很好的机会，以此去了解自己的孩子，当然切入点可以是孩子喜欢的电视节目。在这个过程中，家长要告诉孩子过长时间地看电视的坏处，让孩子从心理上接受少看电视这一建议。

3. 不要利用电视转移孩子的注意力。孩子沉迷于电视其实与父母的教育存在关系。有时家长为了让孩子不打扰自己会利用电视来转移孩子的注意力，长久下去，孩子自然也就沉迷于电视无法自拔了。

4. 家长要以身作则。孩子的习惯是由模仿而来的，所以在家里，父母首先自己不能沉迷在电视中，而是和孩子玩一些其他的游戏或是带孩子出门去逛，接触新的朋友，这样孩子也不会轻易沉迷在电视中。

137. 扩大男孩的接触面
——怎么改变男孩的网瘾恶习？

明明的成绩在最近一次考试中，下滑得很厉害，处在班级排名中的倒数位置。在妈妈的追问下，明明坦言最近没有好好学习，而是和其他男同学一起去网吧上网，所以耽误了学习。那么，面对孩子上网成瘾的情况，家长要如何去处理呢？

 案例解析

现在的孩子似乎都对网络有很强的好奇心，利用互联网带来的便利性我们无可否认，但是如果孩子利用不当，就会可能沉迷在网络的世界中无法自拔从而出现各种各样的问题。

上网成瘾是由很多因素而导致的，比如说对网络世界的好奇、觉得生活比较无聊等等。加之在现实生活中，人们不能像网络世界中一样说话不用负责；而且在虚拟的网络世界中，人与人之间可以不用见面，这样就会营造出一种安全感。而且在学校中，孩子们之间也会拿一些网络事件作为谈资，如果不熟知网络就无法与其他同学交流。种种原因导致孩子沉迷在网络当中。

 解决办法

面对孩子的网瘾，我们给家长提供以下几点建议：

1. 与孩子平等地沟通。在沟通的过程中，了解孩子的精神世界，给予他们充分的精神关怀；在沟通的过程中，聊孩子感兴趣的事，和孩子一起参与现实中有意义的活动，从而减少孩子对于网络世界的渴望。

2. 丰富孩子的课外时光。在学习之余，家长要培养孩子的兴趣爱好，带领孩子去参与一些线下的沙龙活动，让他找到情感和精力的发泄出口，感受到来自现实世界的美好。

3. 合理分配孩子的游戏和学习时间。网络除了是孩子们消遣的一种方式还是孩子们释放压力的途径，所以家长不能让孩子感受到过大的压力，从而出现逃避的心理及行为，沉迷于网络。

4. 采取相应的治疗手段。这种方式适应于那些已经沉迷于网络无法自拔的孩子。我们可以寻求心理医生的帮助，采取一些行为疗法，比如厌恶疗法、强化法等帮助孩子摆脱网瘾。

5. 有研究表明，很多孩子上网成瘾是因为家庭关系不和睦而造成的。所以，以这一方面来讲，家长要给孩子营造一个和睦的家庭环境，让孩子在爱的环境下成长，这样也可以避免孩子出现上网成瘾的情况。

138. 爱博而情不专，帮助男孩发展自己的特长
——男孩兴趣爱好太多怎么办？

大鹏是一个8岁的小男孩，最近大鹏的妈妈在思考给孩子报一个什么样的兴趣班。大鹏的妈妈发现周围的小男孩一般报的是跆拳道、书法或是街舞，于是想给大鹏也报其中的一两项。在征求孩子的意见的时候，妈妈发现大鹏的兴趣爱好实在太多，他自己表示："我想学跆拳道，因为可以强身健体；想学书法，这样可以锻炼自己的耐心；想学钢琴，因为弹钢琴的男生很帅；想学小提琴，因为小提琴的声音很好听……"然后哭着嚷着让妈妈给自己报班。那么面对孩子兴趣爱好太多的情况，家长要如何去做呢？

案例解析

现在的孩子的生活条件都相对较好，尤其是生活在城市的孩子，他们有机会接触更多新鲜的事物，而且家长会有意培养孩子的兴趣爱好，以让他们将来成为一个多才多艺的人。培养孩子的兴趣爱好是一件对孩子的发展有益的事情，可以锻炼孩子的意志品质，可以让孩子体会到学习的乐趣，甚至可以让孩子在学习的过程中结交更多有趣且有益的朋友。

但是如果像案例中的大鹏一样，在选择兴趣爱好的时候发现自己的兴趣爱好太多，家长要怎么去做呢？其实孩子对于任何新鲜的事物都存在一定的好奇心，因为好奇心会驱使他们想去尝试所有事情。有好奇心，敢于去尝试新鲜事物是非常好的事，家长应该就此提出肯定与表扬，但是孩子并不知道学习某一项特长是一个漫长的过程，需要自己长时间的付出与努力，所以，家长在面对孩子有过多的兴趣爱好的时候可以去引导孩子和帮助孩子做选择。

 解决办法

面对孩子过多的兴趣爱好，家长可以用以下方法引导：

1. 面对孩子过多的兴趣爱好，家长首先要肯定孩子敢于尝试的品质。有些家长在面对此种情况的时候会在一开始就否定孩子的想法，觉得他们太过于幼稚，其实这是不对的，这样只会扼杀孩子的好奇心，还可能影响孩子一生的发展。所以，家长首先要肯定孩子的这一行为，然后再去引导孩子重新考虑。

2. 家长可以带领孩子实地考察兴趣爱好的学习现场，在浏览的过程中告诉孩子培养兴趣爱好的过程是怎样的，需要付出怎样的努力与辛苦。在浏览的过程中，孩子也能对他所喜欢的特长进行深入地了解，然后确定自己是否真的喜欢。通过这样的认知过程后，家长可要求孩子进行重新的思考与选择。

3. 家长还可以和孩子一起进行时间的规划，让孩子认识到学习太多的兴趣爱好是不现实的，由此也可以让孩子重新思考与选择。

4. 若孩子还是一味地坚持的话，那么家长可以先满足孩子的要求，让他在学习的过程中切身体会到压力，然后主动放弃一些兴趣爱好。

139. 合理划分男孩的个人时间

——男孩因兴趣影响学习怎么办？

健健的妈妈给健健报了一个学习跆拳道的兴趣班，于是健健开始了跆拳道的学习。在学习的过程中，健健发现自己越来越喜欢跆拳道了，每天回到家都会给妈妈讲一些发生在兴趣班上的有趣故事。但是在最近的一次考试当中，妈妈发现健健的学习成绩有所下降，想来想去，健健的生活中也只有参加兴趣班会影响孩子的成绩。那么孩子因为兴趣爱好而影响了学习，家长要如何去做呢？

案例解析

从故事中我们了解到，在学习跆拳道的过程中，健健对跆拳道越来越感兴趣。兴趣是最好的老师，家长有理由相信，在未来的生活中，如果健健一直保持对跆拳道的热爱，那么他会因为喜爱跆拳道而收获很多的东西。但是我们也应意识到，学习兴趣爱好也占用了孩子的一些时间。对此，我们应该如何去解决呢？

解决办法

孩子的成绩因为学习兴趣爱好而下降，那么家长可以采取以下措施进行解决：

1. 家长要及时和孩子进行沟通交流，然后共同找出为什么参加了特长班会使孩子的成绩下降。有些孩子可能是因为参加的兴趣班过多导致成绩下降，那么这时家长就要和孩子商量，酌情停掉一些兴趣班；有些孩子成绩下降，是因为没有处理好兴趣班与学习之间的时间问题，花费在兴趣班的时间过多导致的，那么家长就要帮助孩子重新规划时间，在以学习为主的前提下对时间进行规划。

2. 家长要认识到人的精力是有限的，而且在一天当中精力也是在变化的。家长要在长期观察中，发现孩子的精力曲线，让孩子在精力最佳的时候进行学习，然后在精力一般的时候进行特长的学习，这样孩子就不太会因为兴趣爱好而影响学习成绩。

3. 家长要培养孩子做事专心的品质，以免孩子在学习的时候想着兴趣，而在兴趣班的时候心里想着学习，这样会导致孩子两者都学不好。

140. 以平常心对待男孩的兴趣发展
——男孩做事只有三分钟热度咋办？

安安今年 10 岁了，安安的妈妈从安安 4 岁开始就希望安安有一个可以拿得出手的特长。在最开始的时候，安安的妈妈给安安报了一个书法班，但是因为安安不喜欢，所以就没有再去学。紧接着，安安的妈妈在安安的要求下给安安报了街舞班，但是安安只学习了一个星期就告诉妈妈自己不想再去学习了，因为他发现学习街舞并不是一件容易的事。之后安安又学过钢琴、小提琴等，但是都没能坚持下去。那么，面对男孩做事只有三分钟热度的情况，家长要如何去做呢？

案例解析

在现实生活中，每个家长都希望自己的孩子是多才多艺的，为了孩子能够拥有可以拿得出手的特长，家长不惜花费很多的金钱去培养孩子，期望孩子不光在学习上可以取得好成绩，也可以在其他方面取得很好的成绩。但是因为现在的孩子大都娇生惯养，不能坚持下去。他们在一开始接触兴趣爱好的时候，是并不排斥的，而且是开心的，但是在接触之后，发现学起来很难的时候，想到的往往是放弃。这是孩子的年龄和心智的局限性的体现。他们对什么事都表现出"三分钟热度"，难以坚持到底。

另外，孩子的兴趣多变，这可能是源于孩子的从众心理和攀比心理，这山望着那山高，也是造成孩子不能坚持的原因。

 解决办法

面对孩子不能坚持自己的兴趣爱好，家长可以从以下几点入手解决：

1. 让孩子不要浮躁，帮助孩子建立自信。孩子做事不能坚持的关键因素就是孩子心浮气躁，家长要帮助孩子去除浮躁，可以给孩子讲一些名人持之以恒的事迹；可以给孩子设定阶段性的目标，鼓励孩子一步步脚踏实地去完成，逐渐帮助孩子建立自信。

2. 家长长期观察孩子之后，要对自己的孩子给予正确的评价，然后引导孩子去做自己力所能及的事情，教导孩子不要和别人攀比，不要人云亦云，不要过高地评价自己。家长可以针对孩子的能力拟定一些兴趣爱好，然后让孩子做出选择，告诉孩子一旦做出选择之后就要坚持下去。

3. 家长不要将兴趣爱好功利化。家长总觉得自己花钱培养孩子的特长，那么孩子就要取得一定的成绩来回报自己，具体的就是要求孩子去考级、去比赛、在亲戚朋友面前表演。其实在这个过程中，家长培养孩子兴趣爱好的目的就变得功利化了，孩子发现自己的兴趣爱好成了自己的一个负担，难免会对自己的兴趣爱好产生厌恶的情绪，继而不能坚持下去。所以，家长要认识到培养孩子的兴趣爱好只是去陶冶他的情操，不应该掺杂一些功利性的目的。

141. 给男孩更多选择兴趣爱好的决定权
——男孩兴趣与父母意愿违背咋办？

刘畅今年开始上小学一年级。刘畅的妈妈看到周围的孩子纷纷在上兴趣班，于是在没有征求刘畅的同意下给刘畅报了一个围棋班。刘畅的妈妈想，刘畅是一个比较浮躁的男孩子，围棋可以锻炼孩子的耐心与毅力。但是刘畅在听到这个消息之后坚决反对，因为他希望妈妈给自己报街舞班，他觉得跳街舞是一件很酷的事情，同时也可以强身健体。那么，面对孩子与家长在报兴趣班上产生冲突，家长要如何去做呢？

 案例解析

其实很多的家庭都面临这样的问题。那么在面对孩子的意愿和家长相违背的时候，家长要固执己见吗？要把自己的喜好强加在孩子身上吗？其实，每个孩子身上都蕴含着无限的潜能。如果一个人去做自己真心想去做的事情就会拼尽全力，就有很大的可能性取得成功。孩子在自主决定自己想要做的事情后，他的才能和潜能就会充分地发挥出来。我们看名人的成功事迹就可以发现，这些人之所以取得成功，就是因为做了自己想做的事情。所以在面对这个问题时，家长不要一味地以自己的意愿去决定孩子做什么。

有的家长会觉得孩子还小，不知道自己真正想要做的。而且通常家长会以一句"我都是为了你好"来说服孩子，其实这也是不对的。孩子年龄尚小，对自己的发展方向还没有想法，这时需要家长的帮助，但是这种帮助是在尊重孩子的基础之上，是在充分了解孩子的意愿之上。

解决办法

针对孩子的兴趣与父母的愿望相违的情况，我们给出以下几点建议：

1. 观察孩子，尊重孩子。家长无疑是最了解自己的孩子的人，在朝夕相处的过程中，孩子对什么感兴趣，孩子不喜欢什么，家长是一目了然的。在知道自己孩子的兴趣所在的时候，家长要选择一些适宜孩子特长的兴趣爱好供孩子去挑选，而不是替孩子去做选择。

2. 如果家长想让孩子从事自己所希望的兴趣爱好，应该在孩子还小的时候，将某种兴趣爱好带到他的生活中去，让他自然而然受到熏陶，说不定孩子就喜欢上了这个"兴趣爱好"，家长在不知不觉中达成自己的目的。

3. 家长要明白去上兴趣班的是孩子，所以最终的决定权应该属于孩子。明白这一点之后，家长就不会对此多加干涉。

142. 教会男孩如何照顾宠物
——孩子欺负小动物怎么办？

王亮已经5岁了。在周末的时候，王亮的家人带着王亮去逛花鸟鱼虫市场，在逛的时候，王亮对一只长着黝黑毛的小狗产生了极大的兴趣。本来王亮的家长是不允许在家养宠物的，但是看着王亮如此喜欢这只小狗，就勉强答应王亮，买了这只小狗。但是在与小狗相处的过程中，王亮开始"欺负"小狗，他会抓着小狗的毛试图将小狗提起来，弄得小狗嗷嗷直叫。那么，面对欺负小动物的孩子，家长要如何去做呢？

案例解析

孩子都会有这么一个时期，在这个时期内，孩子会特别想养一些小动物。孩子喜欢小动物并希望自己能够养一只是因为孩子们有天然的爱心，另一方面是因为孩子有很强的好奇心。但是我们会发现，很多孩子在开始养动物之后并不能很好地照顾它们，有时他们只是希望宠物陪自己玩耍，在动物排泄之后，他们会露出非常嫌弃的表情，甚至有些孩子对动物没了好奇心之后就会欺负小动物。

孩子出现这种行为是非常正常的，因为他们对动物的生命没有认识，他们并不知道养一只小动物意味着什么，也不知道与动物相处的正确模式。所以，在这个时候，家长对孩子的这一行为不要一味地批评，而是要趁机教育孩子，学习怎样去照顾另一个小生命，让孩子对生命拥有敬畏之情。

解决办法

孩子出现欺负小动物的情况，家长应该这样去对待：

1. 孩子并不知道怎么去照顾小动物，所以在这个过程中，家长就要教授给孩子一些照顾小动物的技能及注意事项，其中不能欺负小动物（什么动作是小动物接受不了的，家长要详细地告诉孩子）就是最基本的一项内容。

2. 当孩子对待小动物的行为有些粗鲁的时候，家长的表现不要过于激动，而是在制止的时候积极给孩子讲清道理，让孩子自己知道这种行为是不对的，那么下次他就不会采取这样的行为去对待小动物。

3. 家长在平时的生活中可以给孩子播放一些有关动物的视频或是影视作品，在与孩子一起观看的过程中，家长就要有意识地引导孩子对小动物负责，对待小动物就应该像对待一个好朋友一样，要把小动物的生命看得格外重要等。

4. 如果孩子不听家长的劝说，还是一味地欺负小动物的话，家长就要对孩子说明，如果他再欺负小动作，那么就要把小动物送人。等到他知道欺负的行为是不对的，能够很好地照顾小动物之后再把小动物接回来。如果孩子是真心喜欢这个小动物，那么很可能会正视自己的错误，然后改正自己的错误。

143. 不要用世俗眼光看男孩的别样兴趣

——男孩有偏女性化的兴趣怎么办？

别的小朋友上的是跆拳道班、街舞班、围棋班等，但是小星对这些都不感兴趣，小星比较喜欢做针线活。因为小星的妈妈在平时空闲的时间里会做一些小手工，妈妈在做的时候，小星表现出极大的兴趣，嚷着让妈妈教自己，于是小星的妈妈就教给小星一些针线活的技巧。后来，小星的妈妈发现小星爱上了针线活，觉得儿子的爱好有些偏女性化，很苦恼。那么，家长面对这种情况要如何去做呢？

 案例解析

做针线活其实是一件对孩子非常有益的事情，可以激发孩子的创造性思维，可以培养孩子的良好品质，还可以带给孩子轻松快乐的感受。

具体做针线活有什么益处呢？我们分条列出：

1. 可以提高孩子的生活能力。我们知道现在的孩子养尊处优，在家里不需要做任何事情，但是通过做针线活，可以让孩子掌握生活技巧。

2. 可以锻炼孩子的耐心与毅力。我们知道做针线活是一件需要耐心与毅力的事情，做针线活可以充分锻炼孩子的意志力。

3. 做针线活可以锻炼孩子手、眼、脑、心的协调能力。

4. 针线活并不仅仅是缝缝补补，在制作一些需要创意性的小玩意的时候就可以锻炼孩子的创造性思维。

5. 在完成一件手工作品得到家人以及其他人的表扬之后，可以让孩子建立自信，这对他今后的成长有巨大的帮助。

有些家长会因为自己的孩子是男性，于是认为孩子喜欢针线活是不对的。其实不对的是家长，孩子的兴趣爱好是广泛的，家长培养孩子特长的目的是锻炼孩子各方面的品质，学习针线活也可以达到这样的目的，所以家长没有必要去担心。

 解决办法

面对男孩的兴趣爱好偏女性化，家长可以从以下两点入手解决：

1. 端正自己的态度。家长培养孩子的兴趣爱好的初衷并不是想把自己的孩子培养成某个领域的精英，而只是想借助这个兴趣爱好去发展孩子各个方面的品质。认清这一点之后，家长就不会对男孩喜欢女性化的兴趣爱好有太多的反对。而且所谓的偏女性化只是大家传统的认知，觉得这件事情比较适合女性去做，但是并不能否认男性有去做的权利。所以，对孩子自己选择的兴趣爱好，家长要抱以宽容接纳的态度。

2. 很多家长不同意男孩子喜欢偏女性化的兴趣爱好是担心男孩子在长大之后不够阳刚。有这样的担心我们是理解的，但也是没有必要的，因为孩子接受的教育是全方位的，如果家长觉得孩子不够阳刚，那么就可以从别处着手去培养孩子的阳刚气质。

144. 是否继续上兴趣班，要尊重男孩个人意愿
——男孩突然不喜欢上兴趣班咋办？

果果今年上一年级，是一个活泼可爱的小男孩。果果的妈妈为了果果更好地成长，决定给果果报一个兴趣班。果果同意了妈妈的建议，但是在上了一段时间课后，果果突然不愿意去了。妈妈问果果其中的原因，果果说：也不是不喜欢妈妈给自己报的兴趣班，只是觉得上兴趣班的时候很孤单，所以就不想去了。那么，面对男孩中途不想上兴趣班的情况，家长要如何去做呢？

 案例解析

从案例中我们了解到，果果的妈妈为了果果更好地成长，为果果报了一个兴趣班。在这个过程中，果果并不是很排斥妈妈给自己报的兴趣班，但是在上课的期间却表示自己不想再去上兴趣班的课程。在现实生活中，家长经常会遇到这种情况，孩子并不是不喜欢兴趣本身，但就是不想去兴趣班上课。那么这是什么原因呢？原来，很多家长把孩子交到兴趣班老师那里后就觉得万事大吉了，有一种如释重负的轻松感，相信孩子只要在老师那里，就可以得到很好的成长。家长的这种想法是错误的。在给孩子报完兴趣班之后，家长要时刻关注孩子的

情绪变化。如果孩子在兴趣班的学习中完全感受不到乐趣，那么家长就要思考孩子这时是不是遇到了什么困惑，是不是在学习的过程中发现自己并不是很喜欢这个兴趣班等。

 解决办法

解决孩子不喜欢再上兴趣班，家长可以从以下几点入手：

1. 家长在给孩子报兴趣班之前要充分尊重孩子的意愿。有些家长会不顾孩子的感受去给孩子报兴趣班，那么孩子不喜欢去上兴趣班就是一件非常自然的事情。所以家长在给孩子报兴趣班之前，要充分了解孩子的兴趣点在什么地方，或是在报兴趣班之前家长就要有意引导孩子的兴趣爱好，然后根据孩子的喜好去给孩子报兴趣班，这样孩子在其中才能感受到快乐，不会拒绝去上兴趣班。

2. 在孩子上兴趣班的过程中，家长要时刻关注孩子的情绪变化，不能抱着把孩子送去兴趣班自己就逍遥自在的想法，而是要打心眼里关注自己的孩子。孩子喜欢所报科目是一个方面，但是老师的授课方式、老师的为人、周围一起学习的小伙伴是否友善都会影响孩子的情绪，所以家长万不可掉以轻心。

3. 孩子在上兴趣班的时候，家长不要给孩子设定太高的目标，不要把兴趣当成竞技比赛。如果家长报以这样的态度，那么孩子就会认为上兴趣班是一件很枯燥的事情，心理压力也会上升，那么孩子就很有可能对上兴趣班持一种排斥的态度。

145. 兴趣爱好没有冷门之说
——男孩的兴趣爱好很冷门怎么办？

雨天是一个 5 岁的小男孩，雨天的性格比较内向，为了让孩子变得外向一些，雨天的妈妈决定给雨天报一个兴趣班。有一天，妈妈问雨天想要报什么兴趣班，雨天一脸茫然，不知道自己应该报什么。于是妈妈向雨天建议，是不是可以学一下钢琴、美术等，但是雨天好像对此并不感兴趣。在接下来的日子里，妈妈发现雨天对化学反应特别感兴趣，但是化学实验的兴趣班是非常冷门的，妈妈不知道学习这个对雨天有什么帮助。那么面对这种情况，家长应该怎么去做呢？

 案例解析

家长一般很少遇到这种情况，孩子们大多喜欢聚集到一起玩耍，分享快乐。然而也有的小朋友比较特别，他们喜欢安静的环境，并在这样的环境下找到有意思的事情去做，完成成长所需的练习。面对这样的情况，父母不要过分担忧，可以通过引导来帮助孩子或者顺应孩子的自身成长。

我们来分析一下孩子产生冷门的兴趣的原因：第一，孩子的性格所致，比较内向的孩子不太善于表现自己，所以少有与其他小朋友共处的机会，自然他们的喜好就和多数孩子的喜好不同；第二，缺乏父母、同伴的关爱，他们在成长的某个阶段没有得到充足的关爱，所以只能通过与众不同的方式表达出来，获得父母和小伙伴的注意；第三，逆反心理，孩子不喜欢与他人一模一样，是孩子追求个性的表现。

 解决办法

面对这种情况，家长可以采取以下措施：

1. 让孩子有更多与其他小朋友接触的机会，请小朋友和孩子轮流上台讲故事，或者和其他小朋友做游戏，锻炼语言能力和胆量。让孩子能从其他小朋友身上学到东西，体会到分享的乐趣，不再感到孤单。

2. 注意观察孩子，在他们完成练习的时候提供适当的帮助。多关心和陪伴孩子，让孩子能感受到温暖，知道父母很重视自己，孩子就会试着去理解父母，性格也会变得开朗很多。

3. 尊重孩子的选择，每个孩子都是不同的。家长一定要重视个性教育问题，让孩子能够自由自在地成长。

4. 和孩子一起进行冷门兴趣的活动，了解孩子的内心，让孩子获得知音能使孩子更好地发展。

Part 8
男孩的语言培养：完善语言方式和能力

146. 让男孩知道信任感的重要性
——为什么男孩会说话不算数？

西西今年已经是一个 5 岁的小男孩了，在生活中他就是家人的开心果，是个很讨人喜欢的孩子。但是西西有一个毛病就是说话不算数，就比如，西西的妈妈和西西约定每次上完厕所之后要洗手，每次西西都答应得好好的，但是每次西西上完厕所都不洗手，妈妈说他他也是一副无所谓的样子。其实这也不是什么大事，但是西西的家长觉得如果孩子从小就没有说话算数的习惯，那么长大后就可能成长为一个不守信的人。那么，面对孩子说话不算数的情况，家长要如何去做呢？

 案例解析

其实像故事中西西的情况在生活中是非常常见的。年龄比较小的孩子，在他们不遵守和父母的约定，也就是说话不算话的时候，家长采取的态度一般是：孩子年龄比较小，不忍心惩罚他们。其实这就是造成年龄较小的孩子说话不算话的原因之一。家长给孩子立规矩会直接影响孩子的行为，也就是说当孩子发现自己没有遵守规矩、没有说话算数的时候，家长没有采取任何的惩罚措施，孩子就会在心中认为其实这件事是不重要的，遵守与不遵守是一样的，于是他们在下次遇到这种情况的时候照样会说话不算数。

 解决办法

面对男孩说话不算数的情况，家长可以采取以下措施：

1. 家长想要孩子遵守自己的规矩，然后做到说话算数，那么在此之前就要和孩子定下一定的奖惩措施。孩子在说话算话的时候，家长要对孩子进行口头的肯定与鼓励，或是给予一定的物质奖励；那么在孩子说话不算话的时候，家长就要对此行为进行一定的惩罚。而且家长在履行这一规则的时候态度要坚决，不能让孩子觉得自己有妥协的余地。

2. 家长在平时的生活中以身作则。我们都知道诚实守信是中国的传统美德，也是做人之本。所以，家长要从自身做起，给孩子树立榜样，然后让孩子从中汲取正能量，成为一个说话算话的人。

3. 家长也要告诉孩子说话算话的好处和说话不算话的害处是什么，要从孩子自身出发，让孩子真切感受到说话算数的好处与说话不算话的坏处。

4. 如果孩子就是要说话不算话，那么家长对孩子可以采取冷漠的态度，让他自己反省自己的行为，然后和他进行真诚的沟通，了解他内心真实的想法，让他成为一个说话算话的人。

5. 家长可以通过一些游戏帮助孩子成为一个说话算数、守信用的人。家长可以端一盘孩子最爱吃的水果，然后和孩子玩打保龄球的游戏，打倒几个保龄球就可以向自己盘子里放几个水果。家长以身作则，严格遵守打倒几个放几个的原则。孩子可能在一开始的时候会多放，这时家长就要警告孩子，如果再不遵守规则，那么游戏就会终止，水果盘就会被端走。在这样的游戏中，孩子就能知道规矩的重要性，就可以养成遵守约定的习惯。

147. 男孩的撒谎行为必须严厉制止

——男孩喜欢撒谎怎么办？

南南是一个调皮的小男孩，平时在自家的小区里会和其他孩子一起疯玩。有一天，平时和南南一起玩耍的一个男孩子向南南的家长告状，说南南推了自己，让自己的腿上有了一块瘀青，还把瘀青给妈妈看。但是南南却不承认自己推了他，反而说是他自己摔倒的。最后，南南的父母发现是南南在撒谎，的确是南南推了他，导致他跌倒。那么面对孩子撒谎的情况，家长要如何去做呢？

案例解析

很多孩子都会撒谎，父母在教育孩子的时候时常会被这个问题所困扰。那么孩子为什么会说谎呢？其中的原因可能有：

1. 可能是孩子年龄还小，他对很多东西都不懂，比如说时间、空间、数量和人物关系等，因为他不懂这些知识，那么在说话的时候就很有可能出现他说的和现实情况不符的情况，其实孩子的这种撒谎并不是有意为之，而是无意的。

2. 造成孩子撒谎最主要的原因是孩子想逃避惩罚，就像故事中的南南一样，他知道如果家长知道他把小伙伴弄伤了，那么他就很有可能会挨骂甚至是挨打，那么为了逃避家长的惩罚，他就会在一开始的时候选择撒谎。

3. 孩子撒谎也可能是在模仿大人或是影视作品中的人。这种行为是出于孩子好奇心的驱使。

4. 孩子撒谎也可能是为了获得别人的认同或是表达自己的对抗。比如孩子为了让别人羡慕自己而编造出一件事；比如孩子和家长生气，为了表示对抗，在家长问自己饿不饿的时候随口说出不饿。

 **解决办法**

面对男孩说谎的行为，家长可以采取以下措施进行纠正：

1. 家长要找出充分的证据去证明孩子是否在说谎。孩子是敏感脆弱的，如果家长不论青红皂白就去怀疑自己的孩子说谎，那么孩子的内心是会非常难受的，而且可能会因此影响家长与孩子之间的感情。所以，家长首先要弄明白孩子是不是真的在说谎。

2. 家长要弄明白孩子为什么说谎。我们上面分析了孩子说谎的几种原因，家长们可以对照一下，然后对症下药，去纠正孩子的这一不良行为。

3. 家长在平时的生活中要给孩子树立一个正面的形象，从自己不撒谎做起。这样孩子就能从家长身上汲取正能量，认识到不撒谎的好处，成为一个不撒谎的孩子。

4. 家长要加强和孩子的沟通，有些孩子会因为想吸引家长的注意力而撒谎，所以，家长要注重和孩子的沟通交流，让孩子知道自己在父母心中是重要的。

5. 对于撒谎的孩子，家长不要给孩子贴上标签，也不要在孩子承认错误之后惩罚孩子，这样只会强化孩子的撒谎行为。

148. 让男孩学会如实地进行描述
——怎样改变男孩说大话的毛病？

北北今年上一年级，学习成绩一般，每次数学成绩也就考 80 分左右，但是有一次北北的小姨来家里了，随口问北北在数学考试中可以得多少分。只见北北用非常低的声音对小姨说："我每次数学考试都能得到 90 分以上！"虽然声音小，但是妈妈还是听到了。还有一次，北北在和小朋友一起玩耍的时候说自己家里有一个很大的玩具汽车，其实家里并没有。那么面对孩子说大话的情况，家长要如何教育呢？

 案例解析

有很多家长都不明白，为什么孩子会出现说大话这种行为。其实这反映出了孩子复杂的心理活动。因为是复杂的心理活动，所以家长在面对孩子出现说大话的行为时，不能简单地断定孩子是不诚实的，这种匆忙且生硬地下结论是不对的。其实孩子说大话反映出孩子自身的一种心理需求——维护和发展自尊的需要，也是维护和发展自我价值的需要。这种需要本身是没有任何问题的，但是年龄小的孩子可能并不会采取正确的手段去维护这种需要，于是他采取说大话的方式，有时孩子维护的也不是真正的自身价值。就像那些并不知道答案的孩子举手回答问题，只是为了引起老师和同学的注意。

 解决办法

面对孩子说大话，家长可以从以下几点着手解决：

1. 分情况处理。家长首先要搞清楚孩子为什么会出现"说大话"的行为。有些孩子可能只是因为年龄太小，对于大人的话理解不到位，而出现断章取义的现象，导致他说大话；也可能是孩子活在自己想象的世界中，拿想象当成了现实，从而出现说大话的情况发生；孩子也可能是因为想引起家人的注意，故意说大话。总之，面对众多说大话的原因，家长首先要搞清楚，然后才能对症下药。在面对上述这些原因的时候，家长首先要做的就是用孩子可以听懂的语言向孩子解释清楚什么是大话；然后在孩子说大话的时候，要指出他说的话中的破绽；在平时的生活中，要培养孩子如实复述的能力，比如让他看一个故事，然后让他将故事讲给自己听，看孩子复述的能力如何。

2. 家长要做出榜样。孩子说大话一般是因为孩子有虚荣的心理，他渴望别人羡慕自己。孩子在小的时候是有很强的模仿能力与学习能力的，所以家长在孩子面前要做出表率。

3. 教导孩子诚实守信。在孩子小的时候，家长就要让孩子学习诚实守信的优秀品质。家长可以给孩子讲一些关于名人诚实守信的故事，在不知不觉中将这种品质注入孩子的血液当中去。

149. 抚慰男孩容易激动的情绪
——男孩口吃怎么办？

大齐是某小学的学生，平时和周围的邻居以及班里的同学都相处得很好，在与人沟通交流的时候也不存在什么问题，但是大齐有一个行为让大家为他担心，就是大齐每次激动的时候，说话就会结巴。家人想带大齐去医院看看，但是大齐非常害怕去医院。那么面对孩子口吃的现象，家长要怎么办呢？

案例解析

在孩子出现口吃的现象的时候，家长不用太着急，要知道在小孩 2~7 岁的阶段，孩子出现口吃是一种正常的现象，家长不要将口吃与口吃病联系到一起。此时，孩子出现口吃的现象，家长可以不去矫正它，并且不要给孩子扣上"口吃病"的标签。这样做只能使情况恶化下去，容易将孩子从口吃引导到口吃病上去。

口吃是一种发生在孩子身上常见的语言障碍，它表现为讲话不流畅、阻塞和重复。一般孩子 2~3 岁的时候非常容易发生口吃的现象，这是因为孩子的形象记忆的效果要高于词语记忆的效果，也就是说孩子认识的事物已经很多了，但是掌握的词汇相对较少，所以在他表达自己的意思的时候往往会出现各种各样的问题。而且孩子精神紧张，抢着和别人说话时也会出现口吃。在这个过程中，家长不要责怪孩子，也不要嘲笑孩子，否则只会让情况恶化下去。

解决办法

纠正孩子口吃的行为，主要是靠家长和亲人的指导。我们列出以下几点建议供家长参考：

1. 家长给孩子做出示范。家长发现孩子有口吃的行为时，可以采取一种温柔和蔼的态度对待孩子。在这个过程中，家长可以对着孩子先说一句话，然后让孩子重复，当然在此期间不要急躁。看到孩子有些许进步的时候就要及时给予孩子肯定与表扬。

2. 播放歌曲和朗读。平时在家里，家长可以播放一些声音优美、表达流畅、内容活泼的儿歌或是一些朗读的文章。在孩子听得比较熟悉之后，家长可以和孩子一起朗读和唱儿歌。这样可以让孩子掌握语言的节奏。

3. 家长放慢说话语速。在平时和孩子交流的过程中，家长要有意放慢自己的说话速度，让孩子慢慢去听，让他慢慢去说。而且在他说的时候，家长不要打断他的讲话或是代替他去讲话。在他讲完之后，家长可以过一两秒之后再对谈话进行反馈，同样采取慢节奏去回答孩子。总之，在此期间要展现出家长对孩子无私的爱。

4. 鼓励孩子。当孩子因为口吃受到别人的嘲笑时，家长要向孩子说明口吃的性质，向他说明现在的口吃是一种正常的现象，是可以克服的，以此增加他的自信，最终克服口吃。

5. 孩子如果只有在情绪比较激动的时候才会口吃，那么很可能是因为孩子脾气比较大，所以心理上接受不了外界给他的刺激，因而出现短暂的口吃现象。对于这种情况，家长要引导孩子正确处理自己的情绪，在孩子情绪激动的时候家长可以提醒孩子暂时选择不去说话，或是教导孩子在这时要在内心时刻提醒自己说话要放慢语速。

150. 礼貌待人才会被人以礼相待
——男孩说话不礼貌怎么办？

小春今年上小学，学习成绩尚可，在平时的学习中常常受到老师和家长的夸奖，但是有一天，小春的行为却让小春的妈妈非常气愤。事情是这样的，这一天，天气非常炎热，小春和妈妈一起乘坐公交去玩耍。在公交上，小春看见一个身体有残疾的小朋友，突然拉着妈妈的衣角，指着那位小朋友对妈妈说："妈妈你看，那边那个小朋友是个残废！"妈妈听到这句话特别惭愧，觉得孩子这样没礼貌是自己的错。那么，面对孩子没礼貌，家长要如何去做呢？

案例解析

当孩子在生活中表现得非常没有礼貌的时候，很有可能是受到了他周围人的影响，可能在他的家庭中，有人存在不礼貌的行为。例如他的父母在家经常用不礼貌的语言去攻击彼此或是他人。也可能是孩子在观看影视作品时，看到了一些不礼貌的行为后进行模仿。

如果在家庭中，家庭成员之间经常采用不礼貌的语言或是行为对待彼此，那么孩子很可能就形成这样的行为习惯。

孩子不光会受到家人和影视作品的影响，也会受到周围小伙伴的影响。当孩子具有足够的行为能力之后，孩子如果长期接触没有礼貌的孩子就会变得没有礼貌。

所以，当孩子对别人表现得没有礼貌的时候，家长就要试图从根本上解决问题，而不是就事论事。

解决办法

培养有礼貌的孩子，家长可以从以下几点做起：

1. 营造一个懂礼貌的家庭环境。家长都希望自己的孩子是懂礼貌的，那么首先家长要做到懂礼貌。在家里，要采用文明用语，尊老爱幼，努力在家营造出民主、礼貌和和谐的家庭氛围。在平时的生活中，家长要告诉孩子礼貌的重要性，教给孩子一些必要的礼节，告诉孩子什么是礼貌的行为，什么是不礼貌的行为。

2. 家长可以给孩子买一些关于礼貌与礼节的书籍，可以在家与孩子表演书籍中的内容，以帮助孩子掌握必要的礼貌行为。

3. 如果家长发现孩子只有在心情不好的时候才对人不礼貌，说明孩子不能很好地管理自己的情绪。这时家长要从管理情绪入手，帮助孩子成为一个可以把控自己情绪的人。

4. 家长如果发现孩子喜欢和一些没有礼貌的孩子玩耍，那么家长就要提醒孩子没有礼貌是一种极其不好的行为，可以让孩子帮助那些不讲礼貌的孩子规范自己的行为。如果孩子受到他们的影响，家长就要想办法让自己的孩子与那些人远离了。

151. 从直视家人开始练习表达
——男孩说话不看对方目光咋办？

皮皮是个男孩子，在生活中是一个比较害羞的人。因为特别胆小害羞，所以，皮皮没有什么朋友。皮皮的妈妈非常担心皮皮的性格。而且皮皮的妈妈发现皮皮在和别人说话的时候从来不敢看着对方的眼睛，即使看，也是两眼无神地去看，不敢迎着别人的目光。那么，面对说话时不看着对方的目光的孩子，家长要如何去做呢？

案例解析

像皮皮这样的孩子在生活中非常常见，他们内向而害羞，喜欢待在家里而不喜欢出去玩耍；喜欢和自己的父母待在一起，没有什么朋友。他们往往比较沉默，在和别人说话的时候喜欢低着头，不敢看着别人的眼睛。

那么在生活中孩子说话不看着对方的眼睛的原因有哪些呢？可能是孩子正在忙自己的事情，没有精力去看着对方的眼睛。这时他不看着对方的眼睛说话表明他没有把自己的注意力放在谈话上而是在自己手头的事上；孩子不看着对方的眼睛说话也可能是因为他的自卑心理，因为自卑心理的存在，让他在面对别人的时候没有自信，所以他就会表现得不愿意面对这些人；有些孩子说话不看对方的眼睛是因为他们现在有情绪，心情不高兴，因此他们就不会乐于去看着对方的眼睛说话。

从我们自身的体验，我们知道一个不看我们眼睛的人说话会让我们感觉不舒服，甚至会阻碍我们与他做进一步的沟通交流。所以，家长要鼓励孩子在说话的时候看着对方的眼睛。

 解决办法

针对男孩在说话的时候不看着对方眼睛的情况，家长可以采取以下措施去处理：

1. 家长在看待此事的时候切记不要把事情看得太重。我们都知道说话的时候不看着对方的眼睛是一种不好的习惯，但是家长的态度如果表现得太过于强烈，反而不利于孩子改正这一不好的习惯。

2. 家长要和孩子沟通交流，在沟通中了解孩子为什么在说话的时候不喜欢看着对方的眼睛。了解了原因之后，家长就要根据这个原因去解决孩子的问题。比如，如果孩子是因为性格太过于内向，所以在说话的时候不喜欢看着对方的眼睛，那么家长就要有意地改变孩子的性格，让他变得开朗自信起来，然后再教导他在和人说话的时候要看着对方的眼睛，这样孩子就能很好地接受这一建议。

3. 家长在生活中要以身作则，做好孩子的榜样。家长的言行举止对孩子的影响是非常大的，所以在生活中家长要尽量做到大方、开朗，在和人说话的时候直视别人的眼睛。那么孩子通过模仿家长的行为就会做到看着对方的眼睛说话。

152. 多阅读、多长见识，让男孩有话可说
——男孩不善于表达怎么办？

球球已经上小学三年级了，在平时的语文课上，球球的作文时常会被老师当成范例去阅读，球球的语文老师也时常向球球的妈妈夸奖球球的作文水平。虽然球球的作文水平比同龄孩子要好，但是在生活中，球球的语言表达能力比较差。球球在作文中会遣词造句，但是在现实生活中，却一句都说不出。这样的孩子，家长要如何去教育呢？

 案例解析

人与人沟通的最主要方式是语言，如果一个孩子具有很好的沟通表达能力，那么在今后的学习、工作中会得到更多的机会。那么为什么有些孩子不擅于表达自己呢？可能的原因如下：

1. 可能是孩子比较内向。孩子如果比较内向的话，他会在说话时感到紧张，甚至伴有脸红、手心出汗的情况。

2. 孩子的能力发展不全面。如果一个孩子的思维和口头语言能力发展是不协调的，那么他组织语言的速度可能跟不上思维的速度，导致说话不连贯，不够流畅，而这也使得他不爱说话，以致不善表达。

3. 孩子缺乏自信。一个没有自信的孩子我们很难想象他能够流畅地表达自己的观点。

4. 孩子与外界的交流机会少。语言环境的缺乏势必会导致孩子不能很好地与人进行沟通，那么就造成他不善于表达。

 解决办法

家长可以从以下几点改善孩子的不善表达：

1. 倾听孩子。当孩子说话的时候，家长要耐心地进行倾听，关心孩子。这样孩子就不会丧失表达的欲望，长此以往，孩子也就不太可能会不善于表达自己。

2. 和孩子平等交流。在平时相处的过程中，家长要善于找一些话题和孩子进行交流，在交流的时候一定要营造民主、平等的氛围，不要粗暴地打断孩子的说话，而且要尽量让孩子多说话，不管他说的对错与否。

3. 家长不要"好为人师"。在孩子小的时候，说话难免会出现词不达意、语句不够完整等等现象，这时家长不要立即纠正，要等孩子把想说的话全部说完之后再进行纠正。纠正的过程不是批评孩子的说话内容而是培养孩子的口头表达能力。

4. 家长要创造环境让孩子与外界沟通。家长可以带领孩子去参加一些活动，要鼓励孩子多与同龄人玩耍，这样他的语言系统和表达能力才能得到锻炼。

5. 丰富孩子的生活经验。孩子只有具备了一定的生活经验之后，才能在交流的过程中和别人有话可说。比如让孩子去阅读、去游玩等。

153. 给男孩创造平等的交流环境

——如何让男孩说话时不脸红？

臭臭性格比较内向，在平时和别人说话的时候会习惯性地脸红，因此别人给他取了一个不好听的外号叫作"害羞小姐"。臭臭其实非常想改掉说话脸红的习惯，但是这不是想改就能改的。那么面对孩子说话脸红的现象，家长要如何帮助孩子呢？

 案例解析

我们知道女孩说话爱脸红，但是我们也不排除有些男孩子在和别人说话的时候也会脸红，其实说话脸红与否与人的性别没有关系，取决于人的自身。

从故事中我们知道，臭臭其实特别厌恶自己在和别人说话的时候脸红，同学们也因为他说话脸红给他取了一个并不雅的外号。其实说话脸红这件事并不全是一件坏事，有研究表明，和别人说话容易脸红的人会更加容易被他人所信任。但是在与人相处的过程中脸红的确会带来一些困扰，比如说显得不够自信等。那么，什么原因会导致有些人在和别人说话的时候脸红呢？

1. 有些人在被要求当众讲话的时候会脸红，这个时候的脸红可能是因为紧张，人在紧张的时候往往就会出现脸红的情况。

2. 我们在生活中有这样的体验，就是在和熟悉的人说话的时候，我们不太容易脸红，但是在和陌生的人说话的时候就会，这是因为面对陌生人的时候我们的语言表达可能会出现些许的紊乱，加上内心的紧张与胆怯，就可能会脸红。

3. 当一个男孩子长大之后，面对异性的时候，他也会出现脸红的情况，这代表着一种害羞与胆怯。

4. 有些人脸红可能是因为缺乏自信，一个缺乏自信的人在面对周围的人时候，他很有可能会出现脸红的情况。一个人缺乏自信也会导致他的情绪会受到外界过多的干扰，反应情绪不稳定的方式就可能是脸红。

 解决办法

想让男孩子在与别人说话的时候不脸红，家长可以采取以下措施去教导孩子：

1. 家长要给孩子营造民主、自由的家庭环境。我们知道家庭是塑造孩子性格的关键场所，所以，家长在这个场所中就要给孩子营造一个可以自由自在表达的氛围。我们很难想象一个在家不常常与父母沟通交流的孩子会成为一个善于表达、勇敢表达自己的人；我们也很难想象一个家庭成员之间不沟通交流的家庭会培养出与人说话不存在问题的孩子。

2. 建立孩子的自信。如果孩子是因为不自信的原因导致在和他人说话的时候出现脸红，那么家长就要从建立孩子的自信着手去改善孩子的这一现象。建立孩子的自信要渗透在孩子生活中的方方面面，尤其是在孩子与自己交流的时候要鼓励孩子多说话，在孩子成功表述自己的想法之后，对孩子所说的内容不做过多的评价，而是对孩子勇于表达自己的观点这一行为提出表扬和激励。

3. 创造与人交流的环境。家长要时常带着孩子去接触各种各样的人，让他去适应各种各样的场合。在与人相处的过程中，孩子也会慢慢克服掉自己害羞的心理。而且在刚开始的时候要鼓励孩子去与自己感觉舒服的人交流，获得交流的成功体验之后，孩子就会更加自然更加自信地去与别人交流。在沟通交流的时候孩子就不再会担心自己说得不好或是其他，从而改善说话脸红的现象。

154. 引诱男孩多说话

——男孩不爱说话怎么办？

萧萧今年已经 6 岁了。按理说这个年龄段的小朋友是比较活跃，话比较多的一个年龄段，但是萧萧却不一样。萧萧在平时的生活中无论是和自己的家人待在一起还是和周围的小伙伴待在一起，说话都比较少。相比与其他人一起玩耍，萧萧似乎更喜欢和自己玩耍。萧萧的家长认为萧萧这样不太正常。那么，面对孩子不爱说话的情况，家长要如何去做呢？

案例解析

如果孩子在家庭生活中出现不爱说话且与他人的交流存在较大的问题时，家长就要考虑自己的孩子是不是存在一些疾病，比如说自闭症。如果家长察觉或是怀疑自己的孩子患有自闭症，那么就要及时请教医生进行治疗，以免耽误孩子的病情。除了病理性的原因，其他原因也会导致孩子不爱说话。

孩子不爱说话，可能是因为孩子性格内向，不喜欢表达；可能是在家庭生活中，家庭成员不爱说话，孩子在这个家庭环境中得不到语言表达的训练，没有模仿的对象，于是不爱说话。

另外，如果家长在平时对孩子要求太过于严格，会导致孩子不爱说话；家长在平时太过于强势，包办孩子的一切事务，也会导致孩子不爱说话。还可能是在孩子学习说话的时候受到外界不正确的刺激所致。比如，孩子刚开始学习说话的时候总是把一些词发错音，或是出现口齿不清的状况，如果这时周围的人对孩子表现出讥讽或是嘲笑，那么那些心灵比较脆弱的孩子就会变得不爱说话。

 解决办法

当孩子不爱说话的时候，家长可以采取以下措施进行解决：

1. 如果孩子除了不爱说话还伴有其他症状，那么就要引起家长的格外注意，这时孩子可能是因为患上了疾病，所以不爱说话，这时家长要带着孩子接受医生的治疗。

2. 家长在孩子成长的过程中，尤其是语言发展的敏感时期，应该给予孩子充分的语言刺激。家长要创造话题常常和孩子对话，也要给孩子创造接触外界人和事的机会，让孩子在与人交流的过程中发展自己的语言系统。

3. 家长在孩子学说话的时候要常常给予孩子赞美，要知道家长对孩子的态度对孩子而言是非常重要的，家长要防止自己的态度伤害到孩子。而在孩子说话的时候，家长要认真倾听，鼓励孩子去表达自己，在孩子建立起说话的自信之后，孩子会很喜欢与别人进行交流。

4. 家长在平时的生活中不要过于强势，不要替孩子去说话，不要轻易打断孩子的话，这样只会让孩子变得不爱说话，家长要谨记这一点。

5. 家长要以身作则，在生活中积极表达自己的观点，并且在表达自己的时候注重礼仪，声音洪亮且口齿清楚，这样孩子就会在潜移默化中提高自己的说话技巧与能力。

155. 让男孩多参加社交活动，锻炼语言能力
——为什么男孩习惯说书面语？

小强上三年级了，酷爱学习成语，他喜欢把字典上看到的成语或是在课堂上学习的成语用到生活当中，这就导致小强在与人交流的时候出现这样一个问题，就是别人总觉得他说话文绉绉的，像是诵读书本上的内容。这给小强带来一些烦恼，其实小强并没有卖弄自己的意

思，但是因为他说话太过于书面化导致很多人认为他在卖弄学问。那么，面对这种情况，家长要如何去做呢？

 案例解析

从故事中我们了解到小强是一位酷爱成语的男孩子，因为喜欢成语，所以在生活中说话就显得文绉绉的，让别人以为他在卖弄自己的知识。家长在遇到这种情况的时候不要去责怪孩子，孩子可能并不知道自己这样说话有什么不妥，他只是感受到了语言或者说文字的魅力，喜欢去运用罢了。如果家长在这时持有的是批评的态度，那么可能会造成孩子的心理问题。

孩子说话太过于书面化的确是一个问题，家长要帮助孩子在不知不觉中做出一定的改变，如果孩子说话一直很书面化，可能会给他人留下刻板等印象，也会因此影响与他人之间的交流与关系。所以，家长要采取积极的措施，在保证孩子的自尊心不受影响的情况下纠正孩子的这一习惯，让孩子与人正常交流。

 解决办法

男孩子说话太过于书面化，家长可以从以下几点进行纠正：

1. 家长要给孩子树立榜样。孩子说话太过于书面化可能是受到家长的影响，那么家长就要以身作则积极纠正自己身上存在的问题。在平时的生活中，说话不要太过于文绉绉，要把深刻的道理简单化，然后说给孩子听。

2. 孩子说话太过于书面化的原因可能是因为孩子的性格不活泼，太过于死板。那么家长可以在平时的生活中引导孩子观看一些幽默类的综艺节目，培养孩子的幽默细胞，如果一个孩子幽默起来，那么在说一些书面语的时候也不会显得过于枯燥。

3. 家长可以在生活中对孩子进行专门的训练。孩子喜欢说书面语，那么家长可以和孩子一起做游戏，将书面语转化为日常用语；也可以和孩子约定某个时间段运用日常用语进行对话，在这样的训练下，家长可以慢慢将孩子的用语习惯改变过来。

4. 家长在平时要给孩子创造机会去接触外界的小朋友，我们相信在和其他小伙伴一起玩耍的过程中，孩子的语言习惯会慢慢地改变过来。

5. 当孩子在生活中采用日常用语进行交流的时候，家长要对此提出表扬与鼓励，这样就可以有效强化孩子的这一行为，让孩子逐渐爱上生活用语。

156. 找到男孩谈吐中夹杂外语词汇的原因

——男孩说话夹杂外语怎么办？

阳阳的妈妈在阳阳年纪很小的时候就十分注重他的英语能力的训练，所以阳阳从很小的时候就开始学习英语。阳阳上小学以后，英语水平比周围的所有同龄人都高，能在英语课上用英语流利地回答老师提出的问题，引来其他同学羡慕的眼光。因为这个原因，阳阳在平时和别人说话的时候总是夹杂外语词汇，显得十分骄傲。那么，面对孩子的这种情况，家长要如何去做呢？

 案例解析

从故事中我们了解到阳阳从小学习英语，所以英语水平比周围的同龄人要好。这样的情况造就了阳阳有一些骄傲的情绪，所以在生活中说话的时候总是会不自觉地带着外语词汇。有些孩子刚开始接触外语的时候，外语对他来说是一件新鲜有意思的事物，他会对外语充满兴趣，就很有可能在生活中展示自己已经学到的词汇或是语句。这对于孩子的学习而言是一件好事，因为掌握一门语言的关键是经常练习。

但是如果像故事中的阳阳因为掌握了一门语言而出现骄傲的情绪，那么家长就要给予一定的引导，不要让孩子形成不良的性格。要让孩子知道不能因为掌握了一门语言而骄傲，告诉他们世界上有许多能力很强的人都没有出现骄傲的情绪，更没有因此而炫耀自己的能力。

现实生活中，孩子不止会因为掌握了一门语言而骄傲，也可能因为掌握了其他方面的技能而出现骄傲的情绪，这时家长都要施以影响，以免影响孩子健全心理的发展。

 解决办法

面对孩子总是在说话的时候交杂外语词汇，家长可以从以下几点进行解决：

1. 如果孩子是因为刚开始接受外语，感到好奇，是因为学习的需要，因而在生活中经常使用外语词汇，那么家长对此应该予以支持。如果家长的水平允许，那么在生活中可以和孩子运用外语进行交流，以便提高孩子的外语水平。家长甚至可以为孩了创造更多、更好的机会以便孩子进行外语的学习。

2. 当家长发现自己的孩子在说外语的时候更多地表现出一种骄傲的态度，那么，家长就要有意地培养孩子谦虚的品质。可以在生活中利用一些名人的故事来教导孩子，即使自己掌握了一种技能也不能到处炫耀，要有谦卑之心，要虚心倾听别人说话。

3. 当孩子听不进去自己的教导的时候，家长可以带领孩子去参与一些关于外语的活动，让孩子利用这一活动去认识比他能力更强的人。利用这个机会，家长可向孩子说明"人外有人"的道理，让他知道自己掌握的还只是很浅的部分，自己有很大的进步空间。

157. 给男孩创造温暖的语言环境
——怎么改变男孩说话太冷漠的毛病？

夏阳从小是跟着爷爷奶奶长大的，夏阳的父母只能在工作的空闲时间回去看夏阳。出于各方面的考虑，夏阳的父母决定把夏阳接到自己的身边，让夏阳在自己的身边接受教育，将来考上一所好的大学。可能是因为和父母有些生疏，夏阳在家里和父母说话的时候总是表现得很冷漠，而且尽可能地不与家长进行交流。那么，面对这种情况，家长要如何去做呢？

案例解析

从案例中我们了解到夏阳的具体情况，他和父母说话比较冷漠的主要原因是他从小和爷爷奶奶一起生活，缺乏与父母的良好沟通。在血缘关系中他和父母的关系虽然很亲近，但是因为在日常生活中缺乏和父母的沟通交流，所以在真实的情感上，夏阳其实和自己的父母并不亲近。家长对此应该充分地理解和包容，孩子出现这样的情况是情有可原的，只要在今后的生活中加强与孩子的沟通交流，久而久之，就不会冷漠了。

除了案例中这种情况，孩子在日常生活中说话比较冷漠也可能是因为孩子的心情不好，在孩子情绪不好的时候，他与他人沟通交流的时候就会显得态度冷漠。

还有些孩子从小和家长生活在一起，但是对待家长的态度冷漠，很可能是因为在平时的生活中家长缺少和孩子沟通交流，使得孩子沟通表达欠佳，态度变得冷漠。

还有可能是和孩子的成长环境有关，如果孩子从小生活在对人冷漠的环境中，那么他就很可能受到这个环境的影响，从而变成一个对人冷漠的人。

解决办法

男孩说话太冷漠，家长可以采取以下措施进行解决：

1. 如果孩子是因为心情不好而态度冷漠，那么家长可以适当给孩子一些空间让他自己去处理自己的情绪，等到他情绪好转之后，他自然会改变自己的说话态度。当然在此过程中，家长要向孩子表明如果孩子愿意，自己可以提供给他所需要的帮助。如果孩子愿意和家长沟通自己遇到的问题，那么家长要积极帮孩子解决他面临的问题。当孩子情绪好转之后，家长要继续教导孩子正确管理自己情绪的方法，教导孩子不要因为自己的情绪不好而冷漠对待他人，这样对他人来说是不公平的。

2. 家长要给孩子营造一个温馨而和谐的生活环境，与孩子平等、自由地交流。在这种环境下成长起来的孩子，我们很难想象他会对人说话态度冷漠。

3. 如果孩子已经习惯对人说话冷漠，那么家长就可以采取"以其人之道还治其人之身"的做法，在平时的生活中也用冷漠的态度去和他说话，让他切身感受到冷漠说话所带给别人的不良感受，这样就有可能说服孩子改正自己的说话态度，以积极热情的态度对待他人。

158. 家长如何处理男孩的礼貌问题
——男孩和长辈说话没大没小咋办？

一丹已经是一个上五年级的男孩子了，但是在平时的生活中，一丹的家人还是会像照顾年龄很小的小孩一样去照顾一丹，以致一丹的生活自理能力几乎为零。而且一丹的脾气超级不好，对家人说话的时候没大没小。最近一丹喜欢玩电脑游戏，每次吃饭的时候一丹的妈妈总要花费很大的力气才能让一丹吃饭。有一次，一丹硬是要玩游戏不去吃饭，在与妈妈拉扯的过程中居然说妈妈是坏女人。那么，面对说话没大没小的孩子，家长要如何去做呢？

 案例解析

一般来说，孩子说话没大没小，原因有以下几点：

1. 孩子和家长的意见不同。孩子从 3 岁开始，就有了自我意识，即他对事物有了自己的立场和观点。当家长的观点和立场与他发生冲突的时候，孩子就会与家长发生争论，而且有时会以命令的口吻让家长接受自己的观点。

2. 孩子在挑战家长的权威。当家长希望孩子去做某件事的时候，如果语气过于强硬，那么对于孩子，尤其是懂事的孩子来说，是一种不友好的形式，它会引起孩子的反感，孩子就会以不礼貌的方式去顶撞家长。这时孩子表现得没大没小只是想引起家长的注意，去表达他的不开心，挑战家长的权威性。

3. 孩子的没大没小可能是无意的。如果孩子的性格属于心直口快的类型，那么他的没大没小很可能是无意识的。而且如果孩子长期生活的环境就是"没大没小"，那么他的行为也很可能是"没大没小"的。

 解决办法

当孩子没大没小时，我们提供给家长以下建议：

1. 让孩子学会正确的表达方式。当孩子出现大吼大叫，对家长没大没小的行为时，家长首先要做的就是保持冷静，告诉他如果他要表达某种观点是可以采取另一种方式的。然后家长可以向孩子演示另一种礼貌的行为方式，让孩子一日了然。这样的冷静处理可以有效地减少亲子间的冲突。

2. 隔离冷静。如果孩子借没大没小的行为来引起家长的注意，表达自己的不满，家长不要和他吵架，而是应该让他自己待着，让他冷静下来。等到他足够冷静的时候，再告诉他这种行为方式是错误的，当然在教导的过程中可以采用讲故事的形式。而且要将换位思考说给孩子听，让他知道换位思考的好处。

3. 家长要给孩子做好榜样。家长是孩子学习的榜样，而且成长期的孩子很容易模仿学习家长的行为方式。所以在此期间，家长要给孩子做出一个好的行为榜样。比如，家长在遇到长辈或朋友时都要问好，经常对人说"谢谢、对不起"，不在孩子面前大喊大叫等等，在这样的环境下成长，孩子没大没小的习惯就不会轻易形成。

159. 用喧闹的场合训练男孩的声音
——男孩说话声音比较小怎么办？

小邦是一个已经上小学的男孩子，在平时的生活中，小邦说话的声音比较小。因为声音比较小，他在和别人说话的时候，别人往往要求他重复自己的话。在上课回答问题的时候，小邦的声音更加小。因为小邦的座位离讲台比较远，所以在他站起来回答问题的时候，老师会提醒小邦大点声音。那么，面对孩子声音比较小的情况，家长要如何去做呢？

 案例解析

日常生活中的经验告诉我们，一个人说话声音比较小，大致有两种原因：一种是天生的，说话的音量从小比较低；还有一种就是因为性格的原因，在面对外人的时候，因为害羞等，不敢大声去说话，导致声音很小。

一个人发出声音是靠胸腔的气流振动声带产生的，有些人天生声音洪亮，有些人天生声音很小，这与声带的构造有关。声带的结构我们无法进行改变，但是后天说话的习惯我们是可以尝试改变的。如果我们增加气流量比较大而且让气流以平稳的速度通过声带，声音就会比较有力。唱歌时要求换气和用胸腔去发声就是这个道理。如果我们想调节自己的声音，将其变得洪亮有力，就要多加练习以养成习惯。如果一个人是因为性格的原因，导致其在特定的场合说话声音比较小，那么就要从改变他的性格入手去解决这一困扰。

案例中的小邦说话声音比较小的原因有可能是两者的综合，所以，家长在遇到这种情况的时候，要先进行分析，然后采取正确的措施。

 解决办法

家长可以从以下几点入手改善孩子说话声音比较小的毛病：

1. 家长要深入了解孩子说话声音比较小的原因。如果是第一种，家长可以带领孩子在家做发声的练习，一步步帮助孩子提高说话的声音。如果是第二种，家长就要从生活的各个方面入手，有意识地培养孩子的自信心。

2. 针对孩子因为内向导致说话声音较小，家长可以刻意给孩子创造当众说话的场合，比如在家办读书交流会、生日会，带孩子参加社交活动等。

3. 家长要给孩子说明说话声音在人际交往中的重要性。它不仅是正常交流的保障，而且声音洪亮能给他人以热情、自信、友好的感觉。而且，家长可以给孩子观看一些视频资料，让他非常明确地感受到说话声音的重要性，这样孩子才能打心底认识到问题。

160. 在真实场景中锻炼男孩的沟通能力
——男孩不知道如何沟通怎么办？

小安是一个比较内向的孩子，在遇到熟人的时候会表现得非常胆怯，往往不会主动和别人打招呼，更不懂得如何去和陌生人沟通交流。小安的妈妈发现小安在学校也不会和同学们交谈，总是一个人坐在座位上写着什么或是看着别人玩。小安的妈妈对此很担心。那么，面对男孩子不懂如何去沟通的情况，家长要如何去做呢？

案例解析

孩子在发展自己的语言系统的过程中，除了要掌握相关的词汇、语法和音节之外，最为主要的就是要掌握与人交流的能力，这一点是至关重要的。但是对于成长中的孩子来说这并不是一件容易的事或者可以说这是一件比较困难的事情。

1. 孩子要掌握根据不同的情景说出不同的语言的能力，只有掌握了这一能力之后，孩子才能就此做出正确的行为，而这对于孩子来说很困难。

2. 我们知道人与人交流的方式与方法并没有规律可循，这就导致孩子不能轻松地掌握与人沟通的方法，他们很难分辨要在何时怎么做。

3. 人与人之间沟通的情境是在不同变化的，而在不同的情境下，沟通交流的习惯与技巧是不同的，这对于孩子来说是比较困难的。

以上三点就说明孩子在掌握与人沟通交流的方式与方法上是存在困难的。那么，家长就要有意识地在孩子成长的过程中给予一定的帮助。

解决办法

孩子掌握不了与人沟通的方法时，会感受到孤独，而这种孤独感对于孩子来讲并不是一件好事。当孩子不能与人正常地沟通交流的时候，家长可以从以下几个方面帮助孩子：

1. 家长要在日常的生活中给孩子营造一个轻松、没有压力的交流环境。这种交流环境是孩子愿意说话的前提条件。家长不要为了帮助孩子与他人沟通而强迫孩子说话，这样只会让孩子焦虑；而且孩子在学习说话的时候，家长不要急于去纠正孩子的语言错误，这样也会导致孩子在今后不愿意说话或是没有兴趣去说话。正确的做法是给孩子营造一个适宜的环境，在这个环境下利用孩子感兴趣的事物去引导孩子讲话。

2. 家长要给孩子创造充分说话的机会。家长在平时和孩子交流的过程中，不要一味地把孩子当作倾听者，也要鼓励孩子说出自己的想法与建议，并且耐心去倾听孩子的话。这样良好的沟通环境会让孩子逐渐体会到沟通的乐趣，也让孩子学会一定的表达技巧与方式。

3. 家长要丰富孩子的生活经验。孩子语言系统的建立并不是孤立的，家长要常常带着自己的孩子去体验生活，体验人与人交流的场景，这样孩子在逐渐扩大自己的认知的过程中就可以提高自己的沟通能力，也会激发孩子与人沟通交流的欲望。

161. 引导男孩注意公众礼仪
——公众场合男孩说话很大声咋办？

大宝今年9岁了，是一个小学三年级的学生。在平时的生活中，大宝是一个比较懂礼貌的孩子，周围的人也很喜欢大宝，但是大宝有一个坏毛病就是在公众场合下不知道收敛自己的说话声音。有一次，在公共汽车上，车上非常安静，大宝的妈妈就和大宝说话，结果大宝的声音非常大，引得大家纷纷把头转向他们母子俩，这让大宝的妈妈非常不好意思。那么面对这种情况，家长要如何去做呢？

案例解析

孩子在公共场所说话很大声，主要分为有意识和无意识两种原因：

1. 孩子的无意识行为。孩子平时说话的声音就很大，所以习惯了这样讲话，无论走到哪里都用一样的语调说话；父母没有给孩子建立起公共场合与家里不同的意识，没有告诉孩子在公共场合一定要注意礼貌，不能影响到他人；孩子的注意力停留在与妈妈的对话上，没有注意到周围的环境与家里不同，所以说话声音比较大。

2. 孩子的有意识行为。孩子说话声音很大，可能是想要故意引起他人的注意，在大家面前表现自己，以满足被大家的目光环绕的心理；孩子提高分贝说话，是感觉到周围都是陌生的目光，孩子想要提醒妈妈注意，此时自己需要得到保护，但是孩子又找不到合适的词语表达自己的想法，所以只能通过有意识地提高音量让妈妈时刻注意到自己；孩子的恶意行为，他喜欢恶作剧打扰别人，但是也只是出于好奇和作恶的心理。

解决办法

面对孩子在公众场合说话很大声的情况，家长可以采取以下措施：

1. 为孩子建立正确的认识，告诉孩子在家里和公共场所的不同，公共场所是大家共处的环境，需要每个人遵守，小孩子也一样，不能大声喧哗，这样会影响到他人。影响他人的行为是不好的行为，所以孩子下次一定要注意不在公共场所大声喧哗。孩子接收到这样的教育，在心里就会萌发维护环境的意识，慢慢改掉大嗓门说话的习惯。

2. 父母带孩子来到公共场所之前，一定要提醒孩子"我们现在到公共场所了，注意不要打扰到大家哦"，让孩子注意到周围环境的变化，学会控制自己的行为。父母还可以与孩子约定一些小动作，比如食指放在嘴巴上，表示小声说话，当孩子在公共场所的说话声音影响到他人时，做这个动作提醒孩子，慢慢地孩子也能改正。

3. 父母要在平时的练习中满足孩子被关注的心理需要，比如让孩子在同学面前表演、说话，给予赞美。当孩子满足了自我表现的欲望后，也就不会在不恰当的场合表现自己。

4. 来到陌生的公共场合，父母一定要注意孩子的心理变化，在保证安全的情况下多与孩子进行交流，让孩子知道父母就在身边，一直保护着他们。

5. 如果孩子的行为属于恶意打扰别人，并以此为乐，那么父母一定要给予批评，告诉他妨碍别人是不道德的，让孩子换位思考，如果别人也打扰自己，对自己就造成了影响，如果大家都不遵守规则，那么就没有了公共秩序。孩子意识到事情的严重性，也就不会故意打扰他人了。

162. 拒绝满足男孩的过分要求

——男孩提出过分要求怎么办?

然然上六年级了，是家里的独生子。因为他是独生子的缘故，所以在平时，家人对然然是有求必应的。这造成了然然总是肆无忌惮地对家长提出过分的要求。例如，然然写完作业想看电视，就会对正在看电视剧的爸爸妈妈说"我要看动画片，你们都走开"；在商场看到自己喜欢的玩具，也不问爸爸妈妈是否能买得起，就要求爸爸妈妈买给自己。面对这样总是提出过分要求的孩子，家长要如何去对待呢?

 案例解析

我们知道现在的孩子一般都是家里人的宝贝，家长会尽量满足孩子的各种要求，生怕孩子受到一点委屈。我们能够理解家长爱孩子的心情，但是有些家长对孩子提出的要求无不满足，就很有可能导致孩子像案例中的然然一样——向家人提出过分的要求。家长的这种溺爱是不利于孩子的成长的。

在平时的生活中，当男孩提出过分的要求时，家长就要反思自己的教育方法，其实这多半与家长自身的教育方式有关。正因为家长对孩子百依百顺了，结果就造成他产生一种错觉：觉得只要是自己想得到的东西就一定能得到，同时也误以为家长是万能的，可以满足他们所有的要求。

还有一种原因会导致男孩提出过分的要求就是他借这种过分的要求来表达自己内心的某种不满或是想发泄自己的愤怒，还或许是因为他知道自己能力不足，所以需要家长的援手。

 解决办法

家长在面对男孩提出的过分要求时，可以从以下几点入手去解决：

1. 明确孩子为什么会提出过分要求，如果是要求家长给予自己更多的关注，而且是在无理取闹的话，家长就可以不用过多关注他，家长可以直接告诉孩子，我们需要安静一会儿或是有工作在忙。如果这时他还是继续无理取闹的话，家长可以给孩子安排一些事做，以分散他的注意力。

2. 尝试让孩子自己去解决问题。当孩子向家长提出一些要求的时候，家长要鼓励孩子自己去解决。比如，当孩子要求家长去为他倒一杯果汁时，家长就可以这样鼓励："'果汁姐姐'藏到冰箱里了，你要不要自己去找找看？"也可以这样鼓励他："嘿，你已经是个大男孩了，我觉得你一定能自己解决这些问题，我相信你的能力。"当然前提是孩子已经掌握了相关的生活技能。

3. 延迟孩子欲望的满足。在孩子提出要求时不要立刻满足他，而是要让他有等待的时间，这样他就学会了等待和忍耐。当孩子提出过分的要求的时候，家长要利用等待的时间让孩子去沟通交流，让他明白并不是他的所有要求家长都会去满足的，而且家长的能力也有限。

4. 对于男孩的过高物质要求要有限制。家长要告诉孩子他们的责任是满足孩子基本的生活需要，如果孩子提出过分的物质需要的话则没有办法完全满足，如果他实在想要就要通过自己的努力去得到。由此限制他没有边际的要求。而且在孩子提出要求之前，家长可以和孩子约定好物质的价格限定、数量限定等。这样也可以养成孩子遵守约定、不贪得无厌的品格。

5. 树立家长的威严。家长在满足孩子的要求的时候不能根据心情，而是要树立自己的标尺，不能答应的一定不要答应，不要因为心情好就答应孩子的过分要求。而且在拒绝的时候，家长要晓之以理动之以情，让孩子充分认识到他的要求是不合理的，从内心接受这样一种拒绝的结果。

163. 正面回答男孩的尴尬问题
——男孩提出尴尬问题怎么办？

安逸是一个 5 岁的小朋友，像其他这个年龄段的孩子一样，安逸是个充满好奇心的孩子，每天都会有各种各样的问题问爸爸妈妈。有些问题，安逸的家长可以给出答案，但是有些问题，安逸的家长就不知道怎么去回答。比如，有一天，安逸突然问爸妈一个非常尴尬的问题，他问："一个男孩和一个女孩睡在一张床上，女孩就会怀孕么？"安逸的家长不知道怎么去回答这个问题，只好回避了。那么，面对孩子提出的尴尬问题，家长要如何去应对呢？

案例解析

对于这个世界，孩子总是充满好奇心，他们每个人的小脑袋瓜里都装着"十万个为什么"，在这十万个为什么中就会有一些尴尬的问题，让家长不知如何去回答。甚至有的家长会为此感到惭愧，因为有些问题，他们自己也不知道答案。

孩子的尴尬问题一般会有这样几类：一种是关于"性"。就像案例中的安逸一样，孩子有时会提出"为什么男生和女生要分开睡觉？"这样的问题。在面对孩子提出的这样的问题时，家长之所以会感到无所适从，是因为他们找不到合适的字眼和方式去向孩子说明这个问题，太直白可能对孩子的成长不利，但是委婉的说法又一时找不到，所以很困扰。一种是关于死亡的话题。家长之所以很难回答关于死亡的问题，并不仅仅因为怕让孩子受到惊吓，更多的是基于个人的原因，家长本身也是惧怕这个话题的。还有一种是挑战父母权威的问题，就像是："为什么我要听你的话去早早睡觉，而你们不去？"还有一种是关于家长私生活的问题，他们可能会问："你为什么要和妈妈离婚？"

总之，面对孩子众多的尴尬问题，家长要做到合适地去回答的确不易，但还是有法可循的。

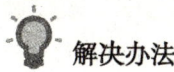 **解决办法**

在孩子提出尴尬问题时，家长可采取如下几点措施：

1. 正面回答孩子的问题。家长要跨越自己的尴尬，勇于回答孩子的问题，这一点是非常重要的。因为在家长郑重地回答了孩子提出的问题时，孩子会感受到自己是平等的谈话对象，得到了尊重，这对他树立自信是非常关键的。另一方面，即使当时孩子并不能完全理解家长所说的话，但是孩子拥有了知情权，这一权利会让孩子探索更多的未知，而且当孩子再面临问题时，他也会愿意和父母进行讨论。

2. 家长不要撒谎。家长有时会担心问题答案给孩子造成一定的伤害，因此选择去说谎，但是家长更应该知道，真相虽有时会令孩子痛苦，但是如果孩子能在父母的帮助和陪伴下经历悲痛，对孩子而言并不是一件坏事。而且，将来有一天，孩子知道家长是在说谎时，他就很可能不再相信家长了。

3. 家长的态度很重要。有时孩子的发问并不是真正想要知道问题的答案，只是想看看家长是如何反应的。那么孩子提出尴尬的问题时，家长首先要做的就是敢于面对、不回避，家长要做到放松、自然。

164. 纵容男孩，只会养出"小皇帝"
——怎么戒掉男孩命令式说话？

兵兵是一个小学生，是家里人的"掌中宝"。在生活中兵兵是一个凡事都喜欢命令别人的人，总是用一种居高临下的态度去对待别人。比如在家里，兵兵因看电视没有吃中午饭，只是吃了些零食，过会儿饿了之后就直接命令正在午睡的妈妈："起床给我做饭，我快饿死了！"在学校里，因为兵兵是生活委员，于是兵兵就借用职权命令别人做这做那，时间一久，大家都不愿意和兵兵做朋友。那么，面对喜欢用命令的口吻对父母说话的孩子，家长要如何去做呢？

 案例解析

没有人喜欢被别人命令着去做事情，但是在家庭生活中，有些家长却常常忽略了这一点，他们觉得孩子还小，听自己的是应该的，而且自己不可能去害孩子，自己所做的一切都是为了孩子好，所以孩子应该无条件地去相信自己，去听从自己的安排。但是这些父母忽略了孩子也是一个独立的个体，他们也有自己的思维，他们也同样不喜欢被人命令，即使那真的是为了他们好。

家长在命令自己孩子的过程中，喜欢用"必须""立刻""不准""不许"等等字眼，比如，有些家长在让孩子写作业时会说："现在立刻去写作业，不然……"这些命令式的口吻不仅会使孩子产生逆反心理，还有可能造成像故事中一样的情景，就是孩子也会用命令式的口吻向包括父母在内的人说话。因为孩子天生是喜欢模仿的，而且家长是孩子的第一任老师，和孩子朝夕相处，如果家长在平时喜欢用命令的口吻对别人说话，那么我们可想而知，孩子很大程度上也会有这样的习惯。

所以，家长在遇到这种情况时，要冷静处理，反思自己在生活中的表现，然后诱导孩子礼貌说话，改正这一毛病。

 解决办法

为了不让孩子习惯用命令的口吻说话，家长在平时的教育中，应该这样去做：

1. 家长要以身作则。家长是孩子的第一任老师，我们知道孩子身上的很多习性是受到家长的影响的，所以，在平时的生活中，家长要尽量避免自己用命令的口吻向别人说话，尤其是和孩子说话的时候。家长在要求孩子去做什么事情的时候，尽量采用商量的口吻，用比较和平与温柔的语气向孩子传达自己希望孩子去做的事情或是希望孩子达到什么样的要求，在这样的家庭氛围中，我们相信孩子会成长为一个懂礼貌且温和的孩子。

2. 孩子喜欢用命令的口吻对别人说话的目的是要求别人采取一定的行动去满足自己的要求，家长知道孩子在表达自己的希望的时候态度是错误的，那么家长就要及时教导孩子什么样的表达方式是别人喜欢接受的，也就是说家长要交给孩子一些方法论，让孩子知道如何委婉地表达自己的需求。

3. 家长可以给孩子买一些关于礼仪、情商的书籍。一开始家长可以和孩子一起学习怎么样做一个有礼貌的人，然后让孩子独立去阅读。在这个过程中家长可以和孩子进行角色扮演，让孩子更深刻地理解何为礼貌，也懂得情商的重要性。

165. 少批评、多鼓励，施行赞美教育
——男孩不听父母的教导怎么办？

小海是家里的独生子，今年已经上三年级了，是一个很聪明的男孩子，在学习上也比较用心。但是近来，小海在生活中出现了这样的问题，就是对大人说的话"左耳朵进，右耳朵出"或是说对大人的教导假装没有听到，总是我行我素的，只有在家长非常生气的时候，小海才勉强迎合家长。那么，面对这种对家长的教导充耳不闻的男孩子，家长要如何去做呢？

 案例解析

从故事中我们可以看出小海对家长的教导，通常采取的态度是不理睬。这不是个别现象，而是一种普遍的现象。在生活中，我们常常看到一些孩子对父母的要求采取的态度是不加理睬，自己忙自己手头的事情。

孩子出现这种情况可能的原因有以下几点：

1. 家长在孩子的心中没有威严。有些家长在教育孩子的过程中总是想着尊重孩子，对孩子嘻嘻哈哈，这看似融洽的家庭关系蕴含着危险。家长没有在孩子心中树立威严，导致孩子不听从家长的管教，就是其中的一点危害。

2. 家长如果在生活中伤害了孩子的自尊心，那么孩子就可能会采取不理睬家长的教育的方法进行消极对抗。比如，有些家长喜欢在别人面前说孩子的缺点，使得孩子的自尊心受到伤害，因此也就可能不理睬家长对自己的教育。

3. 还有的家长对孩子的要求过于多与严。过多过严的要求使孩子变得麻木，会产生疲惫，因此出现这种情况。

总之，家长对孩子的教育要有方，这样孩子才能健康成长。

解决办法

为了避免孩子对自己的教育充耳不闻的现象发生，家长可以从以下几点着手：

1. 尊重孩子的意愿，与孩子建立融洽的关系是必需的，但是家长还要注重自己威严的树立。家长和孩子的关系不同于孩子与外人之间的关系，家长与孩子既不可能是纯粹的朋友关系也不可能是纯粹的老师关系，而是两者兼有。所以在和孩子相处的过程中家长要做到该亲切的时候亲切，该严肃的时候严肃。只有这样，家长在孩子心中才有地位，孩子也会变得更加尊重自己的父母。在尊重的基础上，孩子就会更加愿意听从家长的话。

2. 家长要时刻顾及孩子的自尊心。孩子从有自我意识开始，就有自尊的需求，家长应把孩子当作一个完整且独立的个体去看待，像尊重其他人一样去尊重自己的孩子，比如不要在外人面前去说孩子的缺点，不要无缘无故去打骂孩子，与孩子建立平等和谐的关系，这样孩子就不会采取消极抵抗的态度去对待家长对自己的教育。

3. 家长在平时对孩子要求不要过多过严，也不要就一个问题反复唠叨自己的孩子，这样只会让孩子觉得极其烦躁，而且在长时间达不到家长的要求之后，孩子很可能丧失对自己的信心，然后变得放任自流。这样不利于孩子的健康成长也不利于家庭关系的和谐。

4. 家长对孩子要少批评多鼓励，批评有时是有效的，可以阻止孩子继续犯某些错误，但是家长也要在批评过后记得去鼓励孩子，也就是说，家长在教育孩子的过程中也要讲究说话之道。采取容易让孩子接受的语言去说教孩子，与孩子建立良好的沟通方式，这样孩子也不太可能会对自己的说教充耳不闻。

166. 引导男孩学会关注他人优点
——如果男孩爱说别人缺点怎么办？

超超今年上小学，每次放学回家，都会向自己的父母说今天在学校发生了什么好玩的事情，但是在说这些好玩的事情的同时，超超也会说其他同学身上的缺点。有时候，有些小朋友会来到超超的家里玩耍，超超的妈妈就会夸奖其中的一些孩子的优点，超超听了之后就会很生气，急忙说着别人身上的缺点。孩子的这个毛病让超超的家长非常为难，愿意和超超做朋友的孩子也越来越少。那么，面对喜欢说别人缺点的孩子，家长要如何去教导呢？

 案例解析

孩子身上不会无缘无故地出现一些缺点，一定是有因可循的。

1. 有些孩子喜欢说别人的缺点可能是受到家里人的影响，尤其是家长的影响。家长在日常生活中总是会看到别人身上的缺点，严加指责而丝毫没有看到别人身上的优点，孩子其实是可以察觉到，而且孩子也会对此加以模仿，然后变成只看到别人身上缺点的人。有些家长在平时喜欢挑孩子身上的缺点进行批评，很少表扬孩子，这样也会让孩子只注意到别人身上的缺点。

2. 有些孩子喜欢说别人身上的缺点是因为骄傲自满。有些家长在日常生活中会对孩子取得的成绩或是些许的进步进行大肆地夸赞，久而久之，孩子就会觉得自己是完美的。这样不正确的自我认知就导致孩子觉得其他人都是比不上自己的，那么就可能会出现类似故事中的情况。

3. 有些孩子喜欢说别人的缺点是因为自卑，家长应帮助孩子树立自信。

 解决办法

制止孩子说别人的缺点，让孩子更多地看到别人身上的优点，家长可以这样做：

1. 家长要严于律己。在生活中，家长要给孩子树立一个良好的形象，不要对别人的缺点大加指责，而是要以宽容、欣赏的态度去看待别人。在对待自己的孩子的时候，也要善于发现孩子身上的优点，而不要抓住孩子的缺点不放。在言传身教中，孩子就很有可能成长为一个懂得欣赏别人的人。

2. 对待孩子取得的进步、身上的优点，家长的赞扬即不要显得空泛，但也不要过分夸赞自己的孩子，这样不利于孩子的健康成长。孩子可能会成长为一个极其骄傲的人，他在面对别人的优点的时候也会表现出不屑，更会对别人的缺点进行诋毁；孩子也可能会成为一个极度自卑的人，他因为不敢正视别人的优点而只好去关注别人身上的缺点。

3. 针对孩子爱说别人缺点的习惯，家长可以和孩子一起玩"寻找优点"的游戏，在游戏中规定孩子只能看到别人身上的优点，然后分享给其他人。在游戏中孩子就会察觉到每个人身上都有优点这一事实，从而就可能把注意力放在别人的优点上面。

167. 告诉男孩最佳的聊天方式

——男孩喜欢接话怎么办？

阳光今年上五年级，是一个像他的名字一样，充满阳光与活力的孩子，只是阳光在课堂上的活跃方式有时是老师所接受不了的，因为阳光活跃的方式是接话，他会接老师的话也会接同学们的话，有时班里有听课老师，他也会毫无顾忌地接话，惹得讲课老师非常为难。在生活中，阳光也是一个喜欢接话的孩子。那么，面对孩子喜欢接话这一习惯，家长要如何去做呢？

案例解析

一般来说在课堂上总有一两个非常活跃的人，他们总是爱接老师的话，去逗弄全班的人。学生们乐在其中，但是老师会很生气，因为这打乱了他上课的节奏，影响了他的思路，也浪费了讲课的时间。

其实，那些在课堂上爱接话的人一般是比较聪明，思维比较活跃的孩子，所以，在对待这些同学的时候，作为老师不能一味地批评，而是要采取一种更为明智更为有效的方法去解决这个问题。比如，在课堂上，老师可以采取一种宽容的态度去对待那些爱接话的孩子，但是并不是放纵或是漠视。在孩子接话的时候告诉他不要接话的原因，而且让他共同维护课堂秩序。

再者，如果孩子在家里接话，家长不能一味将其地看成是一种不好的行为方式，而是应该看到它的有利面，因为孩子接话也是在发展他的言语体系，也说明了他在思考在倾听。

解决办法

如果发现或是被告知孩子有接话的习惯，家长可以从以下几点着手解决：

1. 了解孩子爱接话的原因。孩子无论是在课堂上接话还是在生活中接话，都会有原因。可能是因为他想表达自己的观点，可能是孩子想以这种方式引起大家的注意，或是其他别的原因。总之家长可以深入了解孩子接话的原因，当然了解的过程是建立在平等、和谐的氛围中的，不然孩子不会告诉你真实的原因。

2. 家长和老师表明自己的态度。不管孩子出于什么原因爱接话，家长都要表明自己和老师的立场，告诉他接话给别人带来了一定的困扰——在课堂上可能会打断老师的思路，使得老师不能维持正常课堂纪律。但是家长在说这些时，还要肯定孩子的优点，比如认真听他人说话带动了课堂纪律等。

3. 告诉孩子另外一种更好的说话方式。孩子接话最为重要的原因是想引起他人的注意，家长可以告诉孩子其他引起别人注意的同时赢得别人的尊重有效且礼貌的方式。比如，在课堂上回答老师提出的问题，既可以引起别人的注意，又可以获得老师和同学的赞赏。

4. 以其人之道还治其人之身。如果孩子总是改不了接话的毛病，那么家长可以采取这种方式，让他体会别人在他说话的时候接一些无关的话所带来的不良感受，以此让他改正这个毛病。

168. 帮助男孩整理语言逻辑和条理

——怎么培养男孩说话有重点意识?

大雄今年已经上小学二年级了,是个很爱讲话的小朋友,但是大雄说话有一个严重的问题就是说话没有重点,有时候,别人问大雄一个问题,大雄说半天也说不到点子上。大雄的妈妈积极和老师进行沟通,得知大雄在课堂上发言也时常抓不住重点。为此,大雄的妈妈有些焦急。那么,面对孩子说话抓不住重点的现象,家长要如何去做呢?

 案例解析

孩子说话没有重点,看似说了很多,但是总是说不到点子上。其实不只是孩子,许多成年人在说话的时候也存在这个问题。

孩子说话没有重点,这属于语言表达的问题,所以父母在平时的教育中就要从培养孩子良好的表达习惯入手去解决孩子面临的这个问题。孩子语言系统的建立和强化是有关键的敏感期的,所以在孩子小的时候,家长就要有意识地去培养孩子说话的能力,不然就会错过孩子发展语言的黄金时期。

在情商管理中,怎么去说话才能更为准确、更为别人所接受是个重要的方面。所以,培养孩子的表达能力就是在为孩子的情商铺路,而情商的高低在当今社会又是非常重要的。家长要从小重视孩子的表达能力,别让孩子输在起跑线上。

 解决办法

面对孩子说话没有重点的问题,家长可以从以下几点着手解决:

1. 尽可能给孩子创造表达的语言环境。孩子说话的方式是要经过训练的,而训练是需要时间和环境的。所以,家长在平时的生活中,要尽可能给孩子创造说话的环境。没有说话的环境,没有说话机会,何谈说话的好与坏。而且,如果孩子没有说话的机会,家长也就不能及早发现孩子在说话的时候存在的问题,也就无法及早解决问题。良好的语言环境下,孩子可以在观察别人说话的时候进行模仿学习。总之,对于孩子而言,一个好的语言环境是非常重要的。当然在与孩子的交流中,家长采取的态度应该是平等、民主的,这样孩子才能打开心扉去与家长进行沟通交流。

2. 家长要引领孩子多读书。读书一般从简单的入手,然后慢慢加大难度与深度。在读书的过程中,家长可以先让孩子复述书籍里讲到的重点内容,比如,如果是故事书,可以让孩子把故事复述给别人听。之后,家长可以让孩子对书籍中的内容进行总结概括,从而锻炼孩子识别重点的能力。

3. 家长在平时说话的时候,可以有意识地对孩子说这句话的重点是什么,这样做的好处就在于让孩子知道说话时讲求重点是非常重要的。

169. 不用过度担心男孩自言自语的毛病
——男孩喜欢自言自语怎么办？

双双是一个小男孩，由于爸爸和妈妈工作比较忙，所以跟着爷爷奶奶一起生活。与其他同龄的小男孩不同的一点在于，双双不像其他孩子一样活泼好动。双双的性格比较安静，在平时的生活中也不太喜欢和别人一起玩耍，大多时间是和自己的玩具玩耍，在玩的过程中还会自言自语。双双的家长对孩子自言自语这一情况非常担忧。那么，面对孩子自言自语的情况，家长要如何去做呢？

 案例解析

如果家长发现自己的孩子喜欢自言自语，首先不要过于惊慌，这时家长应该观察孩子除了自言自语，还有没有其他症状，是不是在与他人交流的时候存在一些障碍，而且还要观察孩子的精神状态。如果孩子除了自言自语还存在其他方面的不正常，那么家长就要及时带着孩子去医院进行系统的诊断，以防止孩子出现更坏的情况。

但是通常情况下，孩子的自言自语是正常的。自言自语一般在孩子三四岁的时候出现。这时孩子在做事情的时候喜欢自言自语，他自言自语的内容一般就是自己正在做的事情或者是自己想做但做不到的事情。当孩子在做事的时候遇到困难，也会采用自言自语的方式去表达自己的疑惑和惊讶。

孩子在这个阶段，认知水平是极其有限的，他们通常是以自我为中心，所以自言自语的内容也是围绕自己而展开的，这时的自言自语对于孩子的成长是没有任何害处的，相反，通过自言自语，他可以表达自己的情绪，然后使自己的情绪得到发泄；在自言自语的过程中，孩子对手头的事情是全神贯注的，这样也有利于孩子认知水平的提高；通过自言自语，孩子的语言表达能力也会得到提高，同时也是提高孩子独立处理问题能力的方式之一。

 解决办法

孩子自言自语并不是一件坏事，家长在发现孩子喜欢自言自语之后，首先要做的就是排除孩子可能存在的病理性的原因。如果不是病理性的原因，那么家长大可泰然处之，不必惊慌。

家长不要轻易打断孩子，也不要使孩子觉得自己自言自语是一件非常不好的事情。家长应该做的是认真倾听孩子，从他的自言自语中了解孩子的想法和存在的疑惑或是不足，然后家长要对孩子存在的疑惑给予解答，或是引导孩子去解决问题。

如果孩子是因为性格太过于内向而喜欢自己和自己玩耍，在玩耍的过程中喜欢自言自语，那么家长就要给孩子创造一些机会去接触外界的人和事，让孩子慢慢融入其他小朋友的世界，使孩子的心灵打开，愿意与其他人进行交流。当孩子愿意去外界交流的时候，他的自言自语就会变少。

家长还要经常带着孩子去感受大自然，可以带着孩子去旅游或是利用周末去增长见识，在这个过程中，孩子就能开阔眼界，身心都会得到陶冶，身体也会得到锻炼。相比于窝在家里，这更有利于孩子的成长。

170. 先找到男孩语言不清的原因

——男孩说话不清楚怎么办？

大力今年开学就要上一年级了，但是大力在说话方面还存在一个比较大的问题，就是说话不清楚。在家里，因为家人和大力待在一起的时间比较长，所以，大力说的话大部分家人可以听懂。现在大力即将上一年级了，他与周围的人会有越来越多的交流，所以，说话不清楚势必会影响大力与他人之间的交流，甚至会导致大力存在自卑感。那么，针对孩子说话不清楚的问题，家长要如何去做呢？

案例解析

从故事中我们了解到大力是一个说话不清楚的孩子，他即将上一年级，家人担心如果上学之后，大力说话还是不清楚。其实在儿童语言发展的过程中，口齿不清在儿童中很常见。如果家长及时纠正，那么孩子口齿不清的问题是可以得到解决的。但是如果这个问题得不到及时地解除，就有可能导致孩子形成一些不良的发音习惯，造成他吐字不清，最终导致比较严重的语言障碍。一旦这个障碍形成，那么就会造成孩子阅读方面的困难，影响孩子的学习成绩，甚至影响孩子长大成人之后的生活工作。

所以，在孩子小的时候，家长就要及时发现这个问题、解决问题。孩子说话不清楚，可能是因为舌系带过短造成的，舌系带过短就是我们常说的"大舌头"；可能是孩子存在听力上的缺陷，如果孩子听力有缺陷，也会导致孩子在语言表达方面存在问题；还有可能是因为孩子所处的语言环境导致孩子语言表达不清楚，比如家里有人说方言，有人说普通话，导致孩子语言混乱，造成孩子不知如何去表达；也可能是因为孩子没有足够的说话机会，导致孩子的语言系统得不到训练，这样也会导致孩子出现各种各样的语言表达问题。

解决办法

如果孩子出现说话不清楚的情况，家长可以从以下几点着手去解决：

1. 家长首先要带孩子进行听力的检查，排除孩子听力障碍。现在的听力筛查技术可以在婴儿出生后三天进行，能在三个月内明确其听力的状况，并能在孩子一岁左右的时候进行听力的康复，进行强化语言的训练。所以，家长要有一颗敏感的心去及早发现孩子出现的问题，及时进行解决。

2. 检查孩子的舌系带。说话不清楚可能是因为舌系带过短导致的，所以，家长可以让孩子张开嘴巴，检查孩子的舌系带的情况，如果发现孩子的舌系带过短，及早带孩子去医院进行舌系带矫正手术。

3. 家长要抽更多的时间去陪伴孩子，与他们进行交流。没有语言的交流，就会导致孩子的语言能力发育迟缓甚至是不健全。

4. 统一家庭的语言。比如大家在家都说普通话，而不是各种方言和普通话的混合。这样就不会导致孩子的语言系统紊乱。

5. 家长要建立孩子的自信心。当孩子说话不清楚的时候不要去打断他，也不要去代替他说话，要做到有耐心，让孩子勇于去表达自己。

6. 如果孩子的口齿不清是因为心理问题，例如孤独症、口吃、选择性缄默症等，就需要家长带领孩子到专业医院诊治。

171. 给男孩树立一个语言的模仿对象

——男孩说话过快怎么办？

浩浩是一个活泼开朗的小男孩，与周围的孩子不同的一点在于，浩浩说话的速度非常快，有时在家里和妈妈说话，浩浩的妈妈都不能听清楚浩浩究竟在说些什么。妈妈让浩浩说话慢一些，但是浩浩好像控制不了似的，说话速度始终降不下来。那么，面对孩子说话过快的情况，家长要如何去做呢？

案例解析

我们在生活中也会遇到一些成人说话特别快，但是他们一般可以清晰地表达自己想说的话，所以这并不存在很大的问题。一般说话语速比较快的人思维比较敏捷，应变能力很强，口才比较好。

那么孩子一般会在什么情况下说话语速比较快呢？可能孩子对别人提出的观点很感兴趣，由此兴奋，于是语速加快；可能在家长谈论孩子的短处的时候，孩子想用快速的语言形式去跳过这个话题；在孩子感受到不安的时候，也会提高语速，因为这样就可以借着快速讲述其他事情来转移话题，掩饰和排解内心的不安情绪，这是一种逃避的心理。

如果孩子的说话速度已经影响到了生活，那么家长就要想尽方法去改善孩子的这一"毛病"，但是如果这只是孩子的性格体现，而没有影响到正常生活，家长就不必多加干涉。

解决办法

如果孩子说话的语速已经影响到了他的正常生活，对别人和孩子自身产生了不好的影响，那么我们建议家长可以从以下几点着手解决：

1. 如果孩子说话的语速过快是因为在运用气流方面出现问题，那么家长就要教导孩子在说话的时候注意拉长一些音节，这样不仅能把话说得比较清楚而且说话的速度也相应地降低下来。

2.家长要反省自身问题。家长是孩子的第一任老师，所以，在孩子说话比较快的时候，家长就要反思是不是孩子在模仿自己。如果意识到自己本身说话速度就比较快，那么家长就要和孩子一起改正学习，双双把这一"毛病"克服掉。

3.家长可以在家里播放一些朗读录音、视频，或是说话速度比较慢、声音比较悠扬的其他读物，以让孩子在耳濡目染中学习正常的说话速度。

Part 9
男孩的智力培养：提升大脑的创造力

172. 引导男孩学习分析问题
——怎样锻炼男孩的思维能力？

军军今年已经4岁了，军军的妈妈为了测试一下孩子的逻辑思维能力，给军军出了这样一道题：所有的动物，到老了都会死，而狗是动物，所以狗会怎么样？军军的妈妈当然希望孩子可以回答出这样一个简单的问题，但是军军却显得有些迟疑，他似乎并不知道接下来应该怎么去回答妈妈。从这件事也可以看出军军的逻辑思维能力的确不强。那么，家长应该如何系统地培养孩子的逻辑思维能力呢？

案例解析

孩子思维的相对成熟会经历三个阶段，分别是动作思维阶段、具体形象思维阶段和抽象思维阶段。在孩子3岁之前，动作思维是主导，我们会观察到这个阶段的孩子的动作是杂乱无章的或是没有目的，但是在这些杂乱无章的动作之后，孩子也会学习到动作与结果之间的关系；3~6岁，是孩子发展具体形象思维的关键时期，孩子在这一时期是缺乏立体感和空间感的。在这一时期，家长要让孩子去参与具体的生活，给予孩子更多的动手机会，同时多给孩子提问，这对于孩子的成长都是有益的；孩子6~11岁是培养抽象逻辑思维的关键时期，家长要抓住这一敏感时期及时对孩子的思维进行培养。同时家长要培养孩子良好的思维习惯，让孩子学会独立思考问题，而不是一味地给孩子现成的答案。

培养孩子良好的逻辑思维能力是帮助孩子从愚昧无知走向文明的过程。刚开始孩子不能明白事物与事物之间的联系或是差别，也回答不出关于考察逻辑思维能力的问题，但是在生活经验积累下，在家长和其他教育工作者的教导下，孩子的逻辑思维能力会逐渐加强。孩子良好的逻辑思维能力不是自然形成的，而是需要培养的，所以家长从孩子3岁之后就可以对孩子的逻辑思维能力进行训练了。

解决办法

训练孩子的逻辑思维能力，家长可以从以下几点入手：

1. 训练孩子的理解力。理解能力是基础能力，比如，家长在平时给孩子讲故事的时候，要帮助孩子理清故事的人物关系和故事的因果关系，在这样的训练下，久而久之，孩子的理解能力就能得到发展，那么家长对孩子的教育也就可以进一步深入了。

2. 训练孩子的判断能力。对于年龄比较小的孩子来说，训练孩子判断力的方法是十分简单且可以随时随地进行的，比如让孩子把红颜色与其他颜色区分开来。通过生活中的这些训练，孩子就能掌握事物之间的关系，粗略地知道事物之间的区别与联系。当孩子的能力提高之后，家长可以适当增加学习的难度，让孩子的能力进一步提高。

3. 训练孩子的概括能力。训练孩子的概括能力也是同样的方式，家长可以从简单的游戏开始，让孩子在充满乐趣的氛围中进行归纳、概括的训练，并慢慢地提高问题的难度。在孩子做出正确的概括之后，家长不要吝啬对孩子的表扬。

4. 训练孩子的推理能力。男孩子一般喜欢推理性比较强的文章，那么家长就可以利用孩子的这一特点来训练孩子的推理能力。

要提醒家长的是：任何能力的培养都不是一蹴而就的，家长要有充足的耐心去做好这件事，以帮助孩子成长为更有能力的人。

173. 培养男孩发明创造的热情
——男孩没有创造力怎么办？

小白是一名小学生，属于那种很乖的孩子，平时在生活中也是循规蹈矩，一点儿没有男孩子的顽皮。据老师反映，小白在课堂上也属于坐姿端正的那个，但是小白的家人却都希望小白能够在生活中和学校生活里更加活泼一些。因为小白的性格，小白的妈妈发现小白不像别的孩子一样有创造力，集中表现在画画和搭积木上，小白只会按着书本上图形去模仿，丝毫没有创新。那么在生活中，家长要如何培养孩子的创造力呢？

 案例解析

案例中，小白虽然在各个方面都表现得很乖，但是小白的妈妈还是发现小白缺乏创造力，说明小白的妈妈充分认识到创造力在当今社会中的重要性。我们国家也越来越重视创造力的发展。

其实人在儿童时期好奇心非常强，他们在这一时期没有太多思想的束缚，所以他们大多敢想、敢做。他们在这一时期是非常喜欢问问题的，言行举止在大人眼里有些顽皮，但是却处处显示出他们的创造性。

我们相信如果成人能够保护孩子的创新意识，那么孩子长大后创造力就会很强。

 解决办法

培养孩子的创造力，家长可以从以下几点做起：

1. 家长要培养孩子问问题的意识。人的创造思维是从无穷尽的问题中发展起来的，一个对生活没有问题的人，我们很难想象他会成为一个有创造力的人。孩子们都喜欢问家长各种各样的问题，而家长要做的就是要保护孩子的好奇心，可以在生活中故意设置一些问题，让孩子去发现问题，乃至解决问题。

2. 培养孩子的创造热情。有创造性的想法是一回事，而最终能不能完成这一创造性的想法是另一回事。所以，在孩子比较小的时候，家长就要注重培养爱孩子的毅力与恒心，要鼓励孩子从不同的角度去看待与解决问题，而且在解决问题的时候不满足于当前的一种答案。培养这种探索精神对孩子最终成长为一个有创造力的人是至关重要的。

3. 家长还要培养爱孩子的自信与良好的心态。我们知道自信心对一个人的重要性，而自信心对于那些勇于创新的人更是非常重要。往往我们会发现那些敢于创新的人在刚开始创造的时候会受到周围人的怀疑，甚至是讥讽，如果没有很好的自信，那么他很可能放弃自己的想法；而且在创新的路上势必会经历无数次的失败，这时良好的心态就成为调节自身情绪的法宝。

174. 不要用成年人的思维去限制男孩
——男孩没有好奇心怎么办？

最近，小波的妈妈发现小波变得安静了，以前小波总是追着爸爸妈妈问各种各样的问题，但是最近小波似乎对任何事物都没有兴趣了，常常自己一个人玩玩具。虽然小波的妈妈过去被小波问问题问得头昏脑涨，对此妈妈对小波进行过严厉的批评，但是小波这样妈妈又开始担心了。那么，面对孩子没有好奇心的状况，家长要如何去做呢？

案例解析

孩子的好奇心是天生的，但是有些孩子的好奇心却在成人不正确的管束之下消失了，就像故事中的小波一样。

现实生活中有很多孩子是因为家人不正确的对待，导致他们的好奇心减弱甚至是最终丧失。家长哪些行为会导致孩子的好奇心丧失呢？

1. 家长对孩子提出的问题采取无视的态度。有些家长会在一开始积极回答孩子的问题，但是当他们发现孩子的问题是无穷尽的时候，就选择无视或是冷漠对待，这样的态度就会扼杀孩子的好奇心。

2. 家长面对孩子的问题不予解答，但是却又指责孩子给出的答案，这样的态度是一种不尊重孩子的做法，同时也会使孩子伤心，挫伤他的自信与探索精神。

3. 家长在孩子成长的过程中过分重视孩子的学习成绩，把孩子的学习时间安排得满满的，这样的孩子体会不到生活的乐趣，他们的好奇心也被磨灭。而且有些家长为了孩子取得比较好的成绩让孩子死记硬背，孩子的动手能力与理解能力得不到充分的发展，也不利于保护孩子的好奇心。

解决办法

保护孩子的好奇心，家长应该这样去做：

1. 家长应该努力创造一个满足孩子好奇心的环境。对于孩子来说，生活中的一切都包含着未知，到处都有可以被探索的资源。

2. 家长不要用成人的思维去约束孩子。孩子的认知水平是有限的，所以他们常常会有成人听起来非常奇怪的想法。这时家长不要以成人的思维去束缚孩子的想象力，要鼓励孩子进行想象，不要一味强调客观事物的真实性与正确性。

3. 家长在满足孩子的好奇心的同时要积极锻炼孩子的生活能力。孩子在小的时候会有强烈的动手欲望，有些家长会认为孩子是在捣乱或是害怕孩子弄伤自己，从而去制止孩子，其实这是不正确的做法，家长这时应该满足孩子的动手欲望，因为这样不仅仅锻炼了他们的动手能力，还为他们探索未来的世界提供了更多的经验，增加了他们的自信。

175. 每个男孩都有一个"冒险家"的梦

——为什么男孩的冒险精神很强？

小远自小和爷爷奶奶生活在农村，爸爸妈妈则在外地工作。因为在农村生活，小远有更多的机会去接触大自然。小远不光像生活在城市中的小男孩一样喜欢玩具枪，喜欢机器人，喜欢和其他男孩一起玩耍，他还喜欢去野外爬树。看起来非常高大的树，小远也能爬得上去。总之小远就是大家眼里的"熊孩子"，喜欢一切有冒险性的活动。那么，面对男孩子的冒险精神，家长要如何去对待呢？

 案例解析

我们在生活中会发现，男孩子的冒险精神会明显优于女孩子。

男孩子的冒险精神可以体现在以下几个方面：首先，小男孩都喜欢武器、机器人，他们不像女生一样喜欢毛绒玩具。因为喜欢带有攻击性的东西，使得家长要时常为他们操心。其次，男孩会比女孩更加爱运动，他们看到高处就想攀爬，看到好玩的就想去尝试，这也是冒险精神的一种体现。我们可以从科学的角度理解孩子的冒险行为，因为他们体内有男性荷尔蒙睾丸素分泌，所以他们需要更多形式的活动去释放自己体内的能量，于是他们变成了家长眼里具有冒险精神的男孩子。

冒险精神不光体现在日常的活动上，还体现在面对困难的态度上，女孩子面对困难的时候选择更多的是退缩或是寻求别人的帮助，但是男孩子则不同，他们喜欢去接受挑战，他们面对困难的时候喜欢去努力解决问题，而不是退缩。

家长在对待男孩子的冒险精神的时候要妥善处理，在保证孩子安全与不触犯任何法律和道德的前提下，要对孩子的冒险精神进行鼓励与支持。

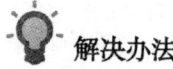 **解决办法**

面对男孩子很强的冒险精神，家长要采取以下态度：

1. 家长要理解孩子的冒险行为。一般家长都希望自己的孩子安静一点，乖一点。当看到男孩子做出一些冒险的行为的时候，有些家长心里会非常紧张，有时就会责怪孩子。但这是男孩子的天性，成人不要把自己的认知强加在小孩的身上，而是要带着欣赏的眼光去看待孩子冒险行为背后的优点。正确的做法是家长不要明显地干涉孩子的冒险行为，而是要在不漏声色当中对孩子的行为进行一些保护，然后把他的行为引导到正确的道路上来。

2. 家长要正确对待孩子的固执。男孩子一般不会像女孩子一样逆来顺受，他们在面对自己不喜欢的事物时会表现出非常明显的逆反心理。有时他们明明知道自己的做法不对，但还是坚持去做，也不愿意承认自己做错了。这时家长不要一味地责怪孩子，要给他充足的时间去自我调整。家长可以不用去说太多的话，要寻求一种孩子更愿意接受的方式去对待他。

3. 家长要教育孩子懂得自律。男孩子一般是带有攻击性的，他们有时会因为好玩而去伤害其他人，这时大人就应该采取正确的方式让孩子知道这是不对的。总之我们要帮助孩子树立正确的价值观和道德观，以此规范他们的行为。

176. 被局限的不是想象力，而是创造力
——男孩的想象力有局限怎么办？

平安是一个上小学的男孩子，平安的妈妈为了让孩子更好地成长，于是给平安报了一个绘画班。因为平安从小没有接触过绘画，所以在刚开始学习的时候，老师就让平安和其他小伙伴一起想象一幅画面然后在画板上画出来，不要求画得好看。其他小伙伴都纷纷画了出来，唯独平安没有。之后他告诉老师自己想象不出来任何画面。据平安的妈妈说，平安在生活中也是一个缺少想象力的孩子。那么，面对这种想象力匮乏的孩子，家长要如何培养孩子的想象力呢？

 案例解析

其实每个孩子在刚开始的时候都是充满想象力的，他们头脑中的世界要比成人眼中的世界绚丽多彩，但是为什么有些孩子稍微长大以后就变得缺乏想象力呢？归根结底是因为成人的有些做法使孩子的想象力被扼杀了。

在孩子小的时候，他们有很强的探索欲望，比如他们希望自己动手去削苹果，但是成人却出于自己的考虑拒绝孩子亲自动手，那么久而久之，孩子就会丧失对新奇事物的好奇心。

有些家长会全权包办孩子的事情，他们代替孩子去做本来孩子自己可以去做的事情，这样做的结果就是孩子丧失了很多动手动脑的机会，而想象力就是在这些动手动脑的经历中培养起来的。家长一味剥夺孩子做事的权利，那么他们就不能在做事的时候学习认真观察与思

考，他们的想象力也得不到发展，甚至会扼杀他们的想象力。

有些家长喜欢给孩子提供标准答案。孩子在某一时期会非常喜欢问问题，这时有些家长会费尽心力去帮助孩子进行解答。其实孩子的问题有很多答案，比较聪明的做法是引导孩子寻找答案，让他的头脑活跃起来。

有些孩子表现得缺乏想象力是因为他们害怕受挫。孩子要把想象力付诸行动需要一定的受挫能力，那么家长就要鼓励他去勇于展现自己的想象力而不计较得失。

 解决办法

维护和培养孩子的想象力，家长可以从以下几点解决：

1. 利用大自然发掘孩子的想象力。万事万物都可以成为启发和丰富孩子想象力的宝贵资源。家长要经常陪同孩子一起去感受世间的事物。

2. 保护和激发孩子的好奇心。由于对外界充满了强烈的好奇心，所以，孩子会不停地向父母发问，问题千奇百怪。这时，对待孩子提出的问题，家长万不可置之不理或是觉得孩子很烦，这样只会抹杀掉孩子的好奇心。不管是否能够回答出来，家长都要采取重视孩子问题的态度，珍惜孩子将问题刨根问底的态度，从而呵护孩子的想象力。

3. 鼓励孩子多想敢想。在平时的生活中，在孩子有了一个与众不同的想象时，家长要及时发现，然后给予充分的肯定和激励。

4. 家长要引导孩子想象。有目的地使孩子有丰富的想象，但并不是让他胡思乱想，所以在生活中，家长要有意识地进行引导，比如可以设定问题、假设场景、亲身参与进行等方式培养孩子的想象能力。

177. 观察、引导、分析，训练孩子的观察能力
——男孩不善于观察怎么办？

单单今年上小学三年级，从小生活在城市里。为了让单单经历更多的事，单单的妈妈决定周末带着单单去附近的农村看看，让单单从感官上了解"另外一个世界"的存在。周末游玩结束之后，单单的妈妈让单单把这两天的见闻写下来，在妈妈的坚持下，单单最终乖乖写了。从单单的游记上来看，更多的是关于自己感受的描写，缺少周围环境的描写。在询问单单之后，单单表示自己忘得差不多了，显示出单单观察力不足的毛病。那么，面对孩子观察能力不足的情况，家长要如何去做呢？

 案例解析

面对同样的环境，同样的事，不同的人观察的点不一样，观察的全面性与准确性也是不一样。对看过的事物，有的孩子能在脑子里留下准确、完整、丰富且深刻的印象，但有的孩子就只能在脑子里留下支离破碎的错误的印象。

如果一个人没有良好的观察习惯，没有好的观察能力，那么做事情必然不能做好，这也是很多孩子的学习始终不理想的原因之一。

孩子观察力不好，会导致学习成绩不好，从而导致思考能力和判断能力低下。由此可见，培养孩子的观察能力是非常重要的。

解决办法

家长可以从以下几点入手去有意识地培养孩子的观察能力：

1. 指导孩子有目的性地进行观察。孩子对周围事物的观察往往是目的不明确的，他们在没有别人指导的时候一般只会观察到那些他们感兴趣的部分。所以，在这个过程中，家长可以介入到其中，明确孩子的观察目的，让孩子有目的地进行观察，这样孩子的观察会越来越细致和深入。所以，在教育孩子观察的时候，就要对孩子说明为什么要观察，观察什么。

2. 培养孩子的好奇心。著名物理学家李政道博士说："好奇心很重要，要搞科学就离不开好奇。道理很简单，只有好奇才能提出问题，解决问题。可怕的是提不出问题，迈不出第一步。"我们很难想象一个没有好奇心的孩子会习惯于观察事物，所以，培养孩子的好奇心会促使孩子发展自己的观察能力。

3. 在观察后对孩子进行提问。对孩子进行提问一方面可以检验孩子观察的效果如何，一方面也是增加孩子自信的途径。因为在回答家长提出的问题后，孩子会有强烈的自豪感，那么他就体会到观察所带来的乐趣，从而去享受观察的过程。

4. 教授给孩子观察的方法。观察是有方法可言的，有了好的方法那么观察的效果就会事半功倍。比如告诉孩子在对事物较多的场所进行观察的时候，可以采取重点观察法，就像在野生动物园里，着重看几种珍稀动物。有时可以采取比较观察法，比如，比较松叶与一般树叶形状的差别；有时采取顺序观察法，比如在观看一个工艺品从胚料到成型的过程等。

5. 要注重观察和输出的关系。观察是一种获得外界信息的能力，将所获得的信息表达出来才真正达到观察的目的，才能提高孩子的整体智力水平。所以，在观察之后可以让孩子口头叙述自己的观察，也可以将其写成游记或是采取其他方式进行表达。

178. 男孩总是渴望自己的想法被尊重
——男孩不听父母的怎么办？

小智是一个小学生，虽然年龄很小，但是小智非常有主见。因为太有主见了，所以在生活中常常按照自己的想法来，不喜欢听家长的话，有时候甚至和家长对着干。比如，每次放学回到家，小智的妈妈希望小智在饭做好之前能够完成一部分作业，这样吃完饭之后小智就可以早早地上床睡觉，但是小智就是不听，还说自己肚子太饿没有力气写作业，实际上他正在玩游戏，精力很好。总之，这样的事情发生得太多了。那么面对男孩不听家长的话的情况，家长要如何去做呢？

案例解析

孩子不听家长的话似乎是每个家庭都会出现的问题，有些孩子会在生活中和父母顶嘴，有的则会执着于自己手头的事不听家长的劝告，有些孩子甚至会和自己的父母对着干，似乎把父母当成自己的死对头一样。我们知道每一种行为背后都有其原因，孩子不听话可能是因为父母伤过他们的自尊心；可能是因为家长的要求太高，孩子根本做不到；可能是孩子当时的心情不好；可能是孩子在日常生活中听过太多的批评，从而形成了一种逆反心理。总之造成孩子不听话的原因是多种多样的。

也有的家长认为现在的孩子越来越不听话，他们变得越来越有主见。其实并不是孩子变了，而是整个社会都变了，所以家长在教育孩子的时候也要跟上时代的变化。

家长总是希望孩子能够听话，但是听话的孩子不一定是有出息的孩子，一个在家总是听从家长，在学校总是听老师的话的孩子，将来可能成长为一个没有主见，缺乏创造力的人，在工作的时候难以独当一面。

所以，家长不要一味地要求孩子听话，允许孩子不听话也是一种智慧，学会妥善处理孩子不听话的家长才是好家长。

 解决办法

面对孩子不听话，家长可以按照以下方法去做：

1. 家长要用友善的态度与孩子进行交流，孩子也是人，所以他也会分辨别人是不是友好地在和自己说话，那么对于不友好的态度，孩子就可能会以敌对的态度去处理。所以要让孩子听话，家长首先要端正自己的态度。

2. 孩子一时不听话，家长不要立刻发火，要懂得克制自己的情绪。这时家长可以让孩子冷静思考，然后在情绪平静的时候再对孩子进行必要的说教。

3. 在孩子第一次犯错误的时候，家长不要立刻惩罚他，而是先要允许他犯错，然后和孩子制定规矩，和孩子约定下次不许犯相同的错误，不然就采取惩罚措施。这样就可以逐渐建立起规矩，让孩子学会遵从。

4. 家长在要求孩子做一些事情的时候不妨不用命令的口吻，而是一种迂回的态度，这样孩子的逆反心理就不会太重，孩子也会变得喜欢听从自己的话。

5. 家长对孩子的教育要懂得因地制宜。如果孩子在犯错的时候，家长采取的都是相同的态度，那么孩子可能就不会听家长的。所以，家长可以变换自己的教育方式，找到时下最适合孩子的教育方式。

179. 用设定问题等方式引导男孩独立思考
——男孩不喜欢思考怎么办?

超超是一个刚上小学的孩子,也是大家眼里非常听话的孩子,但是通过妈妈对超超的长期观察,超超的妈妈发现超超其实是一个不喜欢思考的孩子。比如,超超有时做错事情,这时妈妈批评超超,超超的认错态度非常好,但是当妈妈问:"你知道自己错在哪里了吗?"超超却回答不出来。超超不爱思考的特征也同样体现在做作业的时候。那么,面对男孩子不爱思考的问题,家长要如何去做呢?

案例解析

其实,现实生活中有很多孩子是不喜欢去思考的,当然家长也忽略了对孩子进行这方面的培养。大多数中国的家长在教育自己的孩子的时候都喜欢习惯性地告诉孩子如何去做,但是却没有启发孩子如何去"想"。其实在一定程度上,想比做更重要,但是家长忽略了。

像故事中的超超,看得出来在生活中他是一个非常懂事的孩子,在犯下错误的时候懂得及时认错,但是超超存在的问题是,在认错之后没有去思考自己到底错在哪里。我们也可以说,超超的认错并不是因为他认识到自己的不对,他的认错更像是迎合父母的一种行为。如果孩子一直这样成长下去,那么他的独立人格就无法建立,他也不懂得通过思考所能带来的乐趣。

德国著名的教育学家、哲学家康德就说过:"人的教育不能只是简单地、机械地接受训练,最重要的事是要儿童学会思考。"所以,家长在对孩子进行教育的时候,不仅是教孩子学会倾听,学会表达,还要教孩子如何去进行思考,启发孩子去思考。

解决办法

培养爱思考的孩子,家长可以从以下几点去做:

1. 家长要引导孩子进行独立思考。有些孩子在生活中遇到困难的时候,总是希望父母可以直接帮助自己,遇到问题时,直接给出正确的解答方法。虽然家长快速地给出解决方法可以帮助孩子解决当下的问题,但是从长远来看,孩子会养成依赖父母解决问题的习惯。也就是说在遇到问题时不懂得如何独立思考去解决问题,这对于孩子的智力发展是没有好处的。所以,正确的做法是,家长应该启发孩子去思考,让他自己去解决当下的问题,家长只是起到引导的作用,在这个过程中,家长可以引导孩子去搜集资料、请教别人等,这对于孩子的成长来说是非常珍贵的。

2. 家长可以在生活中常常给孩子设定问题。出现问题才能思考问题,经常解决问题,孩子的思考能力才能得到发展,所以,家长在平时可以给孩子设定一些问题,以让孩子去思考解决。

3. 家长要善于利用孩子的好奇心。孩子天生是有好奇心的,他们具有打破砂锅问到底的精神，所以，家长就可以顺水推舟，利用孩子对万事万物的好奇心去引导孩子思考问题，从而解决自己感兴趣的问题。

4. 家长要培养孩子的推理能力。推理能力是思考能力中比较重要的一个方面，家长在平时要加强对孩子推理能力的培养。

180. 用劳逸结合来增强男孩的记忆力
——男孩的记忆力弱怎么办？

小乐在生活中是一个懂事的小男孩，但是小乐有一个非常让家人受不了的毛病就是记忆力超级差。每天早晨，小乐的妈妈都会帮小乐准备好便当，让小乐带到学校当作午餐吃，但是小乐几乎每天早晨就会忘记带午餐。等到他出了家门之后，家人会发现小乐没有带餐盒，然后再急忙给小乐送过去。有几次因为小乐忘记带午餐，家里人只好趁着中午把午餐送到小乐的学校去，非常耽误事儿。小乐的家人推断，小乐学习成绩不好一定也与小乐记忆力不好有关。那么，面对孩子这种情况，家长要如何去做呢？

 案例解析

我们知道记忆力不好对工作和生活会造成不好的影响。对于孩子来说也是相同的道理，如果孩子的记忆力不好，那么他在安排自己的生活和学习上就会出现一定的问题。像案例中的小乐，因为他的记忆力并不是很好，总是忘记带午餐盒，这就给小乐和他的家人都带去很多的不便。在学习的过程中，有许多知识需要去记忆，所以故事中小乐的家人怀疑小乐学习成绩不好与孩子的记忆力不好有关系并不是没有道理的。

但是一个人的记忆力是可以训练的，在教育孩子的过程中，家长也要把训练孩子的记忆力列入自己的计划当中。但是要想提高孩子的记忆力，首先就要培养孩子的注意力，因为注意力是记忆的基础。

其次，孩子如果在成长的过程中营养跟不上身体的需要也会造成孩子的记忆力不佳。所以在遇到孩子记忆力不好的情况时，家长要分清是什么原因造成孩子的记忆力不好，这样才能真正找到问题的解决方法。

 解决办法

越来越多的家长开始重视孩子的早期教育，在早期教育中，家长就要重视孩子的记忆力的培养。但是在培养的过程中也不要忽略孩子的感受，要以孩子的兴趣为导向，否则孩子的身心得不到良好的发展。

现在的家长非常注重饮食的健康，会尽量提供给孩子合理的营养搭配，以保证孩子的身体健康成长，所以，孩子因为营养跟不上导致记忆力不好的概率很低。但是有些孩子挑食比较严重，在这种情况下，家长就要注意是不是因为孩子的身体原因导致孩子总是遗忘事物。

锻炼孩子的记忆力就要训练孩子的注意力，所以在平时的生活中，家长要训练孩子做事专心、聚精会神的习惯，可以通过游戏的方式，这样孩子在记忆东西的时候就会取得前所未有的记忆效果。家长还要提供给孩子一些关于记忆的方法，比如联想记忆法。像案例中的小乐，他可以在拿书包的时候把书包想象成一个方形的物体，"方形"这一名词就可以让他联想到自己的饭盒，从而达到想起带午餐的目的。除了联想记忆，还有理解记忆、图形记忆等方法。

除了必要的训练之外，家长也要注意让孩子合理用脑，劳逸结合，这样才能防止孩子过度疲劳，才能提高孩子各方面的做事效率。

181. 从众是一种不理智的行为
——男孩不能理智思考怎么办？

小初是一个初中生，是一个喜欢打篮球的男孩子，因为喜欢打篮球，所以小初总是喜欢穿运动鞋。小初在很小的时候就喜欢打篮球，为了培养孩子的这一爱好，小初的父母也给小初买了好几双运动鞋，都是比较平价的品牌。但是上了初中之后，小初看到有些男生穿的运动鞋都是阿迪和耐克，于是就嚷着让父母给自己买阿迪和耐克。爸妈告诉小初其实他现在穿的运动鞋在性能方面与阿迪、耐克没有太大的区别，但是小初就是不听爸妈理性的分析。那么，面对这种情况，家长要如何去做呢？

案例解析

人在做事的时候有时就偏向于感情用事，不能理智地去分析问题，然后解决问题。就像故事中的小初一样。小初喜欢打篮球，在打篮球的时候势必要穿运动鞋，因为运动鞋相比于其他的鞋子而言是比较舒服的，而且很多运动鞋在设计方面都会考虑到减震的功能。但是就像案例中的小初一样，父母告诉他，他的运动鞋其实和阿迪、耐克的运动鞋差不多。但是因为小初不能理智地分析问题，他就会认为同学穿的就是好的，从而非要让父母给自己买阿迪、耐克的运动鞋。

培养孩子的理性思维是非常重要的，因为人如果一味地用感情去处理问题的话就很可能出现偏差，就不能很好地认识问题，不能很好地认识问题也就无法很好地解决问题。所以在平时的教育中，家长要有意识地培养孩子理性思考的能力。

解决办法

家长可以从以下几点入手帮助孩子养成理性思考的习惯：

1. 鼓励孩子在面对问题时多提出问题。无论是孩子还是成人在面对问题、处理问题的时候大多是靠着之前的经验或是从别人口中知道的经验去处理的，那么因为所面临的实际情况存在很多的差异，难免会出错。所以，家长就要鼓励孩子不要一味地依据经验去处理问题，而是要直视问题本身，从外到里一步步去解决问题。在面对问题时要问问自己："我所面对的问题是什么？""我可以借助哪些途径去解决问题？""他们给出的建议是对的吗？""我搜集了什么资料去解决问题？"在问题面前，人的思路往往会比之前更加清晰，也不至于一味地感情用事，自以为是。

2. 要孩子了解思维的局限性。只有知道了思维存在局限性，孩子才有可能突破局限性，不然只是沦陷在其中无法自拔。比如，家长在平时的生活中，要对孩子说明不能一味地相信权威，权威人士的言论也要辩证地去看待，不要被权威效应所迷惑；还有从众心理的运用，可以举例商场里从众心理的运用。在明白这些道理之后，孩子在遇到类似的事情时就会在心里绷起一根弦，谨防自己落入思维的怪圈。

3. 告诉孩子解决问题的一般步骤。发现问题、分析问题、提出假设、检验假设是解决问题的一般步骤。其中分析问题这一步骤非常重要，往往决定了解决问题的正确与否。提出假设只是解决问题的一种途径，在运用这一途径之后还要进行检验假设的步骤，也就是验证解决问题的方法是否奏效。树立这样的解决问题的思路，人就会在很大程度上做到理性思考。

182. 倾听男孩做事的理由
——如何改变男孩做事太死板？

小郎今年已经上六年级了，即将面临人生第一次升学考试，每天的学习压力很大。为了小郎能够考上一所好的初中，小郎的妈妈为小郎请了一个家教，教小郎数学，希望可以提高一下小郎的数学成绩，因为数学一直是小郎的痛点，每次考试都不能取得很好的成绩。补课进行了一段时间之后，小郎的妈妈与补课老师进行交谈，在谈话中，补课老师就告诉她，小郎在学习上存在太死板的问题，有捷径不走总是一步步套公式，看得出来，小郎是一个特别认真的孩子，但是学知识，尤其是考试的时候要懂得灵活变通，但是小郎似乎并不会。小郎的妈妈也反思，小郎在平时的生活中的确也存在做事太死板的问题。那么，面对孩子做事太死板的问题，家长应该如何去做呢？

案例解析

从案例中我们可以看出，小郎是一个非常守规矩的小男孩，对待学习比较认真听话，我们相信在他做事的时候也是非常认真负责的。

家长这样培养出来的孩子，可能非常乖巧懂事，但是也可能出现的问题就像案例中的小郎一样，做事不知道变通。可能在他做事的时候他也不能体会到做事过程中的乐趣，因为他只是按照老师说的去做，按照父母的要求去做。缺少了自己的思考也就无法体会到变通或是说转变方法做事所带来的乐趣。

做事太过于死板的孩子一般心理压力比较大，所以孩子做事上的死板，归根结底是因为孩子内心的问题，他们不能以一种轻松的心态去处理问题，从而就看不到问题比较轻松的解决方法，对于学习也是同样的道理。所以家长要改变孩子做事死板这一毛病，关键是梳理孩子的心态，让孩子以轻松的心态去思考解决问题的方法，而不是死板地照搬别人口中的解决方法。

解决办法

孩子做事太死板，家长可以从以下几点着手解决：

1. 家长要加强与孩子的沟通。在平时的生活中，家长要常常与孩子进行沟通交流，一定要抽出足够的时间去了解自己的孩子，也与学校的老师进行及时的沟通交流，这样在孩子出现问题时，家长可以在一开始就思考办法去解决，而不是让孩子一个人孤身去解决问题。孩子总是一个人去解决问题的话，就会形成固定的做事风格，也不能看到解决问题的方法的多样性。

2. 学会耐心倾听孩子。在孩子做错事情的时候，可以问问孩子这样做的原因是什么，当然谈话的氛围应该是和谐平等的，不然孩子不会敞开心扉去与家长沟通。那么在沟通的时候，家长就要有意识地了解孩子做事死板的原因所在，然后进行一定的教导，让孩子知道解决问题的方法其实有很多种，不能总套用格式去解决问题，要灵活应变。

3. 让孩子亲身去体验变通的解决方法。在孩子遇到问题时，家长可以首先问问孩子想到的解决办法，在听后给孩子提出更好的解决方案，然后让孩子以此去解决。当孩子顺利解决问题之后，就会认识到解决问题有很多方法，不是只有一种。在这个过程中，家长也可以和孩子共同讨论解决问题的诸多方法。

183. 创造一个有助于智力发展的环境
——怎么培养男孩的智力？

飞飞今年刚满3岁，飞飞的父母非常重视飞飞的成长，尤其是智力的发展。平时在生活中，飞飞的家长就会留心观察孩子的变化与成长，希望飞飞将来可以成为一个智力超群的孩子。为了培养孩子，飞飞的妈妈从小就让飞飞学习唐诗宋词、听古典音乐，还给飞飞报了一个钢琴兴趣班。总之飞飞的妈妈为飞飞的发展非常操心，甚至有些焦虑，生怕孩子落后于其他人，"不能让孩子输在起跑线上"成了飞飞妈妈的口头禅。那么，家长应该如何培养孩子的智力呢？

案例解析

每个家长都希望自己的孩子是个聪明伶俐的孩子，都希望自己的孩子将来可以成为自己的骄傲，甚至有很多家长把自己未能完成的心愿寄托在孩子的身上。我们非常理解家长的这种心情，但是有些做法是非常不妥的。孩子从出生之后就是独立的个体，他会有自己独立的思想，独立的人格，家长虽然是生他养他的人，但是也不能一味地把自己的主观意志强加在孩子身上。家长总是爱自己的孩子的，总是抱着一切都是为了他好的信念替他谋划人生，但是我们也不得不承认，家长的某些做法有些极端，就像案例中飞飞的妈妈一样，为了孩子的智力发展非常焦虑，总是不想让孩子输在起跑线上，但是飞飞的妈妈可能没有想过这些方法是否真的可以提高孩子的智力水平，这些做法对于孩子的成长来说真的是有意义的吗？

蒙台梭利是一位伟大的意大利教育学家，她的许多教育观点值得我们家长参考借鉴，其中一点就是应该给予孩子自由的发展空间，每个孩子自身都有其发展的无限动力与可能性，家长只需要顺水推舟，适当地加以引导，孩子就能成长为一个智力水平卓越，品质优秀的儿童。

所以，我们提醒各位重视孩子发展的家长，要理智对待孩子的成长，在培养孩子的智力的时候要采取正确的、真正有效的、利于孩子成长的方式与方法。

 解决办法

家长希望自己的孩子成长为一个智力水平较高的人，其实在孩子较小的时候可以不用借助那么多外界的措施，很多培训只是商人们的营销项目。家长完全可以给予孩子轻松的成长环境，采取正确的方法，孩子依旧可以成为智力发展健全甚至卓越的人。

在孩子 7 岁之前，母爱的力量是有助于孩子发展自己的智力的，所以在孩子小的时候要让他充分体会到母亲的爱，让他感觉到自己是安全的，是受到精心呵护的，这样他的内心就没有压抑感和紧张感。

家长在平时的生活中也要给孩子营造一个舒适和谐的交流氛围，让孩子可以充分倾听到别人的观点，也可以袒露自己的想法与观点，对于孩子的观点与想法，家长要给予充分的尊重并加以引导。总之，在生活的方方面面，家长都要与孩子进行良好的沟通交流，这样的成长环境也利于孩子发展自己的智力。

家长还要让孩子养成良好的饮食习惯，给予孩子健康的体魄，这也是有效提升孩子智力的方法。

家长还要给孩子营造一个具有启发性和刺激感官的环境，在这个环境中，孩子可以安全地进行动手动脑的活动，这对于孩子大脑的发育，行为和语言的发育都是有巨大的帮助的。

184. 培养的男孩的发散性思维
——男孩惯性思维很严重怎么办？

刚刚从小生活在父母给自己构建的安全、纯洁的环境中，在黑白善恶的分辨上，刚刚是弱于其他人的。他总是通过表面的现象去判断事物或是人。比如，刚刚从影视作品中发现，那些坏人总是长得凶神恶煞，所以在现实生活中如果给刚刚两个人的照片，那么他很可能不论青红皂白，就凭借长相来判定其中哪个人是坏人。也就是说，刚刚因为认知水平的有限，存在惯性思维这一毛病。那么，面对孩子有惯性思维，家长要如何去做呢？

案例解析

惯性思维也叫作思维定式，一个人之前的经历会在这个人内心形成固定的认知从而影响之后的看法或做法。如果在环境不变的情况下，惯性思维可以帮助我们应用已经掌握的方法去很快地处理新的问题。但是如果环境已经改变，还是采取之前的经验去判断的话，就很有可能出现偏差。惯性思维是一种在长期的生活中定型化的一种思维方式，在感性认识阶段也被称为"刻板印象"。

我们在前面说，在环境不变的情况下，惯性思维对提高我们解决问题的速度是有帮助的。但是我们每天面对的环境都是在改变的，自然环境在改变，周围的人和事也在改变，所以，在大多情况下，采取惯性思维去思考问题都会出现差错，所以，在平日里我们要谨防惯性思维扰乱我们的认知。但是惯性思维又是我们大部分人的通病，并不是一个容易去克服的思维误区，成人如此，更不要说孩子了。

惯性思维的克服并不是一件容易的事，但是并不是说无法克服。孩子相对于成人也有相应的优势，在于惯性思维不像成人那样根深蒂固。

那么在家长发现自己的孩子存在惯性思维的时候，就要及时采取一些措施，提醒孩子惯性思维可能造成的错误，尽可能避免孩子落入惯性思维的错误当中。

解决办法

家长可以从以下几点帮助孩子尽可能克服惯性思维：

1. 利用事实讲解惯性思维所带来的错误认识。孩子对于惯性思维可能并不熟悉，也不知道惯性思维可能带来哪些坏处，那么家长就有义务让孩子对惯性思维产生认知并知道惯性思维可能存在哪些危害。在讲解惯性思维的时候，家长不应该凭空去说，这样孩子在头脑中不会有太深的印象，而是应该举事例去说明。例如，就像案例中的刚刚，在他指出丑陋的人是坏人的时候，家长就可以搜出网上的一些资料去说明丑陋的那个人是好人，而长相英俊的那个人是杀人犯。这样对于孩子的认知冲击是巨大的，也可以让他非常深刻地认识到不能凭借表面或是之前在影视作品上的认知去判断事情。

2. 家长要教授给孩子一些方法。在孩子知道思维存在局限性，惯性思维会导致他们无法做出正确的判断之后，家长要给孩子提供一些认清事实真相的方法。比如做出判断之前要有充分的证据，让孩子知道结论是架构在事实之上的。

3. 家长要以身作则。家长是孩子的第一任老师，所以，在与孩子的相处过程中，家长尽量不要因为惯性思维去轻易地做出判断，要用事实说话，给孩子以榜样。

185. 训练男孩统筹规划的能力
——男孩考虑问题不全面怎么办?

小风做事总是需要大人的提醒才可以全面地考虑问题。比如有一次,小风的班级要去郊外游玩两天一夜,老师特地在班级的家长群里通知,各位家长在孩子准备游玩的物品时先不要帮助孩子准备,先让他自己去考虑该带哪些东西。结果在这个过程中,小风就体现出考虑事情不够全面的毛病,总是丢三落四,不知道自己还要带什么的时候也不知道和同学商量,在出发之前也没去关注未来几天的天气变化,最后还是在家长的帮助下才带好足够的东西。那么针对孩子考虑事情不够全面的问题,家长要如何去做呢?

案例解析

从案例中我们可以看出,小风的老师和家长都非常关注孩子们的成长情况,并希望他们可以快点成熟,不需要家长的操心与帮助。诚然现在的孩子成熟得越来越早,但是家长也要清楚地认识到孩子毕竟是孩子,他们在考虑问题时不可能像成人一样全面。我们不能苛求孩子,他们的成长是需要时间的积淀的,所以,家长不要对孩子过于要求严格。

孩子存在考虑事情不周全的原因更多的是因为他们的生活经验不足所导致,当然也与他们对周围事物的观察能力有关。我们家长都会有这样的体验,对于自己熟悉的事情,在做的时候就会得心应手,但是对于自己不熟悉或是从来没有接触过的事情,做起来就会觉得非常难。从这个角度出发,家长就会知道孩子们在一些事情上为什么会考虑周全,因为他们对这件事本身并不熟悉。当然因为孩子和家长的认知水平有差别,在家长眼里非常容易的事可能在孩子眼里非常难,所以,家长不要以自己的主观判断否定和打击孩子。家长应该做的是积极丰富孩子的生活体验,让孩子从体验中总结经验,这样孩子在做事情时就会逐渐学会全面考虑。

解决办法

因为孩子生活经验的缺乏,使得他们在做很多事情时都不能统筹全面地去考虑,这很正常,家长不要因此去责怪孩子,这样会伤害孩子的自尊心,对于他们的成长来说也没有任何好处。想让孩子在考虑问题时更加全面,那么在生活中家长就要有意识地培养孩子这方面的能力。

1. 增加孩子的活动参与度。现在的家长一般比较娇惯孩子,他们不希望自己的孩子累着或是很害怕自己的孩子受到伤害,所以通常会去替孩子做事情,这样做其实是不对的。孩子其实是更喜欢自己动手解决问题,家长这样做只是在剥夺孩子亲自参与的权利。在参与的过程中,孩子的心、手、眼等都可以得到锻炼,无形之中就锻炼了孩子的能力,更增加了孩子的生活经验值,这对他们在独自考虑问题时有着巨大的帮助。而且,孩子可以从参与的过程中体会到乐趣,这也会增加他们参与任何事情的积极性。对于他们自信心的建立也起着很大的作用。

2. 家长要以身作则。家长是孩子的第一任老师，所以在平时的生活中，家长在做任何事时都要有一个统筹的规划，而且要让孩子知道自己的安排是怎样的。孩子耳濡目染之后，就能更加迅速地学会怎样去考虑及处理问题。

3. 养成孩子良好的做事习惯。家长可以在孩子小的时候要求孩子在做任何事的时候列好清单及步骤，孩子养成这个习惯之后，就会培养起做事统筹安排、全面考虑的思维习惯。

186. 引导男孩自己去发现更多可能性
——男孩看问题很极端怎么办？

小雨是一个低年级的小朋友，因为是独生子的缘故，家人对小雨都非常宠爱，基本是小雨要求什么，家人就立马满足他，所以，在小雨的房间摆满了各种各样的玩具和电子产品。小雨在平时的表现一直比较好，但是最近发生一件事让小雨的家长觉得小雨做事太极端了。小雨因为借同桌的橡皮而不得，于是就和同桌发生了争执，在争执的时候，小雨气急败坏把同桌给打了。那么，面对这种做事比较极端的男孩子，家长要如何教育呢？

案例解析

不可否认的是，当今越来越多的孩子在遇到事情时都极其容易采取极端的做法去解决。当孩子偏向采取极端的做法去应对问题，而外人不加建议与阻止的时候就很有可能演变为青少年犯罪，这时的后果就无法衡量了。所以，一旦发现孩子做事比较极端，那么家长就要及时采取对策去应对，以防孩子走上犯罪的道路。

孩子做事比较极端的原因可能有如下几种：

1. 有些家长的教育方式有偏差，或是一味训斥、打骂孩子，或是一味地夸奖孩子等等，因为教育上存在偏差，就会导致孩子的性格存在问题，就有可能导致孩子做事比较极端化。

2. 家长在对孩子进行教育的时候，对于度的把握并不是很准确；而且夫妻双方的教育理念不一致也会导致孩子在认知上存在问题。

3. 孩子与家长的交流不够充分，家长只是一味地在"教"，但是对孩子的接受程度却没有考虑，这样也会导致孩子出现心理上的问题。

4. 家长对孩子的关注度不够，导致孩子的心理需求得不到满足，渐渐地，也会导致孩子出现心理问题。

5. 有些家长的认知本身就存在问题，那么在教授孩子的过程中，必然会把不正确的认知传授给孩子，影响孩子的认知，这样也会导致孩子形成极端的心理，做出极端的行为。

解决办法

在家庭教育中，降低孩子做事极端的可能性，家长可以从以下几点做起：

1. 不能一味满足孩子对物质的欲望。如果孩子要什么，家长就立马给他什么，长此以往的话，孩子就会觉得他得到任何东西都是应该的，都是理直气壮的，而跟父母要也是理所应当的事情。那么，在他长大之后，发现别人无法响应他的要求时，就会出现难过、伤心甚至是愤怒的情绪，在这种不良情绪的引导之下，孩子就很有可能采取一些极端的做法去满足自己的欲望。所以，家长在孩子小的时候，即使再爱孩子，也要明白不能凡事都满足孩子的欲望的道理。只有这样，孩子对物质的要求与欲望才会有所降低，即使得不到也不会过分沮丧而采取极端的措施。

2. 要允许孩子自己处理问题。在孩子遇到一时解决不了的问题时，家长不要着急插手去解决，而是要当一位旁观者，养成他独立解决问题的意识与能力。久而久之，孩子就有很大可能性会找到一个好的解决途径而不是采取极端的措施。

3. 引导孩子找到正确的做法。在平日里，家长要与自己的孩子建立有效、和谐、平等、自由的沟通模式，家长要放低姿态去与孩子做好朋友，那么在遇到任何问题时，孩子都会乐于与家长进行沟通，了解解决的方式和方法。在此过程中，家长就可以引导孩子自己找出正确的解决方案而不是采取极端的处理办法。

187. 家长需要适当放开过度管束的手脚

——男孩不会独立解决问题怎么办？

叶叶无论在生活上还是在学习上都比较依赖别人，也就是说他不能独立去解决问题。在生活中，叶叶遇到任何问题都会寻求家长的帮助，即使是自己可以做到的事情也希望得到家长的帮助。在做作业的时候，如果有人在旁边指导，叶叶就会全程依赖这个人，感觉作业不是他的一样。那么面对这样无法独立解决问题的男孩子，家长要如何去引导呢？

 案例解析

我们在谈到独立去解决问题时，这听起来像是成人所需要面对的问题，其实不然。孩子是我们国家未来的希望，他们将来是国家的主人，等到他们长大成人之后，他们需要面对的是一个非常复杂的社会，在其中，他们需要独自去解决很多很多的问题。那么如果在他们小的时候就"有脚不会走，有脑不会动"的话，就会导致他们在成长的道路上遇到问题时不知所措。

培养孩子独立解决问题的能力是教育中非常重要的一部分，当今的孩子都是家里的掌上明珠，一般父母担任了"包办"的角色，这其实不是正确的爱的方式，家长要认识到孩子有一天终归会离开自己独自去成长，独立去经受风雨，所以在此之前，家长就要有意识地培养孩子抗风雨的能力，也就是帮助他们拥有自己解决问题的能力，当家长真正给予孩子解决问题的能力的时候，就相当于给了孩子一个美好的未来。

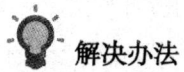

解决办法

让孩子拥有独立解决问题的能力，家长可以从以下几点入手去做：

1. 适时解放家长的角色。当孩子的身心发展到一定的水平的时候，也就是说，在孩子完全具备生理和心理能力去解决一些问题，那么，家长就要放开手脚，让孩子拥有独自去解决问题的权力与机会。如果家长不这么做，而是帮助孩子大包大揽，实则是掠夺了锻炼孩子独立解决问题的能力的机会。所以，在平日的生活中，家长要适时解放自己做家长的角色，放开手脚，做一个旁观者，让孩子自己的事情自己做。可能在刚开始的时候，孩子在完成事情的时候会搞得乱七八糟，但是家长不要去指责，孩子自会在不断的练习中自己习得经验与教训，从而做得一次比一次好。

2. 家长要培养孩子的独立意识和能力。在国外的许多家庭中，孩子会利用假期出去打工，体验生活，从而提高自己解决问题的能力。在这一方面，中国孩子是欠缺的，但是我们也应该向他们看齐，努力培养孩子的独立意识和能力。比如，在孩子遇到问题的时候，家长不要急于给孩子意见与建议，而是应该让孩子独立分析，然后解决目前遇到的问题。在这样的生活体验中，孩子就会逐渐培养起遇事冷静分析，然后努力尝试自己解决问题的意识。

3. 有意设置问题，提高孩子独自生活与解决问题的能力。在家长的世界中，总会遇到各种各样的问题，这时，家长就可以把其中一些问题留给自己的孩子，让他去思考如何解决问题。在这个过程中，家长给孩子创造了机会去遇到问题、解决问题，那么，在不知不觉中，孩子的独立生活的能力和独立解决问题的能力就会逐渐提高。

4. 及时进行表扬与激励。孩子解决问题的能力当然不如成人，但是我们家长要用欣赏的眼光去看待。给予他们足够的肯定与激励，这样，他们才能培养自己解决问题时的自信，才会敢于去独立解决问题。

188. 让男孩自己从后果中学会成长

——男孩自以为是怎么办？

明明在生活中的方方面面都表现出自以为是的毛病，让身边的人很是头疼。他听不进去别人的意见，即使别人是非常善意地在提醒他，但是他还是一意孤行。比如前段时间，手工课老师布置一项任务是同学们回家按照书里的步骤和爸爸妈妈完成一件作品。在制作的时候，有一个步骤明明做错了，但是他就是不认为自己做错了，在后来发现自己做错了之后也不愿意去改正，第二天只好拿着错误的作品去见老师。那么，家长面对这种自以为是的孩子要如何引导呢？

案例解析

从明明的故事中我们可以很明显地看到，明明是一个非常自以为是甚至有些固执的孩子。

孩子有自以为是的毛病，看似问题是出在孩子身上，但其实问题在于家长的教育方法。一般来说，孩子出现任何问题，家长都要首先做出反思，以便找到问题的症结所在，然后去解决问题。

孩子自以为是，觉得自己都是对的，是因为孩子没有形成正确的自我观念，对自己的认识不充分，从而觉得自己做的都是对的，这样也就不会听取别人的意见与建议。如果孩子出现自以为是的毛病而得不到解决的话，那么未来在人生道路上就会面临更多的挫折与苦难，也不能与他人建立良好的人际关系。

所以，解决孩子自以为是的毛病，要从教育行为上着手，要让孩子重新认识自己，知道人不可能凡事做得完美，要敢于听取别人的意见与建议。在这个过程中，家长不要扮演严厉的教官的角色，不能一味地对孩子发火，这样不能从根本上解决问题。

 解决办法

改正孩子自以为是的毛病，家长可以从以下几点入手解决：

1. 家长发现孩子有自以为是的毛病之后，不要一味地发火，而应该采取良好的态度与孩子进行沟通交流，要帮助他树立正确的价值观和世界观。可以给孩子讲一些他所熟悉的名人虽然博学多才但依旧谦虚、善于听取别人的意见的故事；可以带领孩子去参与一些活动，让他有小小的挫败感，从而知道"天外有天，人外有人"。

2. 如果孩子一味地自以为是，听不进去任何人的意见与建议，那么就适当地让他承担自以为是所带来的不良后果。比如，像案例中的明明一样，让他带着自己的手工在学校接通受老师同学的评论"出丑"一下。这对改掉孩子自以为是的毛病也是有帮助的。

3. 家长在平时的教育中要将服从渗透给孩子，要让孩子知道纪律的重要性。不要都以商量的口吻和孩子说话，该强硬的时候就要强硬，让孩子知道并不是所有的事物都围绕他在转，在该服从的时候就要选择服从。孩子自以为是往往是家长在平时太娇惯造成的。

189. 深入沟通，帮助男孩建立自信
——男孩总认为自己很笨怎么办？

顺顺今年上小学四年级，最近他常常告诉父母，觉得自己很笨，同学们也这样说他。他说自己做作业做得比别人慢，在课堂上回答问题也总是回答错误或者干脆回答不出来。听着儿子这样说自己，顺顺的家长心里很是难受，其实在顺顺的家人心中顺顺是一个特别聪明乖巧懂事的孩子。那么，如果孩子总是认为自己很笨，家长应该怎样去开导他呢？

 案例解析

从案例中我们可以看出顺顺家长的担心与不安，我们也完全可以理解他们的心情，孩子说自己笨，其实是在否定自己，这是做家长的所不希望看到的事情。那么关键是家长怎么去

帮助孩子走出这个自我否定的心理。

孩子在某一时期觉得自己很笨的原因是因为他们与周围的孩子做对比，发现自己在某些方面存在不足，而这些方面又是他们非常重视的，因而就会产生不愉快甚至是自卑的心理。当他们一旦形成自己很笨的观点，那么在今后成长的过程中，他们可能就会不自觉地羞于表达自己的观点，总是在别人征求自己意见的时候说："不知道。"他们会在各个方面表现出自己的不自信，因而可能就会影响他们的身心健康。所以，当孩子觉得自己笨的时候，家长需要做的就是用事实让孩子认清自己是很聪明的，只是在某些方面表现得不足罢了，要帮助孩子在正确认识自我的基础上学会取悦自己。

解决办法

一般认为自己很笨的孩子是心思比较细腻的，也是很重视别人眼光的孩子，对于这样的孩子，家长要用正确的方法帮助孩子自我认识，让他知道每个人身上都有长处和短处，重要的是学习接受自己然后尽可能做到悦纳自己。具体方法家长可以参见以下内容：

1. 家长要和孩子深入沟通，在平等、和谐的氛围当中，让孩子敞开心扉与自己沟通交流，让他说出觉得自己很笨的原因或是说出为什么同学觉得他很笨。了解之后，家长就能给孩子分析同学说这些话的动机是什么。家长也可以从学校了解，让老师和同学客观地去分析自孩子存在哪些不足，有哪些优点。充分了解问题的来龙去脉之后，家长就能更针对性地帮助孩子走出内心的困惑，明白自己要往哪方面努力才能让自己优秀起来。

2. 家长在平时的生活中要处处想着树立孩子的自信心。孩子的认知水平是有限的，在平时的生活中，家长就要有意识地利用一些小事去表扬孩子，在别人夸赞孩子的时候要积极回应与配合，这样孩子的自信心就可以一点点建立起来。

3. 上学的孩子认为自己笨一般是因为学习成绩不好，那么家长就要帮助孩子提高学习成绩，制定学习计划，让他明白通过自己的努力，学习成绩也可以一点点提高上去。

4. 增加孩子的阅读量。如果孩子喜欢阅读，那么可以通过阅读开阔视野和认知。他会逐渐发现，评价一个人的时候不能单靠一个方面，任何一个人都是立体的，所以要善于发现自己的优点，接受现在的自己，努力提高还存在不足的自己。当然在这个过程中，家长要引导孩子列出自己的书单。

190. 用鼓励给男孩带来前进的动力
——男孩成长比较慢怎么办？

小水的家长一直都在苦恼的一个问题就是，自己的孩子在成长路上似乎总是比别人慢半拍。据小水的妈妈说，从小水出生到现在，各种能力的发展都比同龄的孩子要晚。别的孩子开始说话了，他才开始会咿咿呀呀；等到他会说话了，别的孩子都可以背诵一些唐诗宋词了；其他的孩子可以从 1 数到 100 的时候，他才刚开始识数。在上幼儿园期间，老师教的东西别的小朋友都可以很快就学会，但是小水的反应就非常慢；别人做作业很快就可以完成，但是他却要很长时间才可以完成。那么，面对这样成长中反应慢的孩子，家长要怎样去做呢？

 案例解析

出现这种情况，家长首先要确认的是孩子的身体方面不存在什么缺陷，在确认自己的孩子在生理方面不存在什么问题之后，那么就要端正自己的态度，要认识到每个孩子的成长发育都是有差异的，不仅身体发育有早晚之别，脑部的结构发育也有快慢之分。孩子的学习能力发展水平是由八个系统组成的，其中包括注意力、记忆力、语言、运动、社交等。很少有孩子在八个系统中都表现得非常超凡，也就是说每个孩子在八个系统的发育上都存在一些优势和短板，所以，家长不要一味地拿自己孩子的短板和别的孩子的优势相比，这样只会让自己徒增烦恼。

而且孩子的发育水平是与家长自身的素质、知识水平、教育水平以及环境对孩子的刺激等有关，孩子与孩子的发育不同也可能是这些方面的原因所致。

再者，孩子的学习分为"外显性学习"和"内隐性学习"，外显性学习就是学习某一特定的技能，内隐性学习则是一种无意识地学习。所以，当家长觉得自己的孩子没有进步，没有学习到任何一项技能的时候，只能说明孩子的外显性学习没有进步，但是孩子的内隐性学习并没有停止。

学习成长的速度比较"慢"其实并不总是一件坏事，这些孩子可能在学习的时候很慢，但是一旦记住就很难再忘记，他们动作比较慢，但是他们的正确率可能很高。那么在将来他们遇到什么不良的刺激的时候，很可能就会泰然处之，而不会惊慌失措。所以，家长要端正自己的态度，正确认识孩子的"慢"。

 解决办法

孩子反应与学习比较慢，家长不要过于担心，可能是孩子的发育节奏本来是属于比较慢的那类，在接受了这样一个事实之后，家长可以适当改变自己的教育方式去让孩子成长得更快。

1. 家长可以改变自己的表达方式。孩子有时在接收知识的时候表现得很慢，可能是因为家长采取的表达方式不是孩子可以轻松接受的，所以，家长可以改变自己的表达方式，利用孩子可以听懂的语言去传递信息。

2. 家长平时在家里可以和孩子进行一些游戏，通过这些游戏去训练孩子的反应能力及其他各方面的能力。

3. 在孩子做事情的时候，家长要善于去鼓励孩子，家长的鼓励会在精神上帮助孩子更好地建立自信，也成为孩子努力前进的动力。

4. 家长要给孩子营造一个可以有效刺激感官且安全的环境，在这个环境中孩子可以自由地玩耍与活动，这样也能帮助孩子更好地成长。

191. 放手让男孩自己去解决问题
——男孩遇到难题就逃避怎么办?

萧萧是家里的独生子,所以也是家里人的掌中宝,家人都是尽自己最大的努力去给萧萧一个更好的成长环境,给萧萧提供更好的物质生活。这样的生活环境也给萧萧带来了一个不好的毛病就是每当在生活中遇到一点小困难的时候,萧萧想到的都是逃避。就像在做作业的时候,遇到自己觉得难的题,那么萧萧就会不再想继续做下去,而将其搁置在旁边。在参加兴趣班的时候也会出现类似的情况。那么,针对这种遇到难事就逃避的孩子,家长要如何去做呢?

 案例解析

现在的大多数孩子都是独生子女,是在父母的过分庇护下成长起来的,是一朵"温室里的花朵",经不起任何的风吹雨打。这导致他们在面对困难时本能地选择逃避,畏难心理在他们身上普遍存在。

孩子遇到困难就选择逃避是非常危险的行为,现在社会发展非常迅速,那些无法适应的人会被淘汰。在孩子还小的时候,孩子一遇到困难就选择逃避,可能导致他在今后的生活中无论出现什么难题都本能地选择逃避而不去解决。只要遇到问题就不假思索地直接放弃,畏畏缩缩,最后就叮能导致孩子一生一事无成。而且,在逃避困难的同时孩子在心理上也会出现问题,他不能及时排解到自己的负面情绪,影响自己情商的发展,甚至导致焦虑、抑郁的发生。

总之,对待孩子面对困难就退缩的情况,家长要足够重视,及时更正孩子的态度。

 解决办法

面对遇到困难就选择逃避的孩子,家长可以从以下几点入手引导孩子:

1. 家长要引导孩子正确认识困难。家长在平时的生活中要告诉孩子困难其实并不可怕,只要一点一点去克服,困难就会消失不见。在日常的生活中,家长也要言传身教地让孩子知道吃苦受累都不是什么大事,能享受所做的每一件事才是最为重要的。家长要加强与孩子的沟通,了解孩子目前所面对的问题是什么,让孩子习惯于开口向自己倾诉,然后才能耐心地向孩子讲解如何去处理目前所面临的难题。

2. 家长可以在平时的生活中刻意给孩子设定一些困难,然后让孩子去尝试解决,在面对困难、解决困难的过程中,孩子就会体会到克服困难所带来的成就感,久而久之就形成自我意识,发现自己是优秀的,是可以克服困难的,从而建立孩子的自信心。

3. 家长要学会放手让孩子自己去解决问题。有些家长总是害怕孩子受到伤害,于是就采取大包大揽的方式去对待孩子面临的问题,久而久之,孩子就自然而然地形成自己不动手、选择逃避的行为。所以，家长要给孩子自己动手的机会，要知道孩子终究有一天要自己去面对世界。这样去做不仅解放了家长也提高了孩子承受问题、解决问题的能力，对孩子自信心的建立也是有很大的帮助的。

192. 先肯定、后安抚，给男孩良好建议
——男孩遇事爱钻牛角尖怎么办？

夏明从小是一个喜欢问问题的孩子，夏明的家长因为非常重视孩子的成长，所以从来不敢马虎对待孩子的任何问题，也希望因此保护孩子的好奇心，养成孩子爱钻研的好习惯。不负众望，夏明在很多时候都希望把事情可以弄清楚，有一种打破砂锅问到底的精神，对自己的学习成绩的要求也非常高，所以，夏明在很多时候都是班里的第一名。但是夏明的家长也发现，夏明有时候非常爱钻牛角尖，有时明明知道自己错了，但还是不想承认自己的错误，总是想在风头上赢过对方。那么，对于这种爱钻牛角尖的孩子，家长要如何引导呢？

 案例解析

钻牛角尖这件事本身其实是可以一分为二来看待的，如果这种习惯用在好的方面，比如在学习中习惯于深入思考，不断地提出新的问题及想法，把很多细节问题考虑在内，这就可能造就一个在学习上异常认真、爱思考的人，可以是一种很好的习惯。但是，如果像案例中的夏明，明明知道自己是错的，还一味地钻牛角尖证明自己是对的话，那么这种习惯就是不好的，需要家长去引导孩子改正这个缺点。

爱钻牛角尖的孩子一般会显得比较固执己见，他们一般对自己要求很高，想把自己做的每件事都完成得很好，所以，在做事的时候往往会反复思考、反复检查。对自己要求很高的孩子做事往往会比较讨成人的欢心，成人对他的肯定也会促使他继续"要求完美"。但是这样的情况，家长要小心，不要让孩子养成爱钻牛角的习惯。

家长在面对孩子爱钻牛角尖的情况时，要仔细分析孩子的这一行为到底是好是坏，如果孩子的行为是没有任何意义的，就要采取措施尽快地让孩子从爱钻牛角尖的情景中走出来，让他意识到这件事情完全是在浪费时间与精力。

 解决办法

家长要从以下几点着手让孩子不要在没有意义的事情上钻牛角尖：

1. 在解决问题时家长要冷静。爱钻牛角尖的孩子一般比较固执，他们会活在自己的思维方式里，有一种"不撞南墙不回头"的精神。家长看到孩子在没有意义的事情上钻牛角尖的时候难免会生气，但是家长要知道生气解决不了任何问题。这时，家长一定要冷静，要帮孩子客观的分析，让孩子看到事情的不同面，甚至可以通过一些游戏，比如说讲故事来让孩子明白事物的多面性和多元性。

2. 先肯定后建议。孩子爱钻牛角尖可能是出于对完美的要求，所以，家长要先对孩子追求完美给予肯定，在肯定之后给出自己的建议，并且结合一定的实例。家长要放低自己的姿态，不要让孩子以为自己是在命令他，而是要让他感觉还是自己做主，只是父母在给出自己建议，这样之后孩子会重新考虑问题的。

3. 喜欢钻牛角尖的孩子一般是以自我为中心的，家长不能一味地进行说教，把自己的观点强行灌输给孩子，要讲究方式方法。而且，家长要培养孩子的兴趣爱好，让孩子多接触生活，引导孩子学习辩证思维，提高孩子对事物的分析能力。

193. 以平常心对待早慧的"小天才"

——如何对待早慧的男孩？

刘女士是畅畅的妈妈，从畅畅几个月的大的时候，刘女士就发现自己的孩子非常聪明，据刘女士说，当时孩子才 5 个多月大，她拿着一些图片卡和一些色彩比较鲜亮的故事书给畅畅看，结果经过两个月的时间，畅畅就把一百多张卡片和故事书上的内容全部记住了。因为畅畅那时还不会说话，但是他可以按照刘女士所要求的，找出她需要的物品。而且在和同龄人的相处中，畅畅所展现出的认识新事物的角度和方式都不同于其他孩子，在玩一个玩具的时候，畅畅也会问妈妈玩具上的每个零件是干什么的。总之，在生活中的方方面面，畅畅都显得非常聪明。那么，对于从小如此聪明的孩子，家长要如何去培养呢？

 案例解析

从案例中我们了解到畅畅是一个从小非常聪明的孩子，在 5 个月大的时候就展现出超乎常人的记忆力，在与其他人玩耍的时候也展示出不一样的思考角度，在观察事物上面也非同一般。孩子如此聪慧离不开睿智的家长的教导，我们可以看出刘女士非常重视对孩子的教育，在孩子很小的时候就给予了正确且恰当的引导。

只是面对从小就很聪明的孩子，家长可能会像故事中的刘女士一样不知道接下来如何教育孩子。

 解决办法

对从小就非常聪明的孩子的培养，我们给出以下几点建议：

1. 聪明的孩子一般在心智和情感上都成熟得比较早，他们可能比一般的孩子更早地表现出自己思想的独立性。所以，对于这类孩子，家长要非常重视且尊重孩子独立意识的建立，不要把自己的意志强加在孩子的身上，对孩子做出的一些出格的事情，只要不危险，都可以让孩子去尝试。家长这样做的好处就是给予孩子充分的自由，让孩子的潜能更好地激发出来。

2. 家长不要因为自己的孩子很聪明就给予他太多的压力，试图去规范他的人生。家长不要把孩子很聪明作为自己炫耀的资本，也不要刻意去雕琢孩子的特长，应该顺应他的自由意志，允许他像一个普通孩子一样去生活。

3. 调整孩子的阅读量和阅读内容，聪明孩子对知识的渴求可能要比同龄人高。所以家长要根据孩子的具体情况去增加或是减少孩子的阅读量。在阅读内容上，因为孩子心智发展不同，所以要允许孩子去看一些可能在成人看来并不是适合他年龄段阅读的书，当然具体的内容需要家长去做筛选。

4. 家长要多带着孩子出去玩耍与运动，让他多接触大自然，丰富孩子的生活，开拓他的视野，这对于孩子的成长来说也是不可缺少的。

Part 10
男孩的运动培养：打造强健的体魄

194. 从男孩最感兴趣的运动开始培养
——男孩运动不积极怎么办？

关关是一个 3 岁的小男孩，他的身体素质一直都低于其他小朋友，当别的小朋友长得像小胖墩时，关关依旧像是一个"豆芽菜"。关关的父母都是营养师，所以在饮食上特别注意孩子的饮食健康与营养搭配，但是关关的体重却一直都上不去，而且吃得也是越来越少，这让关关的父母很担心他的健康问题。其实，这并不在于饮食的营养，而主要在于关关的生活状态。关关能玩父母手机里的很多游戏，平时在生活中总是吃了玩、玩了吃，一点都不运动，有时家长想带着关关出去逛公园，意在增加关关的运动量，但是关关总是拒绝，一点运动的积极性都没有，即便是偶尔运动一下，也很难坚持下来，运动一会儿就休息去了。那么，面对这样的孩子，家长要如何做引导呢？

案例解析

我们经常听到的一句话就是"生命在于运动"，这是著名作家伏尔泰的一句名言。他的这句话影响非常深远，运动不仅仅是生命迹象的体现，更是生命的活力与健康的保证。

我们知道保持良好的运动习惯可以增强我们的体质，提高我们的免疫力，从而减少疾病的发生。而且在坚持运动时，也培养了我们坚强的意志，带给我们克服困难的决心与毅力。再者，在运动的同时，我们也可以结识朋友，扩大自己的交际圈。

但是，现在的很多孩子像案例中的关关一样一点都没有运动的意识，他们甚至把运动看成一件特别折磨人的事情。不得不说，这是一个遗憾。其实出现类似关关的这种情况，不能只责怪孩子没有运动的意识，这在中国是普遍存在的现象，究其原因就是我们在教育体系中没有给予体育运动充分的重视，导致它无法像刷牙、洗脸一样成为一个人的日常活动。

但是即便大环境如此，我们家长也要尽可能从自身做起，努力培养孩子爱好运动的习惯，让运动成为孩子日常生活中的一部分。

 **解决办法**

培养年龄较小的孩子的运动意识，最为重要的就是培养他们对运动的兴趣，只要兴趣有了，那么运动就不会成为太大的问题。以下就是我们介绍给各位家长培养孩子运动兴趣的方法：

1. 要有针对性地培养孩子的兴趣，每个孩子的发育阶段不同，他们的发育水平也是不同的，那么家长就要针对自己孩子的发育状况去引导孩子做一些适合他们的运动，如果家长要求孩子去做的运动，孩子没有能力去完成，那么孩子自然不会喜欢运动。而且，孩子较小的时候，运动的主要方式是游戏。

2. 运动内容的安排要合理才能提起孩子的运动兴趣。孩子在年龄较小的时候运动的形式总是游戏。所以，家长应该把孩子喜欢的体育游戏、活动器材提供给孩子，这样就激发了孩子参与活动的兴趣，又能达到体育锻炼的目的。

3. 因为孩子与孩子之间在体质、健康与能力等各方面都存在差异，所以家长要根据孩子的具体情况选择运动方式。而且孩子各个阶段的运动能力也是不同的，家长也要根据孩子的发展状况去选择孩子的运动形式。而且在运动的时候不要只提供给孩子单一的运动器材或运动形式，而是应该让孩子在多种运动形式中随意切换，这样孩子才能充分体会到运动的乐趣，也就有了下次参与运动的积极性。

195. 引诱男孩参加他感兴趣的活动
——为什么男孩不喜欢出门？

蓝蓝已经快 3 岁了。以前蓝蓝是一个特别活泼的孩子，他不喜欢自己待在家里，喜欢出门去玩耍，看见别的小朋友也特别热情，拉着别的小朋友一起玩。因为家里的人都比较忙，有时就会拉着蓝蓝回家。最近一段时间，蓝蓝不再喜欢出门玩耍，见到别人也没那么热情了，经常一个人在家玩过家家，有时会和家里的小动物一起玩。有时家里人想带着蓝蓝出门，蓝蓝也不出去了。那么，针对孩子不再喜欢出门的情况，家长要如何去应对呢？

 案例解析

从案例中我们可以知道，蓝蓝之前其实是一个性格非常开朗的小男孩，他也喜欢出门去玩，喜欢和别人打招呼，但是因为家长的干涉使蓝蓝的性格有所转变，他变得不再爱出门玩耍，变得有些沉闷了。从中我们也可以看出，问题的根结可能并不在孩子身上，是因为家长的教育方式使得蓝蓝变得不再爱出门。

我们也知道如果一个孩子长期待在家里不接触外人，那么对他的身心发展都是不利的。孩子的人际交往能力需要在实践中慢慢提高上去，如果不社交也就意味着不能提高自己人际交往的能力，而当今社会对于一个人的情商要求是非常高的，所以，就有可能影响孩子未来的发展。另一方面，孩子长期待在家里，身体也得不到充分的锻炼，那么身体素质就不会太好，俗话说"身体是革命的本钱"，有了健康强健的体魄，孩子才能更好地去工作与生活，所以，不管从哪个角度来讲，孩子不喜欢出门活动都是一件不容忽视的大事。

所以，对于比较"宅"的孩子，家长要想方设法让孩子参与到其他的活动中去，让他走出家门，这对孩子的身心发展都是至关重要的一步。

 解决办法

针对孩子不喜欢出门的情况，家长可以从以下几点着手去改变孩子：

首先，家长要找到孩子不喜欢出门的具体原因。孩子不想出门的原因是多种多样的，那么家长就要了解自己的孩子为什么不喜欢出门。在进行了解的时候，家长要讲求方式方法，要营造平等、和谐的气氛，以便让孩子打开心扉去告诉家长真实的原因。像案例中的蓝蓝，蓝蓝并不会毫无理由地从喜欢出门变得不喜欢出门，这其中一定有原因，那么家长就要让孩子敞开心扉，告诉自己不再喜欢出门的原因。

找到原因之后，家长就可以对症下药，一步步做引导，把孩子"请"出家门。例如孩子如果是因为迷恋影视作品不愿意出门，家长就可以利用看电影的机会带领孩子走出家门，出了家门之后，家长可以有意识地去引导孩子进行更多的户外活动，让他认识到室外还有更多有意思的事情。如果孩子是因为不知道出去找谁去玩，那么，家长可以让一些孩子的同班同学来家里玩，通过在家玩耍培养他与同学之间的友情，之后，孩子出门就有人陪伴也会主动提出出门的要求。

在孩子愿意出门之后，家长就要有意识地培养孩子的兴趣爱好，让孩子的出门变成一种常态而且有意义。

家长还可以利用假期带领孩子去游山玩水，浏览大自然的风光。在这个过程中，孩子不仅可以增长见识，身体也可以得到锻炼。

家长是孩子最好的老师，所以，在平时的生活中，家长一定要尽心尽力给孩子做出榜样——经常走出家门，去亲近大自然、与朋友相处、培养自己的兴趣爱好。

196. 鼓励男孩勇敢地挑战自我
——怎样鼓励男孩去参加运动会？

小光的学校要开展一年一度的秋季运动会了，但是小光对此兴趣并不是很大，其他同学都在课后讨论自己要报哪个比赛的时候，小光或者是在看书或者只是听着别人说，自己从不说话。别人问他报什么项目的时候，他表示没有兴趣，觉得运动会很无聊。回到家，妈妈问他有没有在运动会上报项目的时候，小光也是表现出一脸不屑。小光表示不知道为什么学校要开运动会，学校不应该只是学习的场所吗？面对这种情况，家长要如何引导孩子呢？

案例解析

从案例中我们可以了解到小光不参与到学校举行的运动会中，是因为他不知道运动会的意义是什么，从而采取的是一种不屑参与的态度。

学校对于学生而言并不是一个单纯的提高成绩的"工厂"，而是一个可以让孩子全面发展的场所，所以，学校开展任何活动都有其意义。有些学校除了运动会还会利用平时的时间开展"绘画比赛""故事比赛""歌唱比赛""书法比赛""生活技能类比赛"等活动，在这些活动的背后，其实都蕴含了要让孩子的胆量得以提高，培养孩子的竞争与合作的意识，从而使孩子达到德、智、体、美、劳全面发展的目的。如果孩子都像案例中的小光一样采取不参与、不理会的态度，那么学校的活动就开展不起来，也不能使孩子各方面的素质得到提高。

所以，对待从不参与学校组织的活动，包括运动会在内，家长首先要从改变孩子对待活动的态度开始，这样才能进一步鼓励他参与到其中。

 解决办法

对于从不参与运动会的孩子，家长可以从以下几点着手去解决：

1. 家长要善于与孩子进行沟通。如今的孩子成熟得比较早，自己有自己的想法，所以，家长在平时的生活中要尊重孩子个体的存在，让孩子参与到某些事情的讨论中来，而且是在轻松、和谐、平等的环境之下。如果平时家庭的相处模式是这样的话，那么就可以就是否要参加学校的运动会展开家庭讨论，在讨论中让孩子知道自己是班级的一员，是学校的一员，积极参与活动是爱集体的一种表现，而且在参与的过程中可以获得很多的锻炼，如果不参与就失去了这样难得的锻炼机会。要告诉孩子参与活动的目的不在于获奖，而在于参与本身。

2. 给予孩子赞美。当孩子为了他人或是集体付出自己的努力之后，家人要对此进行肯定与激励，这对帮助孩子建立自信和建立集体荣誉感都至关重要。而且在激励的过程中，孩子的积极性也会得到提升，下次再有集体活动的时候，孩子更能积极地参与到其中。

3. 帮助孩子建立自信，鼓励他自我挑战。自信心的建立对孩子至关重要，会影响他一生的发展。一旦孩子建立起自信，他就会有勇气在任何场合去展示自己，无论展示效果的好与坏。所以，在平时对孩子的教育上，家长要采取积极的态度，既要对孩子的优点进行及时的肯定，也要对孩子的缺点采取接纳的态度，然后进行有意的引导去弥补孩子的缺点。在这个过程中，孩子会对自己有一个正确的自我认知，也会因为成人的态度想要使自己变得更好、更强大，同时也会帮助孩子建立起克服困难、勇于挑战的自信。这样的孩子基本上不会拒绝参与学校开展的运动会。

197. 增加男孩接触同性的机会
——男孩只喜欢和女孩玩怎么办？

木木是一个长相很清秀的男孩子，天生有些胆小，性情也比较温和。木木的家长从小对木木的教育就是要懂礼仪、讲道理。很多人见到木木就会夸赞木木长得清秀，夸赞他懂礼貌。这一点让木木的家长觉得对木木的教育没有白费。但是木木的家长也发现木木存在一个问题，就是无论在幼儿园还是在小区里，木木永远只和女孩子一起玩或是干脆自己玩，他很不喜欢和男孩子一起玩。那么，针对男孩只喜欢和女孩一起玩的情况，家长要如何去做呢？

 案例解析

从案例中我们了解到木木是一个性格比较温顺的男孩子，他不喜欢和男孩一起玩，而偏爱和女孩子一起玩耍。其中的原因肯定是多方面的，或许和他对男孩子的认知有关，他周围的男孩如果是鲁莽且不温和的，那么木木就会觉得男孩子有些恐怖，和自己不一样，而小女孩的性格一般比较温柔，于是木木就喜欢和女孩子一起玩耍。当然这只是我们猜测的原因之一，具体情况还是需要木木的家长深入了解，然后从根本上解决这一问题。

在现实生活中，像木木这种有异性倾向的孩子并不在少数，很多男孩都喜欢和女孩子一起玩耍，孩子有异性倾向的普遍原因可能有以下几点：

1. 在我国开放二胎政策之前实行的是计划生育政策，有些家庭想要女孩，但是却生了男孩，于是就会把男孩当成女孩子一样去养，在打扮上也倾向于把男孩子打扮成女孩，这样做就有可能使孩子产生性别紊乱，于是他就可能喜欢和女孩一起玩耍。

2. 如果家庭中，女性人数占绝大多数，或是孩子从小由女性带大，那么孩子就很有可能有异性倾向，在孩子开始上学之后，这种倾向可能会有所好转。

3. 也有极少数的孩子是因为性器官存在异常，所以存在异性倾向。

4. 也可能与孩子对同性的认知有误有关，比如有的男孩子本身性格比较内向温和，但是周围的同性是比较粗鲁且不友好的，那么他就可能会拒绝接受这一群体，久而久之就只和异性一起玩耍。

 解决办法

针对男孩只喜欢和女孩一起玩的这一行为，家长不要过于担心，要采取冷静的态度逐步诱导孩子扩大自己的交友范围。

如果家长是因为从小把自己的孩子当作女孩子去对待，因而使孩子喜欢和女孩一起玩耍，那么家长首先就要改变自己对孩子的态度，把他看成一个男性，像要求男孩一样去要求他。当然此过程是一个慢慢转变的过程，家长不要操之过急。

如果孩子从小由女性带大，使得他比较亲近女性，那么家长不需要刻意地去引导，孩子上幼儿园之后，情况就可能会转变。

家长在平时可以给孩子说做一个男孩子有多么好，总之要让他认同自己的身份；也可以让他平时多和父亲待在一起，这样也会帮助他变得勇敢、强壮，最后或许他就喜欢和同性一起玩耍了。

家长还可以给孩子报一些适合男生的兴趣班，在兴趣班学习的过程中孩子就可能遇到和自己品性相投的男生，久而久之就敞开自己的心扉，愿意和男生一起玩耍。

198. 陪伴男孩一起进行体育活动
——男孩觉得运动很枯燥怎么办？

寒寒是一个上小学的男孩子。平时在生活中，寒寒的妈妈很重视寒寒的运动问题，因为她知道运动对人的重要性，所以时常敦促着寒寒去楼下运动。她曾经带着寒寒去楼下小区观察别人的运动，小区里时常会有老人打太极、练武术；年轻人打羽毛球等。因为妈妈的原因，寒寒有时也会去运动，但是更多时候他就偷懒不去运动了，他认为运动是一件很枯燥的事情，感觉没有什么运动是适合小朋友的。那么，面对这种觉得运动很枯燥的孩子，家长应该怎么去做呢？

 案例解析

运动是一件需要长久做下去的事情，如果想让孩子能够坚持下去，就要激发孩子对运动的无限兴趣，这样才有极大可能性让孩子坚持运动下去。像案例中的寒寒，觉得运动是一件很枯燥的事情，也就是说他对运动是没有兴趣的，所以寒寒只有在妈妈的监督下，才会去运动。在引导孩子去运动的时候，寒寒妈妈的做法是有值得肯定的部分的，就是带领寒寒去小区观察他人的运动形式，目的是让寒寒爱上运动。但是寒寒在观察的时候只发现了打羽毛球、打太极、武术这些运动形式，而很显然的是，这些运动形式并没有引发寒寒的兴趣。于是他觉得运动就等于是在跑步和打太极等这些项目中做出选择，而这几种都没有意思，于是他就会觉得运动是一件很枯燥的事情。所以，寒寒的妈妈在发现孩子对小区里的仅有的运动形式不感兴趣的时候，就要思考带领孩子去接触其他的运动，如此，孩子才能发现运动的多样性，才不会认为运动是一件很枯燥的事情，同时也会愿意主动去尝试运动。

 解决办法

孩子觉得运动是一件很枯燥的事情的原因在于他没有认识到运动形式的多样性，也没有切身体会到运动所能带来的乐趣。所以，在孩子觉得运动很枯燥的时候，家长可以从以下几点入手去解决问题：

1. 在有条件的情况下，家长可以带领孩子去健身房或是少年宫等场所，在这些地方孩子可以看到很多平时不常见的运动形式，从而对运动这件事产生强烈的兴趣，而且在众多的运动形式中，孩子可以自由进行自己感兴趣的运动，从而投入到运动行列中去。到这些场所的另外一个好处就是，孩子可以体验练习，有这样切身体验的机会，会使孩子对运动加深了解，更加清晰直观地认识到运动对人的帮助。而且在这些场所中，人群的集中性会给孩子带来强烈的使命感和集体感，让他不容易觉得运动很孤单。

2. 家长可以陪伴孩子一起运动，在带领孩子运动的时候，给他们以依靠感。

3. 家长在平时的生活中可以给孩子观看一些关于运动的视频资料，让孩子认识到运动的内涵、意义与乐趣，在潜移默化中，孩子就会对运动产生兴趣，也乐于去做出尝试。

199. 从各个方面加强男孩的体质培养
——男孩体格太柔弱怎么办？

贝贝今年两岁多，身体素质一直很差，别的小朋友可能一年生病三四次，但是贝贝平均一个月就会生病两三次，这让贝贝的妈妈非常苦恼。贝贝的父母工作都非常繁忙，所以每次贝贝生病都会打乱他们的工作节奏，让他们身心俱疲。更重要的是，生病让贝贝的精神状态也不好，看到贝贝一脸憔悴，无不叫人心疼。那么，针对这种体格太柔弱的男孩子，家长要如何去做呢？

案例解析

一般孩子在6个月到6岁的时候是特别容易生病的，尤其是感冒发烧之类的。如果孩子的体质非常之差，那么他们生病感冒的概率就会越发的大，而且很容易反复生病，往往生病的周期也比较长。孩子反复生病的重要原因是孩子的免疫力很低，营养不良或是不合理，也与呼吸进了烟尘、粉尘、虫螨等有关系。

每个孩子在年龄比较小的时候都会经历体质较弱的时期，孩子天生对病菌是没有任何抵抗能力的，所以当让他们接触到病菌之后，就非常容易被感染，当被感染之后，当他再次遇到相同的病菌，他就会对这种病菌产生免疫力，这也就是为什么大人比孩子的免疫力要好的原因。现在的社会比之前的社会更加发达，变异的细菌也比之前要多，所以面对幼小的孩子，尤其是那些体质较弱的孩子，家长要有意识地增强孩子的免疫力。

解决办法

男孩子的体质太弱，总是很容易就感冒，家长在平时要从以下几点去注意：

1. 如果孩子生病的次数并不是很多，那么家长对此不需要特别担心，孩子的免疫力会随着孩子年龄的增长而提高，家长只需要像平常一样去对待孩子就可以了。

2. 在对待孩子的饮食方面，家长要注意均衡营养，只有营养均衡，孩子的免疫力才能提高，要拒绝给孩子吃一些高温、多油、高糖及精细化加工的食品，而应该给孩子多吃天然食品，多吃富含维生素和矿物质的蔬菜、水果。有些孩子存在挑食的毛病，那么家长就要花费心思，在制作的方法及食物的外观上多加注意，这样对提高孩子的食欲有帮助。

3. 在孩子4个月之后可以给孩子添加一些辅食，首先要尝试添加的就是一些米粉或是麦粉，要知道谷物是人类最为主要的食物，它们对孩子增强免疫力有着至关重要的作用。

4. 要给孩子补充充足的水分。构成人体的主要成分并不是硬邦邦的骨头而是水分，由此可见，水对人体成长的重要性，所以在平时的生活中，家长要及时给孩子补充水分。在孩子比较小的时候，最好给孩子喝白开水，如果孩子实在不愿意喝白开水，那么可以适当添加一些有味道的东西。

5. 家长要经常带着孩子出去参加户外活动，这样可以有效预防呼吸道感染，也可以增强孩子的免疫力。

6. 家长要细心照顾孩子的生活起居，注意天气变化而增减孩子的衣物。在必要的时候还要定期去医院检查孩子的身体，以防孩子是因为免疫力存在缺陷而反复生病。

200. 选择男孩喜欢的运动方式
——男孩太胖不爱运动怎么办？

小胖的的确确是一个胖子，因为出生的时候的体重就有10斤，所以就有了"小胖"这一名字。在成长的过程中小胖一直维持了他在体重上的优势，总是比同龄的孩子要胖，如今的小胖更是变得圆润无比。当然这与小胖的生活习惯有关，小胖喜欢吃零食，喜欢喝碳酸饮料，每次吃饭的时候饭量也总是惊人，吃完饭也不运动。每次家长拉着他去运动的时候，小胖也总是会以哭闹来反抗。那么面对孩子这种情况，家长要如何去做呢？

 案例解析

现在的生活条件越来越好，孩子一出生就享受着非常优越的家庭环境，父母总是尽自己最大的努力去满足孩子的需要，孩子在物质生活上往往是非常富足的，所以在当代有越来越多的孩子是超重的，而且超重儿童的年龄越来越低龄化。

诚如大家所知，肥胖是导致人患上多种疾病的关键因素之一。超重会导致孩子呼吸困难，所以他们较普通的孩子更容易患上肺炎、支气管炎，甚至会导致他们出现睡眠呼吸暂停综合征；超重可能会使他们患上一些成人的慢性疾病，比如说糖尿病，肥胖可能会伴发高血压、脂肪肝，也会加速动脉硬化的形成，使得他们在成年后心脑血管疾病发病概率的增加，除此之外还有胆石症、骨质疏松等等；超重的孩子一般走路会比其他孩子晚，因为他们的关节部位负重很多，容易造成磨损而导致关节疼痛，还容易发育成扁平足等；肥胖还会影响男孩子的性发育，导致他们的生长激素分泌低下，性激素分泌发生紊乱，男孩子可能会出现性器官短小的情况，在日后会影响正常夫妻生活。除了生理上的疾病，肥胖也可能会给孩子心理造成损害，因为比周围的人胖，可能会受到周围特殊的眼光，久而久之孩子就可能会出现抑郁、自卑等心理。

总之，家长要认识到肥胖的坏处，在给予孩子较好的物质生活的同时要谨防让肥胖侵蚀孩子的身体。

 **解决办法**

男孩子饮食不注意导致肥胖，家长要想办法让孩子充分认识到肥胖的害处，同时激起孩子运动的欲望，以便让孩子爱上运动，拥有一个健康的身体。具体做法可以参考以下几点：

1. 让孩子了解运动。在孩子比较小的时候，他对于运动是一无所知的，也是比较不排斥的时期，家长就可以利用这一时期，让运动在孩子的头脑中形成印象。家长可以带着孩子去公园观看运动的人，增加孩子与运动的亲近感，以此让他逐渐熟悉运动。

2. 给孩子说运动的好处。家长可以给孩子讲一些大道理，要讲究一定的趣味性，然后结合孩子自身的情况去说。比如，男孩希望自己苗条，那么家长就可以说坚持去运动就可以让自己身材苗条，变得和明星一样。

3. 选择孩子喜欢运动方式。运动并不是只有跑步，家长可以尊重孩子自己的选择，只要在保证安全的前提下达到锻炼身体的目的就可以。

4. 家长可以和孩子一起运动。这样不仅给孩子树立了运动的榜样，而且增加了家长与孩子之间的互动。

5. 可以让孩子观看一些影视资料。孩子在观看的时候，家长要进行刻意的引导，这样孩子就很有可能对运动产生兴趣。

201. 找到原因，鼓励男孩克服运动障碍
——男孩不喜欢上体育课怎么办？

石头今年上小学一年级，是一个腼腆内向的小男孩，平时很懂礼貌，对待学习也非常认真，成绩在班里排名很靠前。但是石头有一个让家人担心的问题就是石头不喜欢运动，所以他也不喜欢上体育课，每次上体育课的时候，石头的情绪都会特别低落，也不积极参与到体育课的活动中来，在老师不在的时候他就会偷偷溜进教室学习。家人担心石头不能德智体美劳全面发展，但是也不知道如何去做。那么，遇到孩子这种情况，家长要如何去做呢？

 案例解析

我们都知道孩子天生是喜欢玩的，尤其是男孩子，按理说没有孩子会不喜欢体育课，但是像案例中石头的情况也不在少数，尤其是在当今的社会，家长十分重视孩子的成绩，总是在家庭中给孩子说一切活动都是多余的，要抓紧一切时间学习，受到这样教育的孩子很可能把学习成绩看成人生第一大事，他们往往也会因为想要取得好成绩而拒绝一切课外活动，而体育课也会成为他们眼中非常浪费时间的事情。除了这个原因之外，孩子不喜欢上体育课也可能是因为以下几点原因：

1. 孩子本身不擅长运动，他们因为自小缺乏锻炼，所以担心自己在体育课上会出丑，故而就不喜欢上体育课。

2. 孩子可能是因为不喜欢或是害怕体育老师，所以会出现拒绝上体育课的情况。

3. 因为客观因素的原因，比如夏天太热，冬天太冷，孩子为了躲避这种天气就会变得不喜欢上体育课，因为我们知道学校的体育课一般是在户外进行。

 **解决办法**

家长都希望自己的孩子在学校可以德智体美劳全面发展，如果孩子出现不喜欢上体育课的情况，那么孩子很可能不会拥有一个很好的身体，也在预示孩子可能在某些方面出现了问题。所以，当孩子出现这种情况时，我们建议家长可以采取如下步骤解决：

孩子不喜欢上体育课，尤其是男孩子，会令大家感到意外，也就是说这是一件有违常理的事情，而出现这种状况一定是有原因的，所以家长就要负起应有的责任，在孩子出现这种状况的时候查明其中的原因。例如有些孩子因为在学单杠的时候在上面出丑了，因而就不喜欢上体育课了，那么家长就要告诉孩子，每个人在学习一项新的技能的时候都会遇到一些小挫折，而只要多加练习就可以做得很好。在这个过程中家长可以给孩子讲一些名人的小故事或是结合自己的亲身经历去讲述。

也有些孩子是因为不喜欢自己的体育老师所以不喜欢上体育课，那么家长就应该深入了解其中的原因，在必要的时候找到相应的体育老师去了解情况。如果孩子是因为体育老师有一些小毛病，所以就不喜欢他，那么家长就要告诉孩子每个人都有一定的缺点，没有人是完美的，要积极发现别人的可爱之处，这样就可以很好地接纳别人；如果的确是老师有问题，那么家长就要找到老师做沟通，沟通无果的话再进一步找到校方进行解决；如果孩子是因为身体素质不好而不喜欢上体育课，那么家长就要在家采取一些积极的手段培养孩子运动的兴趣，这样有利于帮助孩子喜欢上体育课。

家长在对待孩子的德智体美劳的时候要端正自身的态度，不要一味地把某一项抬高，把某一项压低，这样只会造成孩子不正确的价值观，不能均衡地发展自身的素质。

202. 激起男孩的运动兴趣
——男孩对户外运动抵触怎么办？

球球的父母都酷爱户外运动，尤其是攀岩和定向越野，但是他们的儿子球球则好像对户外活动持拒绝的态度。有时周末的时候，球球的父母想带着球球去郊外爬山，但是球球总会以各种理由拒绝，不是肚子不舒服就是周末作业有点多。这点令球球的父母有些失望，因为他们本来希望自己的孩子能够像自己一样喜欢户外活动，这样以后他们一家三口就可以一起活动。那么，面对男孩对户外运动很抵触的情况，家长要如何去做呢？

案例解析

从案例中我们可以看到球球的父母都是非常喜欢户外运动的，所以他们希望自己的孩子能像自己一样喜欢户外运动，并渴望有一天一家三口一起去野外冒险。我们非常理解球球家长的心情，但是我们也不得不提醒球球的家长要顺应孩子的天性，同时做出一些引导。也就是说不要一味地强求孩子与自己一样，要保护孩子的不同。与此同时，为了孩子更好地成长，为了孩子拥有良好的体魄，家长可以引导孩子做一些运动，以达到锻炼身体的目的，而运动的形式也不要仅仅局限于户外运动。

孩子不喜欢户外运动，很可能是因为孩子本身就不喜欢运动，所以他会排除与运动有关的一切行为，这时家长要做的并不是强行把孩子带到户外，而是要在平时的生活中激起孩子运动的兴趣，这样孩子才有可能在将来爱上户外运动，这是很重要的一点。

孩子不喜欢户外运动也可能是因为孩子的生理发展并没有办法匹配到如此高强度的户外运动形式。孩子在学前就可以进行一些运动，但这只是一些简单的游戏类的运动，大部分孩子可能要到 7 岁以后他们的基本身体技能才能发展完成。如果家长没有留心观察孩子的身体发展情况，而是一味地要求孩子去做运动，这样对孩子来说是有些残忍的。

孩子不喜欢户外运动也可能是孩子缺乏冒险精神。那么家长就要首先培养孩子的冒险精神，然后再逐步要求孩子进行一些户外运动。

 解决办法

男孩子不喜欢户外运动也是一件非常正常的事情，家长要放松心态，逐步引导孩子，万不可操之过急。

首先，家长要了解为什么孩子不喜欢户外运动，是不是他们在内心深处对户外运动有一定的恐惧感，如果是，那么家长就要引导孩子克服这种恐惧感。要让孩子知道户外运动的形式是多种多样的，他完全可以根据自己的能力去选择运动项目而不是单纯地选择一些具有挑战性的项目。在这个过程中，家长可以给孩子观看一些温和的户外运动的视频资料或是给孩子讲述自己有趣的户外经历。这样，孩子对户外运动就有一个全面的了解，也会减轻他们对户外运动的抵触心理。

其次，如果孩子本身就是不喜欢运动的，那么家长首先要做的就是激起孩子对运动的兴趣。家长可以带着孩子去了解运动，让他认识到运动器材的多样性，从而从中挑选自己喜欢的，感受到运动的乐趣之后，孩子就会喜欢上运动。爱上运动之后家长就可以逐步引导孩子爱上户外运动，相信孩子也不会太过于排斥。

最后，孩子如果实在不喜欢户外运动，家长不要过于强求，家长要明白让孩子运动的目的是强身健体，只要达到这个目的就好，而不应该在乎运动的形式是什么。

203. 成绩好与运动并不冲突

——男孩认为成绩好不用运动咋办?

皮皮是个小学生,学习成绩很好,但有些体弱多病。皮皮的妈妈觉得将来孩子要面临各种升学考试,没有一个很好的身体肯定是不行的,所以,决定和皮皮商量,在家门口的健身房办一张健身卡,每天放学回家之后先去健身房运动 40 分钟,然后回家吃饭再去完成作业。但是在和皮皮商量的过程中,皮皮有些生气,觉得自己的作业已经够多了,学习成绩也已经很好了,为什么妈妈还要给自己增加额外的负担。总之,皮皮觉得自己学习成绩好,就不用去运动。面对这种情况,家长要如何引导孩子呢?

 案例解析

从案例中我们了解到,皮皮是一个品学兼优的好学生,但是面对妈妈要给自己办一张健身卡这件事却显得有些急躁。面对这种情况时,家长不要总是以"我都是为你好"为由强行让孩子服从自己,不顾及孩子的感受,而是要逐步开导。家长如果有足够的耐心,我们相信孩子最终会明白家长的良苦用心。

在现实生活中,像皮皮一样对运动与学习有这种对立的观念的其实并不是少数,这不能责怪孩子,而是我们的教育从最初的源头开始就没有将运动和学习正确处理。家长一味地抓孩子的学习,认为学生学习好才是最为关键的,于是将孩子大部分的时间剥夺,督促孩子进行学习。久而久之,孩子受家长的影响也觉得只有学习是最为重要的,其他一切都是小事,那么就不会把运动这件事看得那么重要。但是我们都知道身体是革命的本钱,而且在合理的运动之后,人的精神会比之前要好,那么自然的,学习的效率也会提高。

所以,面对孩子认为学习好就不用运动这种情况,家长要做的就是帮助孩子厘清运动和学习之间的关系,让他认识到两者并不是对立的。

 解决办法

面对孩子觉得学习好就不用运动的情况,家长可以从以下几点着手解决:

1. 家长要冷静处理,不要急躁。有时家长会觉得自己一切都是为了孩子好,所以要求孩子必须服从自己的命令。其实这是完全错误的,孩子是独立的个体,他有自己的自由意志,所以,家长首先要抱有的态度应该是建议而不是命令,家长要在平等的角度上以理性、客观的态度给孩子说明情况,这样才能不引起孩子的逆反心理,才有可能逆转孩子对运动的误解。

2. 家长要向孩子说明学习与运动的关系。家长在罗列运动的好处的时候,要根据孩子切实的情况。孩子如果觉得学习好就不用运动,说明他觉得运动是占用他的时间,运动是对学习不好的一种惩罚。所以,家长要扭转孩子的这一想法,告诉他,运动并不是一种惩罚,是为了更好地学习，运动之后人的精神状态会变得很好，那学习的效率也会提高，会让自己学习起来更加轻松。

3. 家长要让孩子自行选择运动方式。在帮助孩子整理清楚运动和学习的关系之后，家长要及时让孩子做出尝试。让孩子扮演检验家长说法是否正确的执行官，这时孩子是不会特别排斥的。而且家长要让孩子自由选择，可以是孩子的身体情况允许下的任何运动形式。

204. 假期生活也要规律
——一到假期就不运动咋办？

才才是一个上小学的男孩子，平时也有运动的习惯，但是一到假期所有的好习惯都没有了，可以说才才在假期的生活相当混乱。在假期里，才才每天不是玩电脑玩到很晚，就是拿着零食和可乐坐在电视机前看电视到很晚。第二天，才才总是睡到很晚才起床，更不要提运动了。才才起床之后不是看电脑就是看电视，整个假期过得相当颓废，人也显得很没精神。那么，对待假期里生活作息不规律的孩子，家长要如何去处理呢？

 案例解析

在假期里，其实有很多孩子都像案例中的才才一样，自己给自己放假，每天都是在看电脑或是电视中度过，一个个都变成了熬夜的"猫头鹰"。面对家长的指责，他们只是"嗯"一声应付过去或是干脆对家长的唠叨抱以不理睬的态度，继续我行我素。没有任何规律可言地生活下去。在假期中，以这样的状态过下去的话，等到开学他们也会显得无精打采，一时适应不了上学的状态，也会导致学习的效率低下。

作息不够规律是孩子在假日里出现的最大问题，在上学期间养成的好习惯一到假期可能全部被推翻了，他们从平时的"百灵鸟"变成了"夜猫子"，甚至有些孩子直到半夜还在看电视或是玩游戏。由于没有明确的作息时间，他们原有的生活规律也会被打破，睡眠的时间得不到保障，体内的生物钟也会紊乱，如果假期一直处于这样的生活状态，孩子就很有可能患上"假期综合征"。患上假期综合征的孩子在假期过后就会出现体虚、疲惫、记忆力减退、注意力不集中等现象。

孩子的自制力一般比较差，所以，在假期里，家长就要起到监督的作用，使得孩子在假期里依旧有良好的作息习惯，这样在开学之后才能具有良好的精神状态。而且规律的生活，很强的自律会在孩子的一生中起到至关重要的作用。

 解决办法

假期孩子的作息没有规律，家长可以从以下几点着手解决：

1. 家长最好在假期之前就和孩子达成共识，在假期要做到作息有规律。而且家长要留出充足的时间去说服孩子，一般孩子会认为假期就是玩的时间，就是一个放纵自己的机会，所以，在潜意识中，他会排斥家长给他安排假期生活。所以，家长要说服孩子。但是，家长要明白，假期毕竟是假期，不能要求孩子像上学一样，要留出时间让孩子尽情去玩耍。

2. 家长可以给孩子制订假期时间规划表。孩子没有规律的生活不仅仅是缺乏自律的表现，而且会导致孩子的身体状态不好。所以，家长在假期里一定要让孩子早睡早起，适当运动，合理安排一天的时间，有了规矩之后，很大程度上就会避免孩子作息不规律的现象。但是在制订时间表的时候最好是和孩子一起，要结合他的实际情况。对于不遵守的孩子，家长要拿出权威进行干涉。

3. 家长可以在征求孩子的意见之后，在假期安排他学一些新的知识或技能。这样也会避免孩子出现作息不规律的情况。

205. 要有好身体必须坚持运动
——男孩不能坚持运动咋办？

平平身体比较瘦弱，于是平平要求妈妈监督自己每天早起运动。于是在一周的时间里，平平总是 6 点起床，不吃早餐就开始在小区里跑步半个小时，然后再洗澡吃饭去上学。但是平平的锻炼生涯只坚持了 5 天，到了周末，平平就想赖床，于是就再也没有坚持运动下去。那么，家长在面对明明知道运动对身体有好处，但是却不能坚持的孩子要如何去做呢？

 案例解析

我们在日常生活中保证孩子身体健康的方式除了注重饮食，就是督促孩子进行体育锻炼了。运动对增强体质，塑造强健的体魄都是非常有用的，但是前提是锻炼方法要得当又能坚持住。坚持正确的锻炼方式的益处我们可以分为以下几点：

1. 适当的锻炼可以促进全身血液循环，保障骨骼、脑细胞充分的营养，从而促进长高激素分泌及肌肉、韧带和软骨的生长，使一个孱弱的人变得健康起来。

2. 如果每天坚持运动，不光强健了体魄，使肢体变得灵活，而且可以促进智力的发展。我们在日常生活中也会发现，一个行为迟钝的人很难智商超群，也就是说大脑思维的灵活性与肢体的灵活性是有关系的。所以，锻炼了身体的灵活性也就促进了思维的发展。

3. 坚持运动会提高一个人的视觉跟踪能力。我们在平时会发现，一个在学习上存在问题的孩子，他们往往视觉跟踪能力较差，体现在阅读上就是常常会出现丢字、串行、看错数的情况。这与他们的眼肌控制力差有关。而大脑对眼肌的控制，必须是在充分的活动中展开，而进行一些有追踪目标的运动对眼肌的发展有提高作用。

4. 坚持运动对一些注意力不集中的孩子有帮助。那些注意力不集中的孩子往往内耳前庭发展不平衡，而内耳前庭的发展，正是在奔跑和锻炼中实现的。

所以，运动对我们每个人来说都是有百利而无一害的，但是前提是要坚持下去。

 **解决办法**

所以，家长在督促孩子运动的时候，千万不要忘记坚持的重要性。面对不能坚持运动的孩子，我们建议家长可以采取以下几点措施：

1. 如果家长知道自己的孩子意志力比较差，做什么事都很难坚持的话，那么，在刚开始运动的时候，家长可以给孩子找一个合适的小伙伴陪同孩子一起运动。这样孩子在有人陪伴的情况下就会有趣得多，而且容易坚持下去。

2. 家长可以丰富孩子的运动方式。运动并不是只有跑步一种方式，家长可以给孩子尝试更多运动的机会，从而让他在其中体会到快乐，这样他也就不会轻易厌倦运动本身。

3. 家长可以抽时间陪孩子一起运动，这样既可以给孩子以精神的鼓励又可以增进家长与孩子之间的感情。

4. 家长在孩子取得一定的进步的时候要及时给出鼓励，这样孩子会有更大的坚持运动下去的动力。

5. 家长可以让孩子制订运动计划并公布给身边的人或是发布在社交平台上，把计划公布于众会更有利于督促孩子坚持下去。

Part 11
男孩的性格培养：做坚强的小男子汉

206. 让男孩学会用男孩的方式表达感情
——为什么男孩总是爱哭？

毛毛是一个小男孩，他有一个突出的特点就是非常爱哭，这点让毛毛的家人和周围的人非常苦恼。有时毛毛自己走路不小心摔倒了会哇哇大哭，别人稍一严肃地对他说话，也会立马就哭。总之，毛毛一天哭的次数就可以赶上别的孩子一周哭的次数。但是毛毛的家长从小并不是非常娇惯他，他们想不通为什么毛毛会这么爱哭。那么，面对这种孩子，家长要如何去处理呢？

 案例解析

我们知道年龄比较小的孩子是比较容易哭的，不管是男孩还是女孩，都是一样的，这是完全正常的。这个年龄段的孩子，他们哭是因为遇到了自己解决不了的问题，于是采取哭的方式去发泄自己的情绪；当孩子感觉到疼痛、不适的时候，因为他们的语言能力还没发展起来，于是他们也会采取哭的方式去表达。

但是从案例中我们了解到，毛毛哭的次数是多于同龄的孩子的，为什么有些孩子会那么喜欢哭呢？这可能与家长对他们的教育有关系。

有时家长在下意识地鼓励孩子去哭，比如有的家长在孩子摔倒之后就会立刻跑去表示自己的担心与不安，有的家长在孩子情绪低落的时候也会表现出过分的担心，家长的这些举动其实都是在向孩子传达问题的严重性，这样孩子就会觉得这件事非常严重，于是也就会哭泣。

当孩子被家长忽视，他们也会采取哭的方式去博取家长的注意。

有时孩子也会因为不被理解而哭泣，有时孩会异常兴奋地告诉家长一些事情，但是家长的态度非常冷淡，这样孩子的自尊心就会受到伤害，他们也就会采取哭泣的方式进行反抗。

 解决办法

针对男孩不同的哭泣缘由，我们建议家长采取如下措施：

1. 如果孩子是因为自己的需求满足不了而哭泣，那么家长在平时就要训练孩子延迟满足的能力，不能让孩子有要风得风，要雨得雨的感觉，这样的孩子在以后只要有一丝的不满足，他们就会采取激烈的措施去应对自己的不满足，而哭泣就是他们的首选。

2. 孩子如果是因为感觉自己受到忽视而哭泣，那么家长首先要反省自己的行为，是不是对孩子的关注有所不够，如果是，那么家长就要增加与孩子的交流时间，让孩子充分感受到自己是被爱的。在这种情况下，如果孩子哭泣，家长可以采取转移他的注意力的方式去应对。

3. 如果孩子是因为不被理解而哭泣，那么家长就要调整自己的态度，以欣赏的态度去对待孩子的每一句话，不要因为觉得很幼稚而采取置之不理的态度。

207. 降低分离给男孩带来的焦虑感受

——男孩太粘人怎么办?

小格今年已经 3 岁了，是一个小男孩，从小是妈妈带着长大的，所以和妈妈的关系异常亲近。妈妈和自己的孩子很亲近按理说是一件好事，但是小格的妈妈并没有感受到丝毫的快乐，因为小格实在是太粘她了，基本是妈妈走到哪，小格就会跟到哪，有时妈妈上厕所，小格也会跟着过去，这让妈妈非常苦恼，有时候想单独去做事都没有办法完成。那么，面对喜欢粘人的男孩子，家长要如何对待呢?

解决办法

从案例中我们知道小格是一个非常粘妈妈的孩子，几乎是妈妈走到哪里，小格都会跟到哪里。其实在现实生活中，这种现象也非常常见，当然，孩子粘人的对象可能不是妈妈，而是其他人，但是本质是一样的。

孩子会产生粘人的行为，我们是可以理解的，在孩子 5 岁之前，孩子的安全感并没有形成，所以他就会有强烈的不安全感。在孩子七八个月大的时候，他会用哭声把家人粘在自己身边；等到有行走的能力之后，他就会跟在某位大人的身后。他的这些行为其实都是他不安全感的表现，在心理学上也被称为"分离焦虑"，是在孩子离开某位自己非常亲近的人的时候所产生的一种情绪体验。当分开的时候，他们一般会哭泣，会大喊大叫，甚至出现焦虑等现象。

所以家长要完全理解自己的孩子粘人的行为，在理解的基础之上想办法减轻孩子的焦虑，这样孩子粘人的行为也就会减少。

解决办法

为了减轻孩子的分离焦虑，家长在平时要维持以下原则:

1. 家长不要想着一次性解决孩子的分离焦虑，因为这是不可能的。分离是一个渐进的过程。刚开始的时候，家长可以短时间地让孩子看不见自己，但是孩子可以听到自己的声音，接着延长孩子看不见自己的时间，直到孩子完全可以单独活动。在这个过程中，家长要让孩子知道，即使现在不能看见父母，但是父母总会回来的，而且是一直都爱着他的。

2. 家长对孩子的关心要适当地减少一些。我们说家长是非常懂自己的孩子的，每当孩子想说什么或是想干什么的时候，家长都会知道。但是这样对孩子的成长是不利的，会让孩子形成依赖的心理。

3. 家长要改变自己的关注点，不要总是关注孩子的具体生活，而是把中心转到关注孩子的心理成长上去，这样可以锻炼他的独立性。家长在平时也要训练孩子的生活能力，这样有助于帮助他改掉粘人的习惯。

4. 家长要给孩子创造一个交流的环境，与同龄人也好与其他人也好，总之不要让孩子只信任其中的一个人，这样他就不会太过于粘某一个人了，也不会对周围的环境太过于陌生而产生焦虑了。

208. 给男孩更多的关注
——男孩总是和父母对着干怎么办？

小卓今年刚刚满 3 岁，是一个活泼开朗的小男孩，之前一直是小卓的爷爷奶奶带着小卓，但是最近，小卓的父母把小卓接到了自己的身边，但是从种种迹象上都表明，小卓似乎并不喜欢自己现在的家庭，好像也不怎么喜欢自己的妈妈，因为他一直跟妈妈对着干。小卓吃饭的习惯并不好，为了纠正小卓的坏习惯，妈妈给小卓定了一些规矩，但是小卓不但不遵守甚至开始用手吃饭。面对这种和自己的父母对着干的孩子，家长要如何去应对呢？

 案例解析

从案例中我们了解到，小卓从小是跟着爷爷奶奶长大的，虽然和父母是至亲，但是因为长期没有生活在一起，难免会有一些生疏感，同时也会因为离开自己的爷爷奶奶而产生难过的情绪。在这一时期，家长首先要做的就是给小卓充足的爱，让小卓意识到自己的父母是非常爱自己的，同爷爷奶奶一样。

从案例中我们也可以看出，因为长期不和自己的父母生活在一起，小卓与妈妈的相处的确出现了一些问题，具体就表现在吃饭的问题上，总是与妈妈对着干。其实这时小卓的妈妈应该意识到问题的根源其实不在于吃饭上，可能解决完吃饭的问题，还会出现睡觉的问题等等，究其原因是小卓与自己的亲子关系上出现了问题，所以把亲子之间的关系梳理好，小卓的问题就会迎刃而解。

每个孩子在年龄比较小的时候都是非常顽皮的，他们喜欢按照自己的意愿去生活，往往也不懂什么规矩，他们也不懂得如何去照顾别人的情绪。所以，在这一时期，家长首先要做的就是包容孩子的不足，以爱的态度去对待孩子的任何不足，在此基础上积极引导孩子。

如果孩子故意和自己作对，说明孩子与自己的关系存在一定的危机，而且孩子的内心深处是渴望父母的爱的，所以他会用作对的方式去引起家长的注意。家长一定要认识到这一点，然后采取正确的方式去处理问题。

 **解决办法**

孩子总是和家长作对，其实说明孩子的内心是缺乏安全感与爱的，这时家长不应该急于去纠正孩子的不足，而是要让孩子充分认识到自己的重要性，要让他知道父母都是全身心爱着自己的，只有这样孩子的行为才能回到正常的轨道上，亲子关系也会得到改善。具体做法参见以下：

1. 家长首先要收起对孩子行为的不满，不管他在行为上表现得多么不符合自己的期望，都不要去批评他，而是善于发现他做得好的地方，就他做得好的地方进行及时且积极的表扬，这样孩子的自尊心就可以逐渐建立起来，而且他也会意识到在父母的眼里自己是优秀的，这样就会强化他的自尊心，他也就会不自觉地规范自己的行为举止。

2. 孩子和自己对着干往往是想引起家人的注意，也就意味着家长对孩子的关心与注意是不够的，那么家长在接下来的日子里就要格外地关心孩子，认真地对待他说的每一句话；认真地倾听孩子内心的想法；及时回应孩子的提问；多关心孩子的内心世界。这样孩子就能感受到家长对他的爱，接下来家长才能更好地规范孩子的具体行为。

209. 安抚 + 引导，静下心来解决问题
——男孩脾气暴躁怎么改？

大同是一个两岁的小男孩，脾气相当暴躁。每当大同的妈妈不让大同看手机的时候，大同就会抓住妈妈的头发，弄得妈妈非常恼火；和小朋友在一起玩的时候大同也会因为一些小事就和小伙伴打起来，甚至把自己的玩具摔在地上。那么，面对脾气暴躁的孩子，家长要如何去应对呢？

 案例解析

我们在日常生活中随处可见孩子发脾气的场景，孩子有脾气其实是非常正常的一件事情，从心理学角度来讲，孩子发脾气是一种心理需求的外在表现。孩子在年龄比较小的时候，生理发育和心理认知并没有成人那么完善与成熟，所以他们一切的活动是以自我为中心的，他们会非常直接地表达他们的情绪而不顾及外人的感受。如果故事中的大同发脾气只是偶尔的现象，那么家长不必过于担心，也不能因此认为孩子就是性格暴躁的人。孩子在三个年龄阶段脾气会比较大，分别是两岁左右、7 岁左右和青春期前这三个阶段。等到孩子的认知水平逐渐提高，他的脾气及其他方面的行为特征就会改善，家长只需要顺应孩子的天性，给予正确的引导就可以了。

脾气一方面与孩子的发育阶段有关，另一方面也与孩子的成长环境有关。研究表明那些在缺少关爱的环境下成长的孩子脾气也会异常暴躁。比如，孩子的父母本身就是一个性格暴躁的人，在家庭生活中，孩子时常会听到父母的吵闹声，这些都会给孩子的身心造成一定的

伤害，在潜移默化的影响中，孩子可能就会像自己的父母一样采取暴力的方法去解决自己遇到的问题。

所以，家长要先搞清楚自己的孩子为什么会脾气暴躁，然后才能对症下药。

 解决办法

如何面对脾气暴躁的孩子，我们给予各位家长以下建议：

我们要提醒各位家长，孩子不会无缘无故地发脾气，所以，父母首先应该做的就是要理解他们，接受他们现在的感受，然后以平和的态度去了解他们内心的想法。只有知道了孩子为什么发脾气，大人才能很好地去解决问题，否则一切都是白费工夫。

父母在知道孩子发脾气的原因之后，就要想办法去安抚他们的情绪，让他们尽量冷静下来，等到孩子的情绪有所缓和，那么家长就要就孩子发脾气的原因给出指导性的意见或建议，还要耐心地教给孩子一些道理。

在给孩子讲道理的时候，家长要采取一些适当的教育方法，比如说要教给孩子体谅别人，在与人发生不快的时候要设身处地替别人着想，在日常生活中，家长也要对此做出典范。

当孩子无理取闹、发脾气的时候，家长首先要采取的态度应该是冷处理，家长要坚持住阵脚，不要妥协。孩子从无知到有知是一个发展的历程，家长要有耐心去一点点教导孩子，其中一点就是要控制自己的情绪，不能出现不满的时候就去发脾气。采取冷处理的方法就在于让孩子明白发脾气并不能解决任何问题，自己也得不到想要的东西，久而久之，他就会有所收敛。

210. 骄纵是男孩任性妄为的原因
——男孩任性起来毫无顾忌怎么办？

童童从小就有一些任性，但是童童的妈妈一直也没有认真对待，直到前些天发生这样一件事情。星期天的一个下午，妈妈带童童一起去商场逛街，意在给童童买一些必备的衣服，但是在逛街的途中，童童看上一个价格比较昂贵的玩具，妈妈和童童商量说下次带着足够的钱再来买，但是童童死活不依，硬是赖在店里不走，甚至躺在店里哭闹，无奈，童童的妈妈只好刷了自己的信用卡买下了那个玩具。这件事让童童的妈妈充分认识到童童是如何的任性妄为，那么，对于这样的孩子，家长要如何教育呢？

 案例解析

孩子的任性并不是天生的，而是在后天的不良环境中习得的，以下情况就会导致孩子形成任性的性格：

1. 家长不懂得孩子的心理发育特征，不知道在恰当的时期给予孩子恰当的教育。比如在孩子两岁左右，孩子不肯按父母的意愿去做事，而只是凭着自己的心意去做事，但是这时父母并没有给孩子进行适当的生存理念教育，反而听之任之，那么孩子就很容易形成任性的性格。

2. 家长没有原则的溺爱是孩子养成任性性格的重要因素。所谓没有规矩无以成方圆。如果家长对孩子的任何需求都加以满足，甚至是一些不合理的要求也去迁就，那么，孩子就会以自我为中心，导致孩子任性所为的行为习惯。

3. 家庭教育的不一致也会导致孩子形成任性的性格。比如，妈妈在教育孩子的时候，爸爸出面护着；爸爸在教育孩子的时候爷爷出来护着。这样就会让孩子觉得无论自己犯怎样的错误，总之都会有人出面护着自己，于是就肆意妄为。

对于已经形成任性性格的孩子，家长要善于调控和引导。在预测到孩子可能要任性时，主动地转移他们的注意力，从心理上调整孩子的做事方式。

 解决办法

为了不让孩子养成任性的性格习惯，家长可以从以下几点着手去做：

1. 如果孩子的任性是因为娇惯所养成的，那么家长就要狠下心来，坚持原则，在孩子哭闹的时候不予理睬，不迁就孩子。等他停止哭闹之后，要给他讲道理，并告诉他以后越哭闹就越得不到自己想要的东西。还要告诉他无论自己想得到什么，都要有积极的协商态度，不可以采取任性的态度去获得自己想要的东西。这样不但可以纠正孩子的任性，而且培养了孩子用积极方法处理问题的好习惯。

2. 家长要在平时多和孩子进行沟通交流，要摒弃落后的教育观念和粗暴的教育方式，要尊重孩子，平等地对待孩子，多和孩子进行沟通，多给他讲一些道理，要允许孩子犯错，允许孩子按照自己的意愿去做事，当他按自己的方式解决不了问题时，家长提出的建议会更加受到重视，也会使他心服口服。这样培养出的孩子不但不会任性，而且会养成自信坚强，善于改正错误的好习惯。

3. 家长不要在人前人后讲孩子的坏习惯，这样有利于帮助他淡化自己的坏习惯。而且家长要对孩子好的行为进行肯定与表扬，帮助孩子建立平和的心态。当孩子偶尔倔强的时候，要采取宽容的态度，允许孩子按照自己的意愿去做事，在孩子发泄完自己的不满之后，要及时找孩子谈话，让他的倔强与任性一点点消失，随后变得随和起来。

4. 家长要给孩子做出榜样，在日常行为中也不要表现出任性妄为的行为特征。

211. 给男孩创造更多自由选择的机会
——怎么对待男孩太听话的问题？

毛毛就是别人眼里典型的乖孩子，平时很少能见到毛毛发脾气的样子，总是很听家长的话，在买衣服的时候，本来毛毛喜欢蓝色的那件，但是因为妈妈觉得灰色的好看，于是毛毛就会选择灰色；小朋友都喜欢吃甜食，毛毛也不例外，但是毛毛每次吃冰淇淋选择口味的时候都要问妈妈自己要吃什么口味，而不是自己挑选。总之，毛毛就是一个特别听话的孩子，但是孩子太听话，真的是一件好事吗？

 案例解析

很多家长都希望自己的孩子听话，在家长看来，听话的孩子是比较好带的。但是孩子过分听话，真的是一件有利于孩子成长的好事情吗？其实并不是的，孩子比较听话的确可以减轻家长的负担，可以让家长少些心思去教育孩子，但是孩子太听话对于孩子的成长来说并不一定是一件好事。

像案例中的毛毛，他就是一个非常听话的孩子，但是从案例中我们也可以看出来，毛毛的听话其实是一种没有主见的表现，在他的生活中，甚至在选择冰淇淋口味的时候都不敢自己做出选择，这是一种没有主见的做法，甚至将来会发展成害怕承担责任的性格。

所以，在当今的教育理念中，家长不要一味地要求孩子听自己的话。听话的孩子不一定是好孩子，淘气的孩子也不一定是坏孩子，甚至有些人指出，"听话的孩子是问题孩子"，不管这种言论是不是有些过激，我们都应该意识到听话并不一定是一件好事这一事实，往往听话的孩子会有缺乏主见、胆小怕事、缺乏社交能力等问题。

 解决办法

孩子并不是天生喜欢听别人的话的，所以当孩子表现出太听话，而且有一些其他的毛病的时候，一定是家长的教育方式与方法出现了问题。所以，家长要及时调整自己的教育理念，这样才能让孩子拥有一个健全的人格。

如果孩子太听话，无法自己做出选择的时候，可能是因为孩子生活经验不足而导致他不知道怎样选择。如果是这样，那么家长就要增长孩子的见识，敢于给孩子尝试的机会并在合适的时机给孩子一定的鼓励。比如在买玩具的时候，可以让孩子自己挑，这样有利于他做出选择。

家长在平时的生活中太过于强势也会造成孩子太听话，这样的孩子听话的最重要的原因并不是真的采纳家长的意见，而是因为这是最省事的做法。这种情况的话，家长就要改变自己太强势的性格，和孩子真诚沟通，让他有自己做主或是发表意见的机会。

除此之外，家长也不要利用孩子对事物的无知去恐吓孩子，这样只会让孩子变得胆小怕事，胆小怕事的外在表现可能就是很听话。最后，家长在给孩子制定一些规矩的时候不要过于严苛，不要让孩子感到过于束缚，这样的孩子很可能成长为家长的提线木偶，没有自己的想法。

212. 爱冲动源于情绪控制能力太差
——男孩太冲动怎么办？

高峰是一个小学生，性格比较外向，是一个活泼开朗的孩子。高峰的行为举止像一阵风一样，平时就是一副风风火火的样子，如早晨起床洗脸匆匆忙忙，还没擦好脸就把护肤品随便往脸上一擦。在学校的时候，高峰时常会因为一些小事和同学闹得非常不愉快，别人问他问题的时候，如果高峰讲一两遍别人听不懂的话，高峰就会非常生气，往往就会说那个同学笨，本来是帮助别人，到头来也没有落下什么好名声。高峰也想控制一下自己的脾气，但就是改不掉太冲动的性格。那么，对于太冲动的男孩子，家长要如何教育呢？

 案例解析

在生活中，我们时常会看到这样一群人，他们对任何事情都饱含热情，兴趣一来，就会立刻去做，没有任何准备也没有详细的计划，常常就是"虎头蛇尾"的样子。这类人就是我们脑海中那些做事比较冲动的人。故事中的高峰也是一个做事比较冲动的人，这类人做完事可能会后悔，但是后悔过后又会重新冲动地去做事。

有两个方面影响孩子成为一个冲动的人，一个方面是先天的遗传因素，在心理学中，我们称性格冲动的人为"胆汁质"的气质。气质是反映一个人在认识、情感、言语、行为中的特征的总和，是能够代表一个人特征的稳定因素。气质并没有什么好坏之分，它是一个人主观决定不了的因素，因此也是不容易改变的。另一个影响因素是后天的成长环境，主要是父母的教养。比如孩子在成长的过程中缺乏挫折经历，那么他们积累的经历就会不足，因而就会导致他们没有能力去经受生活中的考验，他们可能就会变得冲动；再比如，有些家长对孩子的要求很严格，他们希望自己的孩子做事又快又好，他们重视结果但不重视过程，因而就会形成孩子对时间的紧迫感，孩子太过于急功近利，那么他们也会变得非常冲动。

 解决办法

先天的气质是不能被改变的，但是后天的环境是可以的；孩子的性格是不容易被改变的，但并不是不能被改变，所以家长要充分利用自己的认知去帮助孩子建立健全的人格，让孩子拥有一个相对美好的性格。家长可以采取以下具体的措施：

1. 家长可以给孩子选择一些磨炼耐性的课程让孩子进行学习，比如说一些乐器的学习、练字还有画画等。当然在选择的过程中也要尊重孩子的意见，不要过于武断。在学习的过程中，孩子会经历反复学习这一过程，他的耐心就可以在反复学习中得到锻炼，于是这些在一定程度上就可以调节孩子的情绪，增强他的忍耐性和涵养。

2. 家长要以身作则，不要太过于重视结果而忽略享受过程。家长都希望自己的孩子可以取得好的成绩，但是在教育孩子取得好成绩的同时要让孩子学会享受过程，这样孩子在做事的时候就不会过于急躁，养成冲动的性格。

3. 家长要教授孩子一些控制情绪的方法，让孩子不要在情绪激动的时候做出决定或是表达出一些行为举止。比如可以让孩子在情绪激动的时候学习深呼吸，慢慢放松自己的心态，然后去处理接下来的事情，这样孩子就不容易做出非常冲动的事情。

213. 用夸奖帮助男孩树立自信心
——男孩老否定自己怎么办？

小华是一个长得很英俊的男孩子，个头也比同龄人要高，按理说小华应该是一个非常有自信的孩子，但是恰恰相反，小华总是否认自己的能力。有一次学校要举行文艺汇演，每班要排练出一个节目。小华所在的班级要排练话剧，老师和同学们选小华来演话剧的男主角，但是小华一点儿都不开心，他觉得自己不行，怕万一在台上演砸了给班级丢人。那么，面对这种情况，家长要如何去做呢？

案例解析

如果男孩的心思比较细腻，那么他们在考虑问题的时候就会想得比较多，但是有时因为想得太多，在做事的时候就会显得缩手缩脚。比如，就像案例中的小华，他考虑太多以致认为自己绝对不可能完成某件事情，他会认为自己不行。如果一个孩子在做任何事情之前都有这种考虑，那么在这种消极否定的自我暗示下，他就会自动放弃很多机会，错过更多的参与活动的机会。

孩子出现这种自我否定的情绪，有时也与家长给他的消极暗示有关，这会成为他自我否定的主要原因之一。就像在家庭中，有些家长会时不时地表露出"男孩的语文就是不行，就别费什么劲了"的态度，那么在家长这种暗示之下，男孩的内心也会觉得自己的语文成绩不可能进步，也就不用努力了。

我们在日常的生活中会发现暗示的重要性，所以，家长在平时的生活中就要重视暗示，不要一味地给予孩子消极的心理暗示，而要给他们一些积极正面的暗示，这样在孩子成长的过程中，他才不至于自我否定，错过很多人生路上的风景。

解决办法

男孩出现自我否定的主要原因是缺乏自信，所以，家长在平时的生活中可以从以下几点入手解决孩子自我否定的问题：

1. 家长要适时夸奖孩子取得的成绩。夸奖本身就代表一种积极的肯定，当男孩取得一定的成绩的时候，家长不要吝啬自己的夸赞。当然，这里所说的成绩还包括男孩在某些方面取得一定的进步的时候。通过家长的夸奖，他就会知道很多事情如果自己肯去努力，那么一定会有所成就。不过家长在夸奖的时候不要盲目，要就事论事，否则男孩就可能不能对自己有一个很清晰的认识，就会变得骄傲甚至出现自负的情况。

2. 家长要让孩子相信自己的实力。有时男孩在某些方面想要得到的就是一句鼓励，但是家长在这时却有可能泼了一盆冷水。所以在平时的生活中，家长要知晓孩子的心理，要多给出鼓励，让孩子相信自己的实力，这样才能帮助男孩建立自信。

3. 家长要告诉男孩，不要让他对自己太过于严苛。有时男孩子不敢在众人面前展示自己是因为对自己要求太严。所以，家长要告诉男孩，对自己要求严格是一件好事，但是过分挑剔变得缩手缩脚就是不好的事情了。家长要让孩子正视自己的能力，将能做好的尽量做好，当孩子不再过于关注自己的弱项，他就很有可能变得自信起来了。

214. 让男孩学会宽容
——男孩总是以牙还牙怎么办?

一一每周都会到游泳馆去学习游泳，有一天快结束的时候，一一的妈妈像往常一样去接一一下课，到那了之后才发现，一一正在和一个小朋友争执。妈妈向老师和周围的人了解后知道，在游泳的时候，那位小朋友不小心碰倒了一一，那位小朋友向一一道歉了，但是一一还是不依不饶。妈妈来了之后一一执意让妈妈把那位小朋友也推倒。听到一一的言辞和看到一一的做法，一一的妈妈非常诧异，自己的孩子原来这么不懂宽容。那么，面对这种情况，家长要如何教育孩子呢?

 案例解析

从案例中我们了解到一一是一个做事喜欢以牙还牙的孩子，所以当别的小朋友碰倒他的时候，他会希望用同样的方式去对那位小朋友，好像只有这样才是公平的。我们国家是讲求宽容的民族，如果大家遇到事情都像故事中的一一一样，采取以牙还牙的方式的话，那么这个社会就会变得非常缺乏人情味。

但是孩子的问题往往是因为家长教育的不得当造成的，所以要改变孩子以牙还牙的性情，家长就要在日常生活中的方方面面去渗透给孩子宽容的力量，让孩子懂得一个真正让人强大的方式并不是以牙还牙而是去宽容别人。现在的孩子不懂宽容的有很多，究其原因是孩子在家庭中地位非常高，家长往往会满足孩子的一切需求，这就造就了孩子以自我为中心的作风，而不会去考虑其他人。

改正孩子以牙还牙的作风的关键是要教会孩子宽容的力量，但是这并不能一蹴而就，需要家长在长期的教育中把宽容、友爱的理念渗透给孩子，所以家长也不要对孩子要求太高，允许他有学习的时间。

 解决办法

纠正孩子以牙还牙的作风，让孩子学会宽容，家长在日常生活中可以这样去做:

1. 即使现在的家庭条件好了，家长也不要把满足孩子的物质要求放在首位，否则，久而久之就形成以自我为中心的做事风格，在这种做事风格下，孩子就不会去考虑其他人，在感觉自己受到欺负的时候就会放大自己的不良情绪，采取的措施就可能是以牙还牙的方式。所以，家长要视情况去满足孩子的需求，在必要的时候要让孩子付出相应的努力。

2. 家长要告诉孩子正确的处理冲突的方式。在孩子与别人发生冲突的时候，家长要深入了解其中的原因。如果是自己孩子的错，那么就要让他向别人道歉；如果是无缘无故被人欺负，那么家长就要教会孩子如何正确保护自己，但是如果对方是不小心或是对方无意，并且没有给自己造成很大的伤害，那么就要教会孩子去原谅对方。

3. 家长要为孩子营造一个友好宽容的生活环境，首先家庭成员之间就要友爱宽容，要允许别人去犯错，在指正之后积极地去选择原谅对方，在这样的家庭环境中，孩子在潜移默化中就会受到影响，从而养成宽容的良好品质。

215. 家长用幽默感去感染男孩

——怎么增加男孩的幽默感？

如如是一个天生幽默的男孩子，无论他走到什么地方，都能给别人带去快乐。所以如如的人缘很好，有很多朋友，一个名叫朱刚的小朋友就是其中一位。朱刚觉得说话风趣幽默是一件非常令人羡慕的事情，但自己是一个非常不幽默的人，他想要改变自己。那么，孩子想要成为一个幽默的人，家长要如何去做呢？

案例解析

一些教育专家表示，幽默感是情商的组成部分，而且在社交中起着举足轻重的作用。我们在现实生活中也会有这种体验，我们都讨厌那些冷漠、忧伤，总是忧心忡忡的人，相反，我们都喜欢那些可以给周围的人带来欢乐，具有幽默感的人。

一个具有幽默感的人往往是乐观的人，他们在生活中会不断地制造欢乐。让周围的人感受到轻松愉快，同时自己也会收获满满的成就感，也会因此变得富有成就感和自信。而且，一个具有幽默感的孩子会更容易获得友谊，一个具有幽默感的孩子的身心发展也会比较和谐。所以在国外，许多父母在婴儿刚刚出生 6 周就开始对他们进行早期幽默感训练。

有研究表明，一个人的幽默感有 30% 来自于天生的性格，有 70% 是靠后天培养而来的。

解决办法

培养孩子的幽默感，家长可以从以下几点做起：

1. 家长首先要是一个幽默的人。幽默感主要是靠后天的培养，而家长是孩子最好的也是第一任老师，家长是孩子最为真实的一面镜子，家长许多的性格会在潜移默化中影响到孩子。所以，要培养孩子的幽默感，家长首先要做的就是成为一个比较幽默的人，即使家长无法真正成为一个幽默的人也要有欣赏幽默的态度。

2. 家长要教育孩子乐观、宽容地对待人和事。乐观、宽容是幽默的精髓，一个孩子要学会幽默就要学会宽容大度，克服斤斤计较的狭隘思想，同时还要乐观。在培养孩子乐观的心态的时候，最为重要的就是在孩子遇到困难的时候站在孩子的这一边，给予孩子积极的鼓励与支持，帮助孩子积极进取。只有这样孩子才能真正习得幽默。

3. 家长可以在平时的生活中，多给孩子看一些幽默的故事，多给孩子讲一些生活中发生的有趣的事情。在潜移默化中，就会培养起孩子的幽默感。而且在给孩子讲故事的时候，故事中主人公乐观面对生活的态度也会影响到孩子。

4. 家长要培养孩子热爱生活、用心感悟生活的行为习惯。其实生活中处处是幽默，只要用心感悟，孩子就能在面对相同的事情时采取一些幽默、诙谐的方式去应对。这样孩子的幽默感自然也会培养出来了。

216. 给拒绝接受批评的男孩 "脱敏"
——男孩不听别人批评怎么办？

小达的父母在平时很注重孩子自信心方面的培养，他们觉得一个男孩子首先要相信自己，然后才有能力去做出一番事业，所以从小达很小的时候，小达的妈妈就给小达报了一些兴趣班。在兴趣班的学习过程中，小达的自信心得到发展，现如今也成为一个非常有自信的人，但是可能是太有自信的原因，小达接受不了别人对他的批评与指正，别人并不存在恶意，但是小达却非常生气。那么，男孩子接受不了别人对他的批评，家长要怎么去做呢？

案例解析

家长总是希望自己的孩子是有自信的，一个人有自信当然是一件好事，但是，人一旦过于自信，就会容易自以为是，骄傲自满。一个人如果过于自信，他就会不想承认自己做的事有错，不想接受别人的批评和指正。如果听不进去别人的批评，那么这个人也就无法进步，所以，接受不了一点批评是一个孩子的坏习惯，家长要及时发现，及时采取措施改正孩子的这一毛病。

孩子不能接受批评，一般可能有两个方面的原因：

1. 可能在平时的生活中，家长对孩子的要求过于高、过于严苛，对孩子的表现是要求完美的，孩子怎么样表现，家长表现出的都是不满意的态度。所以，在生活中，家长总是过多地批评孩子，让孩子觉得自己一无是处。这样就会引起孩子的反感，孩子一旦反感家长的批评，自然就会采取反抗的措施，从而抵触批评。

2. 平时家长对孩子总是表扬，表扬得过多且过于频繁，不管孩子做得如何，家长都对其采取的态度是表扬。总是把"你真棒！""你做得很好！"放在嘴边。这样的无原则性的夸赞是非常廉价且不应被推崇的，因为那不是在教育孩子，而是在"哄孩子"。这样做的结果就是孩子认为自己做什么都是对的，都是应该受到表扬的，逐渐地，孩子丧失了正确的自我认知。于是，就变得不虚心了，这样就给家长批评孩子制造了障碍。家长再批评孩子，他采取的态度就是不接受和不高兴了。

 解决办法

为了不让孩子接受不了一点批评，家长在平时的生活中应该这样去做：

1. 家长在平时的生活中发现了孩子的缺点或是毛病，先不要去批评，而是采取恰当的方式去启发、引导孩子去自我反思与反省。对孩子的毛病和缺点不采取直接批评的方式可以减少孩子的对立情绪。这样说并不是要放任孩子的缺点不管，而是以一种更加智慧的方式去帮助孩子改掉自身的毛病和缺点，成长为更好的人。

2. 家长在平时的教育中，可以模拟一些教育情景，置身在具体的情景当中，孩子会自然而然地暴露自己的缺点和毛病。这样家长可以及时指出，使得孩子心服口服，无法狡辩。

3. 家长要认识到那些不能很好接受批评的孩子是非常敏感的，所以，对于这样的孩子，家长在对其进行表扬和批评的时候要注意分寸的拿捏，不要夸大。家长在进行教育的时候要随时关注孩子的情绪波动，不能急于求成，而是要循序渐进，逐步改变孩子的性格。

217. 炫耀来源于过低的存在感

——男孩喜欢向别人炫耀怎么办？

小简今年上幼儿园。最近，小简的妈妈发现自己的孩子有向别人炫耀自己的习惯。上周假期的时候，小简的妈妈带着小简去上海迪士尼乐园去玩，给小简买了一只加菲猫。于是在幼儿园，小简就用非常神气的姿态给小朋友说自己去了迪士尼还有了一只加菲猫。那么，如果家长发现自己的孩子有炫耀的习惯，要如何去做呢？

 案例解析

在日常生活中，我们时常会发现小朋友之间会因为自己拥有了一件别人没有的东西而相互炫耀。家长一般看到这种情况会认为这是孩子天真无邪的表现，对于只有几岁的孩子来说，向别人炫耀的的确确是他们的天性，但是孩子如果过分地炫耀自己，则可能造成他在人格上存在问题。所以，对于孩子的这一行为，家长也要给予正确的引导，这样孩子才不会走上歪路。

一般来讲，喜欢炫耀的孩子也是喜欢攀比的孩子，而物质上的攀比会让孩子形成不正确的价值观，导致孩子被物质所奴役。但是孩子并不是出生就爱攀比的，往往是受到周围人的影响。所以，家长在发现自己的孩子喜欢炫耀与攀比的时候，首先就要检讨自己的行为举止，有没有在给孩子做出错误的示范，如果有，那么就要从改变自己做起，这样孩子才能在潜移默化中习得谦逊、内敛的品质。

解决办法

希望孩子不要形成攀比的作风，家长在日常生活中要这样去做：

1. 家长要以身作则且不要暗示孩子进行攀比。家长是孩子的第一任老师，孩子的许多习惯都是受到家长的影响的。所以，家长不要在日常生活中过分表现出对物质的崇拜。有些家长会非常注意这一点，但是在自己的孩子的面前夸赞别的孩子的时候可能会评价说："你穿得真漂亮！"其实这种语言是有暗示作用的，孩子在家长的话中就可以听出人们对物质的赞扬，由此就会想要去拥有，久而久之就形成攀比的行为模式。

2. 家长要让孩子明白攀比的坏处。在孩子需要一件自己负担不起的东西或是家长觉得孩子要的东西已经超过了他的需求的时候，就要采取冷漠的处理方式，让孩子意识到自己的要求是过分的，在孩子冷静之后，家长要借机给孩子说明攀比炫耀的坏处。

3. 家长要告诉孩子自己是独一无二的，无论怎样，家长都是爱他们的。有许多孩子喜欢炫耀是因为他们想要引起别人的注意，是一种不自信或是自卑的表现，那么家长在平时的生活中让孩子意识到自己是被爱的，这样的话，即使物质条件不如别人，孩子也不会陷入自卑的情绪当中。

218. 给男孩的内心树立一个做事的标准

——男孩总是明知故犯怎么办？

小智是一个5岁的小男孩，像其他同龄的孩子一样，小智也非常调皮，在平时的生活中也总是犯错。就比如，每天老师会把今天要完成的作业做成作业条发到每个小朋友手里，但是每次小智回到家之后不久，就会把作业条弄丢。每次小智的妈妈批评他，他认错的态度也会非常诚恳，但是下一次还会接着犯，总之就是一副明知故犯的样子。那么，针对这种孩子，家长要如何教育呢？

案例解析

从案例中我们了解到小智是一个会明知故犯的孩子，小智的家长对此也比较头疼。其实孩子出现这种问题与孩子的心理特点、孩子所处的教育环境是密切相关的。主要的原因可以概括如下：

1. 孩子控制自己行为的能力比较差，可能就会明知故犯。有些孩子不能很好地控制自己的行为与欲望，于是他们明明知道自己做的事情是错误的也会立刻去做。他们会因为一时满足自己的欲望而忘记去遵守规矩。

2. 因为孩子的认知水平有限，他们不能很好地分辨周围发生的事情哪些是好的，哪些是不好的，于是一股脑地去模仿，就会出现不好的行为。

3. 有些家长会非常溺爱自己的孩子，在孩子做错事的时候没有及时地进行指正和引导，有时甚至会包庇孩子的错误。这样做的结果就是孩子明明知道自己做错事，但是也不会下定决心去改正。

以上三点就是很多孩子明知故犯的原因，家长要根据自己孩子的情况去选择解决措施。

 解决办法

帮助孩子克服明知故犯的毛病，家长可以从以下几点做起：

1. 家长要有意识地训练孩子的自我控制能力。我们知道自控力是一种非常好的品质，家长应该从小培养孩子。培养孩子的自控力，家长可以从生活中的琐事做起，比如晚上家人围坐在一起看电视，不能任由孩子去调台，要让他懂得结合大家的喜好去看电视；在玩游戏上，家长不能任由孩子想玩多久就玩多久，要给他一定限定。总之要在生活中的方方面面给孩子制定一定规矩，不能让他为所欲为。在他出现情绪不好的时候，家长也要向孩子讲明道理，表明自己为什么要这样做，在孩子了解之后，他就能很好地去约束自己，进而发展成具有良好自控能力的人。

2. 家长不能一味地溺爱孩子。我们知道每个家长都是爱自己的孩子的，但是当孩子犯错的时候，家长也要及时地去纠正孩子的错误，必须让孩子明白，什么是该做的，什么是不能做的。在适当的时候要给孩子一定的惩罚，让孩子知道做错事是需要承担后果的，这样孩子就能从这种体验中总结教训，逐渐学会自律。

3. 家长要给孩子树立一定的道德典范。我们知道家长也会犯错，在教育孩子的时候也会出错。那么，当家长犯错的时候，就要及时向孩子认错，承诺孩子下次会注意。在家长的影响下，孩子就能很好地模仿家长，心悦诚服地去接受别人的教导。

219. 抵触教导多半源于沟通氛围太差
——男孩抵触父母的教导怎么办？

嘉嘉在小的时候是一个非常乖巧的小男孩，他会尽量满足父母对自己的要求，家人都夸嘉嘉是个懂事的好孩子。但是不知从什么时候起，嘉嘉对待父母的态度有了改变，对待父母的说教，嘉嘉表现得极其不耐烦，有时嘉嘉的父母的确是爱唠叨，但是更多的情况，嘉嘉的父母说的都是真心为嘉嘉好，但是嘉嘉就是不愿听。那么面对孩子很抵触自己的教育的这种情况，家长要如何去做呢？

 案例解析

从案例中我们了解到，嘉嘉在和父母的沟通上出现了较大的问题，但是我们也知道，没有一个孩子从一开始就是不喜欢和父母进行沟通的，也没有一个孩子从一开始对待父母的教育的态度是抵触的，只是在成长的过程中因为一些原因导致出现孩子与父母之间不能正常沟通交流，甚至出现案例中嘉嘉的情况——抵触家长的教育。

孩子出现抵触家长的教育可能有以下几种原因：

1. 孩子觉得自己不被父母所理解。有些孩子在刚开始时曾试图与家长建立良好的沟通，但是因为家长的消极应对态度导致孩子觉得不被父母所理解，于是在以后的生活中就不再与父母进行沟通交流，而且在对待父母的态度上相对冷淡。

2. 孩子可能是害怕父母责骂自己，因而变得不再与父母沟通交流。有时孩子可能出现比较奇怪的想法，在他告诉家长之后得到的是家长的指责或是其他消极的对待，那么在之后的日子里他就会为了避免家长的指责而变得不再与家长沟通交流。即使有沟通也是敷于表面，不再与家长掏心。

3. 孩子之所以对家长的教育很抵触，很大可能是因为家长采取了一种孩子不接受的方式进行教育。比如，男孩心思都比较敏感、脆弱，但是家长却在有很多人在场的情况下揭露孩子的缺点，孩子的自尊心势必会受到伤害，这样孩子就会反感家长的教育。

 解决办法

家长要明白孩子并不是一开始就对自己的教育很抵触的，根本原因可能出现在自己身上。在这里，我们给出以下方法以帮助家长与孩子建立良好的沟通，使孩子不再对自己的教育持反感抵触的态度：

1. 在平时的生活中，家长要营造一个良好的沟通环境，在这个环境中孩子可以随意说出自己的想法，然后大家互相讨论，当然家长也是如此。如果孩子自小处在这样的沟通环境中，孩子就会知道自己的想法是重要的，父母尊重自己的意见，那么孩子自然也就会尊重父母对自己的意见。那么孩子就不会在未来的日子里出现抵触家长的教育这种情况了。

2. 家长对孩子的教育要讲究方式方法和场合。一般男孩的心思比较细腻，他们比较容易受到伤害，对自尊心需求也更强烈一些。所以，家长在对其教育的时候要格外注意方式与方法，不要对孩子进行过于严厉的批评，而且教育的场合最好是私下，避免在人多的时候对孩子进行批评教育。

3. 家长对孩子的教育要有理有据。一般家庭中妈妈是比较唠叨的那个，而且常常随时随地对孩子进行教育，不管当孩子是不是在犯错。这样做的结果就是引起孩子的反感，所以家长最好是在当下孩子犯错的时候进行教育，这样孩子既无法反驳也会收到不错的效果。

220. 找出重复错误背后的原因
——男孩重复同样的错误怎么办？

齐齐今年已经7岁了，在很多方面还是非常懂事，但有时在行为举止上会表现得像个3岁的小孩子一样。比如，齐齐有这样一个很不好的习惯，就是在没事的时候喜欢挖鼻孔，好像把挖鼻孔这件事当作一个娱乐活动一样。家人知道齐齐有这样一个不好的毛病，于是就集体监督他，但是效果并不是很好。齐齐在没人监督的时候就会出现那种行为，让齐齐的家人非常惆怅。那么，针对男孩子总是犯重复的错误，家长要如何对待呢？

 案例解析

在教育孩子的过程中，孩子有一些坏毛病或是坏习惯怎么都纠正不过来，出现屡教不改的情况。对此，家长是万般无奈。

面对这些屡教不改的孩子，家长有没有想过孩子为什么会一直犯相同的错误呢？其中有一个很重要的也是很容易被家长忽略的原因就是孩子并不知道家长惩罚自己的原因到底是什么，有些家长会觉得惩罚孩子的原因一目了然，但是实际情况可能并不是如此。有时孩子会暂时停止犯错是因为被家长的威严震慑到了，他的关注点只是在家长的愤怒上面，于是为了让家长消气就会急于承认自己的错误，但是孩子并没有进行认真的反思与思考。孩子只是盲目地屈从家长的权威，在错误的路上谨小慎微，但是却不知道自己的哪些行为是错误的。

所以，家长在面对自制力非常差的孩子，一些惩罚是必要的，但是在惩罚孩子之前要让孩子知道自己犯了什么错以及正确的做法是什么。

 解决办法

面对屡教不改的孩子，家长可以采取以下措施进行纠正：

1. 在面对屡教不改的孩子，家长应该平静下来，和孩子进行沟通，找出孩子屡教不改的原因是什么，究竟是孩子的故意为之还是因为缺乏生活经验导致的犯错。如果是前者，家长就要对孩子进行适当的批评教育；如果是后果，家长就要采取耐心的态度去教导孩子，要对孩子说明他错误在什么地方，然后做出正确的示范，以帮助孩子正确地纠正错误。

2. 家长在对孩子进行批评的时候要有理有据，不要把重点放在孩子的错误上面，要把重点放在纠正孩子的错误上面，要顾及孩子的自尊心，不能爆粗口更不能打骂孩子。

3. 家长在批评完孩子之后要注意孩子的情绪和行为，在孩子表现好转的时候及时肯定与表扬，这样有利于建立孩子的自信心也有利于孩子改正自己的错误。但是家长要明白，孩子改正自己的毛病需要时间，不要一下子对孩子要求过高。

221. 针锋相对大多是没找对方法

——男孩与父母针锋相对怎么办？

志高今年 10 周岁了，刚刚过完自己的生日。志高的家长总是觉得以志高的年龄，他应该是一个很懂事的孩子了，但是在生活中的方方面面，志高表现得都非常令家人失望。别人常说孩子大了就懂事了，但是志高似乎越大越不懂事，总是和父母针锋相对，似乎把自己的父母当作仇人一样。父母让他往西，他就往东，总之就是不听父母的话。那么，针对这样与父母针锋相对的孩子，家长要如何教育呢？

案例解析

在日常生活中我们有时也会看到或是听到像案例中的志高一样的孩子。他们当然与自己的家人没有任何仇恨，但是在生活中就是与父母的希望背道而驰。他们常常与父母顶嘴，有自己的一套行为准则，但是这个行为准则似乎与父母的行为准则有着天壤之别。

孩子出现这种不听话，甚至与父母针锋相对的情况，家长也不要过分担心，要看到事情的积极面。这说明孩子有了自己的独立思考意识，他们的自我意识越来越强烈，于是他们才会就自己不满意的地方与父母做出反抗，只是有时他们的反抗方式是父母所接受不了的。

除了自我意识的增强，孩子出现与父母针锋相对的情况可能还有以下两点原因：

1. 可能与家长过分溺爱孩子有关。这样的家长培养出的孩子都是以自我为中心的，他们不会考虑别人的感受，在他们的潜意识中就没有服从这个概念，所以在长大之后，有反抗能力的时候，他们就会义无反顾地选择去反抗自己的父母。

2. 家长的教育方式已经不适应日益接触新事物的孩子了。孩子年龄大了之后，他们的生活圈子就大了，他们就会接触不同的新鲜事物，这些事情可能是家长所接触不到的。那么家长再采用以前的教育理念去对待自己的孩子，孩子自然不会接受。

 解决办法

面对和父母针锋相对的孩子，家长可以采取以下措施去应对：

1. 有些家长在发火的时候是非常霸道的，他们希望在孩子心中树立威信，于是不允许孩子去反抗自己，在孩子出现反抗的时候，他们也不会给孩子说话的机会。其实这是非常不对的，孩子也是一个独立的个体，在发生争执的时候，家长要允许自己的孩子说话，要给他们充分表达自己意见的机会。这样家长才能洞悉孩子内心的想法，也才能很好地引导孩子，帮助孩子更好地成长，否则一切都不会改变，父母与孩子之间的关系也会越发恶劣。

2. 家长在孩子情绪激动的时候要尽量保持冷静的态度，要尝试告诉他与自己作对，一味地发火并不能解决任何问题，只会让事情变得越来越糟糕。家长在这时要克制自己的情绪，不要再和孩子针锋相对，要有缓冲的空间与余地。等孩子情绪稳定的时候再和孩子谈论问题的解决措施。

3. 当孩子总是无理取闹，为了作对而作对的时候，家长要采取严肃的态度进行批评，这样孩子才能知道问题的严重性。在孩子冷静之后，家长也要采取冷静严肃的态度与孩子进行谈话，希望他改正自己的错误。

222. 在男孩面前，父母要保持一致意见
——为什么男孩容易变得两面派？

艾泽今年上幼儿园的中班，平时艾泽在家里吃饭是非常令家长头疼的一件事，家长总是

追着艾泽的屁股后面喂他饭，他对于饭菜的口味也是百般挑剔；但是艾泽在幼儿园吃中午饭的时候就会非常乖，他会自己用勺子吃饭，对于饭菜的口味也不是很挑剔。家长对艾泽这种两面派的作风非常不理解。艾泽另一个两面派的作风还表现在和家人的相处上。艾泽在爷爷奶奶面前表现得非常听话，但是在爸爸妈妈面前就是一个极其不听话的孩子。那么，对于这种两面派的孩子，家长要如何教育呢？

案例解析

从案例中我们了解到，当我们说孩子两面派的时候，其实是不同于成人眼中的两面派的，并不是说孩子做事表里不一，并不是在指责孩子的道德品质有问题，而是一种行为上的表现，而孩子的行为表现为两面则是他长期与他人相互作用的结果。孩子会表现出两面派的行为是他从对权威的顺从、对自我情感的压抑中寻找途径放松的过程，如果家长任由孩子处在这样的状态之中，很可能会损害孩子的身心健康。

从案例中我们了解到艾泽在幼儿园和在家的表现不一样，在爷爷奶奶面前和在爸妈面前表现不一样，这其中是有一定的原因的。我们知道孩子在幼儿园的时候，老师会一视同仁地对待每一个小朋友，不会对某个孩子过分宠爱，幼儿园会有自己的纪律去约束孩子们；但是在家的时候，父母非常宠爱自己的孩子，这两种不同的对待方式就会造成孩子在行为举止上的不同。同时，我们也知道，爷爷奶奶通常对孙子非常溺爱，而父母对孩子相对严格一点，这两种不同的教育方式也会导致孩子行为的不一致。

一般来说，两面派的孩子情商会相对较高，因为他们懂得在面对不同的人的时候采取不同的态度；同时孩子表现为两面派说明他正处在"他律"的阶段，也就是说他行为的规范性还取决于面对什么样的人，还没有发展成"自律"；而且也说明孩子的自我意识在增强，他为了与外界保持一致性，会做出一些牺牲。

解决办法

防止孩子变成两面派，家长在平时的教育中应该这样去做：

1. 家长要看到孩子的进步，然后适时地进行表扬，哪怕孩子的进步只是一点点，这样做的结果就是会增强孩子进步的动力。

2. 家长要给孩子做出榜样。家长在平时的生活中要谨防自己做事两面派，这样才能给孩子树立一个好的榜样，孩子才能知道一以贯之的行为作风是一件很好的事情。家长不要责怪孩子那些连家长自己都做不到的事情。

3. 在对待孩子的教育问题上，家长要和家庭成员之间达成一致，这样就不会因为教育理念或是教育方法的不同而导致孩子做事两面派。而且，家长要尽量用和幼儿园一样的要求去教育孩子。

4. 在孩子表现得两面派的时候，家长要及时和孩子进行沟通，采用暗示等方法让孩子进行自我教育，逐渐引导孩子成为一个名副其实的好孩子。

223. 可以允许孩子在某一段时间拒绝交流
——男孩拒绝和父母交流怎么办？

石头最近像变了一个人似的，以前他总爱和妈妈或是奶奶说一些发生在自己周围的事情，但是最近他放学之后就回到自己的房间写作业，吃完饭也不看电视就回到自己的房间继续学习。妈妈试探地问他最近是不是有什么比较烦心的事情，石头也拒绝说话，甚至还觉得父母很烦，总之就是一副拒人千里之外的样子。那么，针对孩子不想与家长交流的情况，家长应该如何去做呢？

 案例解析

其实没有一个孩子一开始就不愿和自己的父母进行交流的，因为父母是孩子最亲近的人，所以当孩子出现不想与自己的父母进行交流的情况的时候，说明孩子与父母之间的沟通出现了一定障碍。一般情况下，障碍可以分为以下几种：

1. 孩子觉得自己不被父母所理解。有时孩子向父母说明自己的想法，但是家长会认为自己的孩子还小，所以就会不去重视，这种情况就会让孩子感觉自己是不被父母所理解的。

2. 孩子可能会因为害怕父母骂自己而不愿意与他们进行交流。孩子本来是什么都想给父母说的，但是家长一般会纠正孩子行为或语言上的问题，有时甚至会责骂孩子，这样就导致孩子不敢和父母袒露自己的心声。

3. 孩子不愿意和父母交流可能是为了逃避压力。我们知道有很多父母把自己的愿望放在孩子的身上，那么孩子就会产生无限的压力，那么为了逃避这种压力，他们也会采取逃避的态度。

4. 父母太过于唠叨，孩子也会采取这样的态度去消极抵抗。

5. 孩子拒绝和家长交流可能是因为他们内心对父母心存芥蒂，可能在之前的生活中，家长的言行举止使他们的自尊心受到伤害，不愿意和父母交流只是一种发泄他们内心不满的方式。

 解决办法

想让孩子与自己知无不言，言无不尽，家长可以从以下几个方面做出努力：

1. 家长要经常和孩子进行沟通，多了解孩子内心真实的想法，了解他们的喜怒哀乐和内在的需要，总之要和孩子像朋友一样去相处，多真诚地与他们进行交流。

2. 家长要理解和尊重自己的孩子。有些家长总认为孩子很小，一切都应该听自己的，但是孩子也是人，他有自己独立的思想与意识。所以，家长在做任何事的时候都要尊重孩子，而且还要理解他，从他的角度去考虑问题，接受他目前所有的情绪状态，然后给出自己的指导意见。

3. 家长要尽量避免用负面意义的说话语气和孩子说话，这样只会引起孩子的反感，让孩子不愿意和自己沟通交流。

4.家长也要给孩子一定的自由空间，随着孩子慢慢长大，他就会渴望独立与自由，那么家长只需要认识到孩子各个阶段的发展规律，当孩子需要自己的时候及时进行引导就可以，而不要过分唠叨。

224.必须纠正男孩动手的想法和行为
——该怎么对待男孩和父母动手？

小雨今年已经 9 岁了，属于比较调皮的孩子，但是有的时候也很温顺和懂事。小雨的父母平时工作都比较忙，每天回到家都累。所以，有时看到小雨调皮捣蛋就会去打他，但是小雨并不是父母打自己，自己就受着的那种孩子。每次父母打自己，小雨就会打回去。其实小雨的父母也知道打孩子并不好，但是有些时候，小雨实在是太过分了。对于小雨会打父母这件事，小雨的爸妈都很无奈。那么，面对这类孩子，家长要如何去做呢？

 案例解析

我们国家是讲求孝道的国家，所以在看到小孩打父母的现象都会觉得异常诧异，但是在当今的社会中，孩子打父母的现象并不在少数，那么是什么原因导致孩子会动手打自己的父母呢？

一般来说，如果在家庭中，家长都是事事以孩子为中心，从小对孩子的管教就非常放松，就可能会培养出任性的孩子，这些孩子就可能会对家长出言不逊，甚至是大打出手，这类孩子如果不加以管教，将来长大之后就可能成为家长的负担，对于社会而言也是一个危险的因素。而究其原因，都是因为家长在平时的生活中对孩子过于娇惯而造成的恶果。

再者，当今的社会，人们都是急功近利的，父母对于孩子也是如此，家长希望自己孩子的学习成绩好，一旦成绩提高上去，似乎孩子的其他问题就可以忽略不计。这样的教育理念就可能会教育出品性不良的儿童。

有些家长会非常溺爱自己的孩子，他们会尽量满足孩子的一切需求，不管孩子的需求是不是合理的，而且对于孩子犯的错，家长也会处处宽容。其实这也是错误的，家长一味地纵容就可能导致孩子成为一个不受约束、一切以自我为中心的人。

所以，当孩子出现这种行为问题时，其实是在给家长敲响警钟，提醒家长要改变自己的教育方式。

 解决办法

家长要改变这种现状，首先要做的就是帮助孩子建立自己独立的人格，尊重孩子的个性发展。从心理学分析，孩子动手打人是在发泄自己内心的焦虑与愤怒，这时父母必须尽快制止他可能出现的暴力行为。

　　这时，家长可以告诉他，自己完全理解他现在的心情，但是不能接受他任何方式的暴力行为。而且在这个过程中，家长的语气与措辞要严肃认真且简洁，然后要留给孩子冷静的时间，等到他情绪平稳的时候，家长可以适时进行一些说教。

　　另外，家长要告诉孩子一些宣泄不良情绪的方式，比如自己去跑步健身，可以在空旷的地方大叫几声，可以写日记等等，学习到这些发泄情绪的方法之后，孩子就可能不会采取武力的方式。

　　一般家长是孩子效仿的对象，所以在平时的生活中，家长也要谨防自己用暴力的方式去发泄自己的情绪，这样只会让孩子进行模仿，从而出现采取暴力去发泄自己情绪的行为。

225. 悲观的男孩需要更多的正能量
——男孩性格比较悲观怎么办？

　　变变是个性情悲观的男孩子。别人总是能从一件事看出乐观的因素，但是，变变却是那个总是看到悲观因素的人。比如，有一次数学小测试时，因为考试前一天变变没有休息好，于是他在考试的时候就总是担心自己眼花看错题。考试之后，他也一直沉浸在深深的担忧之中，害怕自己考不好等等。总之，变变在生活中，对于一切事情都持悲观的态度。那么，面对这种情况，家长要如何应对呢？

 案例解析

　　有很多人认为一个人的性格是天生的，也就是说一旦生下来是性情悲观的人，那么就很难再改变。其实这是一种错误的看法，性格是可以改变的。性格形成的具体因素是非常复杂的，但是可以概括为两个方面的因素，即遗传因素和后天的环境。因为性格的形成与遗传有关，所以，一个人的性格是具有稳定性的，但是因为性格又与后天的环境有关，比如家庭环境、所受教育，所以，性格又具有可变性。

　　我们知道性格的悲观和乐观对一个人影响极大，它关乎孩子的心态，甚至关乎孩子对待人生的态度和拥有怎样一个人生。一个孩子生性悲观的话，那么这个孩子就很有可能在学习上表现得不积极主动、没有自信心，在生活中不喜欢与人交朋友，甚至害怕与人交流。所以，家长如果发现自己的孩子像案例中的变变一样性格悲观的话，那么就有义务引导孩子走出悲观的性情，拥有一个乐观的人生。

 解决办法

　　面对生性悲观的孩子，家长可以采取以下几点措施改变孩子的性格：

　　1. 家长要明确自己孩子的性格的确属于悲观性格。面对悲观的孩子，家长要有充足的耐心和信心来转变孩子的心态。可以说性格的形成是在具体的生活中养成的，所以，家长首先要与孩子进行沟通交流，在沟通交流的过程中，要有意识地引导孩子正确地面对困难和挫折，因为生性悲观的孩子在面对困难与挫折时往往表现得十分消极。

2. 家长要多多发现孩子的优点。家长可以拿这些优点和孩子崇拜的人物进行比拟，使孩子在心中认定自己和他们的性格是一样的，从而激发孩子向他们学习的欲望，这样孩子在行为表现上也会向他们靠拢。经过孩子积极主动的学习之后，孩子会逐渐发现自己的优点，那么自我认可的意识也会越发强烈，长此以往，他们的性格就会得到改善。

3. 家长要给孩子创造一个畅所欲言的家庭环境。在这个环境中孩子可以自由表达自己的观点并会受到家长的重视，然后家庭成员之间可以就某种观点或是某件事进行讨论。在此过程中，家长随时都要注意引导孩子以积极的心态去自我排解心中的不快。在为人处世上，家长也要给孩子做出榜样，随时保持乐观积极的态度。

4. 家长要经常夸奖自己的孩子，毕竟好孩子是夸出来的。在发现孩子的优点或是孩子做出一些成绩之后，家长就要及时进行表扬。在发现孩子的不足及缺点之后，家长不要直接指出孩子的不足及缺点，而是要找出问题的原因，找到原因之后，家长可以在适当的时候找孩子谈话，从而从源头解决问题。

5. 家长可以以自己为例给孩子讲解一些面对挫折与困难时应有的乐观心态。孩子的年龄还小，生活的阅历远远不够，所以，家长在给孩子讲这些之后，势必会对孩子产生影响，这时家长就是孩子的镜子和榜样。

226. 软弱的男孩总是背负了太多的批评
——该如何改变男孩太软弱的性格？

辰辰是一个 5 岁的小男孩，平时在生活中属于性格内向的那种，是一个比较安静的孩子。对于孩子这种内向的性格，家长没觉得不好，认为自己的孩子健康快乐地成长就好。但是近些日子，辰辰的家长发现辰辰的性格并不是只是内向那么简单，比如有些孩子故意打辰辰，辰辰只会哭而不去反抗。那么面对性格比较懦弱的孩子，家长要如何教育呢？

案例解析

其实大多数孩子性格懦弱都是与家庭教育有关的：

1. 有些孩子的父母之间的关系比较冷淡，父母对孩子的要求过于严苛，对于孩子的教育更是简单粗暴，这样就会导致孩子害怕自己的家长，在家长面前，孩子不敢说不字，久而久之，孩子就会形成自卑、懦弱的性格特点。所以一个融洽的家庭环境对于孩子健全自己的人格有着非常重要的作用。

2. 有些家长的教育方式是以恐吓为主的。当孩子调皮捣蛋的时候，家长有时为了让孩子快速回归到听话的状态，就会对孩子施以恐吓。但是这在一定程度上会给孩子带去相当大的心理隐患，最终导致孩子性格胆怯和懦弱。

3. 有些家长则会对孩子非常溺爱，他们会包办孩子的一切事务，即使是孩子可以自己做好的事情。其实家长在做这些的时候就在暗示孩子什么都不能做，必须靠着家长才能完成，那么孩子就会对父母产生强烈的依赖心理。

4. 家长自身的性格就比较自卑与懦弱，这在一定程度上就会影响孩子的性格。

 解决办法

健全的人格对孩子的成长是非常重要的，所以，孩子在出现性格懦弱的问题时，家长要及时采取正确的措施，帮助孩子纠正这一问题。

1. 孩子如果性格懦弱，家长首先就要反思在生活中夫妻双方是不是一个比较强势一个比较懦弱。孩子会学习家长的言行举止，也会根据家庭关系去定位自己的性格。所以，家长不要因为自身的原因影响了孩子的性格建设。

2. 家长在平时的生活中要减少对孩子的批评，多去鼓励孩子。其实孩子的自尊心比家长想象的要强，所以对孩子应该少一些批评，多一些鼓励，这样才会降低孩子形成懦弱性格的可能性。

3. 家长要允许孩子去发泄自己的情绪，但在这个过程中可以引导孩子正确的发泄方式，不然孩子内心的不快郁结在内心，就会形成内向的性格。

4. 家长可以给孩子看一些关于坚强、勇敢的影视作品，也可以给孩子报一些锻炼内心品质的兴趣班，在这样的教育与训练中，通过家长正确的引导，孩子就会形成健全的人格。

227. 过分的赞美容易造成自负倾向
——男孩性格太自负怎么办？

淘淘总是表现得太自负。淘淘因为从小学习钢琴，所以钢琴弹得很不错，他参加过很多的比赛，也取得了不错的成绩。所以，家人和亲戚朋友总是夸赞他，大家也比较喜欢他。但是，这样的夸赞与表扬促使淘淘形成自负的性格。他在做任何事的时候都不希望家人说别人比他强，一旦夸了别人，淘淘就会不高兴。因为他的性格，很多小朋友都不喜欢和淘淘玩，他也会对别的孩子表现出不屑。淘淘的妈妈很是苦恼。那么，面对自负的孩子，家长要怎么办呢？

 案例解析

孩子形成自负的性格原因有以下几点：

1. 孩子的自负性格可能是受到遗传的因素的影响，也可能是家长后天的榜样影响。孩子在生活中很容易模仿家长的行为，如果家长在生活中就表现得扬扬得意、目中无人，那么孩子就很有可能形成自负的性格。

2. 家庭条件比较优越。优越的家庭条件容易滋长孩子虚荣傲慢的心理，从而形成自负的性格。

3. 孩子如果接受过度的夸奖，也会促使孩子形成自负的性格。他人的评价就像是一面镜子，孩子往往会通过别人的评价来认识自己。如果孩子在成长的过程中总是听到夸赞，那么他就会认为自己是一个完美的人，长久下去，自负的性格就会自然形成。

4. 孩子如果在自我认知方面产生了偏差，也会导致他形成自负的性格。孩子只会看到自己的优点，然后把优点夸大，不会看到自己的缺点，但是却往往看到别人的缺点，这样就会导致孩子形成自负的性格。

5. 有些孩子自尊心比较强，他不想有某一方面不如其他人，害怕别人看不起自己，那么他就会首先表现出满不在乎的样子显示出自己的清高，这样的孩子虽然表现得自负，但实则是过度敏感。

6. 孩子缺少适当的挫折与磨炼也会导致自负的形成。现在人们的生活条件一般都很优越，在这样的环境下，孩子就会觉得自己无所不能，从而形成自负的性格。

自负对孩子的成长是没有好处的，家长要引导孩子改掉这一性格缺陷。

 解决办法

面对孩子自负的性格，家长可以采取以下措施进行改变：

1. 耐心教导孩子，让孩子学会正确评价自己。孩子出现自负的情绪往往是因为过高地评价了自己，认为自己比其他任何人都要强，只看到自己的优点，而没有看到自己的缺点。所以，家长就要让孩子知道世界上任何人都有自己的优点与缺点，没有人是十全十美的，对自己进行评价的时候就要兼顾自己的优点与缺点。

2. 家长在对孩子进行表扬的时候要显示出差别。有些家长在孩子取得一点点进步的时候就表现出欣喜若狂的样子，对孩子赞不绝口。久而久之，就会助长孩子的自满情绪。正确的做法是感情真挚，"浓淡"适宜。有时一个微笑也会起到很大的作用。家长还要避免在人前处处夸奖孩子，这样做的结果只会让孩子觉得自己满是优点，从而形成自负的性格。

3. 家长要对孩子的不足以给予适当的批评与指正。家长对孩子的批评也要恰如其分，既不能以偏概全，也不能掩耳盗铃、视而不见，而要客观地指出孩子的不足。这样可以帮助孩子正确地认识自己。

228. 让嫉妒心通过正面竞争得到疏导
——男孩嫉妒心很强怎么办？

晓晓是家里的独生子，晓晓的妈妈近来发现晓晓存在很强的嫉妒心理，比如，晓晓发现别的孩子有好的东西，就想让妈妈也买给自己，如果自己没有，他就会破坏别人的东西；在学校里，晓晓常常欺负那些受到老师喜爱的小朋友，甚至破坏他们的书本及铅笔之类的东西；当晓晓的家人夸别的孩子，晓晓就会对那个孩子显露出很强的敌意。面对晓晓的嫉妒心理，妈妈也不知道如何是好。那么，在发现自己的孩子嫉妒心理很严重之后，家长要如何去做呢？

案例解析

在人的情绪当中，嫉妒是消极的、不利于身心发展的情绪之一。它的出现会破坏人与人之间的关系，伤害同学之间的友好感情，甚至有时因为嫉妒心理会导致悲剧的发生。一个孩子有嫉妒心理之后，他在伤害别人的同时也在用别人的优点来折磨自己，使自己变得沮丧、愤怒、自卑等，最终使得他情绪低落，丧失自信和前进的动力。

孩子嫉妒心理强，出现的原因可能如下：

1.家长的教育方式不当。比如一些家长总是用赞美的方式来教育孩子，时间一长，孩子就会产生骄傲的情绪，那么当他们发现别人比他好时，就会产生嫉妒心理。

2.孩子的认知有限，也会促使他产生嫉妒心理。比如孩子认为好的东西都应该是自己的，发现别人的东西比自己的好之后就会产生嫉妒。

3.孩子的个性如果比较敏感，但是家长却没有察觉到孩子的敏感，还是一味地将其与其他孩子进行比较，孩子也会因为不服气而产生嫉妒。

4.孩子攀比心理的出现也会催生出孩子的嫉妒心理。

解决办法

家长要纠正孩子的嫉妒心理，可以从以下几点入手：

1.家长要给孩子营造良好的环境。嫉妒心理的产生是受多方面原因的影响的，但是终究是两个方面的因素相互影响，即孩子自身的消极因素和外界环境的消极影响。如果在家里，家庭成员之间互相猜疑、互相看不起，或是当着孩子的面议论、贬低别人等，就会影响孩子的心理。所以，家长要给孩子营造一个团结友爱、互相尊重、谦逊容让的环境，以防止孩子形成不良的心理。

2.家长要正确评价孩子。家长不能一味地赞赏孩子，对于孩子的优点当然要提出表扬与肯定，但是对于孩子的缺点也要加以提醒，这样孩子才不会认为自己满是优点，认为别人都不如自己，也不会在知道别人优于自己的时候产生嫉妒心理。

3.在孩子已经形成嫉妒心理之后，家长可以提高孩子的能力。当家长发现自己的孩子在有些方面不如其他孩子的时候不要当面指责而是私下刻意提醒，这样也有利于帮助孩子克服嫉妒心理。

4.家长要时常对孩子进行谦逊美德的教育，嫉妒较多地产生在有一定能力的孩子的身上，孩子往往因为自己有能力，但没有受到注意和表扬，因而对那些受到注意和表扬的小朋友产生嫉妒。所以，家长要让孩子明白，即使别人没有称赞自己，自己的优点仍然存在，不要因为别人没有称赞自己因而就一味嫉妒。

5.家长要给孩子树立正确的竞争意识，有嫉妒心理的孩子一般都有争强好胜的性格。家长要引导和教育孩子用自己的努力和实际能力去同别人相比，竞争是为了找出差距，更快地进步和取长补短，不能用不正当、不光彩的手段去获取竞争的胜利，要把孩子的好胜心引向积极的方向。

Part 12

社会篇

教会男孩正确认识
这个世界的方法

Part 12
男孩的品格培养：给高尚品格打基础

229. 明确男孩心中衡量得失的尺度
——如何处理男孩不肯吃亏问题？

小强从小在家里被宠惯了，上学之后也不肯吃亏，哪怕小朋友在无意中踩到了他的脚，他都会矫情半天。虽然父母告诉他小朋友并不是故意的，如果真的是有人欺负他，他可以去告诉老师，但是小强就是听不进去，每次都是以牙还牙地回踩过去。不仅是在学校里，在生活里也是这样，他在做错事情或者无理要求被拒绝之后，总是会找机会报复。比如说一些发狠的话，有时还会动手。尽管他曾经保证不会再伤害其他人，但是很快又会犯同样的毛病。小强的父母都是知识分子，对孩子的教育从来都是以大度宽容为本，他们从没想过小强竟然会变成这样一个爱斤斤计较的男孩。男孩不肯吃亏的毛病，到底如何才能改正呢？

案例解析

男孩喜欢斤斤计较，在一方面可以证明他们有自尊心和自信心。但是，这种矫情和爱计较如果过了头，就会演变成不懂宽容。当男孩表现出了过分的爱计较，看待任何事情都秉持一种锱铢必较的态度时，我们不要直接思考如何去纠正，而是先应该注意到产生这种现象的原因。

在计较时，男孩总是将目光聚集在对自己不利的部分或者不足的部分上，这些东西容易在男孩的想法中被不断放大，会让男孩认为自己遭受到了不公平的待遇，才会有斤斤计较的情况发生。

在对男孩的教育中，尤其要注意顺势而为的尺度，不要落入到"男孩必须怎么做才是正确的"的误区，而是先要发现男孩看待问题的方式，然后再找到解决的办法。

解决办法

在面对男孩爱计较的问题上，我们可以从这几方面着手：

1. 正确地衡量得失的尺度。我们将关于得失的衡量标准告诉男孩，让他自己去掂量轻重，告诉他哪一种选择需要付出更大的代价，哪一种选择的负担成本最高，每一种方式会带来什么样的后果。只有将选择权交到男孩手中，给他们自己权衡的空间，才会让他们得到最有益的成长帮助。

2. 吃亏要有限度。每个人心中对于公平都有不同的解释和定义，我们并不是说让男孩吃亏时要自认倒霉，而是要引导男孩找到自己对于"公平"的定义。什么是吃亏？什么是占便宜？有时候"吃亏就是占便宜"的古训，可以让男孩在人际关系中获得更多善意。

3. 协调与好好商量。当男孩吃亏而十分委屈时，我们应当与男孩好好沟通，先听听他对于这件事情的期待，然后给他一些合理化建议，让他自己去决定。这样的做法可以让彼此更容易接受，也能找到更适当的解决男孩的人际关系问题的方法。

230. 不愿相信他人是因为缺乏积极的人生态度
——男孩不愿相信他人怎么办？

正在上小学的小威几乎没有什么朋友，因为同学们都在背后说他有"疑心病"，因为他总是用怀疑的眼光看别人。比如有一次小威丢了一些零钱，但他并不是马上去找，而是用怀疑的目光审视了一遍周围的同学，固执地认为一定是同学偷了自己的钱，但放学的时候他才想起了早上换衣服的时候他把零钱放在家里了。不仅如此，小威也不太愿意相信父母。比如有一次他爸爸说周末会加班，不能带他去游乐场了，他就怀疑是爸爸根本不想陪他去，才找了一个听上去很合理的借口，并且还到妈妈那里告状，说爸爸可能有不可告人的秘密。一开始的时候，小威的妈妈只当作小事，后来才注意到问题的严重性，为什么小威不愿意相信别人呢？

案例解析

其实，男孩不愿意相信别人并不是男孩的错，而是家长错误灌输的信息导致的。很多男孩"疑心病"源自家长灌输的"不要轻信别人，不然会被拐走"之类的话，还有一些父母当着男孩讲一些善良的人上当受骗的负面新闻，诸如此类的信息都会增强男孩的潜在防范意识。这种防范意识会让他不仅是在面对陌生人，哪怕是面对比较亲近的人时，也会用怀疑的眼光去看待。

虽然家长的出发点无可非议，但是教育失当就会让男孩落入片面的教育中，无法以客观的态度正确认识这个世界。因为父母引导的偏激，才导致了男孩认知方面的偏见，让男孩从小就培养出了一种"疑心重重"的毛病。这种对他人的不信任感，不仅会对男孩树立正确价值观产生影响，还会造成男孩的偏激、逆反等心理。

解决办法

想要让男孩树立正确的人生观，可以从以下方面对男孩进行引导：

1. 帮助男孩学会分辨"自我保护"和"以诚待人"的尺度。虽然拥有"自我保护"意识是必需的，但是疑心重重也不可。用怀疑的眼光去看待别人和用一颗真诚的心去对待别人，这两者之间并不矛盾，主要还是要具体问题具体分析。

2. 对男孩进行用积极眼光看待世界的引导。虽然，这个社会上是有坏人存在的，但还是好人居多。要给男孩树立一种积极的观察社会和对待人生的态度，比如平时可以给他讲一些好人好事，或者让他清楚地看到与亲近的人之间的真诚互动。

3. 结合具体事例进行信任度的引导。通过对具体事情的了解和分析，引导男孩学会信任和尊重。比如，当身边有人因为不信任而发生了纠纷，家长可以让男孩试着去分析这件事情的利弊，让他认识到不信任会产生什么样的不良反应，进而更加理解信任的意义。

4. 鼓励男孩去观察周围的人。让男孩通过自己的观察去对好人和坏人进行定义，让他自己选择什么样的人是值得信任的，让男孩在感性的素材中自己去领悟和提高。

5. 用讨论的形式刺激男孩确立认知。必要的时候，就某一事件或某一人物展开家庭成员内的讨论，让男孩直接了解到别人的看法，让他们在对比中得到客观正确的结论。

231. 给男孩更多表达感恩之心的机会
——怎么培养男孩的感恩之心？

成成想要一个玩具，妈妈认为这个玩具的价格自己负担不起，便拒绝了成成的要求。而成成却直接大吵大闹，要求妈妈必须给自己买玩具，甚至动手不断地推搡妈妈。爸爸知道之后，严厉地批评了成成，并且扣掉了他一周的零花钱。成成十分生气地和爸爸吼叫，责问爸爸凭什么要扣掉他的零花钱，那本来就应该是他的。

成成觉得父母对自己的疼爱是理所当然的，所以根本不认为自己错了。而成成的父母则感到十分心寒，为什么他们那么宠爱的成成一点都不懂得感恩呢？

 案例解析

父母总是会给孩子无尽的宠爱，但如果收获的却是孩子的冷漠和自私，父母难免会觉很心寒。同时，父母也会有很大的疑问：究竟是谁让他们的孩子变成了这个样子？自己倾尽一切不求回报地爱他，他为什么要这么伤害自己？

正是因为父母的不求回报，才造成了男孩将父母的爱视作了天经地义，处处以自我为中心，不懂得体谅父母的辛苦，不懂得回报父母的恩情，不懂得所得到的爱都需要感恩的回馈。

 解决办法

想要培养男孩的感恩之心，我们需要注意以下几个方面：

1. 让男孩养成感恩的习惯。让孩子从小就在家庭环境中感受到感恩之情，让他们真心地感受到来自父母的言传身教。父母可以利用一切机会对男孩进行引导式教育，比如爸爸在帮助妈妈做事时，爸爸要主动说"谢谢"；比如孩子收到某个礼物时，父母也要提醒孩子"记得跟人家说谢谢"。这种氛围下的耳濡目染，会让男孩将感恩之心内化于品格之中。

2. 利用各种节日引导孩子表达感恩。比如在节庆之时，以身作则地引导孩子为长辈送上祝福，教师节时引导孩子制作贺卡送给老师以表达感恩之情，父母生日时，由不过生日的一方引导孩子对过生日者送上祝福。在点点滴滴的行动之中，让男孩感受到表达感恩的重要性。

3. 父母用"示弱"给孩子表现的机会。不要认为男孩还太小，或者事情力所能及，就自己一力承担。其实，我们可以在下班累了的时候，在家里赶工作报告的时候，让孩子帮忙倒杯水过来。正是这种给予，让男孩可以感受到父母和别人的给予和帮助都是一种"恩惠"，而不是理所当然的付出。

4. "计较"孩子的付出。有时候，父母必须懂得"计较"小事，比如男孩有没有记得将好吃的分给父母，有没有记住父母的一个小偏好等。不要让男孩产生父母对他一无所求的想法，或者让他根本不清楚父母需要他做什么。

5. 男孩需要及时的表扬。在男孩做了正确的事情后，无论是主动还是被动做的，无论结果是否令人满意，父母都要给予真诚的感谢和赞扬。当孩子因为自己的做法而受到鼓舞后，就会认为自己的付出是有价值的，是正确的，这样才会让男孩产生关心他人的动力。

家庭中，父母对子女的爱从来都不是单向的，而是需要双向互动的。要让男孩在接受父母的爱的同时，懂得任何的爱都是需要回馈和回报的，只有学会分享和感恩，才能与他人、与这个世界更好地相处。

232. 诚实守信来源于点滴的引导
——男孩做不到诚实守信怎么办？

小东的父母带着他去朋友家玩，小东不小心摔碎了一个很漂亮的玻璃杯，但是却支支吾吾地说杯子是被风吹落掉到地上的。众人都知道是怎么回事，但是念及小东年纪还小，不忍苛责，就默许了"风吹落"杯子这件事。回家后，小东的妈妈问小东杯子到底是怎么碎的，小东仍一口咬定是被风吹落的。

小东的妈妈看着小东不诚实，顿时觉得十分失望，但是她又不知道自己是否该继续追究这件事情，或许打骂小东一顿，让他知道不诚实的厉害。但是，小东的爸爸却觉得不过是一件小事，没必要过分苛责。可小东的妈妈却担心孩子就此染上了不诚实守信的毛病。当男孩用谎言来代替事实，隐瞒事情的真相，我们该怎么办呢？如何才能让他们知错能改呢？

 案例解析

诚实是做人最起码的道德规范，也是为人的重要品质，这种珍贵的品质需要从小就培养出来。但是，由于孩子年龄还小，害怕因为承担责任而惹来父母的责骂，也担心会被大家讨厌，所以很多孩子在遇到问题时的第一反应是逃避，这是很正常，也很容易理解的。

但是，能够理解并不代表就要纵容。孩子总会长大，男孩也会变成男人，如果在男孩时期父母没有对他进行有效的诚信引导，长大之后他可能就不会觉得承担责任有多么重要。所以，我们要从小就培养男孩做诚信的人，只是这种培养不是打骂能够达到的，需要父母悉心地引导。

 解决办法

想要将男孩培养成为一个诚实守信、勇于担当的孩子，我们可以从以下方面着手：

1. 从点滴处培养男孩的诚信。家长在男孩小的时候就应该给他树立起一种实事求是的态度，要让他知道说真话和说假话的区别，鼓励他做事时勇敢地承担自己的错误等。父母要从点滴处对孩子进行教育，从小事塑造孩子的诚实之心。

2. 父母是男孩诚实的榜样。"身教重于言教"，父母是最佳的诚实榜样，为了培养孩子诚实的品格，在生活中的点点滴滴里，父母都要以身作则，先做到自己诚实守信，然后再去要求孩子做到。很多时候，教育是一种耳濡目染的成果，当父母能够以身作则的时候，孩子自然就会主动效仿。

3. 为男孩营造诚恳、互信的家庭氛围。尽管男孩或许年龄还比较小，但是他们也能够感受到家庭氛围中的诚恳、尊重和信任的气氛。一个从小就生活在尊重、信任环境中的孩子，长大后自然懂得如何以诚信的态度去对待他人。

4. 告诉男孩不诚信的危害。让他们知道，撒谎或许能够让他们一时蒙混过关，但是真相总会有被发现的那一天。谎言被戳穿的代价，是失去老师、父母、朋友、同学的信任。连诚信都不懂得的人，是无法和别人建立真诚的感情沟通的。

5. 满足男孩合理的需要。每一个父母都希望自己的孩子是一个诚实守信、不撒谎的孩子。但是，有许多孩子会因为某种需要而被迫撒谎。比如，为了满足吃的、玩的需要，或者是为了逃避批评和惩罚，这些都会让孩子选择撒谎。所以，父母要根据孩子的真实需求，站在孩子的立场看看待问题，尽量满足其中合理的部分。对于那些不合理的要求，要与孩子讲明不合理之处。既不能因为觉得孩子小就放纵他，也不能因为事情无关紧要就随便承诺。

233. 逃避责任只会让责任更重

——为什么男孩习惯性逃避责任？

强强的爸爸经常因为贪酒而被妈妈责骂，强强每次一看到妈妈发火，就很识趣地躲到自己的屋里去，因为他知道，爸爸马上就会被妈妈骂得狗血淋头。在妈妈的强势下，强强在家里一直都是一个不会惹事的乖宝宝。但是在学校里，强强在众位老师心中却是一个极度不听话的小孩。当大家要强强向被他欺负的同学道歉时，他却倔强地不肯承认自己的过错。老师希望他能够认识到自己的错误，真诚地道歉，但是显然强强十分害怕自己会因此受到惩罚，所以坚持不肯低头。怎样才能让男孩正确地面对自己的错误呢？怎样才能让男孩勇敢地承担责任呢？

案例解析

不仅是男孩，哪怕是成人，在"犯错"之后也会产生害怕惩罚的感觉，想要推卸责任，或者坚决不愿意承认错误。尤其是孩子，当他心中认定，犯错是一件不被允许，不会轻易被原谅的事情时，对于惩罚的恐惧心理，就会让他们产生推脱责任的想法。

很多人都认为孩子应该遵守规矩，但是男孩的天性就是喜欢玩耍，对周遭的一切新奇事物抱有很强烈的好奇心。但是，总是有家长希望压抑住孩子这种天性，想要他们能够遵照父母的指令行事。但是，这样不仅会抹杀掉孩子的自发性，同时还会给孩子一种"犯错是不被接纳"的感觉。

在这种错误的信息中，孩子会用逃避来避免犯错，对犯了的错误也会拒绝承认。但是，人都是在错误中不断成长起来的，男孩做错事情之后更是需要家长的帮助，而不单单只是训斥和抱怨。

解决办法

在面对男孩的教育问题上，应当注意以下几个问题，来避免男孩养成逃避错误、拒绝承担的习惯：

1. 不要让男孩对错误过度承担。比如，男孩弄坏了同学的文具，父母只需要让孩子口头承认错误就可以，不需要对男孩采取惩罚措施。一个无心之失，还不足以让男孩独自去承担责任和过失，更没必要用扣罚零用钱的方式去进行赔偿。

2. 有些家长会帮助孩子检查作业、收拾书包、削铅笔等事情，虽然是希望能够帮孩子打点好琐事，却容易让孩子产生依赖的心理，这一点从客观上来说会阻碍孩子责任意识的发展。还有一些学校给孩子留的作业完全超出了孩子的能力范围，于是家长从旁协助，这一点也会让孩子产生责任不用自己一个人承担的想法，有碍他们对"责任"的理解。

3. 对男孩成长阶段的任何错误都要适度惩罚。在男孩的成长过程中，有"过失"和"错误"是很正常的，当男孩知道自己犯错时，内心是带有愧疚和自责情绪的。此时，对他们进行适度的惩罚，他们在心理上是能够接受的。但如果惩罚过度，就会容易让孩子对承担错误产生畏惧和抗拒心理，让他们养成对责任的逃避习惯。

234. 严父慈母更有利于男孩懂得敬畏
——男孩没有敬畏之心怎么办？

随着年龄的增长，妈妈发现茂茂越来越不知道什么叫作"敬畏"。上周末，一家人带着茂茂到公园玩，在入口处，他爸爸稍微一没留神，茂茂就从草坪上直接跑了过去。茂茂的爸爸在后面追了好久才追上，追上后严肃地告诉茂茂他不应该践踏草坪。而茂茂却只是淡淡地说了句："因为跑草坪近嘛！"茂茂的爸爸本来还想说"小草也是有生命的"，但是话还没说出口，茂茂就跑开了。前天，茂茂和邻居小朋友玩耍时，居然丢石头砸伤了对方的头。当对方家长找上门来责问时，茂茂不仅没有对自己所犯的错误有悔意，反而还表现出一副无所谓的样子。茂茂的父母这才开始注意到问题的严重性，认为孩子并不是胆子大，而是没有敬畏之心。对此，应该怎么办才好呢？

 案例解析

对父母的批评都不能够尊重的人，是无法有敬畏之心的，也难以懂得如何承担责任。父母是培养孩子敬畏之心最好的老师。在家庭教育中，父母要做好三个角色：首先，是家长，其次是第一任老师，再次是孩子的朋友。做朋友的主旨是父母能够平等地对待孩子。在对孩子进行敬畏心的培养时，尊重孩子的话语权和自我意识，但这并不代表一味地顺从和迁就。

就像是茂茂的爸爸，即便茂茂没有听完他的话，也应该及时制止茂茂的行为，而不是将没来得及说出口的话收回去。这样，茂茂永远不会在恰当的时机接触到"敬畏之心"。如果父母没有在适当的时候让孩子感受到父母的威严，自然在之后打破小朋友头时，不会以敬畏的态度来对待父母的训斥。

所以，父母应当牢记自己的这三个角色，在孩子面前严于律己的同时要树立应有的权威，在尊重孩子的意见时也能对其行为进行必要的规范和引导，来达到让男孩诚心诚意认同的目的。

 解决办法

家长在平时对男孩的教育中，对于"敬畏之心"的培养，尤其应该注意以下几点内容：

1. 家长本身对自己的父母恭敬，让男孩处于一个上尊下孝的环境中，让他们身临其中地体会到父母对长辈的尊敬，来达到促进男孩敬畏之心的生成。

2. 家长首先要树立一种一丝不苟的认真态度。父母不要不懂装懂，遇到自己不清楚的问题也不要随意评价，给男孩树立一种对未知事物的尊重感，培养男孩踏实做事的品格。

3. 严格实行严父慈母的传统教育方法。依靠恐吓、训斥等方式是无法培养男孩的"敬畏之心"，只有为男孩提供一个能够让个性充分发展、自我价值感逐渐建立与完善的环境，才能让他们健康成长。

感恩、敬畏、宽容的品格是父母能给男孩的最佳礼物，如果男孩从小就能得到来自父母的潜移默化的培养，发展出阳光的、健全的人格，成年后与社会相处起来就会更加融洽。

235. 从环境和态度上调整男孩危机意识
——怎么培养男孩的危机意识？

小明的家庭环境十分优越，父母为他提供了一个物质充足的生活环境，而且其他长辈也总是会给他很多的零用钱。因为优越感，小明渐渐地养成了一种骄奢淫逸的生活态度，不仅花钱变得大手大脚，更是说出了"这个世界上就没钱解决不了的问题"这样的话。而且，这种态度让小明的心思不再用在学习上，家庭环境的富裕让他没有任何的危机意识，不觉得有朝一日成长为能独当一面的男子汉是很重要的事情。

小明的父母真是操碎了心，想要用"穷养"来磨练小明的意志品格，但是又不知道该从什么地方着手。如果只是单纯地减少他的零用钱，他一定会找长辈们伸手，隔辈儿疼的长辈们一定会更加纵容，到底应该怎么办才好呢？真是担心他成长为一个不学无术的孩子。

案例解析

往往家庭条件比较好的孩子都有很强的优越感，觉得自己不必为了将来辛苦努力。而大多数家庭更是对对独生子格外宠溺，会全力以赴地满足孩子的所有要求，这样更容易让男孩觉得一切都来得十分容易的想法。这些意识会在孩子脑袋中形成一种根深蒂固的观念，认为自己不必产生太多忧患想法，所以根本不用如何努力学习。这样培养出的孩子，势必会是一个不喜欢学习，毫无忧患感，但是又无法担当责任的男孩。

所以，父母在为孩子将来是否能够在社会上立足而担心时，最应该自责的是，究竟是谁宠坏了这个无邪的小男孩。

解决办法

对于如何从小培养孩子的忧患意识和危机意识，成功塑造出他积极向上的人格品质，我们需要注意的是环境和态度这两方面的问题：

1. 太好的生活条件对男孩成长不利。生活条件太好就会让男孩没有危机意识，所以要避免让男孩产生物质方面的优越感。

2. 区分开必需品和非必需品的物质需求。艰苦的环境更能磨炼出孩子坚强的意志品格，促使他成为对社会有贡献的人。一般的家庭物质条件足以满足孩子的生存需求，不必担心孩子会因为物质条件不如别的孩子而感到委屈。我们应当从小树立孩子正确的概念，让他确切地知道家庭的经济条件、父母挣钱的不易，让他知道居安思危的含义。

3. 给男孩的正确行为更多鼓励。当我们设法让男孩了解到生活的不易后，下一步就要让孩子认识到艰苦朴素的美德有助于品格的塑造，并且适当给予孩子一些奖励。比如男孩知道家庭生活的不易后，拒绝购买那些比较昂贵的玩具，这时家长可以适当给予一些物质奖励，作为对孩子正确行为的鼓励。

236. 家长是男孩学习孝敬的最佳榜样
——男孩如何培养出孝敬的观念？

小童的妈妈肩颈痛很久了，一直依靠着自动捶背机来舒解肌肉紧张带来的酸痛感。那天，妈妈的颈肩痛突然发作了，酸痛的感觉骤然袭来，但是用了很久的捶背机却坏掉了。这时，妈妈希望小童能够帮她捶捶背，等到情况稍微缓解之后去买一个全新的捶背机回来。但是小童的反应却让妈妈觉得十分失望。

小童一直在专心玩游戏，他不仅拒绝帮妈妈捶背，还嫌弃地皱了皱眉头，埋怨妈妈打扰到了他。妈妈的心顿时就像是被泼了一盆冷水，她不明白，她一直十分疼爱的孩子为什么不能反过来心疼一下自己？到底为什么会这样？难道游戏要比自己更重要吗？他到底懂不懂什么是孝道？

 案例解析

在平时，小童的妈妈一定没有让他知道自己的痛苦，一定没有对孩子提出过什么其他的要求。正是因为没有让孩子习惯为父母付出，才会让他们产生父母疼爱自己是理所当然的，而自己为父母付出就是他们在找麻烦的想法。这种不平等的爱的付出，不仅会让他们难以产生孝敬的概念，也会让他们对于平等产生狭隘的理解。

孝敬是中华民族的传统美德，是一个人品格中的闪光点。我们所说的孝敬，不单单是对父母的孝敬，更多的指的是是否能够懂得关心他人的问题。所以，我们不能认为孩子忽视父母的需求只是个小问题，而是要从小培养孩子的这种品格。

 解决办法

想要让孩子懂理孝敬，我们需要从三个方面着手：

1. 树立家长的威信，抛弃溺爱之心。现在，有很多家庭处于"四二一"的模式下，父母管理脱节，孩子被爷爷、奶奶、姥姥、姥爷围着转，容易让男孩形成以我为中心的概念，淡化孝敬的重要意义。

2. 养成勤奋习惯，培养感恩之心。有时候，父母要适当地对孩子进行"忆苦思甜"的教育，让他们知道父母所面对的工作压力和生活压力。在这一点上，不仅可以培养男孩感恩之心、孝敬之心，还能培养他们勤俭节约的习惯，从心底里自发产生对父母的感激和敬重之情。

3. 做孩子学习的最佳楷模。家庭是孩子第一所学校，父母是孩子第一任老师，在长期的共同生活中，父母的言行举止给孩子以潜移默化的影响。所以，想要让孩子懂得孝敬之道，首先要自己以身作则，父母要孝敬自己的长辈，让孩子得到耳濡目染的熏陶。

237. 过度的表扬让谦逊品格消失无踪
——如何培养男孩谦逊的品格？

小辉在上小学时便展露出写作方面的才华，他对此颇为自傲，立志长大后要当一个著名的作家。但是，他却并没有更加努力地学习，脚踏实地地读书、写作。因为，他认为自己天生就具有大作家的气质，而老师那些庸人只会照本宣科，而且，他很讨厌书本上的那些枯燥知识，认为学校和老师只会扼杀他的能力。所以，小辉将全部的精力都放在了四处投稿上，彻底荒废了学业，他的学习成绩一路下滑，就连父母的劝导也被他抛之脑后。对于小辉这样不懂得谦逊，不能脚踏实地的男孩，应该怎么办呢？

 案例解析

谦逊的品格有助于男孩各项能力的正面发展，但是想要培养出谦逊的品格，需要父母对男孩进行恰当的心理调适与教养才能让男孩拥有博大的胸襟，脚踏实地地用知识来补充和填充自己。毕竟，谦虚才能使人进步，而骄傲只能拖住我们前进的脚步。拥有再好的才华，也不能有恃才傲物之心。千万不要觉得男孩年纪还小，就对他疏于引导和教会。谦虚的品格需要从小树立，不然可能对男孩今后的人生道路都产生不小的影响。

 解决办法

如何培养孩子谦虚的美德呢？父母可以从以下几点着手：

1. 耐心引导男孩做正确的自我评价。男孩不懂得谦逊的原因大多出自对自己的过高评价，才会总是拿自己的长处与他人的短处相比。作为父母，应当耐心地引导孩子做正确的自我评价，在看到自己长处的同时也要看到自己的不足。除此之外，父母还需要让孩子的行为规范化，以养成对其他事物的正确认知尺度。

2. 让男孩认识到骄傲带来的危害。骄傲会让我们无法客观评价外界事物，会让我们变得固执起来，会让我们拒绝掉那些对我们有益的劝告和友好的帮助。我们要让男孩知道骄傲的态度会带来什么样的后果，谦逊的态度会为我们带来什么收益。

3. 让男孩正确面对批评和建议。一般来说，那些批评能够指正我们没有发现的缺点，只要我们能够用正面的态度接受，就能够更清楚地认识到自己的不足。对于很多孩子米说，在评论自己的时候常常会出现认知偏差，这时如果能有外界的比较客观的意见或者建议，就能帮助他们不断地充实和完善自己。

4. 适度地给予男孩表扬。大多数父母都有望子成龙的心态，每当看到孩子的进步都会欣喜若狂，这种过度的表扬会给孩子带来情绪上的自满，容易养成孩子不懂谦逊的品格。正确的做法是适度表扬孩子。

238. 引导男孩尝试为他人考虑
——男孩没有怜悯之心怎么办？

程程的家长被老师叫到了学校去，因为程程不懂得团结友爱，还和其他同学组成小团体，排挤小易同学。小易同学的家庭条件不太好，所以日常的穿戴和零食都比不上其他同学。程程为此就有些看不上小易，觉得小易连一点好的零食都没有和大家分享过，所以不愿意和他一起玩。老师解释说小易的家庭条件不好，但是程程还是十分抗拒，弄得小易十分自卑。程程的妈妈告诉程程，小易的家庭条件不是他造成的，所以要宽容地对待小伙伴，要有怜悯之心。但是程程却还是一副拒绝的态度，这该怎么办呢？

案例解析

孩子们不健康的品格大多是后天养成的，是受到来自社会和家庭中的一些偏见、不良行为等的影响。现在的家长过度重视对孩子的知识、技能教育，而忽略了品格方面的培养。有些家长害怕自己的孩子吃亏，甚至会鼓励这种没有同情心的行为。还有一些家长一味地给孩子单方面的爱，没有教孩子如何去爱他人，这就养成了孩子自私自利的品格，难以考虑到他人的感受。如今的男孩大多是家里的独生子，他们很少能够站在他人的立场看待问题。

 解决办法

如何培养男孩的怜悯之心呢？如何让男孩懂得同情弱者呢？家长可以从以下方式进行培养：

1. 对男孩进行情感体验教育。产生同情情感和行为的前提是同情认知，我们要在日常生活中引导男孩去关注周围需要帮助的人，培养一种帮助弱者的习惯。比如对生病的友人进行探望，引导孩子去反观自身生病时的感受，引起他们的同情心。比如，有小朋友摔倒了，我们就要引导孩子去将对方扶起来，并且要询问对方是否需要帮助等。

2. 让男孩感知他人的情绪和体会他人的感受。父母要以身作则，对需要帮助的人给予安慰和关怀，给男孩以潜移默化的教育。比如，有的孩子哭闹，父母就要上前进行安慰和劝导。我们还可以带领男孩去参加一些"互帮互助"主题的教育活动，让男孩能够更真切地体会到到困难者的情感和愿望。通过这些活动，达到让男孩更好地体验和理解别人情感的目的。

3. 通过榜样的作用激发男孩的怜悯心。在男孩有了同情认知和同情情感后，父母要引导男孩将其落实在行动上，进一步强化男孩的同情心，让他逐渐养成具有怜悯之心的宽厚品格。

4. 对男孩进行同情心的随机教育。随机教育常常会让培养更具有有效性，因为这是多种教育手段的灵活运用或综合体现。我们要在男孩的怜悯行为之后，引导他们进行及时地总结，让他们谈自己在帮助他人之后的感受。这是对男孩积极行为的肯定性强化，可以将男孩的同情意识进一步地提高，将其变为内化的一种品格。

239. 让男孩知道那些钱买不到的东西

——男孩嫌弃家境贫穷怎么办？

科科的家庭条件并不是很好，每当他看到同学们有新书包、新衣服、新鞋子的时候，总是会觉得自己的陈旧衣物十分刺眼。但是他家境贫寒，都没有多余的钱去买一瓶饮料。刚开始的时候，科科只是觉得有些自卑，逐渐地，他开始责怪父母，他认为家境贫穷是父母造成的。

有一天晚上，他放学回家，看到桌上只有一道青菜和炒一道鸡蛋，顿时就发了火，嚷嚷着"你们为什么要把我生出来""为什么我要受这份苦""我讨厌你们"。父亲听到科科的话，顿时火冒三丈，出言训斥"生你养你，你还敢这么说？""我给你饭吃，让你上学，你个白眼儿狼！""你这还算受苦？不爱吃就滚出去！"科科的妈妈在一旁掉眼泪，却又不知道怎么办才好，她不懂，为什么天真无邪的科科变得这么势利，孩子嫌弃家里贫穷该怎么办？

案例解析

对于孩子嫌弃家里贫穷的问题，我们需要深挖一下其内在原因。嫌弃家里贫穷是男孩自尊心的反映。人难免有比较心理，当孩子看到别人的生活条件和物质条件比自己好时，会失落，需要父母悉心地给予男孩正面的引导，帮助男孩建立正确的价值观。

解决办法

当男孩以激烈的方式表达出对家境贫穷的嫌弃时，父母应该反思是否在对孩子的品格教育上出现了问题。纠正男孩的这个观念，我们可以从以下几个方面入手：

1. 引导男孩建立正确的自尊观念。孩子自尊心的建立首先来自于与他人的对比，优于他人的会有优越感，逊于他人的会有落败感。所以，父母要引导男孩明白什么才是自尊应该有的样子，什么样的人或者事情才值得尊重。

2. 纠正男孩的自卑心理。父母应该告诉孩子，物质不是衡量一个人是否优秀的尺子，所有的困难、贫穷、不如意都只是暂时的，让人尊重的永远不是物质的富足，而是自尊自爱的品格。

3. 要给男孩灌输贫亦乐的意识。要让男孩明白，生活的贫穷并不会剥夺一个人快乐的权利，想要获得欢乐并不一定是买玩具或买新衣服。对此，父母可在假日带男孩到公园进行一些活动，到博物馆之类的地方进行一下思想领域的拓展。这些活动都不需要花太多钱，但是却对男孩的身心发展很有裨益。

240. 从改变男孩攀比行为做起
——男孩自恃家境优越怎么办？

丁丁所在的学校是当地数一数二的贵族小学，很多当地的有钱人和官宦人家都把孩子送去读书。尽管学费很高，但是为了能够让孩子获得更好的教育，丁丁的爸妈省吃俭用，竭尽所能给儿子最好的一切。因为家里距离学校稍远，所以丁丁的爸爸每天都会骑电动车接送他上下学。有一天，丁丁的爸爸在班级门口听到丁丁的声音："有什么了不起的！"然后一个小女孩的声音说："他爸爸是局长，当然了不起了呀。"教室里安静了一会儿之后，传来丁丁大喊的声音："我的爸爸是大老板，也很了不起！"

一开始，丁丁的爸爸只是觉得好笑，但是路上丁丁却提出了让爸爸以后接他放学时，不要再骑电动车，因为他担心同学看到了会笑话。丁丁的爸爸这才意识到丁丁的问题，但是怎么才能纠正孩子的看法呢？

案例解析

丁丁为了满足这种虚荣，谎称自己的爸爸是大老板，是希望能够以这种方式来获得同学的尊重，所以家长要在理解的前提下进行引导。

男孩产生虚荣心的原因大多来自三个方面：

1. 自身认识能力的不足。一般学龄前儿童更容易进行家境的攀比，这主要是他们无法客观评价自己造成的，这是儿童自我意识发展的一个常见现象，而不是个例。

2. 来自家庭方面的影响。如果父母本身就是虚荣的人，孩子自然会在潜移默化中受到影响。

3. 社会环境方面的影响。如果孩子所处的环境中爱攀比和虚荣的人较多，难免会受到影响，造成心理平衡的失调。

 解决办法

面对孩子自持家境优越，父母需要注意以下几点问题：

1. 家长首先要摆正自己的心态。孩子的爱慕虚荣来自于家长言传身教上的失误，比如给孩子家庭条件承受范围外的优厚物质条件，在他人面前炫耀孩子的长处等，都会在不经意间培养出了孩子的虚荣心。所以，家长首先要摆正自己的心态，避免对孩子的心理健康造成影响。

2. 改变男孩攀比的固定思维。孩子的虚荣心建立于"别人有的我也要有""别人比我好的我要更好"的物质对比中，将思维集中在物质上就会让他们难以看到自己的优点。所以，家长可以将孩子的目光吸引到更值得关注的地方去，比如"最爱你的妈妈今天做了红烧肉，别的孩子都吃不到哦""爸爸每天都能来接你，别的爸爸不一定做得到哦""奶奶给你新织了毛衣，这可是外面买不到的哦"。

3. 让男孩注重内在修养而轻物质比较。家长要在男孩面前刻意地展示自己的才能，在生活中注重男孩的心灵审美教育，让孩子从心里认可自己的优秀之处。着重引导孩子以自身的知识和能力来获得他人的认可，而不是依靠家庭环境的攀比。

4. 父母要在合理消费方面起带头作用。必要的时候，家长可以带男孩到自己的工作环境中看看，让男孩体验到家长的辛苦与不易。在日用品的购买方面，要注意对孩子进行节俭教育，避免让孩子在用度和穿着上产生优越感。还有，父母可以支持男孩自己攒钱购买想要的东西，培养男孩通过自己努力去获得物质的习惯。

241. 引导男孩从"他制"到"自制"

——如何培养男孩的自制力？

麦麦在上初中之后，开始有了自己的人生理想。这本来是一件值得高兴的事，但是麦麦的父母发现，尽管他很有雄心壮志，在外人面前也总能侃侃而谈，但是，他却只是说说而已，实施起来后难以坚持下去。最近，麦麦这个缺点表现得越来越明显。每当他制订了某个计划之后，都坚持不了多久就放弃了。比如，麦麦说想要好好练习英语，一开始也表现出了十足的劲头，但是坚持不了几天，就偃旗息鼓了。再比如，麦麦在温习功课的时候，常常是将需要的资料全都准备好之后，就开始将注意力转移到其他地方去了。很多时候，虽然麦麦自己能够明显地感觉到时间的紧张，但是却不自觉地开小差。麦麦的父母十分头疼，怎样才能将麦麦的自制力提升上去呢？

 案例解析

自制力是能够按照自己的意识支配行动的能力。自制力差的人往往容易冲动，而自制力强的人则常常比较有耐心。影响男孩自制力水平的原因主要有：

1. 生理因素对男孩造成的影响。十几岁的青少年自制力较差的原因来自于大脑的前额叶发育尚未成熟或者是受到了压抑。前额叶是人类大脑最晚成熟的区域，即便到了二十几岁依旧会成长变化。一般来说，男孩的自制力要逊色于女孩，但女孩的自制力会随着生理周期发生变化。

2. 家庭教养方式对男孩的影响。大多数男孩在家中独享父母的宠爱，所以不会有太多需要忍耐和克制的机会出现。而且，在隔代抚养中，老人也会对他们有求必应，这就很难让男孩得到自制力的锻炼。

3. 社会经济地位对男孩自制力水平的影响。有研究表明，那些家境较好、智力水平较高的男孩的自制力水平、冲动性克服能力会高于平均值。这也就是说，社会地位和经济状况等方面的不同会带来教养环境的差异。

 解决办法

如何让男孩提高自制力呢？

1. 从"他制"到"自制"。一些年纪较小的男孩无法判断和评价自己的行为，这时就需要家长对他们提出要求。比如要求男孩放学回家后，必须练习一个小时的钢琴，之后是写作业，写完作业之后的时间可以任由他们自己支配。家长对孩子的要求，只要能够抓住主要的事即可，切记要给孩子留一些自己的空间。通过家长的监督与督促，可以让男孩养成从"他制"到"自制"的良好习惯。

2. 让男孩掌握一些提升自制力的技巧。比如，注意力的转移、积极的心理暗示、回避刺激的对象等方式。

3. 为已经形成的自制力给孩子一些适当的奖励。我们可以用内在鼓励和外在物质奖励两种方式来鼓励孩子的变化。

242. 提前给男孩设定行为准则
——如何批评男孩才更易被接受？

在父母眼里，小循一直都是一个很优秀的男孩，不仅学习成绩十分优秀，而且很有上进心。但是，在小循上学之后，父母逐渐地发现了一个新的问题。就是小循只能接受大家的夸赞，而对于批评完全拒绝。就比如，小循的期末考试成绩是全班第一名，家人和亲戚朋友都不住地夸赞他，小循表现得十分高兴；但是，一次月考试成绩不太理想时，父母只是稍微批评了他最近太贪玩，小循就马上翻脸，说父母太过严厉。对于小循这种只接受夸奖，而拒绝批评的孩子该怎么办呢？怎么做才能让男孩更容易接受批评呢？

 案例解析

虽然好胜心可以给男孩提供发展的动力。但是如果这种好胜心太强的话，就会让男孩的品格受到影响，接踵而至的就是人际关系差、心理承受能力弱等问题。如果一个男孩不能接受别人的批评，甚至还有攻击他人的表现，对于男孩良好的品格、性格的形成会产生影响。

拒绝接受批评，并不是个例，而是男孩在成长过程中的表现。有些男孩的表现稍微强烈一些，会有攻击、反驳等行为。有些男孩的表现稍弱一些，会有沉默、逆反等表现。无论强弱，都会对男孩的心理产生影响。所以，对于这个问题，我们家长要通过有意识地引导，来帮助男孩向着更好的方向发展。

 解决办法

如何才能让男孩更容易接受客观批评呢？

1. 我们要无条件地接纳男孩的任何表现。作为父母，不能只愿意接受孩子"乖""成功""优秀"的一面，在孩子没有达到要求的时候就责怪和批评。我们应当给予孩子更多的鼓励和支持，帮助他们找到失败和错误的原因，让孩子从挫折中获取经验。只有这样，才能让男孩在心理安全区中逐渐成长。

2. 鼓励男孩尝试更多的不同。不要让男孩沉湎在一时的得失、胜负中，而应该引导男孩进行多方面的考虑，给他提出更多的选择空间。在这一点上，家长要注意，切勿用对比的方式给男孩带来错误的信息和消极的暗示。

3. 明确指出哪些行为是不能出现的。比如，当男孩对于家长的批评表现出攻击的状态时，家长要明确地告诉男孩这种行为的错误。男孩的品格是可塑的，需要家长进行适当地干预和引导。

243. 自私自利是男孩的品格瑕疵

—— *男孩自私自利怎么办?*

　　小豆豆小小年纪就表现得十分自私,拒绝任何人碰他的东西,无论是玩具还是零食,哪怕妈妈要将他穿不下的衣服送人,他都会大吵大闹不止。比如,全家人去饭店吃饭,他要的菜谁都不能动,哪怕他吃不了也不会主动分给别人,就算是剩下了丢掉也不允许别人动一口。在家里更是如此。小豆豆的爸妈给他买了很多的零食,他在吃零食的时候如果有人问他要,他首先会瞪着大眼睛很委屈地看着你,你说一些好话哄他,他才会从零食里挑出一些自己不喜欢的给你。如果你再继续讨要的话,他绝对不会再给,甚至还会大声地嚷嚷“这些都是我的”。对此,父母感到十分头疼,但是又不知道怎么办才好。怎样才能让男孩不那么自私呢?

案例解析

　　许多父母都感叹现在的男孩特别难带,尤其是独生子,总是呈现出一副自私、冷漠、不关心他人的状态。让我们从孩子的心理出发,去找到造成自私自利品格的原因:

　　1. 家庭教养模式造就了男孩以自我为中心。现在很多孩子都生活在“421”家庭模式中,在家庭中处于中心地位,得到了所有长辈的呵护,这就容易让他们以自我为中心,出现自私、拒绝分享的一面。

　　2. 家长对男孩错误的教育方式。家长对孩子过分地宠爱,过分地有求必应也是造成孩子自私自利的原因。

　　3. 不良环境对男孩造成的影响。喜好模仿是孩子的天性,所以男孩自私品格的产生离不开周围不良环境的影响。比如,父母或家庭成员有自私自利的习气,爱贪小便宜、爱斤斤计较,都会对男孩产生耳濡目染的效果。

解决办法

　　家长在教育男孩时,应该注意对男孩自我意识发展的正确引导,为了防止男孩有自私自利的不良品格,家长需要做到以下几点:

　　1. 帮助男孩学会理解他人。对于年纪较小的男孩,简单的说教可能起不到很大的作用,因为孩子可能无法理解其中的道理。这时,我们可以通过讲故事、做游戏、分析身边事着手教育,让孩子学习如何站在他人的角度看待问题。只有当孩子能够了解自私带来的害处后,他们就会自发地改善自己的行为。

　　2. 让男孩认识到自私的后果。当孩子表现出自私行为时,家长不要立刻予以强烈的责备,而应该提醒和讨论,让孩子明白没有人会喜欢一个自私的人,让他们自己意识到自私行为会带来被小伙伴孤立的后果。

　　3. 让男孩了解到分享的价值。孩子之所以讨厌分享,是因为他们认为分享意味着失去。

所以父母要让孩子能够明白，分享是一种互利互惠的存在，体现的是自己对别人的关心和帮助。所以，父母要设法让孩子切身体会到分享带来的乐趣和价值。

4. 父母以身作则去训练男孩的行为。家长是孩子的榜样，父母的言行会烙印在孩子的心里。如果父母在平时的言行中，能够表现出对他人的同情、帮助、关心的一面，孩子自然会受到正面的影响。父母可以通过自身带来的影响，来训练孩子的利他行为，比如可以创造孩子为父母服务的机会，然后用夸赞和奖励来激发他们的行为。

5. 不给男孩任何的特殊化待遇。在家庭中要树立一种"公平"的环境，防止男孩滋生"独享"的意识。家长切勿将孩子置于可以无偿享受成果的位置，应该让孩子承担起适当的家务劳动，让他们懂得享受权利和履行义务是同等重要的事情。

244. 用关爱打开男孩内向的心
——男孩品性因环境而改变怎么办？

尧尧的父母工作很忙，所以他出生后一直跟着爷爷奶奶一起生活，主要由奶奶负责照顾。但是，奶奶的文化水平不高，而且身体状况不是很好，所以平时除了必需的照顾，基本上和尧尧没有什么互动。在尧尧到了上小学的年龄后，他才被父母接回到身边。但那时，尧尧的妈妈发现，聪明帅气的尧尧总是喜欢哭，而且还不爱说话，有了想法也从来不表达。即便是有需要父母帮助的地方，也只会用手碰碰父母的身体。在家里有客人来访时，尧尧就只会躲在卧室不出来，即便路上遇到熟人，也从来不和别人打招呼。

上学后，尧尧更加内向。老师向尧尧的妈妈反映，说尧尧总是沉默寡言，从来不参加集体活动，也没有和任何一个同学表示亲近，总是一个人孤单地坐着。老师如果向他提问，他也只是很小声地哼唧。看到尧尧内向的样子，他的妈妈十分着急揪心，怎样才能让尧尧变得开朗外向一些呢？

 案例解析

孩子在儿时对于环境的变化和依赖尤其敏感，一些环境的改变、亲人的换位，很容易让一些男孩的性情、品格、行为发生大的改变，一反常态。根据这个典型案例，我们来分析一下男孩爱独处、拘谨，不爱活动和接触他人的原因。

1. 生活环境对男孩产生的影响。从这个案例来看，男孩在幼年时期缺乏交流的对象，没有与父母建立亲密的关系，对家长缺乏安全感和信任感。在成长的过程中，由于安全感的缺失，才带来了内向的表现。在小时候，因为外出的机会较少，与陌生人的闭塞交流，也让孩子出现了不适应的情况。

2. 家庭教育对男孩产生的影响。家长对孩子的不正当批评和不科学的引导，容易造成孩子形成自卑的心理，容易让孩子在心理上出于弱者或者被动的地位。

3. 男孩自身原因造成的。有些男孩会因为口头表达能力较弱而不敢与他人交流，害怕表述不清会遭到他人的嘲笑，只有把自己封闭起来才是最安全的。这些孩子对自身情况比较敏感，在他们的记忆中或许曾经有过不愉快的经历，这些经历也会成为造成他们内向的原因。

 解决办法

家长在孩子的人格培养中起着至关重要的影响，对于孩子内向性格的纠正和积极心态的培养，可以从以下几个方面着手：

1. 让男孩感受到来自家庭的关爱。很多孩子内向的原因主要是来自家庭因素的影响，比如陪伴时间的缺乏、父母工作忙而忽略了孩子的感受等，都会造成孩子的孤独心态。所以，家长要尽可能地多给孩子一些关怀，要明确地告诉孩子父母对他的爱，对孩子的承诺要言而有信，多采取一些家庭游戏的方式来增强亲子关系。

2. 耐心提高男孩的语言表达能力。耐心引导孩子，给他们尽可能多的表达的机会。在和内向孩子对话时，给孩子提供一个轻松的环境，讲话时要注意降低语速，用带有亲和力的态度与孩子进行沟通，让孩子在不知不觉中提高自己的语言表达能力。

3. 帮助男孩建立自信心。家长不要排斥孩子的品性，要给予孩子更多的空间，不要胡乱给孩子贴上"标签"，避免让孩子形成错误的自我认知。要满足和引导孩子的表现欲，即便孩子做错了，也要说一些鼓励的话。尊重孩子每一次的成功体验，一点一滴地树立他们的自信心。

4. 提高男孩人际交往方面的能力。带领孩子积极参加各种活动，做出与人和谐相处的表率。比如，邀请孩子比较熟悉的朋友来家里做客，在孩子熟悉的环境中，自己就会放松状态，主动去与小伙伴交流。

245. 家长适当放手，给男孩表现的机会
——男孩太胆小怎么办？

小哲虽然是个男孩子，却特别的胆小。每次出门都要紧紧地抓着妈妈的手，生怕稍微一放松就会走丢。在学校里，被老师点名时，也只会抿着嘴、低着头一言不发。路上碰到了老师或者同学，从来都是表现出一副怯懦的样子，不敢与别人打招呼。因为生性胆小，不敢主动与别人说话，在学习上遇到不懂的问题也从来不敢去向老师求助，所以学习成绩一直很不理想。

小哲在家里也是如此。已经上小学的他，依旧每天都要妈妈陪着睡觉，只要醒来发现妈妈不在身边，就会哇哇地哭个不停。虽然小哲平常表现得很乖，从来不惹事闯祸，但是小哲的妈妈宁愿他像其他的男孩一样打打闹闹。如何改正男孩太胆小的毛病呢？

 案例解析

男孩胆小的原因大致分为先天因素和后天影响两种：

1. 先天因素对男孩品性的影响。有些对特定东西的惧怕是与生俱来的，但是基本都会随着年龄的增长而减弱。

2. 后天因素对男孩品性的影响。一般情况下，孩子的自尊心受挫、交往欲被遏制、自主性发展受到阻碍都会让男孩变得胆小怕事。

 **解决办法**

想要让男孩拒绝胆怯、摆脱自卑、脱离封闭状态，展开正常的学习和生活，我们需要家长采取一些适当的教育方法，来达到帮助孩子摆脱负面品性的目的。

1. 家长要适当地放手。胆小的孩子往往在家中备受呵护，欠缺与社会接触的经验，才会让他们对公众活动产生恐惧感和排斥心理。家长要引领孩子多与社会接触，让他们能够接触到更广阔的世界。

2. 给男孩提供适应的时间。对于胆小的男孩来说，一个没有压力的环境很重要，所以，刚开始的时候我们不必太操之过急，这只会加剧孩子的恐惧感。

3. 不要给男孩贴上胆小的"标签"。家长需要用孩子能够接受的方式来对待他们，用孩子能够接受的标准来衡量他们，而不要从自身去评价孩子对外界接受程度的差异性。

4. 给男孩更多的表现机会。胆小的男孩通常会很自卑，害怕自己的所作所为会被他人嘲笑，所以家长要给孩子提供表现的机会，可以从比较简单、容易达成的小事做起，并且要对孩子擅长的事情表示鼓励。

5. 用鼓励来消除男孩的紧张感。只要发现男孩有了一点进步，哪怕与家长的期望值不符合，也要给予热情和真诚的鼓励，让孩子体验到被认可的感觉，消除他们的紧张感，增强他们的自信心。

246. 帮助男孩纠正认识的误区
——为什么男孩的敏感态度因人而异？

小钟在面对熟悉的人时，表现得并不是很内向，相反，他是一个十分活泼，爱表现的孩子。但是一旦到了外人面前，小钟就突然变得很胆小，不会去和别人主动说话，也不会主动表现自己的专长，而且会刻意地降低自己的存在感。一开始，小钟的妈妈将他这样的表现归结为认生，只要一找到机会就会带小钟和外人接触。但是，即便妈妈鼓励小钟去和小伙伴们玩，他也是从来不会主动和小伙伴玩在一起，就只是站在一旁，聚精会神地看着别人。有时，妈妈也会鼓励小钟在亲戚朋友面前表演一下，唱首歌或者跳个舞，但小钟都是脸憋得通红，就是不知道该怎么办。小钟的妈妈问他为什么不愿意表演时，小钟说担心自己会被别人笑话。小钟的妈妈这才明白，原来都是孩子不自信惹的祸。可是，怎样才能让孩子建立自信呢？

案例解析

按照常理说，男孩的性格大多比较外向，为什么还会产生不自信的心态呢？这大多是由不适当的自我评价和自我认识引起的自我否定，是一种自我拒绝的心理状态，外在的表现就是很内向。导致男孩这种品性的原因大约有以下几点：

1. 男孩存在认识上的误区。有些男孩过分看重自己不如他人的地方，而忽略了自身的优点，而且大多数时候，会将很多失败的、不如意之事的原因归结到自身上。一旦消极的自我暗示形成，男孩在接触很多事情的时候，都会先向着不利于自己的方向去设想，这就容易强化他们不正确的自我认识，造成不自信的表现发生。

2. 男孩过于敏感的性格让他们太过多疑。有些男孩对周围的环境，尤其是陌生的环境，非常的敏感，敏感之下就是表现得十分多疑。这个怪圈会让他们的自信心不断地受到来自内部的打击，最后丧失积极有效的主动性，害怕与外界的接触。

3. 男孩缺乏成功的经验。人的期望值需要不断发展，但是新的目标总是要以已经实现的目标作为基础。成功的经验越多，期望值就越高，自信心才会越强。在实践中缺乏成功的经验，会令孩子心虚，没有勇气去尝试。

4. 外界因素对男孩产生的影响。不良的家庭环境是男孩缺乏自信的主要原因，如果男孩的生活环境中缺乏肯定和鼓励，会让男孩产生消极的认知，认为自己只有缺点没有优点。这样一来，家长对男孩抱有的期望值越高，男孩就会表现得越怯懦。

 解决办法

想要帮助和引导男孩建立由内而外的自信心，我们可以从以下几个方面入手：

1. 让男孩正确地认识自我。每个人都有优点和缺点，我们应该在接受男孩缺点的同时赞扬他们的优点。这样，就能让男孩在默默地与他人进行比较时，即便看到了自己不如他人的一面，也能够看到自己的过人之处。

2. 给男孩更多的积极暗示。积极的心理暗示可以帮助男孩更加乐观地面对生活，比如通过语言鼓励和引导带来的语言刺激暗示，比如通过自信的身体表现带来的动作刺激暗示，比如用改变男孩身处的环境带来的环境刺激暗示等。

3. 帮助男孩积累成功的经验。不要让男孩去挑战他不能胜任的事情，而是先要寻找到男孩的闪光点，满足和引导男孩的表现欲，重视培养男孩每一次成功的经验。由浅入深，由易入难，逐渐建立男孩的自信心。

4. 鼓励男孩参与各种活动。在活动的过程中，男孩很难长时间地将自己封闭起来，即便他们内心因为胆怯而抗拒，也总会有外向的孩子想要拉他们一起游戏。所以，家长更可以鼓励男孩参加各种集体活动，提高他们对陌生环境的适应能力和人际交往能力。

247. 报复心理源于宽容之心的缺乏
——男孩报复心太重怎么办？

小智性格比较内向，从来不会和同学发生正面冲突，所以他的父母很放心地将他放在寄宿学校里。本来，父母想要培养小智独立、坚强的性格，但是老师却向他们反映，因为同学和小智开玩笑，小智就经常做一些小动作报复那个同学，比如偷偷撕毁人家的作业本，在人家的水杯里倒脏水等。小智的妈妈很担心他心理出问题，就给他请了假，想要在家里好好引导和教育。但是，小智回家之后，根本不听父母的话，父母生气的时候会吓唬吓唬小智，轻轻地打几下以示惩罚。但是，小智却在挨打之后小声嘀咕："我长大以后绝对不孝敬你们，挣了钱也不给你们花。"小智的父母顿时感觉到他报复心理的可怕，到底怎样才能让男孩有一个健康的心态呢？

案例解析

我们从小智的语言和行为中可以看出他的报复心理，他通过一种隐性报复的方式，来发泄自己心中的愤怒。这种心理如果表达的只是一种不满情绪，还是比较正常的，但是顺其自然的话会发展成为一种不健康的品格。形成男孩报复心理的原因主要有以下几点：

1. 家庭教养方式对男孩的影响。父母对待男孩的教育态度过于严厉和粗暴，在教导男孩的时候没有耐心告诉他们错在了哪里，这就容易让男孩在内心积压出一种报复情绪。另外，在孩子的意识中有一种模仿意识，就是父母如何对待我，我将来就会如何对待你们。

2. 生活事件对男孩心理压力的影响。有些男孩在承受了超出自己负荷范围的精神压力时，也会在心里积压下报复情绪。等到一个合适的契机，就会把之前积累的情绪全部发泄出来。

3. 不良性格对男孩的心理影响。有些男孩意志软弱，抗挫折能力低下，也有些男孩敏感多疑，不知如何化解冲突。在不良性格的影响下，男孩甚至会认为自己的报复行为是对对方理所应当的惩罚。

4. 不良环境对男孩心理的影响。大部分男孩的报复行为是从社会环境中学习到的，比如电影、报刊、网络等渠道传播对男孩的影响。

解决办法

想要消除男孩的报复心理，家长要注意对他们进行正确的心理疏导，让男孩能够健康地成长。我们需要注意以下几个方面：

1. 给男孩营造一个宽松的教育环境。父母要尽可能多抽出时间陪伴男孩，一起游戏、一起读书等，用关怀的态度去倾听男孩所有不开心的事情，成为他们很好的倾听者，避免负面情绪在男孩心中积压。

2. 让男孩学会宽容的换位思考。我们要鼓励男孩拥有宽容的精神，应该告诉男孩矛盾的后果是双方都会受损，让男孩学会如何正确地处理人际交往中发生的事情。

3. 让男孩用正确的方式对待所遭遇的伤害。教会男孩正确地发泄负面情绪的方式，可以是在无人处呐喊、对知心人倾诉、用运动来发泄、写日记来疏导等，关键是切忌将不愉快的情绪憋在心里。

4. 让男孩了解报复的危害性。报复是一种精神煎熬，只会让堆积在心里的负面情绪更加严重，所以，家长要告诉男孩，报复不是一种正面解决问题的手段，只会一时地解恨，并不会让事情得到圆满解决。当男孩明白报复会带来的危害后，就不会贪图一时的痛快而冲动行事了。

Part 13
男孩的行为培养：做行为规矩的好男孩

248. 让男孩参与到父母的计划之中
——如何培养男孩有计划地做事？

阳阳是一个很乖巧听话的孩子，做事情也有主动性，对于妈妈交给他的事情都可以很好地完成。但是，如果妈妈交给他的事情不止一件，阳阳就会花费几倍的时间来做完。比如，妈妈说，让阳阳帮忙晾晒一下衣服，阳阳就会很快完成。但是如果妈妈在让阳阳帮忙晾衣服的同时，还给阳阳安排了一些其他的事情，阳阳就会方寸大乱，完全不知道该先做什么后做什么。对于孩子只能在自己的指导下一件件地完成事情，阳阳的妈妈感觉很苦恼，怎样才能培养孩子有计划地做事情呢？

案例解析

很多父母都希望男孩有主观能动性的同时，做事还有条不紊。但是，并不是所有的男孩在幼儿时期都养成了做事条理清晰的习惯。俗话说"三岁看老"，说的就是从小对孩子的培养是至关重要的。如果男孩没有养成有条理做事的习惯，对男孩终身的学习、工作、生活、社交都会产生不好的影响。父母只有注意男孩这方面的培养，才能让男孩做事不盲目、自发改善不良的行为习惯。

解决办法

如何培养男孩做事有计划呢？

1. 为男孩提供有条不紊做事的榜样。父母是孩子最好的老师，如果男孩能够在生活中受到来自于父母的有益影响，自然能够养成按计划做事的习惯。比如，父母说这周的安排是，周六上午洗衣服、收拾屋子，下午去购物，周日去奶奶家。如果父母能够按照计划安排行程的话，男孩自然能够受到父母的影响。

2. 有意识地让男孩参与讨论计划安排。以家庭为单位做周末计划时，可以让男孩参与计划事项的讨论，比如，周末需要做家务、洗衣服、购物、去奶奶家，父母可鼓励男孩发表自己的意见。如果男孩的意见合理，则表示肯定，如果不合理，则应当帮助他进行分析，让男孩从小就明白什么是计划的合理性。

3. 对男孩做事提出有计划的要求。直接让男孩自己去安排行动计划，对于男孩来说是比较困难的。所以，家长可以提醒男孩在做事之前先想好顺序，比如先从比较容易的事情做起，从比较耗费时间的事情做起，从占用特定时间的事情做起等。

249. 父母以身作则，让男孩遵守规矩
——男孩做事不守规矩怎么办？

小洋洋在和同单元楼里的小伙伴玩耍的时候，总是不太受待见。一开始的时候，大家都会带着他一起玩。由于小洋洋的年纪比较小，所以大家玩游戏的时候没指望他能玩好游戏，只要求他不捣乱就行。而小洋洋在玩游戏的时候，刚开始的时候还能配合，中途就开始给大家捣乱。比如说，大家一起踢球的时候，说好了让他守门，但是他却突然冲到场上，在中间乱踢。小洋洋的妈妈发现几次之后，对小洋洋说玩游戏要遵守规矩。但是小洋洋却根本听不进去，依旧不断捣乱。小洋洋的妈妈担心，这样的做法会让他很难交到朋友，可是，怎样教育才能让男孩懂得遵守规矩的重要性呢？

案例解析

我们虽然要给男孩自由的成长空间，但是自由是有底线的，一般男孩不愿意遵守规矩，大多有以下几个原因：

1. 父母说话不算话对男孩产生了影响。比如，当妈妈要求男孩自己收拾玩具时，如果男孩没有收拾，妈妈就会帮助他收拾。这种事情会弱化男孩对妈妈立下的规矩的重视程度。

2. 将负面情绪发泄到男孩身上。比如，有些妈妈在情绪不好的时候，会对没有做错什么事情的男孩叫嚷"你怎么就不能安静一会儿""像你这样能有什么出息""你这孩子怎么这么惹人讨厌"等，甚至会动辄打骂。这样的举动会让男孩觉得十分委屈，根本不知道自己做错了什么事情。

3. 从来不曾给男孩立过规矩。有些父母觉得不给男孩立规矩也没什么，男孩喜欢看动画片就看，男孩喜欢吃糖就吃，从来没有任何的约束。所以很多时候，不是男孩不遵守规矩，而是父母从未给他们立过规矩。

4. 不尊重男孩的思维方式。有的妈妈从来不认为男孩的感情世界脆弱，没有对他们的思维方式进行了解，不知道站在男孩的角度去看待问题。

5. 没有理解教育的重要性。有些父母将男孩视作玩具，没有让他们在生活中养成良好的习惯，让男孩不会特别注意到自己的言行与规矩的冲突。

解决办法

家长先要明确一个概念，立规矩并不等同于惩罚教育。我们可以用"自然后果"和"逻

辑后果"让男孩明白不遵守规矩会带来的后果。

1. 自然后果。自然后果是自然赋予的，而不是人类强行添加的。就比如"不吃饭就会挨饿""穿不合适的衣服会不舒服"等。从一点一滴的教育对男孩产生影响，让他们知道违背了自然后果就会让自己或者他人感到不舒服。

2. 逻辑后果。这一点与某种特定的行为有关，比如要告诉男孩滑梯只能从上往下滑，如果想要从下往上爬，就会影响到其他玩滑梯的小朋友，而且还容易伤害到自己。如果坚持从下往上爬，就必须离开游乐场，而且这一个月都不能玩滑梯。

父母要对男孩强调"规则"的重要性，这个规则不仅父母要让男孩遵守，同时自己也要起到以身作则的作用，比如带着男孩排队、带着男孩购票、带着男孩付账等。一旦定下了规矩，父母就绝对不能心软，不能因为男孩的撒娇或者不执行而自己替代他们完成，要让他们知道，违反了规则就要承担相应的后果。

250. 家长要注意引导男孩的礼让行为
——为什么男孩不肯礼让他人？

邻居家的小朋友来找胖宝玩，胖宝拿出了积木和他一起搭房子。积木倒出来之后，胖宝率先拿了很多块积木到自己身边，小朋友玩着玩着发现积木不够了，就和胖宝要，但是胖宝却不想给。于是，胖宝的妈妈就说："胖宝，你把你的积木给小朋友一些，他的不够了。"但是，胖宝却依旧拒绝。胖宝的妈妈有些不高兴，又强调了一遍，然后胖宝很不高兴地把积木一摔就跑开了。

还有一次，胖宝抱着一整盒巧克力在楼下吃，有一个小女孩在几米外看着。胖宝的妈妈就说让胖宝给小妹妹一个，但是胖宝却突然嚷嚷："不给！我为什么要给她？我又不认识她。"胖宝的嚷嚷让他的妈妈觉得很不可思议。胖宝不懂得礼让他人，胖宝的妈妈应该怎么教育和引导呢？

案例解析

分享和礼让对于男孩来说并不是一个概念，只是有很多家长将这两个概念混淆了。因为从某种意义上来讲，分享意味着共同享有，虽然给了别人一部分，但是自己依旧持有。但是谦让则是给了对方，自己就没有了。所以，对很多男孩来说，谦让是一件很难接受的事情。想要让男孩懂得分享比较容易，但要是让男孩懂得谦让好像并不太容易。

解决办法

想要让男孩懂得礼貌谦让，父母们可以从以下几个方面入手：

1. 弱化男孩"以自我为中心"的心理。很多男孩因为生活经验少，在考虑问题的时候时常以自我为中心。所以，在日常生活中，要先让他产生分享的意识，比如不能独占某一种食物，不能独占电视等，家长要先从拒绝迁就开始做起，让男孩意识到他人的存在。

2. 引导男孩懂得体谅和尊重他人。现在的很多男孩都是家里的"小太阳"，这就会让他们对别人的事情缺乏关心、理解和同情。所以，家长要明确告诉男孩没有人会喜欢自私的人，可以引导男孩换位思考，如果别人也拒绝他，他会做何感想。

3. 让男孩产生自发的分享与谦让行为。被动的分享与谦让总会让男孩觉得心有不甘，最终的结果只会适得其反，还容易造成男孩的逆反心理。所以，家长要引导男孩的主动性，让他们做出自觉礼貌谦让的行为。

4. 家长以身作则为男孩树立榜样。父母要在日常生活中起好榜样的作用，互相关心、互相礼让、互相爱护。在当好榜样的同时，也要创造分享和礼让的机会，让男孩练习。

251. 纠正男孩的错误认识
——男孩喜欢撒野怎么办？

城城总是喜欢和年纪小于他的孩子一起玩，拒绝比他年龄大的孩子的邀请。对于这一点，城城的妈妈并没有觉得有什么问题。但是逐渐地，妈妈发现了一些不对劲的地方。城城在小伙伴中总是处于发号施令的角色，喜欢别人都服从他的安排，一开始妈妈还觉得是城城有领导力。但是，这种"领导力"却开始变得有些扭曲。比如，城城不允许任何不听他话的小朋友和他们一起玩，不允许任何小朋友违逆自己的意见，如果有人不听他的话，他就会把人家拒绝在小圈子外，甚至会发生争执，有时居然还会动手打人。对于城城这种"小霸王"行为，该怎么进行纠正呢？

案例解析

有的男孩在与其他小朋友相处时，喜欢称王称霸的原因主要有以下几种：

1. 男孩拥有较强的自主意识。有些男孩喜欢占据决定者的位置，时常会表现出很强的独立性，希望能够借助"领导者"地位来获得他人的认同。

2. 男孩拥有自以为是的态度。有些男孩是家里的小皇帝，习惯了以自我为中心，在生活中就养成了任性、霸道、独占的习惯。

3. 生活环境对男孩产生的影响。有些男孩的家长总是使用强制手段的教育，家庭环境中缺乏民主作风，当男孩感觉到自主权的缺乏后，就会把压抑的情绪发泄到朋友身上，效仿父母来强制要求他人的服从。

4. 错误认识给男孩带来的影响。有些男孩可能受到过大龄朋友的欺负，于是产生武力可以征服一切的错误认识。

解决办法

那么，当男孩出现了"小霸王"行为，该如何引导和纠正呢？

1. 对自主意识强的男孩进行引导教育。积极培养男孩解决问题、独立思考的能力和领导能力，让男孩进入更大的年龄群体去体验，培养他们友好合作和尊重伙伴的意识。

2. 对自我意识强的男孩进行疏导教育。给男孩创造更多和年龄大于他的人的交往机会，让他逐渐地了解到人与人之间和谐的关系模式，让他在对比中了解到友好相处的快乐，自己有意识地进行修正。

3. 改变男孩所处的环境的影响。父母的榜样作用不可忽视，除了要耐心地教育和帮助男孩，还要给他创立一个民主、平等、宽容的家庭氛围。培养男孩同情弱者、助人为乐的品质，引导他与伙伴共享欢乐，提高他人在男孩心目中的地位和价值。

252. 等男孩安静下来再进行引导
——男孩有暴力倾向怎么办？

随着宵宵的长大，他的妈妈发现了一个很严重的问题。别人家的小孩都很乖巧懂事，在父母不能满足他们的愿望时，大多能理解父母，但是她家宵宵在父母不能满足他的愿望时，会使劲地喊叫、扔东西，撕心裂肺地折腾，甚至还会打人。比如说，父母答应宵宵周末带他去公园玩，但是因为宵宵爸爸的公司临时有事，宵宵的妈妈需要给朋友帮忙，无法带宵宵出去玩，宵宵就大吵大闹没完没了，甚至把桌上妈妈做的早饭给扔到了地上。宵宵的妈妈气急之下，打了宵宵一巴掌。打完的瞬间妈妈就后悔了，但是令妈妈意外的是，宵宵居然冲过去还手，不停地推、打妈妈。宵宵的妈妈很伤心，不知道到底是什么原因造成了宵宵这样的行为，究竟怎么做才能管制男孩的暴力行为呢？

案例解析

一般情况下，男孩难以控制情绪，做出很暴力的行为大多有以下几点原因：

1. 男孩无法准确表达自己的情绪。有些年纪小、表达能力弱的男孩不懂得如何用语言表达自己的心情，但因为他们能够明白自己的喜恶，所以就会用一种比较极端的方式来表现自己的不满。比如男孩吵闹着要买某个家长不让买的玩具。

2. 男孩希望对事物有掌控力。当男孩成长到一定年龄后，就会想要能够控制一些事情，但当他们发现自己的无能为力后，就会选择用极端的方式来表达。有些男孩会选择哭闹，有些男孩的行为则会比较极端，但本质都是相同的。

3. 长时间积累的情绪的释放。一般情况下，男孩突然发火的原因并不一定出自事件本身，也有可能是长时间堆积出来的负面情绪的骤然释放。所以，父母不要将所有的事情都归咎在男孩太任性上，这样容易误读男孩传递出的信息。

4. 受到来自外界环境的影响。孩子的内心世界是比较脆弱的，周围发生的任何事情都会被他们敏感捕捉到，而他们也会将别人的负面情绪转嫁到自己身上，由自己来宣泄出来。比如父母的关系不是很好，男孩被某一事件刺激到后，就会大声嚷嚷对父母的不满。

解决办法

想要解决男孩的暴力倾向问题，可以借鉴以下几种办法：

1. 在男孩火气最盛的时候不要企图让他马上安静下来，给他空间让他尽情表达自己的苦闷感受。等到他安静下来之后，再弄清楚他到底为什么发脾气，然后再顺势利导。

2. 如果男孩不仅是摔东西，还想要打人的话，家长一定要用坚决的态度制止他，同时还要不停地和他说话来帮助他克制情绪。如果家长被他的行为气得难以自制，最好先暂时离开，让其他人来帮助男孩冷静下来。

3. 有时男孩会借助外界环境来给父母施加压力，比如在公众场合的哭闹和使用暴力。这时，父母一定要保持冷静，不管周围的人怎么看你，也不要因为顾及面子而纵容男孩的吵闹，不然有了第一次，以后就更加难以管教。

253. 男孩缺乏一个独立性强的榜样

——男孩的依赖性太强怎么办？

哟哟的爸爸妈妈工作很忙，所以哟哟从出生后就是跟着爷爷奶奶。当哟哟即将面临要上小学的问题时，他的爸爸妈妈打算把他接回身边来。可是，一到和爷爷奶奶分别的时候，哟哟就哭闹不止。奶奶心软之下，就让哟哟再住一个月的时间。可是，一个月之后，哟哟闹得更凶了。妈妈想要说服教育的时候，奶奶总是在一旁护着，妈妈觉得哟哟太依赖奶奶并不是一个好现象，会阻碍孩子的健康成长，但是究竟怎样才能让孩子的依赖心不那么强呢？

案例解析

父母都希望能够给孩子无微不至的关怀，不管孩子长多大，在父母的眼里永远都是个孩子，所以在孩子行为有偏差的时候，父母的第一反应都是孩子还小，还不懂事，需要慢慢管教。但是，如果一味地纵容孩子按照自己的方式去做，很容易让孩子在未来的道路上走偏。但同时，也不能强制孩子按照父母的想法去做。父母管得越是细致，就越是给孩子一种"他还没长大"的暗示。这样反而会让孩子更加地依赖父母，使孩子的各项能力都无法得到锻炼和提高。

解决办法

想要纠正男孩过强的依赖性，我们可以从以下几方面着手：

1. 让男孩认识到依赖带来的危害。无论是依赖父母、长辈、老师、朋友都不是好现象，依赖心会让他们在未来的人生道路上坎坷难行，一旦离开了依赖的对象，就会变得茫然无措，自己的精神世界也会因为安全感的缺乏而丧失独立自主性。所以，家长要给男孩独立的空间，开发他们独立的能力，而能力的增长可以让男孩有独当一面的本事。

2. 锻炼男孩独立思考的能力。许多孩子遇到问题的时候，第一反应是向他人求助，因为他们总是会先一步设定自己的能力不足以做好这件事情。但是，父母不要直接告诉男孩答案，更不要直接帮他们解决，要引导、训练男孩独立思考的能力。

3. 丰富男孩的生活内容。父母可以给男孩更多独立表现的机会，让男孩自己去处理一些问题，哪怕最终的结果不如人意，也要给予适当的肯定和表扬。并且要告诉他，自己的事情应当学会自己去解决，尤其是那些最基本的生活方面的问题，比如洗衣服、做饭、打扫卫生等。如果这种小事还要父母帮忙解决，男孩一定无法获得独立的成长，只会依赖心越来越重。

4. 鼓励男孩学习那些独立性强的人。鼓励男孩去结交一些独立性强的朋友，让他在与朋友交往的过程中受到正面的影响，培养出不依赖他人的优秀品质。

254. 用认真的态度带动责任心的提升
——怎样树立男孩的责任心？

屠屠参加完学校的夏令营回来后一直闷闷不乐的，在爸爸妈妈的询问下，他才说出了原因。原来，学校组织的夏令营中有很多需要大家一起动手的项目，比如说搭建帐篷，可是屠屠在家中什么都没有干过，就连夏令营的行李都是父母给打点好的，所以，屠屠就坐在一旁吃零食、玩手机。老师看见男生们搭建好了自己的帐篷，就让他们去给女生帮忙，但屠屠一动不动，于是老师就说了屠屠几句，屠屠很不高兴——自己根本就不会，凑过去也只会添乱。

父母不可能陪伴孩子一辈子，可问题是，怎样才能帮助男孩树立责任感呢？

案例解析

负责任包含着态度和能力两方面问题。很多男孩在家中几乎没有任何生活能力的训练，都是由父母为他们打点好一切，这样就会让男孩丧失掉个人生活能力的发展。但是，更重要的是态度的问题，有些男孩即便自己不会，也有身为"小男子汉"的意识，主动帮女孩承担一部分的责任。而有些男孩认为自己能力不行，就直接拒绝主动地承担责任。

对孩子来说，能力是一方面，态度又是另外一方面。关于能力的培养方面，很多家长太溺爱孩子，担心孩子无法独立解决问题，或者孩子解决起来比较吃力，就一味地帮助孩子解决。长此以往，不仅会让男孩个人能力低弱，还会在无形中对孩子责任心的建立产生负面影响。而且，父母需要在培养男孩能力的同时，注意对他们进行态度上的引导，要让他们有"我是小男子汉"的意识，从小就培养他们负责任的态度，只有这样，才能让他们能够更勇敢地面对未来生活的种种挑战。

解决办法

想要培养男孩的责任感，父母可以从以下几个方面着手：

1. 让男孩学会承担家庭责任。作为家庭成员之一，男孩在享受家庭带来的种种好处之外，也应当承担一部分家庭劳动，为家庭的建设付出劳动。父母可以通过鼓励、赞美、期望等方式，由简入难地交给男孩一些家务，让男孩先确立对家庭的责任心，再慢慢地确立对社会的责任心。

2. 与男孩进行平等的交流。父母不但要倾听男孩内心的感受，也要和男孩聊一聊自己的喜怒哀乐，之后再适当地让男孩加入家庭财政安排中去。这些都可以加强男孩的责任感。

3. 父母要避免越俎代庖的行为。当男孩没有认真完成自己负责的事情时，父母不要为他们代劳，而是应该督促男孩自己完成。这样，才能让男孩担当自己应该担当的责任，才能让男孩知道很多问题是需要自己独立解决的。

4. 父母的责任感对男孩产生的影响。孩子是父母的镜子，父母对于责任承担的水平可以影响到孩子的责任感建设，只有对家庭、对社会带有责任感的父母，才能培养出具有责任心的孩子。

255. 引导男孩学会合理规划事件进度
——男孩做事不专心怎么办？

肖肖已经6岁了，还是很难专心地完成某一件事情，除非身边有父母相陪，才能勉强做完。肖肖也想自己独立地完成一件事情，但是他专心的时间十分有限，本来用心地在做某一件事情，但是一会儿注意力就转到其他的事情上去了。肖肖的父母为此十分担心，就连肖肖自己也感到十分苦恼，他并不是不想专心，但总是控制不住自己。

对于男孩做事不专心的问题，该怎么办呢？

案例解析

每一个孩子的身心发展水平都不同，男孩相对来说比较喜动，要比女孩更有行动力，但同时也更容易分散精力。有些男孩无法长时间地将注意力集中在某一件事情上，常常会不由自主地将注意力从一件事物上转移到另外一件事物上。这种行为一旦养成了习惯，会让男孩的学习、生活、社交都受到影响。

大多数孩子不能专心的原因，主要有以下四点：

1. 无关内容的刺激。男孩对一切新奇多变的事物都充满着好奇心，这些好奇心无时无刻不在，哪怕是在他们正在进行某种活动时。比如声音的影响、周围环境的变化等都可以分散男孩的注意力。

2. 神经系统的疲劳。男孩神经系统耐受力较差，很难长时间从事某一种单调的活动，持续的紧张状态会引起神经系统的疲劳，再加上长时间玩耍后的身体疲乏、睡眠不足引起的精神疲乏等，都会影响男孩的专注力。

3. 这件事情不足以引起兴趣点。父母要求男孩做的事情，一定要考虑这件事情的难易程度，太难会让男孩产生畏难情绪、丧失兴趣，太简单达不到吸引男孩兴趣点的目的。只有这件事情与孩子的知识经验之间的程度差异较小时，才可以吸引男孩的注意力。

 解决办法

想要提高男孩的注意力，令其专心对待某一事物，可以尝试以下方法：

1. 排除无关的干扰。在男孩从事某项活动时，要给他创造一个相对安静、熟悉的、整洁的环境。在男孩专心干某事时，旁人要尽量减少对他的干扰，避免影响男孩的活动。

2. 合理的作息制度。为了能够保证男孩可以精力充沛地从事各项活动，我们需要注意让男孩得到充分的休息和睡眠。

3. 提高指导的质量。要以男孩已经具备的知识经验为前提，根据他的心理特点，指导男孩从事高质量的活动，激发男孩强烈的兴趣、求知欲，促进他们注意力的集中。

4. 引导男孩积极活动。智力活动和实操活动可以提高男孩的注意力，让他更加主动。同时，动静结合的方式更有利于缓解男孩在从事单一活动时的疲劳感。

5. 无意注意和有意注意的交互。有意注意消耗精神较多，年龄较小的男孩很难长时间保持。而任何新奇多变的事物都能引起男孩的无意注意，避免男孩的疲劳状态。这两种方式交互使用，可以让男孩的大脑活动张弛舒展。

256. 正确的价值观有助于改变张扬态度
——男孩做事喜欢张扬怎么办？

越越自小体质就很差，就像是一个"赖豆芽"。初中后，爸爸妈妈为了让他锻炼出强健的体魄，就给他报了一个跆拳道班。一开始，爸爸妈妈以为越越会排斥，但是没想到他学起来很认真、刻苦，进步很快，体质强健了很多。但与此同时，爸爸妈妈发现了新的问题。

原本，越越的性格比较内敛，行事作风也很低调，但是自从学习了跆拳道之后，整个人变得张扬了很多。最近一次，越越的妈妈被叫到了学校，因为他居然跟老师直接顶撞，就因为老师说他最近学习的劲头不太踏实。越越的妈妈很是吃惊，原本为越越报台拳道班是希望孩子能够有一个健康的体魄，但没想到却让孩子有了张扬的态度。面对孩子自恃比别人强大而张扬的行为，该怎么管教呢？

 案例解析

男孩性格发生突变大多是在青春期，一是因为和家长沟通时的代沟问题，二是因为男孩开始发展出了独立的思想和意识。那时接触到的新鲜事物，会对他们的生理和心理都带来影响。所以，在这一时期男孩如果性格、行为都比较张扬或者暴躁的话，属于正常现象。

青春期的男孩更容易关注外在，喜欢标新立异或者与众不同的感觉，想要通过张扬的表现来寻求个性的独立。但同时，他们又无法摆脱内心中对家长的依赖，所以在各种矛盾心理的促使下，行为和态度才与前期有所差异。

所以，家长要做的是帮助他们树立正确的价值观和拥有更好的行为方式。但同时，要注意尺度和态度，避免将问题激化处理。需要注意的是，对于这种问题一定不要大加训斥，这样反而容易引起孩子的反感，难以达到解决问题的目的。这时，父母可以主动和男孩聊聊天。

 解决办法

想要改变男孩做事张扬的状态，我们建议从以下几个方面入手：

1. 给男孩正确的价值观导向。青春期的男孩不愿意受到约束，所以才会做一些与众不同的事情。这时，家长如果采取高压政策反而容易激化矛盾，应该先对男孩的行为表示理解，表示支持他树立自己的个性，然后再告诉他标新立异的张扬只会惹来大家的反感。

2. 给张扬设定一个限度。压抑张扬会让孩子的个性和潜能受到压制，所以，家长只要注意男孩的个性发展是否走在正途，其他的问题则并不需要太过限制。

3. 让环境给张扬行为一个限制。家长要教会孩子约束自己。虽然青春期是一个特定阶段，但是家长也要让孩子学会顺应环境，不能做出太多极端的事情来。

257. 成功的感受可促使男孩做事有始有终

——男孩不能善始善终怎么办？

文文的妈妈总是认为文文的动手能力比较差，因为当别的小朋友完整地画出一幅图画的时候，文文还在摆弄画笔。一开始，文文的妈妈觉得或许是孩子没有天赋，但是慢慢地发现，文文在很多地方还是很有灵气的，从那些他画了一半的图画上就能隐约看出来。只不过，文文画的所有图画都是半成品，要么是没有填涂色彩，要么只是画了半张纸就丢掉了。文文妈妈看着别的孩子的作品羡慕不已，也想要文文能够善始善终，可是该怎么引导才最有效果呢？

 案例解析

大多数男孩不能善始善终的原因有以下几点：

1. 影响男孩专心的因素太多。男孩的自制力尚未成长起来时，周围的环境会对他的专注力造成影响，让他无法将注意力集中在某一件事情上。比如，在文文画画时，如果爸爸在一旁看电视，电视的声音就会分散一部分文文的注意力，吸引他跑过去一起看电视。

2. 对这件事情的兴趣度不够浓厚。很多家长会强制性地要求男孩学画画、学音乐，但男孩的兴趣点可能并不在此，所以不能专心致志地做完一件事。比如，文文虽然有绘画的天赋，但如果是父母强制性地让他去画，他会在绘画时想自己喜欢的东西。这时，他就会三心二意，而不是全力以赴。

解决办法

想要培养男孩做事善始善终的行为态度，可以从以下几个方面着手：

1. 家长言传身教对男孩进行正面引导。想要让男孩做事善始善终，家长首先要做好楷模。如果家长本身就是一个习惯半途而废的人，不仅无法说服男孩，更无法起到榜样的作用。

2. 让男孩自己负责自己的事情。父母的包办行为和帮男孩收尾的行为，都会令男孩没有将一整件事做完才算完成的想法。当"完成"的意义对他们不再重要时，自然就不会主动做到善始善终。

3. 给男孩的好奇心更多的鼓励。孩子的好奇心是很强的，所以男孩总是想要不断地去尝试和挑战。但是他们在好奇心促使下做事会比较随意，所以父母就要起到鼓励和督促的作用。

4. 用陪伴来支持男孩。有些男孩明明智力并不比别人差，但是成绩却总是落后于人的原因，就在于他们无法耐心做好一件事，而父母的陪伴可以帮助他们更好地集中注意力。

5. 让男孩体验成功的感受。当男孩完成一件事情时，不管这件事情是否有父母出力的部分，家长都要表示肯定和赞美。当男孩从完成中体验到成功的感受时，就会明白善始善终会为自己带来什么。

258. 使命感会让男孩勇敢地承担责任

——怎样培养男孩勇于担责的行为？

乐乐平时最喜欢跟爸爸妈妈去购物中心的大型运动用品超市玩，因为那里几乎所有的商品都有试用品，而且场地开阔，还有很多小朋友。一次，乐乐拿了一个羽毛球拍玩，但是他并不知道羽毛球拍的玩法，于是拿着拍子在地上拖着来回晃悠。结果，一个不小心，绊倒了一个路过的人。对方并没有指责乐乐，笑着说只要小朋友跟她说声对不起，她就原谅乐乐的无心之失。但是乐乐躲在爸爸的身后，抱着爸爸的腿不敢凑过去。乐乐的妈妈看到乐乐的表现后，希望乐乐能够主动道歉，像个小男子汉一样承认自己的失误，但是乐乐突然喊了一声"我不"就跑开了。乐乐的妈妈不知道怎么办才好，究竟如何才能让男孩勇于为自己的行为承担责任呢？

 案例解析

现在许多家庭的男孩都处于过度呵护中，任何事情都由父母出面打理，以致缺乏承担责任的意识。这样不仅容易导致孩子陷入被动，还会缺乏责任心。所以，当男孩表现出拒绝承担错误带来的后果时，家长首先要扪心自问自己的教育是否有不当的地方。

需要注意的是，对于男孩主动承担责任的行为，家长要讲究尺度和力度，不要在男孩愿意承担之后还对他进行严厉的批评。培养孩子勇于承担责任的行为，是建立在尊重和信任孩子的基础上的。

 **解决办法**

想要让男孩勇于为自己的过错承担，家长需要注意从这几个方面进行教育：

1. 要与男孩建立信任感。男孩在成长过程中，如果接受到的关爱和理解比较少，打骂式暴力教育比较多，就会在潜意识中形成一种"承担责任之后就没有好果子吃"的观念。这样，他们就会对家长丧失信任感，进而有意识地撒谎、推卸责任，形成不健康的人生观和产生心理问题。

2. 要让男孩肩负起更多的责任。很多家长因为过度地溺爱男孩，或者觉得自己处理起来会更便捷等原因，对很多事情大包大揽，将男孩置于被动听话的位置上，这样男孩就会下意识地将所有决定权交到父母手中，任何事情都想要父母替他们做决定。所以，父母要适当地将一些事情的决定权交到男孩手中，培养他肩负责任的使命感。

3. 给男孩人格上的平等权利。家长要让男孩意识到，自己和父母在人格上是平等的。比如让男孩独睡，独立去整理和布置房间，独立完成清洁工作等。当男孩感觉到父母不会干涉时，不仅会感觉受到了尊重，也会产生责任感。

259. 适当的挫折教育必不可少
——男孩不能吃苦耐劳怎么办？

南南的爸爸妈妈趁着假期，带着南南去乡下亲戚家住了几天。本来，他们是想要让孩子感受一下乡土气息，让孩子体验一下种地和劳作的不容易，培养出孩子热爱劳动的品格。但是，事实和想法却发生了很大的差距。南南到了乡下表现得十分烦躁，出现各种不适应。爸爸带着他去采摘棉花的时候，南南根本不愿意去动手，只是待在一旁看着。乡下没有洗衣机，妈妈晚上带着南南一起用手洗衣服，但是南南的抗拒态度特别明显，并且不停地询问妈妈什么时候可以回家，说这里太苦了，连麦当劳都没有。南南的爸爸妈妈本来想培养南南吃苦耐劳的精神，可是没承想孩子居然如此抗拒，该怎么办呢？

 案例解析

生活在城市中的男孩，缺乏对劳作生活的体验，所以大多不懂得吃苦耐劳是怎么回事儿。而大多数家长，在平时让孩子将精力全放在了学习上，而没有让他们通过吃苦耐劳获得毅力和耐力的成长。在生活中，家长甚至会刻意地避免让孩子感受到生活的不易，在生活上给他们无微不至的照顾。本来这是父母的好意，但是却容易让孩子的思想没有任何的压力。这就导致了孩子吃苦耐劳精神的缺乏，进而让男孩独立起来变得更加困难。

但凡那些杰出的人物，无一不在意志和吃苦耐劳等方面优于那些平庸者。只有先将孩子教育为一个合格的人，才能让他成长为对家庭、对社会都能做出突出贡献的人。

 **解决办法**

家长想要培养男孩吃苦耐劳的精神，需要从以下方面进行引导：

1. 让男孩具有生活自理的认知。在日常生活中，父母不要为孩子打点好一切，要让他们懂得自己的事情要自己去做。比如，在家中自己负责自己的生活起居，打扫自己的房间、清理自己的物品等。不仅要让男孩在生活上独立，同时也要让他们在心理上独立。比如，给男孩独立思考的空间，尊重孩子的意见等。

2. 给男孩设置一些生活的挫折和障碍。不要让男孩脱离生活的本质，要适当地给他们设置一些障碍或者任务，让他们体验到生活的不容易。比如，让男孩参加一些社会实践活动、农村生活体验活动、夏令营、军训等。

3. 家长要做出吃苦耐劳的表率。想要培养男孩吃苦耐劳的精神，首先家长要能够起到表率作用。可以带着男孩一起参加晨跑、爬山，去参加忆苦思甜主题活动等。只要家长能够起到带头作用，男孩就会主动地去效仿。

260. 增加男孩动手的机会
——男孩动手能力弱怎么办？

司司今年上小学二年级，学校每周的课程安排上，都可以看到有一节手工课，开设这门课的意义在于锻炼学生们的动手能力，但是从司司在课堂上的表现来看，他并不是很喜欢这样的课程，因为他从开课至今，一个手工作品都没有做出来过，而其他的小朋友每节课都可以做出自己的作品。从这件事上，司司的家长也认识到司司的动手能力实在是太差了。那么，针对这种情况，家长要如何去做呢？

 案例解析

我们知道手是人的一个重要的感觉器官，一个动手能力比较好人一般是一个比较聪明的人，所以，有些家长从小就训练孩子的动手能力，希望从培养孩子的动手能力开发孩子的智力。诚然，通过锻炼手部的活动的确可以让孩子获得更多的外部信息，这些信息就能促进孩子大脑的活跃程度，进而促进孩子大脑的发育，使得孩子变得心灵手巧。

那么有些孩子为什么会比同龄的人动手能力差呢？原因可能有以下三点：

1. 有些家长出于各种各样的考虑，有时是怕孩子做不好事；有时是担心孩子太小，害怕他受伤；有时是因为孩子做事比较慢所以不让孩子插手去做事。家长这样做的后果就是孩子失去了自己亲自动手尝试的权利，导致自己的动手能力很差。

2. 家长没有给孩子营造一个可以动手做事的环境。有些人家的家庭装饰及设施都很成人化，家长压根没有给孩子留出属于他们自由活动的空间，还一味地要求孩子不许碰家里的任何东西，怕孩子损坏物品。这样也会导致孩子动手能力太差。

3. 家里没有可以锻炼孩子动手能力的素材。有些小孩的玩具很多，但是大多数玩具都是机械或是电动的，这些玩具孩子没法去拆装，也就满足不了孩子动手的欲望。

 解决办法

锻炼孩子的动手能力，让孩子的智力发展更加完善，家长可以这样去做：

1. 家长要在适当的时候解放自己。有些家长总是把自己弄得很累，其实是没有必要的，当孩子的生理发展到一定程度，家长就要允许孩子去动手解决一些自己力所能及的事情，比如说自己洗脸、洗手、刷牙、洗衣服等等，这些比较简单的家务完全可以在合适的时候让孩子去分担一些，这样不仅仅增加了孩子的家庭参与度更锻炼了孩子的动手能力。

2. 家长要给孩子营造一个可以自由自在玩耍的活动场所。例如，有些家长会专门给孩子腾出一个空间，让孩子在这个空间里玩自己的玩具。而且家长给孩子提供的玩具也要能锻炼孩子的动手能力，比如说橡皮泥、拼图和积木等，在孩子玩的时候就可以锻炼他的动手能力。

3. 家长可以根据孩子的兴趣爱好，给孩子报一些兴趣班，像绘画、陶瓷、剪纸之类的兴趣班就可以锻炼孩子的动手能力，同时也可以培养孩子的创造力。

261. 摸准男孩兴趣点，提升男孩行动力
——为什么男孩的行动力这样慢？

萨萨的妈妈以为，孩子长大以后当父母的就不用再费那么多的精力了，但是没想到，随着萨萨的成长，他们反而觉得更加费力了。这都是因为不知道从什么时候开始，萨萨的拖延症越来越明显。明明是举手之间就能解决的事情，但萨萨就是拖到拖不下去的时候才会去做。就比如说写假期作业，萨萨的妈妈一直鼓励他把作业往前赶，写完作业之后再踏踏实实地玩，但萨萨每天都好像是在做作业，但假期即将结束时，妈妈检查后才发现萨萨基本没有怎么写。于是妈妈就只能和萨萨一起连夜赶工糊弄完。萨萨的妈妈不明白，为什么孩子这么爱拖延呢？怎样才能提升孩子的行动力呢？

 案例解析

男孩爱拖拉的毛病并不会随着他们的成长而改变，反而会日趋严重。造成男孩行动力差的原因，主要是他们对正在进行的事情不感兴趣，所以无法投入很多精力。男孩行动力差会带来很多危害。

1. 会让男孩的人际关系紧张。行动力差会影响到与他人的交往，也容易让老师和家长感到其不听话。

2. 会难以受到纪律的约束。行动力差会增加各种问题的发生率，当男孩感觉到压力无法继续拖延下去的时候，就会用许多不正当的方式来回避压力，容易做出许多规定范围之外的

事情，比如借同学的作业抄，用谎言编织借口等。

3. 会拖累男孩自理能力的发展。当男孩无法要求自己去踏实地做一件事情的时候，他们的目标性和组织能力都会受到影响。

4. 影响男孩的自信心建立。男孩的自信心建立于成功的经验，而拖延、行动力差会让成功减少，这就会对男孩建立自信心构成负面影响。

解决办法

想要提高男孩的行动力，我们需要做到以下几点：

1. 给男孩更多的倾听和关注。有些父母总是注意男孩劳动的成果，而没有关注他的精神需求。就比如说只关注考试成绩，而从未过问学习难点一样。所以，父母要耐心地倾听男孩的意见，给他们更多的关注，让他们乐于和父母分享自己的感受。

2. 让男孩知道他应该如何去做。有些任务对于男孩来说还是比较困难的，就比如现在很多学校给孩子留的作业明显超出了孩子的能力范围。当孩子觉得能力有限的时候，就会觉得茫然无措、没有信心。所以，家长应当在陪伴的同时，帮助孩子分析该如何着手，在适当的时候可以加入进去，切莫给孩子一种孤军奋战的感觉。

3. 父母要给男孩更多的支持和肯定。父母是男孩行动力的榜样，如果父母是那种能够按照计划去做的人，孩子自然能够受到影响。当男孩提出某种计划的时候，父母要做的是给予更多的支持，不能够觉得孩子能力有限就代他完成，而是要和孩子一样看重他们的目标。一旦男孩从父母那里感受到了肯定和支持，就会主动克制拖延的毛病。

262. 不过度赞扬男孩"小大人"行为

—— 男孩喜欢模仿别人怎么办？

佳佳刚刚年满 3 岁，经常会有一些刻意模仿别人的行为。如果他只是模仿一些正面的形象，佳佳的妈妈并不会发愁，关键是佳佳只是一味地模仿，对模仿的东西并没有分辨的能力。比如，有一次佳佳的妈妈说腰疼，出去按摩了一下，结果晚上佳佳也说腰疼，佳佳的妈妈连忙带她去医院看，结果什么问题都没查出来。后来又发生了几次这样的事情，佳佳的妈妈才发现，佳佳"生病"只是出于某种心理暗示下的模仿。妈妈不知道这种没有分辨力和判断力的模仿是否是孩子成长阶段的正常举动，会不会对其他方面造成影响。在孩子还没有分辨力的时候，喜欢模仿别人的行为该怎么办呢？

案例解析

现在，小小年纪就像是成人一样善于察言观色的"小大人"很常见，有时候突然冒出来的一些话和行为会让家长觉得很吃惊。有些男孩说话的语气就像是在背台词，行为的表现也没有小朋友的那种单纯天真。当成人期望拥有儿童般的快乐时，孩子却变得十分"成人化"，就像是一个大人一样地用成人化的语气、思维方式指导行为。所以，就有些家长担心孩子会不会太早熟了。

其实，这其中有家长和孩子的双重原因。有些家长会刻意地鼓动孩子的这种行为，而未以孩子的标准来要求，而且对于孩子的"小大人"行为觉得很有意思，这就容易激发孩子的表现欲，让孩子认为学大人是正确的行为。有些孩子在家庭中受到的关注比较少，就会用大人比较喜欢的方式来表现自己，这就造成了孩子用模仿来表现自己的早熟假象。

 解决办法

想要纠正男孩喜欢模仿的行为，我们需要注意以下几点：

1. 家长要尊重男孩的天真。现在社会对优秀孩子的一些不正确定义影响着家长对孩子的教育，但是却与孩子的单纯相违背。所以，我们对孩子提出的要求，要以适合他们这个年纪为标准，不要生搬硬套成人的那一套东西。

2. 对男孩接收到的信息进行过滤。现在孩子能够接收到的信息很多，虽然一方面有助于孩子的语言形成，但同时也会对他们造成影响，让一些孩子盲目地去模仿。所以，家长要注意对信息进行过滤，避免让孩子接触到过于成人化的信息。

3. 不夸奖和鼓励"小大人"行为。在孩子的模仿行为中，他们很多时候并不了解其中的真正含义，如果父母支持并且鼓励这种行为，孩子就会认为他这么做是对的。

263. 只奖励努力过程，不奖励结果
——男孩总是要求物质奖励怎么办？

小安上小学六年级了，马上就要面临小升初的考试，但是他的学习成绩仅排在班级中游水平。小安的妈妈很着急，她突然想到小安不止一次地说班级里很多同学都有智能手机，原本她觉得孩子用手机太奢侈，一直没打算给他买，可是这次为了能够激励孩子好好学习，小安的妈妈就以期末考试成绩进班级前十名为条件，提出买智能手机作为奖励。

小安立刻就像是换了一个人，学习十分主动热情。期末考试时，小安考了全班第八名，如愿以偿地拿到了妈妈奖励的手机。于是，小安的妈妈想要趁热打铁，鼓励小安抓紧学习，考上一个重点初中。没想到，小安直接提出如果考到重点初中就要带他去香港迪士尼玩。这下小安的妈妈犯难了，自己独自带着孩子，经济情况很紧张，去香港的花费完全不是自己能负担得起的。可是小安不依不饶，无论妈妈提出任何其他奖励都不行。面对孩子不断地提出物质奖励，家长该怎么办呢？

 案例解析

很多家长都会使用物质奖励作为激励孩子的方式，殊不知这种方法有很多的缺点。

1. 物质奖励会让家长丧失主动权。父母本想要用物质奖励作为对孩子的鼓励，但往往变

成孩子用奖励来要挟父母，一旦要挟不成就会表示拒绝。本来是父母对孩子进行引导和教育，最终却变成了孩子对父母的施压和威胁。

2. 物质奖励让男孩变得功利。当父母以物质奖励来要求孩子做某一件事情时，孩子就容易形成一种"世界上的任何事情都是明码标价"的认知。正是因为父母不当的奖励方式，容易给孩子带来错误的认知引导。

3. 物质奖励让男孩变得贪婪。用物质奖励的方式来激励孩子，很容易导致孩子提出更高的要求。当孩子意识到完成父母的要求是可以获得回报时，就会不断地提升自己对金钱的要求，这将会让孩子无法树立正确的金钱观和价值观。

4. 物质奖励让男孩不懂承担。无论是学习还是做力所能及的家务，都是孩子本来就应该承担的责任。有些父母为了督促孩子去做，就直接提出了给予物质奖励，但这种交换行为并不能刺激责任心的建立，无法让他们正确地理解"承担"的意义。

 解决办法

物质奖励并非不可取，而是要注意几个原则：

1. 只奖励过程不奖励结果。比如跟孩子说"如果你能够每天都 10 点前睡觉的话，周末妈妈就带你去游乐园玩"，"如果你能每次玩完玩具后都将其收拾好的话，妈妈就给你买个小汽车"等。在奖励的过程中建立起孩子的是非观念，而过程并不具有量化的结果，不会让孩子产生做交易的感觉，这就能有效避免孩子受到物质奖励刺激的负面影响。

2. 用非物质奖励代替真金白银。过早地让孩子接触到金钱，会让他们产生不恰当的认知。所以，父母可以用"一次全家出游""一个犯错不被批评的机会""一顿喜欢吃的大餐"等作为奖励等。

3. 对奖励标准进行动态调整。当孩子已经能够自己收拾玩具时，家长就可以向孩子提出更高的要求。不断地提高奖励的标准，可以让孩子在内心中逐渐地淡化奖励本身，转而养成一种良好的习惯。通过鼓励而形成的习惯，会逐渐地内化为他们的自觉行为，这样做才能让奖励达到最有效的成果。

264. 引导男孩认识到所有权的概念

——男孩霸占别人东西怎么办？

小重是一个 11 岁的男孩，在各方面表现都很不错，经常得到别人的夸奖。但是，他的妈妈最近发现，他喜欢拿别人的东西，而且拿了之后就不还了。妈妈让他还给别人的时候，小重都会哭闹不止，即便妈妈说会给他买一个一样的东西，他还是改不了霸占的毛病。妈妈尝试对他进行思想教育，劝说他拿别人的东西是不礼貌的行为，但是小重自己却没有丝毫觉得不好意思的地方。为此，小重的妈妈操碎了心，甚至不敢带小重到亲戚朋友家去玩，生怕他跟人家要什么东西或者私自拿别人的东西。面对男孩喜欢霸占别人东西的不好行为，究竟应该怎么劝导呢？

案例解析

男孩在十几岁的时候，正是人生观不太明朗的时期，在这一时期，男孩所有的细微表现家长都要格外重视，不能认为事情无足轻重就姑息。有时，父母甚至可以采取一些强硬的手段，总之是必须让孩子明白，霸占别人的东西就要受到相应的惩罚。

儿童心理学专家对孩子霸占别人东西的心理做过研究，认为影响这一行为的因素主要有两点：其一是孩子受到强烈占有欲的影响。孩子总是会对自己感兴趣的事物充满好奇心，这种好奇心会促使他们想要马上拥有。其二是孩子有一种异于常人的冒险心理。他们总是认为，即便自己拿了别人的东西，别人也不会知道，这种刺激感和神秘感会让他们觉得十分享受。

可见，孩子刚开始霸占别人的东西是因为外界诱因的影响，同时受自身的心理活动驱使。如果家长在孩子的行为刚刚出现这种端倪的时候没有给予正确引导，可能就会让孩子的霸占行为发展得更严重。

解决办法

当家长发现男孩出现喜欢霸占别人东西的行为时，一定要引起足够的重视，我们建议从以下几个方面着手：

1. 让男孩有所有权的概念。男孩年幼时，没有所有权的概念，但随着他的成长，接触到的人和事物日渐增多，父母就要让他知晓这一概念，即要让他知道哪些东西是他的，哪些是别人的。自己的东西可以自由支配，但是别人的东西必须要征得别人的同意等。

2. 适度满足男孩的需求。现在很多家庭对男孩的要求满足过度，这就容易让男孩形成一种惯性思维，即"我想要就可以拥有"。一旦他们无法得到满足，他们就会进入一个"强占和私拿"的思维误区。还有些家长对男孩要求过于严格，不允许男孩随意获得成人认为他们并不太需要的东西，但同时他们又没有对孩子进行解释，也容易造成孩子错误的报复行为。

3. 与男孩多进行快乐的交流。了解男孩内心的想法，可有助于及时发现男孩的心理问题，所以家长要养成和孩子热情沟通的习惯。比如，在男孩放学后，家长可以主动向他询问学校今天发生的趣事等。

4. 让男孩切身认识到自己犯的错误。如果家长发现孩子拿了别人的东西，一定不要用打骂、鄙视等激烈情绪对待，千万不要将问题上升到"偷"上面。而是要告诉孩子这种行为为什么不可取，然后要鼓励孩子勇于承担后果，主动将物品归还原主，并且可以送上一个小礼物表达歉意。

5. 注意维护男孩的自尊。有些家长发现男孩犯错时会用暴力来解决问题，但那只会让男孩感觉到家长的怒火，而不一定会知道自己错在了哪里，或许他们还会认为下次只要不让家长抓到就可以了。所以，家长在对待男孩的不良行为上，要注意科学的分寸和尺度，要在维护男孩自尊心的前提下，管教孩子。

6. 警惕男孩的说谎行为。如果男孩有私拿别人物品的习惯，家长就要担心男孩是否存在说谎行为。当我们发现男孩突然多出的某个物品时，一定要询问来路。如果男孩说是同学送的，家长一定不要立即表示怀疑，而是要私下找机会询问那个同学。这就是既不能对男孩私拿别人物品视而不见，也不能用过激的方式对待。

265. 发号施令源于接受信息的影响
——为什么男孩喜欢发号施令？

亚亚上学后发生了一些不小的变化，原本性情比较温和的孩子变得有些暴躁起来，经常会对家长发号施令。比如，他想要喝水的时候会说："妈，你去给我倒杯水来。"他中午想要吃快餐就会说："爸，你去给我买点炸鸡回来。"对于亚亚的行为，父母表示十分不理解，孩子为什么会突然变成这样？是年龄成长的阶段性问题吗？怎样才能纠正男孩喜欢发号施令的问题呢？

 案例解析

在家庭环境下，如果男孩身上出现了喜欢发号施令的特征，一般是有以下几点原因：

1. 年龄比较小的男孩，对外界的学习基本是以模仿的形式，通过对周围人的模仿来学习。如果男孩的家人说话太大声，经常发号施令的要求别人做事，就会让男孩产生模仿的行为。

2. 教师对男孩产生的影响。很多教师在管理班级时，说话的态度和口吻比较强势，孩子就会不由自主的学习教师的语言、语调和语态，像教师要求自己那样去要求别人。

3. 电视节目对男孩产生的影响。有些电视节目的内容涉及发号施令的问题，其中的一些内容会导致孩子去模仿和学习。比如一些男孩在玩骑马打仗的游戏时，都会想要去当威风的发号施令的将军。

4. 男孩自我中心观念较强。有些男孩长期处于被宠爱、被娇惯的环境下，自小就没有养成长幼尊卑有序的概念，随着年龄的增长就容易形成自我为中心的概念，会模仿成人的语气和语调，让别人来完成自己的所有要求。

 解决办法

想要培养男孩形成长幼尊卑有序的概念，杜绝喜好发号施令的行为习惯，就要从行为和心理上进行双重教育，比如：

1. 家长不能总是围着男孩转，不要将他视作家庭的中心，处处为他打点好一切。如果男孩长期处于家庭中心点的位置上，自然而然就会养成一种习惯发号施令的毛病。所以，家长要从根源上解决问题，要让男孩意识到自己不过是家庭的一分子，没有任何的特殊权力。

2. 因为男孩年龄较小，对周围环境的模仿和学习不知如何选择，所以家长就要让孩子失去"发号施令"的模仿目标，切断孩子以自我为中心的想法，促使其逐渐改变这个毛病。比如，家长可以在要求男孩先写作业后看电视时，仔细对他们解释利弊，而不是说："你必须马上回屋写作业，不许看电视。"

266. 决不能姑息任何一次占便宜的行为

——男孩爱占小便宜怎么办？

小湾今年5岁半了，对待事物开始有了自己的看法和见解。他家住在一个大型的现代小区，小区配套很完善，有幼儿园和购物中心。于是小区的人不仅是邻居，孩子们还成为同学。客观来讲，小湾的童年并不孤单，总是会收到同小区的邻居和小朋友送的零食和玩具。在大人不知情的情况下，小湾从来都是来者不拒。刚开始的时候，小湾的父母并没有觉得如何，也会让小湾回赠别人一些，但最近他们发现小湾居然有了爱占小便宜的行为。比如，超市中某种宝宝饼干有礼品促销，每盒都有一个小礼物赠品，小湾居然坦然地将上面绑着的礼品解下来，直接放进自己的口袋里。妈妈连忙呵斥小湾的这种行为，但是小湾却丝毫不知道自己错在了哪里。小湾的妈妈见此觉得很是担心，该怎样让男孩了解占小便宜的行为是错误的呢？

案例解析

现在很多家庭的生活条件都不错，隔辈人、父母将独生子当作掌上明珠般疼爱。男孩自出生开始，就生活在一个物质充足、娇宠不断的环境中，这就容易让男孩产生"我喜欢的就都是我的"的概念。如果不赶紧制止男孩爱占小便宜的行为，就很容易影响男孩今后的品性塑造。

所以，在小湾表示自己喜欢那个附赠的礼品时，家长应当告诉他这个礼品是赠品，是赠送给购买了商品的人的，没有购买是不应当拿取的。这里有一个关键的词汇就是"应当"。如果男孩不了解这个世界的规则，哪怕一时服从成人的说教，也无法做到真正地改变自己的认知，在成人没有注意到的地方，依旧会我行我素，就比如小湾会在父母不知道的时候私自接受他人的馈赠。

解决办法

对于男孩爱占小便宜的行为，我们可以从以下几个方面去对男孩进行引导：

1. 在家长发现男孩有占小便宜的行为后，要先控制好自己的情绪，告诉男孩其中的利害关系，然后再对男孩讲清楚什么是占小便宜以及占小便宜的害处。当男孩明白自己的所做所为代表的是什么的时候，自己本身就存在的是非观念会指导他们选择更好的做法。总之，一定要让男孩意识到问题的严重性，让他们自发地改变自己的行为。

2. 当家长发现男孩有占小便宜的行为后，要注意自己的处理方法和态度。一方面绝不能姑息，另一方面要引导孩子认识到自己的错误。当孩子能够认识到自己的错误后，家长要予以表扬和鼓励。如果男孩只是初犯，家长千万不要有过激的表现，不然除了伤害到孩子的自尊心，对改正错误、纠正观念来说没有任何好处。

267. 解决男孩安全感差的心理问题

——男孩收藏无价值物品怎么办？

小前前的妈妈每年都会在换季的时候来一次家庭大扫除，整理换季物品，丢掉一些没用的东西，比如穿不了的衣服和没有使用价值的物品。但是，每次的大扫除都进行得不太顺利，主要是因为小前前的阻挠。

小前前总是喜欢收藏各种物品，无论物品是否有实际价值，他都会充满感情地好好收藏。在每次扫除时，小前前都会将妈妈丢到垃圾桶里的东西捡回来，然后会满怀伤感地对妈妈说："我对它有感情了，不能丢掉。"

一开始的时候，妈妈顾及小前前的感受，也会允许他将带有感情的物品保留下来。但是随着时间的堆积，小前前因为感情上的不舍，让家里那些闲置物品越来越多，不仅占据了很大的地方，也让小前前浪费了很多的精力。小前前的妈妈看着孩子对收藏无价值物品越来越重视，感到十分揪心，该怎么办才能纠正孩子的这种行为呢？

 案例解析

有研究发现，儿童的囤积行为大多伴随着很多心理问题，比如注意力障碍、焦虑、缺乏安全感、抑郁、独孤等原因。所以，家长在对待孩子囤积无价值物品时，应当先找到孩子心理问题的来源。

1. 孤独感和焦虑感作祟。有些男孩会对自己的玩具和长期接触过的物品投入很多的感情和想象，所以当父母要处理掉那些物品时，对他们来说就像是处理掉一种感情一样。

2. 占有欲和不安全感相加。有些男孩出于对私有物品的占有欲，会拒绝父母出手清理自己的物品，这些物品可能是没有吃完的零食、喜欢的包装盒等。尽管都是一些没用的东西，但是一旦让男孩感觉到被剥夺，就会让占有欲和不安全感一起出现。

3. 应激事件对注意力的影响。有些男孩会在某些事件的压力刺激下，发生周期性的囤积现象。比如学习上的困难或者因为和小伙伴之间的不愉快经历，都会让他们因为应激事件的刺激，而将注意力转嫁到物品上，以求获得精神的满足感。

 解决办法

父母一旦发现男孩有这方面的倾向，一定要尽早地采取行动，帮助男孩认识到自己的问题。

1. 父母要给男孩更多耐心的陪伴。父母不要直接清理男孩的房间，而是要和男孩一起动手，并且要耐心、细心地进行引导，让男孩明白干净整洁有序的生活环境是最美好的。这种方式适用于男孩刚刚出现囤积的苗头时，父母用引导的方式让男孩自己去适应一个清爽简约的环境。

2. 让男孩明白物品的本质。很多男孩喜欢囤积物品，是因为他们还搞不清楚区分物品有用和无用的标准，这时家长可以帮助男孩设定或者理清这一标准。

268. 引导男孩建立健康的审美标准
—— 男孩过度追求外在美怎么办？

小桐在上初中之后开始更加地关注外貌，他每天出门前都会在镜子前照来照去，会更换好几次衣服才出门见小伙伴，有时还会问父母自己的发型、着装如何。如果仅仅是关注外貌问题，小桐的父母也不会觉得担心，关键是小桐对别人的评价也总是局限在长相上，比如他总是认为那些身价很高的明星都是因为长得漂亮。

小桐的父母曾经劝说他，外表只是父母给的，与自身的努力并没有什么关系，人最重要的还是内在美。可是小桐根本听不进去，还时常用一些"毒鸡汤"反驳父母，说一些什么"不漂亮就没人愿意注意你的内在美"之类的话。父母虽然也知道关注外在美是孩子成长过程中必经的事，但是却不知道男孩过度地追求外在美，或者只追求外在美该如何解决。

案例解析

男孩眼中的美与成人存在差别，当孩子进入审美敏感期之后，就会产生对"美"的疑问。在审美敏感期建立的最初阶段，男孩的注意力会放在外在事物的完整性上，比如选择的东西会比较大、完整等。之后，孩子的审美开始转嫁到自身上，开始关注自身形象的完美程度。一般情况下，女孩会更加关注自己的外在打扮，但男孩的话就有些问题了。尤其是像小桐这样的，每天要换好几次衣服，还要询问父母的意见。这说明小桐并不仅仅是追求外在美的问题，而是一种自卑心理造成的变相需求。他通过追求外在美，来获得让别人认可的目的，同时也对那些获得大众认可的人物贴上"外在美"的标签。所以，想要让男孩正确塑造"审美"标准，家长需要从心理的角度出发，先给予男孩理解，再思考如何"拨乱反正"。

解决办法

当男孩过度追求外在美的时候，家长可以从以下几个方面着手：

1. 尊重男孩的审美需求。当父母发现男孩对穿衣打扮具有浓厚的兴趣时，第一反应应该是男孩进入了审美敏感期，而不应该是男孩爱上臭美了。在这一时期，家长无须过度关心男孩会受到不好的影响，更不要担心男孩会因此变得虚荣，而是应该怀着一颗理解的态度去对待男孩的反常行为。这样，可以让男孩的心理得到一些满足和认可，随着他们认知的成熟，会自然而然地脱离对外在美的过度追求。因为，对于男孩来说，追求外在美是一种尝试，是探索与发现自我的机会。当男孩追求外在美时，家长要做的不是要求孩子去改变，而是要鼓励他不断地去探索自己，不断地发现和尝试。

2. 为男孩打造健康的美的标准。男孩的追求与家长的行为有很大关系，所以在男孩追求外在美的时候，家长在不强力阻止的前提下，提出内在美的观念，旁敲侧击地影响男孩的看法。比如，当男孩评价某个明星靠脸成名时，家长可以说一些这个明星的奋斗史，让男孩主动认识到视野的狭隘，让他们主动去关注"内在美"的价值。家长要做的，就是给男孩一个空间和缓冲带，用美的标准来引起他们的思考，只有这样才能让男孩真正地明白"内在美"和"外在美"的区别。

269. 错误引导会让男孩产生错误认知
——男孩认为自己是女孩怎么办？

从小，纳纳的妈妈就给纳纳穿暖色系的衣服，留着齐耳的短发，完全将他当作一个女孩养。当纳纳上了幼儿园之后，老师反应纳纳很多地方表现得不像是一个男孩，比如，纳纳从来不跟其他小男孩一起玩闹，而是和小女孩们一起玩过家家；纳纳从来不知道去上男厕所，每次都是下意识地去女厕所等。妈妈问过纳纳为什么会这么做，纳纳回答因为自己是个女孩子。这样的回答让纳纳妈妈觉得很吃惊，在这时，她才意识到问题的严重性，虽然她很喜欢女孩，但是纳纳毕竟是一个男孩子啊！该怎么才能纠正男孩与性别不符合的行为问题呢？

 案例解析

一般情况下，男孩的性格和行为比较女孩化大多有以下几种原因：

1. 家庭成员对男孩的影响。一些从小父母离异并跟随母亲生活的男孩，在平常的生活中缺乏来自父亲一方的男性榜样的作用，就容易让男孩的性格和行为女性化。

2. 家庭环境对男孩的影响。在一些家庭中，母亲比较强势，而父亲的地位相对弱势。在男孩的心理发展过程中，就会养成一种偏向于文静、软弱、乖巧的性格。

3. 家庭教育对男孩的影响。在一些父母眼中，对孩子的性教育不宜过早，但是性别教育和性教育是两种不同的概念。如果男孩没有尽早地认识男孩女孩的性别差异，就容易因为概念的混淆而养成柔弱的性格。

4. 男孩本身的体质原因。有些男孩天生体格比较弱，性情比较内向，在男孩群中处于比较弱势的地位，这就会让男孩主动向女孩群体靠拢。

 解决办法

有些父母认为男孩还小，所以才没有性别意识。但是，如果错过了最佳的教育时间，可能对男孩的性格发展和行为习惯造成不可逆的影响。所以，男孩的行为女孩化一定要尽早地干涉，要给男孩正确的性别引导。

1. 在外在打扮上给男孩性别意识。有些家长喜欢把男孩打扮成女孩的样子，这种行为就会让男孩没有正确的性别意识，或者让他们产生错乱的性别意识。所以，家长在给男孩选择物品时，不要去购买那些颜色、质地比较柔软的女孩用品，比如粉色的衣服、毛绒玩具等，而是要给男孩带有阳刚气质的玩具和衣物。

2. 在接触人群上给男孩性别意识。不要让男孩在成长过程中过度地粘着妈妈，而应该让男孩多和爸爸接触，感染来自爸爸的阳刚之气。所以，有时需要给男孩和爸爸单独相处的空间，来刺激男孩性别意识的成长。除此之外，还要让男孩多与男孩进行交流，避免他与女孩过度的接触，从而杜绝男孩有错乱的性别意识产生。

3. 给男孩一些"阳刚"的教育。即便男孩年纪还小，也应该让他意识到男孩和女孩的区别。要时刻提醒他是一个"小男子汉"，要不断地告诉他男孩与女孩的行为区别。鼓励男孩的男子汉气概，鼓励他们的冒险精神，鼓励他们去锻造自己。在教育男孩时，可以适当地增加一些挫折教育，让男孩在成长的过程中得到意志的锻炼，避免产生内向、软弱的性格。

270. 太莽撞源于知识性经验不足
——男孩做事太莽撞怎么办？

随着宇宇的成长，妈妈开始让宇宇分担一些家务，但是宇宇却总是做不好。比如，妈妈让宇宇帮忙端个盘子，宇宇端起来就跑，结果撒了满屋子的菜汤。再比如，妈妈让宇宇把晒干的衣服拿到屋里来，宇宇拿着衣架就往屋里走，结果踩到了洗好的衣服，绊了个大跟头。宇宇并不是不想帮妈妈做事，而是做事总是改不了莽莽撞撞的毛病，究竟该怎么办呢？

 案例解析

在男孩的成长过程中，总是不可避免地出现莽撞的行为。如果家长对他们的莽撞行为不予以纠正，就很难培养男孩良好的行为方式，进而出现性格、行为习惯方面的障碍。对于男孩的莽撞行为，大约有以下几点成因：

1. 受到生理和心理因素的影响。男孩在比较年幼的时候目测力和空间知觉无法拿捏准确，对于肌肉的控制能力也不足，这就导致他们做事情的结果常常不尽如人意。在男孩成长到一定阶段时，好动、好斗、好勇的表现会日益强烈，这也会让他们出现比较莽撞的行为。

2. 男孩缺乏某些知识性的经验。有些男孩因为缺乏知识性的经验，对于行为的后果不能正确预见，才会做出一些莽撞的行为。比如，有些男孩会因为攀爬、跳高导致摔伤、扭伤等行为，有些男孩会因为玩一些比较尖锐的东西被刺伤、割伤等。

3. 不良教育对男孩产生的影响。某些男孩生长过程中受到成人过度的娇惯，造成了他们过于暴躁的脾气。比如稍不如意就用摔东西来发泄脾气，用打骂同伴来发泄怒火等。

 解决办法

当男孩经常出现莽撞的行为时，家长不要轻率地用责骂的方式来教育，而是要根据不同成因进行有针对性的引导式教育。

1. 如果男孩是因为年纪尚小、经验缺乏造成的莽撞行为，家长只需要进行正面的引导，耐心地告诉男孩做事的细节和步骤，认真地做好示范就可以了。当男孩在活动中有突出表现时，家长一定要予以肯定和表扬，为男孩创造一个积极的良好的环境。

2. 如果男孩是对规则不了解才出现莽撞行为，家长就应当注意增强男孩接触面，给他们做详细的指导，帮助他们认识到行为准则的意义。同时，也要让他们了解到莽撞行为的后果，让男孩能够从教训中获得成长，减少莽撞行为的发生。

3. 如果男孩是因为家长过于溺爱，才让行为受到的影响，家长首先要做的并不是让男孩学会如何去做，而是要进行自我检查，改进教育的方式。既要防止男孩因为溺爱而骄纵，也要让男孩学会自我控制，避免莽撞行为的发生。

271. 给男孩一个心理适应期
——男孩拒绝尝试新事物怎么办?

想想平时不太愿意尝试新鲜的事物，比如别的小朋友都会骑自行车了，想想无论如何也不愿意学。想想总是担心会摔跤，尽管妈妈说自己会在一旁扶着他，保证不会让他摔着，他还是坚决地拒绝。想想的妈妈认为这是因为孩子过于谨慎，就没有太在意。但是随着想想的成长，妈妈想要培养想想一些兴趣爱好，想给他报一个兴趣班，比如学写毛笔字、学学音乐什么的，但是想想也表现得十分抗拒。这时，想想的妈妈才注意到，并不是孩子的个性太拘谨，而是对没有接触过的事物格外抗拒，这该怎么办呢?

 案例解析

一般情况下，男孩是比较有冒险精神的，在好奇心的促使下也愿意去尝试新鲜事物。而一些男孩抗拒的原因，一般有以下几点:

1. 父母对男孩有过高的期望。很多家长在教育孩子的过程中常常忽视孩子自身的能力和经验，会习惯性地用成年人的标准去要求孩子，或者是以一种急于求成的态度要求孩子。一旦男孩无法达到父母的要求或者期望时，他就会感到很失落，陷入自卑和自责中。这种不好的感受会让男孩觉得很不舒服，虽然他也不清楚具体原因，但是之后会刻意地用逃避失败来拒绝尝试。

2. 家长对男孩过度溺爱。有些家长出于对男孩的心疼，总是会想方设法为他打点好一切事情，小到生活的种种细节，大到处理男孩遇到的矛盾问题。但事实上这些溺爱的行为只会阻碍孩子的成长，只有让孩子不断地去尝试才能让他们坚强成长，掌握各种能力。所以，家长过度的溺爱，不单会影响到孩子的积极性和自信心，也会让男孩失去了解自己、提高能力的机会。

3. 男孩本身敏感。有些男孩天生就比较内向、敏感，性格也比较小心谨慎，所以他们在面对新鲜事物时，总是会产生趋利避害的心理。对于这种男孩来说，他们接触新鲜事物需要比较长的适应过程，这是很正常的事情，家长不用过度担心。

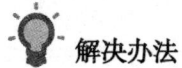 **解决办法**

想要让男孩有十足的勇气去尝试新鲜事物，家长需要注意以下几点：

1. 以尊重男孩自身发展水平为前提。每个孩子的成长都需要一个缓慢的过程，谁都无法达到一蹴而就的标准。所以，家长平时要多观察男孩的行为，清楚地了解男孩不同方面的发展情况，按照男孩自身的发展情况提出要求。比如，两岁的男孩虽然在生活能力上进步迅速，但是心理上仍旧比较脆弱，这时家长要理解他们想要和父母一起睡的想法，不要提出强制性的要求。

2. 对男孩的努力表示肯定。当男孩以认真努力的态度去完成一件事时，不管最终的结果如何，家长都要站在男孩的角度去理解他们去做这件事情的困难程度，要真诚地肯定男孩的努力。这样，男孩做事的主动性会显著增强，他会因为父母的称赞和认可而更愿意去尝试新鲜事物。

3. 给男孩一个心理的适应期。很多男孩在面对新鲜事物时，陌生感会让他们产生拘谨和恐慌的心理。所以，当父母将男孩带到一个陌生的环境中，或交给他一个陌生的事物时，不要勉强男孩马上融入进去，即便是想要磨炼男孩的意志，也要给他提供一个轻松、愉快的氛围。所以，在开始的时候要任由男孩在一旁观察，给他充足的了解的时间和空间，等他觉得准备好了之后主动加入。

4. 让小伙伴成为引导男孩的力量。家长可以带着男孩与周围的小朋友多接触，让男孩自己去观察与他年龄相仿的孩子在面对新环境、新挑战时的状态。男孩可以通过小伙伴的示范作用，清楚地了解到规则和执行步骤。更重要的是，同龄者之间的示范，可以让男孩更好地估量自己的能力和事物的困难度，这可以让男孩更有勇气去尝试。

Part 14
男孩的情商培养：给他正能量的阳光

272. 逃避心理会让男孩想要隐藏情绪
——怎样让男孩不再隐藏情绪？

　　小严严刚上小学。此时父母工作都有了变动，尤其是妈妈的工作变得更加繁忙起来。每天回到家都很疲惫，只能和小严严做一些简单的互动和交流，周末的时候也不能经常带小严严出去玩。小严严从来没有任性地让妈妈多陪陪他，这让妈妈觉得很欣慰，但一天周末加班，小严严的表现却让妈妈觉得有些担心。

　　本来，他们说好要带小严严去公园划船，但妈妈临时要到公司参加一个紧急会议，就对小严严解释了一下。本来以为小严严会十分不高兴，但他却只是低着头沉默了一会儿，然后说让妈妈早点回来。小严严的妈妈这才意识到，孩子在隐藏自己的不良情绪，这可怎么办才好呢？

 案例解析

　　男孩随着年龄的增长，对于情绪调节的认知策略开始出现，开始能够掌握一些简单的表达情绪的规则，也知道什么样的情绪可以让成人获得什么样的反应。慢慢地，他们的道德意识、审美意识、控制情绪策略会逐渐地发展起来，尤其是对情绪的控制能力会逐渐加强，也会日益稳定。

　　在男孩参加的各种实践活动中，他们的道德感会在成年人的评价和语言强化作用下获得发展。他们会逐渐地清楚，自己的哪些行为可以让成年人觉得满意，哪些行为会引起成年人不愉快的感受。于是，他们会根据自己的想法，按照自己的道德标准做出行为选择。随着进一步的成长，男孩的语言和思维发展都会受到成年人的引导，对事物的分析能力和辨别能力的增强，会让他们产生对不同事物的情绪体验。这种情绪体验会加强男孩的敏感度，提高他们对情绪调节策略的运用。

　　当男孩知道如何调节情绪和简单的表现规则时，就会开始用一定的策略来掩饰自己的情绪。一般情况来说，男孩在做到了成人禁止的事情时，为了逃避惩罚，会掩饰掉情绪中的负罪感。也有些男孩，会为了让自己整个状态趋于平衡，随时调控自己的情绪，避免引起混乱。

但是，刻意地压抑自己的情绪，来满足环境和他人的需求，对于男孩的健康成长来说，是有害无益的。

所以，父母要细致地观察男孩的情绪变化，告诉他们正确地处理情绪的方式，鼓励他们说出内心的真实想法，只有这样，才能让孩子更好地掌控自己的情绪，构建更加阳光、健康的内心世界。

 解决办法

想要避免男孩过早地有策略地隐藏情绪，家长需要注意以下几个方面的影响：

1. 与男孩多进行可感触的接触。即便男孩上了小学，也仍旧会喜欢摸摸、拍拍这样的身体接触。比如，他们会愿意被老师牵着手，喜欢被妈妈搂在怀里等。尤其是熟悉的人，哪怕仅仅是拍拍他们的肩膀或者摸摸他们的头，都会让他们的心理获得一些满足感。在这种成长的过渡阶段中，男孩需要通过接触来感受鼓励和支持，所以父母要适当增加与男孩近距离接触的机会。

2. 尽量避免过于严苛的惩罚。男孩在成长过程中，成人对他们的态度会在他们的心中放大，当自己的感受被忽略时，男孩就会觉得非常沮丧。如果再加上父母的严厉态度，就会增加这种挫败感。这些负面的感受都会让他们把情绪隐藏起来，所以男孩隐藏情绪的行为，与父母平时对待孩子的态度是息息相关的。

3. 给男孩制订合理的生活安排。一切有助于生活内容丰富、良好习惯形成的生活安排，都有助于男孩情绪的稳定。一个有助于情绪稳定的轻松环境，自然就不会让男孩有隐藏情绪的想法。当男孩的生活中充斥着各种可以让他们感受到快乐和满足的条件时，他们就会主动地接触更多的事物和情境，这些积极的行为都有助于男孩的情商发展。

4. 给男孩一个和谐的家庭氛围。父母能够带给男孩的不仅是物质充足的生活，更多的是良好的家庭氛围和积极的情绪示范。当父母表现出积极热情、乐于助人、关心友爱的态度时，男孩也会受到来自父母的感染，进而促进自己良好情绪和性格的形成。

273. 恋母情结会让男孩拒绝成长

——男孩有恋母情结怎么办？

小图图的妈妈感觉很疲惫，平时上班已经很辛苦，下班之后还要应付"小尾巴"一样的小图图。小图图自小就喜欢粘着妈妈，尤其是上学之后，更是要求每天由妈妈接送，别人来接他放学他就会哭闹不止。本来，小图图的妈妈还觉得儿子和自己亲近很好，但是随着孩子的成长，小图图的妈妈开始有些担心了。比如，小图图会当着爸爸的面，掷地有声地说："我只和妈妈好，我不喜欢爸爸陪。"再比如，如今已经快小学毕业的他，依旧每天嚷嚷着要和妈妈一起睡，妈妈稍微一不注意，小图图就会溜进父母的卧室，钻到被子里不出来。每天睡觉的时候，小图图都会紧紧地抱着妈妈。如果妈妈趁他睡着，给他抱回他自己的屋子，醒来之后，小图图就会哭闹个不停。小图图一天天地长大，妈妈担心孩子如果有"恋母情结"可怎么办啊？

 案例解析

男孩的"恋母情结"是他们的性心理发展过程中的一个情感现象，并不需要避之唯恐不及。一般来说，在男孩幼儿时期，妈妈对男孩过分的溺爱和保护都容易让男孩有恋母的心理。但是，随着男孩年龄的增长，他们的社会角色和性别角色会日渐清晰，那时这种倾向性大多会逐渐消失。如果是在青春期仍旧表现出比较强烈的恋母情结，大多属于心理问题，需要及时地淡化和制止，必要的时候需要断绝某种联系。因为男孩未到青春期之前，"恋母情结"尚未被划分到心理层面，而当青春期之后仍旧有这种偏向，就容易对男孩以后的人生之路造成不良影响。

 解决办法

如果男孩有比较明显的恋母情结，家长就需要及时地制止，帮助男孩淡化对母亲过度的依恋。我们建议，从以下几个方面着手：

1. 适当的时候让男孩独立生活。很多欧美国家的男孩在婴儿时期就和父母分床睡，到了幼儿时期会自然接受独立的生活空间。而我国很多男孩自小就和父母一起睡，这就会影响到男孩独立性的发展。所以，在男孩的成长过程中，家长要逐步地让男孩接受分床、分房睡，从生活的习惯上来改变男孩的依赖性。

2. 给男孩均衡的父爱和母爱。如果发现男孩更倾向于和母亲相处，那么母亲就要主动腾出一些空间，让男孩有和父亲亲密相处的经验。比如让父亲独自带男孩出去郊游，如果男孩刚开始比较抗拒，那么就可以从让父亲独自带男孩出门买趟东西开始。

3. 丰富男孩的交流、交往对象。在恰当的时刻，找机会对男孩进行性别角色的再教育，让他们学会和同性、异性小伙伴交往。当男孩有了更多的朋友时，就会转移对母亲的过分依恋，毕竟同龄者之间有更多的话题。

274. 控制力弱就会导致负面情绪强
——男孩的不良情绪堆积怎么办？

小轩轩自小就是一个很难哄的男孩，每次哭闹起来都会持续很长时间，怎么哄都没办法止住。随着轩轩长大，他不再有特别激烈的情绪，不再遇到不开心的事情就哭闹个不停，而是长期都陷入不良情绪中，保持抑郁的状态。比如说，小轩轩和小伙伴闹了点不愉快，小伙伴只需要一会儿的时间，就能将不愉快的经历抛之脑后，而小轩轩会抑郁好几天，谁都不能当着他的面提起那个小伙伴或者那件事，不然他就会关起门把自己封锁在一个空间里，让自己完全陷入不良情绪中。

小轩轩的妈妈觉得很担心，生怕小轩轩小小年纪就患上了抑郁症，可是无论妈妈怎么哄都不太见效，都不能让小轩轩情绪好转。即便这一次哄好了，下一次小轩轩依旧会如此。究竟该怎么办才能让孩子避免被不良情绪困扰住呢？

 案例解析

当一个人处在正面情绪中，做事情常常会精神振奋、思维敏捷、效率增高；而在负面情绪的影响下，做事情常常会无精打采、思虑闭塞、效率下降。对于男孩来说，在年纪尚小的时候，有一定的情绪波动是很正常的事情，但是如果这种波动表现得比较过分，就容易产生不利于男孩健康成长的因素，让男孩的心理失去平衡，进而影响到正常的生活和学习。

影响男孩情绪的原因主要有两大因素，其一是男孩年龄太小，自我控制能力较弱。比如某些男孩在哭泣的时候，如果有其他的事情吸引他，他即便泪滴还挂在脸上也能破涕为笑，有些男孩刚刚还很高兴，突然会因为一些事情委屈大哭。这种因素在男孩年龄还小的时候，会表现得更加突出。其二是父母对男孩管教方式和态度出现了问题。比如有些父母会十分娇惯男孩，让他们养成了任性的习惯，也有些父母平时就表现得很喜怒无常，在一定情况下，也会影响到男孩的心理健康。

 解决办法

想要让男孩拥有稳定的正面情绪，摆脱负面情绪的困扰，家长最好能够采取一些措施来激发男孩的主观能动性，让他们从内心打破负面情绪的束缚。我们建议家长可以这样去做：

1. 给男孩建立必要的生活规范。每个男孩都需要生活在一个安全、可预测且乐于接受的、有规矩的生活状态中，并且富有动静交替、活泼、多样化、有趣的活动内容，这会让男孩更乐于去尝试不同的活动。同时，要让男孩知道哪些规则不能破坏，哪些行为是被禁止的，男孩在有规律的生活中会更容易保持稳定的情绪。

2. 给男孩建立一个和谐的家庭氛围。好的家庭氛围下，男孩自然能够建立起良好的情绪控制能力。

3. 父母要在孩子面前控制好自己的情绪，不要表现得太过喜怒无常。高兴的时候就逗逗孩子，不高兴的时候就冲孩子发火，这种行为需要坚决地抵制。因为情绪是很容易感染到其他人的，尤其是对情绪控制力差的孩子，所以只有成年人能够保持稳定的情绪，才能让孩子受到好的熏陶。

4. 不要给男孩任性的余地。一般来说，任性的男孩情绪是最不稳定的。在男孩任性的时候，家长要采取冷静理智的态度，不要一味地娇惯男孩任性的毛病，可以适当地采取一些灵活的方法，比如暂时性地回避，用其他事情吸引男孩的注意力等。等到孩子情绪稳定后，再耐心地告诉他任性的后果。

275. 让男孩知道解决问题的不同方式
——男孩受到别人欺负怎么办？

悠悠今年3岁多了，是一个活泼开朗的小男孩，已经上幼儿园了。从前段时间开始，悠悠非常不想去幼儿园，每天早晨去幼儿园的时候悠悠都是大哭大闹着不想去。在询问悠悠原因之后，悠悠的家长才知道原来学校里有一个同学总是欺负他，知道原因之后，悠悠的家长及时向学校的老师反映，之后的情况就好了许多。但是悠悠的家长还是总担心孩子会在日后被别的小朋友欺负。那么，孩子受到别人欺负，家长应该采取怎样的态度呢？

案例解析

在孩子成长的过程中，让父母最为难过的事情之一就是发现自己的孩子被人欺负了。面对自己的孩子受到欺负，不同的家长有不同的观点，有些家长表示一定要让孩子打回去，有些家长则不认同。

但是家长不得不承认，大部分孩子受到别人的欺负是因为与人交往的方式存在问题，这对于孩子来说是非常不利的。所以家长首先要从自己的孩子身上找到问题的症结所在，帮助他调整自己与人交往的方式。比如要教会他关心他人，有礼貌地去对待他人等。家长不能一味地教孩子打回去，因为受欺负的孩子本身做事就有畏缩心理，万一家长叫他打回去，而他没有做到，就会再次加强他的心理压力，交往起来就更加不自在了。

小孩子平时受到的欺负一般是别的小朋友推了自己一把，如果没有严重的伤害的时候，家长对此不应该大惊小怪，这样这会让孩子觉得这是一件特别严重的事情，这时应该教导孩子要宽以待人，总之要以爱的角度出发去教育孩子。

如果孩子受到的欺负很严重，已经影响到孩子正常的生活学习，那么家长就要协同学校或是其他人一起解决问题。

解决办法

男孩总是受到别人的欺负，家长应该这样解决：

1. 家长首先要保持冷静，充分了解事情的来龙去脉，在必要的时候要找到当事人做更多的了解。在了解情况之后，如果事情没有很严重，孩子受到的伤害也是微乎其微的，那么家长就会从爱的角度出发去教导孩子宽容别人。之后家长还要教授给孩子一些与人相处的小窍门，这样孩子在与人相处的时候就会多了一些技巧，也能更好地与人相处。

2. 家长要教给孩子必要的解决措施。例如，在学校受到欺负的时候，家长应该告诉孩子，要把情况报告给老师，让老师去帮助自己解决，相信老师会采取公平公正的态度去处理问题，如果老师解决不了，还应该去告诉校长等人。

3. 在必要的时候家长要参与到解决问题的具体事宜当中，可以联系欺负孩子同学的家长，要告诉学校的相关人员，然后协同解决问题。

276. 纵容，会让逆反心理变成常态

——男孩逆反心理太强怎么办?

小北本来是一个很听话的孩子，但他在上学之后，逐渐变得不那么听话了，每当妈妈提出什么意见或者建议的时候，他也不管是否正确，总是第一时间提出反对。比如妈妈说晚上要在家随便吃些简单的，明天早上带小北出去玩，但小北就说妈妈偷懒不做饭。再比如妈妈说让小北去给隔壁楼的奶奶送些吃的，小北就问妈妈为什么不自己去送，反而要指使他这个小孩子。总之，不管妈妈说什么，他都会反对，妈妈让他往东，他偏偏往西。小北的妈妈不明白，孩子还没有进入青春期，就有这么明显的逆反心理，究竟问题出在哪里?

 案例解析

一般情况下，男孩在成长过程中都会出现逆反心理，这种心理并不一定是固定的某个时期，在任何时候都可能因为一些原因，让孩子不自觉地养成逆反的习惯。当男孩经过了幼儿时期的自我意识发展，越来越强烈的主观能动性会促使他们学会选择。当他们对成年人的安排表示不满时，常常会做出比较任性的举动。如果父母对待男孩的教育方式存在失误的地方，则可能加剧这种逆反心理，比如:

1. 男孩生活在家长式的教育氛围中。有些父母在管教男孩时欠缺尊重的态度，完全不顾及男孩的个人感受，当男孩感觉到压迫后，就容易和家长产生对立的情绪。

2. 男孩长期处于父母的唠叨教育下。有些父母希望男孩能够按照自己为他们规划的完美人生路线走下去，行差踏错一步都不可以，所以对于孩子的行为总是唠叨个没完，但这种"敲木鱼"的方式只会让男孩更加厌烦。

3. 男孩被父母漠不关心的态度伤害。男孩在幼儿时期有着很强的好奇心和求知欲，任何事情都想要探究个明白，如果父母在男孩探索世界的时候用简单粗暴的方式拒绝，男孩在压抑天性的时候自然就会产生逆反心理。

 解决办法

想要改变男孩逆反的态度，让他们尊重父母、听从长辈的教诲，家长需要有以下几点考量:

1. 男孩需要更多的尊重和信任。男孩在成长时，如果遇到的是父母的唠叨和打骂，只会将那些逆耳忠言当作耳旁风。因为不被尊重和信任，他们的内心会产生很强烈的反感。所以，家长在进行说教时，要掌握好尺度和分寸，要像对待朋友一样给男孩平等的地位，这样才能让他们更容易接受自己的建议和意见。

2. 冷静地分析男孩逆反的原因。不要认为孩子小就一定不懂事，有些时候问题的原因是出在成人身上。在男孩无理取闹时，家长要采取冷处理的方法，等到事后再进行教育和引导。反之一味地强硬，不分析事情的原因，只会把事情搞得更糟。

3. 对于男孩的行为要扬长避短。家长要善于发现男孩行为和思想中的闪光点，不要在男孩出现逆反心理的时候就全盘否定。当然，在男孩的行为过激带有危险性的时候，家长还是要及时地制止的。

277. 乐观的性格有助于开阔心胸
——男孩眼里不容人怎么办？

小远是一名小学四年级的学生，他的学习成绩一直不错，但是在学校里的人缘却很差。在学校里，小远看到别人长得比自己好看，衣服穿得很好看，就说人家是爱出风头。看到有同学比自己学习成绩好，考试成绩超过了自己，就说人家是考试作弊。反正，只要是看到别人有比自己好的地方，小远就非常不高兴，甚至有时候会觉得焦虑，总想要攻击别人来发泄自己的嫉妒心。小远的妈妈看到他眼里容不下别人，总觉得很担心，究竟怎么办才能让孩子的心胸开阔一些呢？

 案例解析

我们都说，眼里不容人的人都是心胸狭隘者，心胸狭隘中有着一种嫉妒的成分。这作为一种不健康的心理状态，容易对男孩各方面的健康成长都造成消极影响。这种影响不仅会带来生理上的功能减弱，也会加剧不良的心理体验。而且，心胸狭隘还容易让男孩失去对客观事物的正确判断，对男孩的人际交往产生不良影响，抑制男孩的社会性发展。

一般来说，让男孩产生眼里不容人的原因主要是一种由羡慕转化而来的嫉妒，体现出的狭隘表现。男孩受到认识水平的限制，当发现他人具有自己无法拥有的东西时，就会有向内的羡慕感情和向外的嫉妒感情。想要化解孩子的眼里不容人的心理，我们需要先了解男孩嫉妒的起因。

1. 不良环境对男孩的影响。如果在家庭环境中存在成人之间的相互嫉妒和猜疑，就会让男孩无形中受到影响。

2. 不正确的教育方式对男孩的影响。有些家长会拿别的孩子与男孩进行比较，这就容易让男孩产生误会，认为家长喜欢别人而厌恶自己，这种不服气的心理也容易转化为嫉妒。

3. 男孩过于追求完美。有些能力比较强的男孩被肯定已经成为一种习惯，在无形中会养成追求完美的心态。如果偶然的一次没有受到重视或者关注，就容易因为被忽视而产生嫉妒心。

 解决办法

想要纠正男孩的嫉妒之心，家长不妨从以下几个方面着手：

1. 给男孩一个健康的家庭氛围。一个良好的、健康的家庭环境是预防和纠正男孩嫉妒心理的重要基础。作为父母，要给男孩足够的安全感，让他们发自内心地建立对父母的信任，不必担心会因自己的某些不足丧失掉父母的爱。

2. 倾听男孩内心的真实感受。男孩的嫉妒心是一种对愿望不能实现的本能心理反应，所以父母不要盲目地批评男孩的嫉妒行为，而要耐心地倾听男孩的苦恼，以一种愿意理解的态度来感受他们的痛苦，帮助男孩宣泄因嫉妒而产生的不良情绪。

3. 引导男孩正确地认识自我。儿童一般不具备对事物全面分析的能力，所以只会将嫉妒单纯地归结为某个对象，而从未考虑其他的因素。所以，父母要耐心细致地帮男孩全面分析他和嫉妒对象之间产生差距的原因，帮助他用积极的方式来缩短实际差距，化解他内心的不平衡感。

4. 培养男孩乐观向上的性格。作为家长要让男孩明白，他的努力和进步是最重要的，而不是与他人的差异性，因为任何人都无法在所有方面都胜过其他人。所以，家长要引导男孩学会扬长避短，既能够正视别人的长处和优点，也能够加以欣赏和借鉴，进而弥补自身的不足，实现自我的超越。

5. 引导男孩正确地利用嫉妒心理。嫉妒这把双刃剑，如果利用得当就可以变成激励前进的动力。男孩的嫉妒心中包含有很强的自尊心，家长可以引导和教育男孩用进步和取长补短的方式将好胜心引向积极的方向，将负面情绪转化为积极的动力。

278. 自身评价过低会带来消极暗示
——男孩觉得自己没有优点怎么办？

叶叶每天放学后，都会和妈妈聊聊天，说说一天的趣事。最开始的时候，叶叶说的内容都是一些其他小朋友的闪光点和长处，话中洋溢着美慕的情绪。但作为妈妈，最想听的还是自己孩子的趣事，可是一问叶叶他今天在学校都干了什么，老师有没有夸奖他的时候，他就不再说话了。

几次三番之后，叶叶的妈妈感觉到有问题，就问叶叶是不是在学校里不开心，叶叶摇头说挺开心的。叶叶妈妈又问是不是在学校里没有交到好朋友，叶叶摇头说自己跟所有人关系都很好。叶叶的妈妈再问那为什么不提他在学校的事呢，叶叶说因为自己没有什么优点，所以没有什么好说的。说完之后，叶叶有些伤感、有些自卑地低下了头，生怕妈妈因此不喜欢自己了。男孩觉得自己没有优点怎么办？是不是过度自卑引起的呢？

　案例解析

男孩将注意力放在别人身上，无法发现自身的优点，这主要是源于过多地否定自己而产生的自惭形秽。

男孩有这种心理和行为反应的原因，主要是对自己的能力、品质等评价过低，心理承受能力较弱，行事风格偏向于谨小慎微等。形成这些原因的条件主要是：

1. 男孩在现实交往中受挫而产生了消极反应。一些男孩在人际交往中缺乏克服障碍的能力，导致在受到心理或者生理的挫折后，无法自行纾解。

2. 男孩生理上的某些不足之处引起的消极暗示。一些男孩由于先天或者后天的原因，带来的身体上的缺陷或者不足，比如个子矮、五官不正等，就容易表现得有些自卑。

3. 男孩对自己智力能力的错误判断。有些男孩因为在学习能力和成绩上没有什么出色的地方，就过低地估计自己的智能水平，甚至认为自己一无是处，总担心自己会成为他人笑话的对象。

4. 男孩对自身心理评价不当而带来的消极暗示。大多数人都能够对自己的性格、气质、心理特点有些了解，但有些男孩尚无法做到这一点，而且他们对于自身的不足会过度夸大，而对那些优点则熟视无睹。

 解决办法

想要让男孩认识到自己的优点，我们要从引导男孩进行正确的心理自我调适入手。

1. 让男孩正确看待失败。每个人在人生中都会遇到一些挫折，谁的人生都不会是一帆风顺的，有成功之时就会有挫败之处，对此，我们能够做的就是要总结经验教训，来避免下一次的失败。

2. 引导男孩增强自信心。增强自信心最好的办法就是肯定和鼓励，在符合男孩实际情况水平的前提下，家长要适当地鼓励男孩，用生活中点滴的小事来激励男孩发现自己的优点，弘扬自己的优点。

3. 让男孩知道扬长避短。每个人都有优点和弱势，评价一个人要对他的全面情况进行考量，既不能只看优点，也不能只看短处，要善于用自己的优势去弥补那些不足。

279. 鼓励男孩将兴趣转化为理想
——怎样让男孩树立奋斗目标？

嘉嘉自小就拥有广泛的兴趣爱好，他总是一会儿想要学唱歌，过几天又想要学武术，没过多久又会想要去学画画。父母满足了嘉嘉的要求，但是几年下来，嘉嘉在几个兴趣班上的成绩表现都很普通。这样的情况让他的父母很担心，他们意识到无目标性的学习只会浪费时间和精力，只有先确立嘉嘉的奋斗目标，才能更好地增强孩子的积极性和目的性。

于是，嘉嘉的爸爸让嘉嘉选择一样自己最喜欢的爱好，最想在哪方面做出点成绩来。此时，嘉嘉说，自己好像并不太想学唱歌、画画、武术之类的，他更想将来能够当一名出色的警察。看着孩子这样反复轻率地更改自己的理想，嘉嘉的父母感觉很担心，怎样才能让爱好广泛的孩子确立一个奋斗方向呢？

案例解析

人生的奋斗方向对于一个人的成长至关重要，但男孩年纪比较幼小的时候，无法确定自己的人生目标，大多仅凭借着个人的喜好，所以选择时并不是很慎重。很多家长也是盲目地支持孩子兴趣爱好的发展，欲将其爱好发展为特长、人生目标。但是，只有孩子内心接受的事情，才能让他们获得进取的动力和更多的快乐。而人生的目标，不一定只能有长期的目标，也可以有中期的、短期的目标。规划好每个阶段性的目标，男孩才能了解到如何确认自己的理想。

所以父母要做的是帮助孩子将每个不同阶段的目标具体化，让孩子能够更加顺利地完成每一个阶段的计划。在孩子实践的过程中，父母还要做好监督的作用，强化孩子的目标，陪着孩子一步步完成自己的理想。

解决办法

让男孩树立人生的奋斗方向，是一个很大的问题，对于大问题的解决我们都建议从小问题开始入手。比如：

1. 将男孩的兴趣爱好转化为理想。只有将奋斗目标建立在兴趣之上才能激发男孩的动力，让他们愿意去努力、付出、奋斗。当男孩在自己感兴趣的领域中获得了成就感和快乐，就会愿意为下一个奋斗目标而努力。但是请记得一点，这个兴趣爱好一定要符合男孩的愿望。

2. 让男孩对奋斗目标的热情更持久。父母对于孩子的奋斗目标不仅仅是支持就够了，还要注意维护男孩实现奋斗目标的热情，促进他们愉快、义无反顾地走下去。

3. 帮助男孩将奋斗目标阶段化和细节化。长远的目标不如短期目标容易实现，而任何一个长远的目标都离不开短期目标的支撑。所以，父母要帮助男孩细化他们的长远目标，使之更具有实操性。目标越是细致，可操作性就越强。

4. 督促男孩不断地朝着目标前进。一般来说，孩子的自我管理能力和约束能力都要弱于成年人，所以在男孩追求人生目标的道路上离不开成年人的监督和促进。

5. 给男孩的小成果一些适当的奖励。男孩在追求目标过程中获得了一些小的成果，家长要及时地给予关注和鼓励，这样才能起到更好的激励作用，让男孩可以从中汲取到继续前进的动力。

280. 倾听男孩心声，了解他抱怨的理由
——男孩总是喜欢抱怨怎么办？

飞飞上小学不久之后，一向乖巧懂事的他不知道从哪里学会了抱怨和挑剔，原本活泼的小脸上很难能够看到笑颜。比如，每次带着他出门坐车，他都会不停地抱怨路途太远、车速太慢；每天吃晚饭的时候，他也总是会到厨房看一看，对每一样菜的安排都挑剔个遍。尤其

是每次把他从爷爷奶奶家接回来时，他都会抱怨一路，说什么"奶奶给他穿了太多衣服""爷爷给他的鞋带系得太紧了"之类的话。但当妈妈想要帮他脱一件衣服或者重新系鞋带的时候，飞飞又说不用了，可是下一次还是会照旧抱怨。对此，飞飞的妈妈表示十分不解，原本很乖巧的孩子怎么就那么爱抱怨了呢？

案例解析

从案例来看，飞飞的抱怨并非来自于真实的需求，而是情绪上的宣泄。很多时候，一个人的抱怨往往是经过了很多层情绪的包裹，里面可能包含着生气、失望、焦虑等情绪。所以，想要让孩子摆脱抱怨的情绪，家长需要先找到内在的原因。

一般情况下，让男孩产生抱怨情绪的大多有以下几点原因：

1. 男孩的情感无法宣泄出来。有时，男孩自己也不知道自己抱怨的是什么，只是单纯地想要发泄出来，希望借此能够获得大人的关注、交流和理解。

2. 男孩的需求得不到满足。有些男孩只是希望能够借助抱怨来向家长提出需求，因为他们没有勇气提出不易达成的心愿，只能借助其他方式来满足。

3. 男孩缺少成人的鼓励和协助。有些男孩的抱怨是为了吸引成人的注意力，希望能够得到成人的协助和鼓励，帮助他们摆脱负面情绪的困扰。

解决办法

有时，男孩对自己的抱怨行为并不了解，他们只是想要让父母知道他们的需求而已，所以，对于扭转男孩的抱怨行为，家长的做法尤其关键。

1. 让男孩写下积极的感恩日记。给男孩准备一个他喜欢的日记本，每天写下让他觉得快乐的事情和积极的事情。其目的在于让男孩对那些正面的事情给予更多关注，改变他看待世界的角度。

2. 借助有教育意义的活动。家长可以带领孩子参加一些有教育意义的公益活动，比如帮助贫困山区的孩子、到福利院去慰问等。这样，男孩能够从帮助别人中激发出自信，从与他人相处的过程中学会展现真实的自我。

3. 鼓励男孩给家庭成员送礼物。要让3岁以上的男孩注意到父亲节、母亲节、生日等重要的日期，让他在每个重要的日期为大家送上一份自己做的礼物，此举可以培养男孩的感恩之心，有助于驱散抱怨的负面情绪。

4. 倾听男孩内心的声音。倾听是最好的沟通方式，比口头上的夸奖更有意义，可以顺利地解决男孩爱抱怨的问题。当父母愿意站在男孩的角度上去思考问题时，男孩自然愿意说出内心的话。

281. 用鼓励和赞美，纠正男孩惯性认知
——男孩总是习惯性自卑怎么办？

小时前段时间和小伙伴们一起玩耍的时候，有一个小女孩说他长得太黑，没想到小时竟然牢牢地记在了心里。以后不管谁夸他长得好看，他都会说自己长得黑，所以是丑的。不仅如此，从那以后，小时会抗拒出门，甚至走路的时候都不会抬头挺胸。昨天妈妈带着小时去逛商场时，妈妈给自己买了一件蓝色的衣服，要给小时买一件黄色的衣服。但是小时却嚷嚷着说也要买一件蓝色的，因为售货员说黄色显得皮肤黑，蓝色才显得白。

小时的妈妈感到很担心，为什么一句不经意的话，会让小时记得这么深刻呢？这会不会影响到孩子其他方面的发展呢？怎么对待男孩的自卑呢？

案例解析

上诉案例中，小时的自卑情绪主要体现在交往中缺乏自信，没有自己的主见，错误地将问题归结在自己身上。一般情况下，形成男孩自卑情绪的原因有以下几点：

1. 幼年不愉快经历对男孩的影响。如果男孩在幼年时期没有享受到来自家庭的温暖，过早地体验到了人世间的烦恼等不良体验，就容易让他们幼小的心灵产生创伤。当男孩的心理有难以承受的压力时，就会产生自卑等不良的情绪。

2. 男孩因交际能力的不足而遭遇过交往的挫折。美国心理学家菲利普斯认为，儿童不能与他人正常交往的原因在于他们在生命的早期没有学会基本的社会交往技能，这就容易让他们的自主性受到伤害。

3. 抚养不当。有些父母出于对男孩的过度溺爱与迁就，会将男孩层层包围起来，这就容易让男孩失去集体生活锻炼的机会。比如有些家长担心男孩与别的小朋友一起玩耍的时候会吃亏，就把男孩关在家里让他独自玩耍。

解决办法

当男孩过度看重他人对自己的评价，并且习惯性自卑时，家长需要注意以下几个角度的引导和教育：

1. 在家庭环境中树立男孩的自信。孩子的情商是从与家人的感情交流中逐渐形成的，所以，家长要在家庭环境中给男孩更多的成功经验，帮助男孩树立自信、摆脱自卑。

2. 引导男孩进行正确的自我评价。自卑的情绪一方面来自于对自我认识的不足，另一方面来自于对外界评价过度关注，这两方面的根源都在于自信心建立得不稳定。所以，家长要帮助男孩进行自我评价，帮助他们将注意力集中在自身的优点上。

3. 让男孩通过交往技巧优化性格。想要让男孩摆脱各种负面的小情绪，家长需要让他们懂得与人交往的技巧，当男孩在与人交往中能够游刃有余时，自信心就会自然而然地建立起

来。相反，男孩越是欠缺社交技巧，越是难以有自信的态度，也越容易看轻自己的价值。

4. 教会男孩如何看待人生的小挫折。人生中没有常胜将军，一两次的小失败等到过一段时间再看，就会觉得没有什么大不了的。所以，在男孩觉得自卑时，家长可以帮助他们回忆他们以前受到的挫折，让他们回头去看曾经的那些经历，引导他们感受曾经的不愉快对现在的影响，帮助男孩开阔心胸和眼界。

282. 虚荣心背后是男孩的精神需求
——如何纠正男孩过强的虚荣心？

小涛涛放学回家后情绪不是很高，在父母的追问下，他说这次考试成绩不太理想，在这次的班级成绩评比中成了第二名，感到很羞耻。当父母极尽鼓励之词地夸奖小涛涛后，他的心情才好转了一些。但是，下一次月考时小涛涛依旧没有考好，成绩下滑了好几个名次。而小涛涛却告诉父母说，自己这次考了全班第一名，因为题比较难，所以全班人的分数都不是很高。父母为了表示鼓励和祝贺，就带着小涛涛出去庆祝了一下。但是，小涛涛的妈妈在家长会上知道了事情的真相。她对小涛涛说：考试成绩偶尔不好并不会受到家人的责备，他为什么还要选择撒谎。小涛涛说自己喜欢好成绩的感受，因为考了好成绩就能受人瞩目，受人夸赞。父母这时才意识到，原来小涛涛注意的并不是学习成绩本身，而是因为优秀带来的虚荣感。他们瞬间不知道该怎么办了，为什么男孩会有这么强的虚荣心呢？

 案例解析

一般情况下，造成男孩过强虚荣心的原因主要有以下几点：

1. 家庭环境给男孩带来的影响。男孩的大多数行为都是从家长身上学习而来的，如果家长就是比较看重名誉的人，男孩自然就会受到影响。

2. 同伴的价值观对男孩的影响。男孩随着年龄的成长，接触到的人从家庭成员扩大到同伴。价值观尚未定型的男孩很容易受到群体的影响。

3. 男孩希望能够得到他人的关注。每个人都有虚荣心，希望能够得到更多人的关注，只是每个人的程度不同。

4. 男孩社交范围的扩大。随着男孩的年龄增长和社交范围的扩大，他们开始注意到"面子"的问题。在大环境的影响下，只认可第一的错误心理会引导有些男孩体现出盲目的从众性，在与同龄人的交往过程中，会喜欢用出风头来展现自己。

 解决办法

对于如何纠正男孩过强的虚荣心的问题，家长可以在日常生活中注意调整教育的方法，让男孩拥有良好的生活态度，我们建议从以下几个角度入手：

1. 从男孩的一言一行处着手。家长要多留心观察男孩的行为表现，捕捉男孩的心理动态，以心平气和的态度和他们讲清楚虚荣心的危害之处。不放过身边任何一件可以教导他们的事情，可以是电视上爱慕虚荣的角色，可以是生活中爱慕虚荣的事例。家长要不失时机地进行点评，促进男孩价值观和世界观的正确树立。

2. 家长要以身作则进行正确引导。想要让男孩有正确的价值观，家长首先要做到正确的示范作用。对于男孩提出的无理要求，要坚决地予以否决，不要父母一方严厉一方溺爱，而是要采取同样严厉的态度。尤其是在名誉和面子方面，要让男孩知道名誉和面子的真实价值和正确的获得渠道。

3. 引导男孩注重精神和心理需求。首先要让男孩知道过分地追求名誉会让自己的人格和价值观扭曲，其次是无论家庭经济状况的好坏都不要放纵男孩。必要的时候可以带领男孩到自己工作的环境中去体验一下，让男孩感受到家长的辛苦与不易。

283. 增强男孩做事的目的性
——男孩意志力薄弱怎么办？

妈妈有事要和闺密谈，但是不放心唐唐一人在家就一同带去了。唐唐很喜欢妈妈闺密家的一个小摆件，吵闹着非要拿来玩。唐唐的妈妈和闺密有正事说，但唐唐闹得实在没办法，于是，闺密就拿着小摆件对唐唐说：只要唐唐能够安静些不吵闹，自己去看书或者看动画片，一小时后就送给他。唐唐答应了，但是他只坚持了十分钟就放弃了，又跑过来吵闹。无奈，妈妈的闺密只能先将小摆件给他，并且说要乖乖的。可是一会儿，唐唐又闹着说要回家去玩。唐唐的妈妈觉得很尴尬，不得不终止了和闺密的谈话，带着唐唐回家去了。为什么让男孩懂得坚持和忍耐会如此困难呢？如何才能提高男孩的意志力呢？

 案例解析

很多男孩在意志力的表现方面都差强人意，比如很多男孩会依赖他人、抗诱惑能力差、不懂得克制自己、表现得非常任性、遇到挫折就想要放弃、无法承担孤单和寂寞的感受等。如果家长在发现男孩意志力薄弱时，没有起到很好的引导和教育，就容易造成男孩依赖心强、没有主见、爱推卸责任、不懂得信赖、心理承受能力弱、在外能力很弱在家却爱耍威风等。

对于父母来说，如何让男孩成长为一个意志坚强、深受大家喜欢的人是很重要的。而想要培养男孩的意志力，家长需要先明白影响意志力的因素。首先，如果一个人的目的不明确，就无法做到准确地支配自己的行为去克服达到目的过程中的种种困难。当心中没有目标，自然无法充分发挥意志力的作用。

 解决办法

想要让男孩拥有坚强的意志力，家长需要先培养男孩的目标性，然后再逐层深入，我们建议采用如下循序渐进的方式进行：

1. 帮助男孩建立有效目标。男孩在比较年幼的时候无法准确把握目标，这时家长就需要从旁指导和鼓励，在为他们明确目标的同时鼓励他们拿出坚毅、顽强的态度。需要注意的是，这个目标要符合男孩的实际能力，一旦确立就要要求男孩必须达成。

2. 给男孩设置一些障碍。只有困境才能磨炼出人的意志，家长可以适当给男孩一些磨炼的机会，比如让男孩参加一些他们不太感兴趣的活动或者让男孩独立去完成一些事情。当男孩能够克服种种障碍享受到成功的喜悦时，他们的意志力就会得到显著提高。

3. 给男孩适当的激励和表扬。每个男孩的健康成长都离不开掌声和鼓励，当男孩取得进步的时候，家长要适时、适当地给予肯定和赞赏，这样的举措会让男孩有更进一步的成长意愿。如果男孩没有达成某个目标时，家长要耐心地帮助男孩分析原因，协助他们达成某个目标，而不要放任他们的任何一次失败。

284. 增强男孩心理承受力
——男孩心理承受能力差怎么办？

小舟在刚刚转学后的某一天，因为一些矛盾和新同学发生了争执，还动了手，之后率先动手的小舟遭到了老师的严厉批评。结果，小舟一气之下直接跑回了家，告诉父母自己再也不想去上学了。无论父母怎么劝说和抚慰，他都不愿意再踏进学校一步。

小舟是家里五代单传的独苗，从小就受到了家中众人的疼爱，不仅父母没有责怪过他，就连隔辈人都对他百依百顺。这就致使从来没有遭受过责难的小舟拒绝接受老师的批评，还认为是父母不体谅他的委屈。面对小舟拒绝上学的态度，父母这时才意识到平时的过度宠爱，让小舟遇到问题就想到了逃避而不是解决，这该怎么办才好呢？该如何提升男孩的心理承受能力呢？

 案例解析

所谓的心理承受能力，是一个人从挫折中恢复心情的心理素质，这种素质对一个人的生活起着至关重要的作用。心理承受能力强的人在面对生活中的种种压力和困难时，常常都能够以轻松的态度寻找一个妥善解决的方式。而心理承受能力弱的人，就如上述案例中的小舟一样，遇到问题只会选择逃避，而不去想着寻找解决的方式。

良好的心理承受能力并非先天铸就，来自后天的磨炼与培养，在吸取教训之后的经验中获得成长。所以，每个人的心理承受能力都是自小培养出来的，如果在年少时没有独立面对一些事情的经验，缺乏困难的挫折教育，就难以获得成长，很容易在将来被悲观、焦虑、懦弱、逃避的情绪缠绕。

 解决办法

想要培养男孩良好的心理承受能力，家长需要从以下几点进行引导和培养：

1. 让男孩从生活自理中提高承受能力。很多父母会包办男孩的一切，让男孩处于被指示的位置，丧失自己做选择和决定的机会。当男孩真正独立面对生活时，就容易在遇到困难时表现得不知所措。所以，父母要尽可能地让男孩自己去决定和处理个人的事情，这样才能让他们的心理承受力得到很好的锻炼。

2. 让男孩拥有从困难中找寻希望的能力。任何事情都是有利有弊的，如果只盯着有弊端的一面，难免会被压力拖垮。所以，家长要引导男孩发掘到压力另外一面的动力，培养他们从困难中找寻希望的能力，让他们能够在不断前进中提升心理承受能力。

3. 让男孩学会平衡心态。挫折是每个人都会遇到的，在男孩遇到难以承受的打击时，家长要及时地帮助男孩排解这种压力，帮助他们分析问题的利弊，鼓励他们勇敢地面对挫折。并且，家长可以告诉男孩自己是他们坚强的后盾，以此来鼓励他们向前冲。当男孩学会如何去平衡自己的心态后，心理承受能力和自信心就会得到很大的提高。

285. 用小挫折来引导男孩看淡输赢
——男孩过于看重输赢怎么办？

宸宸的爸爸为了陶冶孩子的情操，只要一有时间就拉着宸宸和自己下棋，而宸宸也乐在其中。宸宸的爸爸顾念宸宸年纪小，棋艺比不得成年人，所以在和宸宸下棋的时候经常会故意"放水"，让宸宸高兴一下。但是，慢慢地，宸宸的爸爸发现，宸宸只能接受赢棋的喜悦，却无法接受输棋的挫败。宸宸只要输棋就会哭闹，还会跑去和妈妈告状说爸爸欺负他。这让宸宸的爸爸妈妈觉得十分苦恼。为什么孩子输不起呢？连游戏的挫败都无法接受，那以后又该如何面对人生的大挫折呢？

案例解析

现在很多的男孩都是被父母精心呵护着长大的，新一代的年轻父母更是"爱"子有加。但是问题也接踵而至，很多事例显示，现在有非常多的男孩习惯性地以自我为中心，对个人的输赢利弊十分在意，抗挫折能力十分弱。当这些男孩发现从事一项活动有困难和障碍时，第一反应是退缩，或者干脆放弃，连尝试的想法都没有。在对某项感兴趣的事情投入之后，如果结果和自己想象的有出入，就会表现得十分抗拒。

让男孩过度在意输赢、看重结果的原因，主要有两点：

1. 男孩在幼年时期的坚持度决定了他们完成的成果。坚持度高的孩子做事情有一种不罢休的狠劲儿，但同时也会有挑剔和完美倾向；坚持度低的孩子很容易半途而废，会给人一种不够用心的感觉。

2. 男孩在生长环境中感受到父母的挫折暗示。环境对人的个性成长至关重要，男孩会从生活中观察和模仿父母对于挫折的处理态度，如果父母在生活中过度看重输赢，男孩就会以此为准则。再加上，有些家长会在人前刻意地夸耀男孩的成功之处，也会加重男孩过于看重输赢的想法。

解决办法

一般来说，过于看重输赢的人大多源于抗挫折能力弱小，只愿意接受成功，而拒绝接受失败。所以，想要让男孩摆脱输赢观念的控制，家长需要采取一定的方式提升男孩的抗挫折能力。

1. 父母要尊重男孩的差异性。现代孩子都有抗压能力差、挫折容忍力低的毛病。如果自家的男孩只能赢，父母先要做的不是煽风点火，而是需要让男孩体会一些输的经历，只有这样才能让男孩知道"赢"的意义在哪里。

2. 鼓励男孩要有面对挫折的勇气。有些父母总是担心男孩经历挫折太早，会容易伤害到幼小的心灵，所以会尽力回避那些挫折教育。但是，这并不能帮助孩子面对生活。

3. 帮助男孩反思成功和失败的定义。男孩输不起的认知主要是来源于成年人对成功和失败的定义。所以父母要用浅显的语言将成功的正确理解直接告诉给男孩，避免他们产生误解。并且要经常和男孩分享父母的成功与失败的经验，帮助他们建立自己的心路历程。

286. 离婚不代表离掉了父母的爱

——父母离异后男孩性情大变怎么办？

瞳瞳自小就是一个活泼聪明的男孩，在他幼年时享受到了父母的极致疼爱。但是在他上小学之后，父母的关系逐渐变得恶劣，不仅经常吵架，有时还会大打出手。瞳瞳的妈妈为了给瞳瞳一个完整的家，一直忍让着。但是在瞳瞳即将小学毕业的时候，瞳瞳的爸爸居然带了另外一个女人回家。瞳瞳的妈妈一气之下同意了离婚，带着瞳瞳在外面租房子住。

因为家庭的骤变，原本活泼的瞳瞳变得十分内向，很难再看到他的欢颜。在小升初的考试中，原本成绩一直非常优秀的瞳瞳考试成绩一落千丈，没能考上重点学校，最后还是母亲找人让他进入了一所重点中学。瞳瞳的妈妈认为这都是父爱缺失的原因，于是想给瞳瞳再找一个爸爸，可是瞳瞳却表现得十分抗拒。瞳瞳的妈妈很担心，孩子在父母离异后性情大变的问题可以怎么解决呢？

 案例解析

从上述案例中我们可以看出瞳瞳因为父母的离异，产生的心理上的不安和对立情绪。这种来自于家庭的影响如果处理不妥当的话，一定会影响瞳瞳的一生。童年的影响会让瞳瞳将来不再相信爱情和婚姻，不知道如何处理和妻子之间的冲突和矛盾，一旦遇到问题，他第一反应会是分开或者离婚。因为他没有从父母那里学到解决家庭冲突的方式，他只看到了父母用分开的方式来结束感情。

父母对孩子的影响直接关系着孩子的健康成长问题，所以，当离婚的问题不可避免时，家长要多关注一下孩子的感受、位置和态度。单亲家庭的孩子需要更多的心理辅导和建设。

 **解决办法**

在离婚不可避免时，家长可以采取一些简单的方法将男孩心灵创伤的程度降到最低，也让男孩更容易接受新的生活。

1. 真诚地和男孩做好离婚前的沟通工作。比起让男孩突然接受父母离婚的事实，不如以真诚的态度提前进行沟通，让男孩有一个心理预备期和思想准备。

2. 离婚后的负面情绪不要传达给男孩。孩子是敏感的，尤其是在面对父母至亲的感受时，所以不要让他们背负父母的负面情绪，将如今的境况归咎到自己身上。

3. 挤出更多的时间来陪伴男孩。要让男孩知道，离婚只是说明父母不适合一起生活，这并不会影响到他们对他的关爱。所以父母在离婚之后，要给孩子更多的陪伴，来缓解他们的失落感。

4. 不要在男孩面前诋毁另外一半。不要引导或者教育男孩去仇视离开的父亲或者母亲，这会影响到男孩的世界观和社会观的建立，孩子会因为认知结构的改变而对周围的人都失去信任感。

287. 给男孩表达悲伤情绪的空间和时间
——男孩难以接受亲人离世怎么办？

小邓邓自小就跟着奶奶一起生活，在他心中奶奶的地位是第一的，就连爸爸妈妈都要往后排。但是在小邓邓上小学那年，奶奶突然生了重病被送到了医院，没过几天就离开了人世。不仅小邓邓完全反应不过来，就连小邓邓的父母也觉得难以接受。

在小邓邓奶奶的葬礼那天，一直沉默的小邓邓突然哭闹不止，大声喊着奶奶还没有死，而拒绝让奶奶火化。爸爸看着小邓邓大闹不止，一时情急打了他一巴掌。难以理解的小邓邓顿时用恶狠狠的眼神看着爸爸，吓得妈妈连忙把他带到了一边去。虽然小邓邓奶奶离世已经成为事实，可是该怎么让孩子接受亲人离世这种事情呢？

 案例解析

至亲之人的骤然亡故，对孩子的影响是十分巨大的，而孩子的哀伤程度主要来自于他人对这件事情的看法和做法。如果父母能够很快地从哀伤中摆脱出来，尽快地投入到之后的生活中去，孩子就也能够坚强地面对之后的人生。所以，想要让男孩接受亲人的骤然离世，家长需要先从亲人离世的阴影中走出来。只有先打理好自己的情绪，才能有效地帮到孩子。

如果连父母自己都长时间地沉浸在哀伤的情绪中难以自拔，心理承受能力弱于成年人的孩子，自然会更加地沉浸于悲痛的情绪之中。所以，家长要率先找一些办法来纾解自己的痛苦，然后才能有效地帮助孩子恢复心态。

解决办法

对于如何帮助男孩接受亲人离世的事实，家长需要注意以下几点问题：

1. 让男孩得到真实的消息。不要因为怕男孩脆弱的心灵经受不了打击，就想要掩盖住真相，因为孩子的敏感心理总能让他从家长微妙的言行变化中知道实情。所以，在亲人离世时，由男孩比较亲近的人告诉他死讯比较合适，与亲近之人的感情和信任可以增强男孩接受坏消息的承受力。同时，要给男孩一些心理的支持，要让他们知道即便亲人离世，他也不是孤单的一个人。

2. 给男孩表达哀伤的空间和时间。一般孩子在这一时期的情绪会经历三个阶段：拒绝接受事实、逐步接受死讯、接受现实。家长要给男孩时间和空间来表达内心的感情，发泄自己的痛苦。

3. 帮助男孩走向新的生活。亲人去世之后，家长要关注男孩的情绪和行为，要设身处地地去体会男孩的感受，帮助男孩尽快地从哀伤的情绪中走出来。在这一时期，不用回避谈论去世的亲人，不要企图用忽略和忘却来了结这段伤心的过往。家长可以和男孩一起怀念过去，如此把负面情绪宣泄出去之后，才能让男孩建立走向新生活的信心。

288. 引导、理解、支持男孩的梦想

——男孩对未来充满迷茫怎么办？

小诺诺上学了，老师问班中每个小朋友将来的梦想，有的小朋友说要成为科学家，有的说要成为医生、警察，但是小诺诺却茫然无措地看着老师，说不知道自己未来要成为什么。老师曾向小诺诺的爸爸妈妈反映过这个问题，但是那时他们并没有太当回事。随着小诺诺的成长，到了初中时期，他仍旧对未来感到十分迷茫。此时，有些人甚至已经决定好了将来的人生道路和发展方向。如果小诺诺资质平庸也就算了，可是他偏偏学习成绩优秀，也有艺术特长傍身，可是学习再好对他来说也只是功课好，艺术特长级别再高也不过是兴趣爱好，在他心中，未来是一个很模糊的东西，自己完全不知道理想是什么，只要一想到这个问题就觉得很迷茫。小诺诺的爸爸妈妈感到十分焦虑，男孩对未来充满迷茫该怎么办呢？

 案例解析

父母需要在男孩幼年时期就培养他们树立远大的理想，哪怕这种理想并不现实，也有存在的价值。它会指引男孩不断地前进，让男孩的人生具有明确的奋斗目标。理想的作用很关键，所以家长一定要帮助孩子树立理想。

很多男孩没有理想，感觉未来很迷茫，这主要是来源于家庭环境的影响。如果父母本身就是一个没有目标、没有方向的人，自然就不会注意对男孩这方面的引导。同时，如果父母本身行事比较随性，比较安于现状，男孩自然就不知道人生也可以有多种选择。所以，家庭

环境的影响是至关重要的一环，是男孩驱散迷茫、树立理想的首要因素。

 解决办法

想要让男孩不再觉得迷茫，就要帮助他、引领他树立一个人生的理想，我们建议家长可以按如下步骤对男孩进行培养：

1. 让男孩知道理想的重要性。要从小就给男孩灌输一种想法，每个人都要有远大的理想，这会成为人生之路的重要指引，没有理想的男孩会茫然，因为他们难以准确地知道自己想要什么，哪怕得到了也不会看重。

2. 让男孩对理想有一个正确的认识。理想与幻想是有差别的，理想不是凭空的想象和妄想。父母要在帮助男孩树立理想之时，告诉他们理想的内涵，要让他们知道理想是可以通过自己的努力实现的人生目标。

3. 帮助男孩不断地完善理想。男孩在幼年时期不懂理想的作用，但随着年龄和阅历的增长他们会明白。家长如果能够在男孩成长的过程中，帮助孩子不断地完善理想，就会让他们在不断的追求中逐步走向成熟。

289. 给男孩传递更多积极的正能量

——如何改善男孩的习惯性悲观？

小代代去小伙伴家玩的时候看上了人家的一个玩具汽车，回来便问妈妈是否可以给自己买一个小汽车做新年礼物，妈妈觉得小代代的要求并不过分，就答应了。在临近新年时的一天，小代代的妈妈在出门时被他叫住，小代代问妈妈是否是去给自己买礼物。妈妈公司有事，着急出去，就说让他别老惦记着，答应的事一定会做到的。但是，小代代的爸爸却在妈妈回来后向她反映，说小代代这一天都愁眉苦脸的，还在反复念叨着"妈妈一定是不喜欢我了，妈妈一定不会给我买新年礼物"。小代代的妈妈很诧异，为什么孩子会用悲观的角度去看待问题呢？

 案例解析

有些男孩会在出现问题时先考虑到最糟糕的结果，但是却不愿意或者不知道如何去找寻解决的办法。对于这种消极思想比较严重的男孩来说，他们可能经历过太多的挫败感，以至于无法正面地去看待问题。

有一个实验证明，人和动物都会因为不可控事件的发生而产生挫败感，丧失信心。如果这种挫败感持续累积的话，就容易陷入无助和绝望中去，会给自己贴上"无能为力"的标签。正是这种无力感，让男孩越来越悲观，如果纵容这种情绪不断发展的话，男孩将会产生其他的心理问题。

 **解决办法**

想要改变男孩习惯性悲观的思维角度，家长需要注意从以下几个方面进行引导：

1. 不要在男孩面前发表负面评论。家长对于一些负面问题的讨论需要适当地避开男孩，不然那些抱怨、牢骚、批评的语言会从男孩的耳朵不加过滤直入脑海。同时，家长也要注意对自己不良情绪的控制，在男孩面前要尽可能多地传递正能量，用正面的语言引导男孩看待问题。

2. 不要习惯性地批评男孩。男孩对这个世界的认识是从不断的探索中得来的，所以他们会有一些错误的行为是很正常的事情。对于那些错误，家长不要总以一副批评的态度对待，这容易迫使男孩陷入自责的情绪，也容易让男孩染上消极的思维习惯。

3. 引导男孩对身边的事情做出乐观的解释。用身边发生的一些小的事情，指引男孩向着乐观的方向去思考。并且要让男孩多与那些乐观的人交往，从潜意识中影响他的思维方式，增加乐观思维的强化作用。

4. 教给男孩抵抗悲观情绪的方法。父母无法带领男孩走好人生的每一步路，但是却可以教给男孩如何走好人生之路的方法。所以，我们要让男孩在遇到事情的时候，学会多角度思考，而不是固执地陷入某一种负面情绪中不可自拔。

Part 15
男孩的社交培养：做人见人爱的"小大人"

290. 防范意识太强的男孩社交困难
——男孩的防范意识太强怎么办？

空空自小就长得十分讨人喜欢，大大的眼睛长长的睫毛像极了洋娃娃，每当父母带着空空下楼晒太阳，邻居们总会上来摸空空的小脸蛋逗他玩。不仅全家人对空空十分疼爱，就连邻居们也对空空这个"小天使"疼爱有加。但是随着空空的成长，他的妈妈发现空空居然有了强烈的防范意识，尤其是十分排斥陌生人的接触，总是表现得十分抗拒。比如，当空空看到家里来了陌生客人时，会像炸了毛的小猫一样满脸防范的表情；当空空的妈妈带着他去医院检查身体时，只要医生一碰到他，他马上就会大哭不止；幼儿园老师不止一次地反映，只要是有小朋友碰到了空空的身体，他就会对人家拳脚相加。空空的妈妈很担心，男孩子的防范意识这样强，会不会影响到他社交能力的发展？

 案例解析

虽然适当的防范意识可以让男孩在一定程度上远离危险，也可以减轻家长对男孩的担忧，但是，过强的防范意识确会影响到男孩社交能力的发展，而且还会对男孩养成良好的性格造成影响。过强的防范意识不仅让男孩变得内向和胆小，还容易导致他们人际关系方面的紧张，让他们抗拒与他人的交往。男孩会在心中树立一个堡垒，将自己束缚在狭小的空间范围内。这不仅会让他们失去很多童年的欢乐，对他们今后的人生也会造成消极的影响。

一般来说，男孩的行为习惯大多来源于家长的影响，一方面是家长对男孩过度约束和限制，另一方面是家长防范意识过强。如果男孩自小见到的是父母对待外人采取躲避和防范态度，他自然会对陌生人产生敌意。

 解决办法

想要消除男孩过强的防范意识，家长可以尝试着从以下几个方面着手：

1. 家长要反省自己对男孩的影响。家长要意识到，男孩过强的防范意识主要来源于自己的影响和熏陶，所以家长需要先自省和检查自己的行为，如果有过于抗拒外界、防范意识强烈的行为表现，一定要先改正，然后再用言传身教的方式去纠正男孩的防范意识，才能起到良好的效果。

2. 给男孩"脱敏"。男孩表现出的过强的防范意识，来源于日积月累的养成，所以不能一蹴而就，只能逐渐地消除。比如，家长可以增加男孩的接触面，将孩子接触到的人从亲近之人慢慢扩展到熟悉之人，再逐渐扩展到认识之人；多带男孩参加一些集体活动，扩大男孩的交际圈，让他们在同龄人中体会到玩耍的乐趣，逐渐消除过强的防范心理。除此之外，家长还可以带孩子多去公众场合，比如电影院、庙会等，让男孩在人多的环境中降低过强的防范意识。

291. 以大欺小的行为来源于错误暗示
——男孩以大欺小怎么办？

荣荣是家里的独生子，妈妈担心他会觉得孤独，总是带他去找小伙伴玩耍。每天傍晚时分，同小区内的孩子都会在父母的带领下聚在小区内的公园里一起玩耍。不太忙的时候，妈妈都会带着荣荣一起去。有时，妈妈会鼓励荣荣自己出去玩，毕竟公园里都是同小区的人，而且大多比较熟，所以妈妈不是很担心。

但是，几次之后，就有邻居揪着荣荣找上家来，说荣荣以大欺小，总是欺负比他年纪的小的朋友。这位来告状的家长说：过去他们没有跟荣荣太计较，只是带着自家孩子躲开，但荣荣越来越过分了，居然为了抢别人的玩具和小朋友动手。荣荣的妈妈十分不解，为什么自己家的孩子会欺负比他年纪小的孩子呢？

案例解析

一般情况下，有些小朋友会自恃年龄、身高、体重优于其他孩子，而欺负比自己弱小的孩子，主要有以下几点原因：

1. 男孩天生的好奇感。好奇是男孩的天性，他们有着对一切未知事物的探索欲望，总是想要知道自己的行为会带来什么样的后果。

2. 男孩的逆反心理。有些男孩因为顽皮的性格总是会遭到成年人的批评，有些批评的话对于孩子来说过于强烈，这就容易让自尊心受损的男孩产生逆反心理。

3. 父母对男孩过度的溺爱。有些父母对男孩百依百顺，容易养成他自私、蛮横、嚣张的个性，这种个性会在父母不在身边时表现得格外突出，会让男孩用恃强凌弱的态度对待同伴。

4. 男孩受到的关注太少。孩子在受到冷落的时候会希望通过一些恶作剧、欺负别人的行为来获得他人的关注，此时的他们还没有明确的是非观念。

5. 男孩为了宣泄不良情绪。有些男孩在与小伙伴的交往过程中发生了不愉快的事情，他们就想要找机会来宣泄心中的怒气，让心理获得某种平衡。

6. 男孩自我控制能力弱。有些年龄较小的男孩因为生活经验比较少，不懂得如何根据场合的不同调节自己的行为，所以会做出一些比较过分的事情来。

解决办法

对于男孩以大欺小的行为，家长需要从如下几个方面来坚决遏制这种行为的滋长：

1. 父母要让男孩知道自己的态度。一旦发现男孩有这种行为或者这种苗头，家长要坚决地表明自己的立场，让男孩明白他的这种行为不会得到家长的支持。同时，也要让男孩知道，将自己的快乐建立在他人的痛苦之上是不道德的行为，将自己的负面情绪发泄在他人头上也是十分不公平的。

2. 让男孩认识到欺负行为的后果。家长要注意引导男孩学会理解别人的痛苦，要让他们认识到自己的行为会对他人的身心产生的影响。

3. 让男孩学会关心他人。仅仅让男孩意识到后果还远远不够，家长要让男孩用实际行动来弥补自己犯下的错误，让他们从关心他人、安慰他人中懂得与小伙伴建立情谊。

4. 根据男孩欺负他人的原因寻找问题的关键。父母要知道男孩为什么会欺负其他的小伙伴，不要贸然地用暴力解决问题，这样反而会给男孩一个错误的示范。

292. 教育男孩掌握社交大门的金钥匙

——怎么教会男孩去安慰他人？

小岳岳是家里的独生子，平时身边并没有同龄的小伙伴一起玩耍，所以在周末时，小岳岳的父母总是会带着他到儿童游乐场玩。每次小岳岳都能很快地找到性格相投的玩伴，每次也都能玩得很开心。但是，最近的一次却发生了一些意外。和小岳岳一起玩耍的小朋友从滑梯上摔了下来，虽然只是磕破了一点皮并没有流血，但是小朋友却号啕大哭。小岳岳这时站在一旁傻呆呆地看着，一副惊慌失措的样子，完全不知道该怎么办。面对同伴的不良情绪，小岳岳却不知如何去做，应该怎么教会男孩去安慰他人呢？

案例解析

培养男孩从小给予他人关注和爱护，可以帮助男孩塑造健全的人格。但是，很多独生子虽然在智能、体能方面略有优势，但是在个性品德和社交能力上却处于弱势。因为他们长期处于孤独的生活环境中，没有兄弟姐妹，就容易造成他们不知如何去关心他人、安慰他人。如果父母在此时没有给予鼓励和引导，还可能造成男孩自我中心意识的滋长。只接受他人对自己的关心，而不知道他人也有被关心的需求。这就容易让男孩在进入集体生活之后，会在建立良好人际关系方面遇到困难。

解决办法

很多独生子在想事情时会习惯性地以自我为中心，这就容易造成他不懂得关心他人、不知如何安慰和鼓励他人。想要让男孩学会安慰他人，家长需要提前给男孩一些指导。

1. 父母要起好言传身教的作用。如果在生活中，父母能够做到主动关心他人、热情对待朋友，自然就能让男孩在耳濡目染下获得潜移默化的影响。

2. 正确引导男孩过集体生活。有些家长出于对男孩的过度关爱，担心他在集体中受到伤害，会刻意让他远离群体。但是，父母应该正确对待男孩的集体生活，只有在集体中男孩才能得到团结、关心、友好、谦让的教育。

3. 给男孩积极的鼓励。男孩因为认识能力较低和知识经验的不足，在一些时候需要成人给予一些帮助和指导。所以，家长需要引导男孩安慰对方，并且用鼓励的方式来强化男孩的思想行为。

293. 不抗拒认识每一个朋友的机会
——男孩拒绝与人交往怎么办？

最近老师向家长反映，说宁宁在学校里从来不喜欢与其他的同学在一起玩，也总是拒绝参加集体活动。老师问宁宁的父母，是否在家时他也是如此。平时宁宁的爸爸妈妈工作都比较繁忙，他们并没有太多时间关注宁宁的生活，而是将他交给保姆带。面对老师反映的问题，宁宁的父母询问宁宁是不是觉得学校里的同学不好相处，但是宁宁却回答说是因为觉得其他人很麻烦，和他们一起玩耍不如自己做点什么更随性。宁宁的父母这才意识到，并不是宁宁在学校里发生了什么不愉快的事情。该怎么样让男孩爱上与他人的交往呢？

 案例解析

当家长发现男孩在人际交往方面有些问题时，一定要先找到造成这些问题的原因。

1. 男孩喜欢做独行侠。大多数不喜欢与他人交往的男孩或许只是因为在小圈子中找不到"志同道合"的伙伴，也或许是因为不喜欢别人的游戏方式，所以才表现得有些抗拒。

2. 自尊心受到过挫折。有些男孩在玩游戏的时候比较较真，不懂得退让，这就让他们容易在集体游戏中难以体会到愉悦的感受，久而久之就会抗拒与他人的交往。

3. 人际交往能力过弱。有些男孩自小生存的环境比较单一，年幼时期没有在父母身边，这就造成了他们人际交往能力的不足和应对状况能力的缺乏。

 解决办法

想要让男孩从拒绝与他人交往过渡到喜欢上集体活动，家长可以这样去引导：

1. 父母要起到很好的带领作用。父母可以每天都带着男孩到一些热闹的环境中，比如下楼买菜、饭后遛弯等，让男孩感受到人群的热闹氛围，逐渐地摆脱内心的抗拒感。

2. 为男孩扩大交往范围。如果男孩对于与人交往的问题表现得十分抗拒，家长千万不要强硬地要求，而是要用比较温和的态度去鼓励他们，并且为他们扩大可接触人群的范围，让他们逐步走出自我封闭的小世界。

3. 给男孩的社交行为以肯定。每个人都喜欢得到表扬，那些拒绝与人交往的男孩也是如此。如果家长能够在男孩表现良好行为时给予表扬和鼓励，自然能够促进男孩与他人进行友好交往的信心。

4. 传授男孩一些社交技巧。没有人会愿意长期处于孤独中，每个人都有与人交往的愿望，只不过有些人因为交往方式的不当，容易对社交活动造成负面影响，进而对社交失去信心。所以，家长要适当地教给男孩一些社交技巧，比如礼貌用语、等待与分享、解决矛盾和困难的方法等。

294. 让男孩爱上集体活动
——男孩拒绝参加集体活动咋办？

畅畅小学毕业后，学校组织了夏令营活动，一方面是为了联谊，一方面是校方送给毕业学子的成长礼。对此，全班几乎所有同学都积极响应，但是畅畅却并不是很高兴。回家之后，他和妈妈说了这件事情，妈妈认为这是一个锻炼的好机会，表示十分赞同畅畅去。虽然得到了妈妈的支持，畅畅还是不太开心，因为畅畅自己并不想参加这次集体活动，夏令营活动要离开家在外过夜，这样的安排让他觉得心里很慌乱。妈妈说，你以前也参加过集体活动啊，表现得很好啊。可是畅畅却说以前从没有在外过过夜，但是这次不一样！当妈妈想继续劝下去的时候，畅畅表现得情绪十分激动，弄得妈妈也没有了办法。为什么畅畅这么抗拒参加集体活动呢？怎样才能解决这个问题呢？

 案例解析

男孩不喜欢独自参加集体活动的原因主要有以下几点：

1. 男孩害羞的因素导致。有些男孩性格比较内向、胆小，对陌生环境有一定的恐惧心理，让他们难以大胆地表现自己。对于这种性格因素导致的抗拒行为，单纯地强制他们参加，只会加重男孩的恐惧心理。

2. 男孩对人数众多的集体环境的不安全感。有些男孩并不是抗拒集体活动，而是对集体活动的某些事项抗拒，比如说人数众多、独自参加、野外环境等。

3. 男孩自我价值感认知较低。有些男孩天生就有一种畏惧心理，会害怕和老师、同学、朋友的独处，更不知道如何和他们进行交流，这种畏惧感主要来自自我价值认知过低而产生的自卑心理。

4. 集体活动的困难程度超过男孩心理预期。任何人都有趋利避害的本能，男孩在参加一项集体活动之前，会先对这项活动做一个心理评估，如果这项活动超出了他们的心理预期，就会表现得十分抗拒。

5. 家庭因素对男孩产生的影响。有些男孩的生长环境中充斥着溺爱，这就容易让他们很难有独立的心态，无法脱离父母与外界环境进行深入接触。

 **解决办法**

当我们了解清楚男孩抗拒独自参加集体活动的原因，就能找出对应的措施来纠正男孩的行为。

1. 积极调整男孩和老师、同学的关系。尤其是男孩初次离家在外时，很没有安全感，年龄幼小的男孩更是如此。所以，家长要积极地与老师交流，让老师多关心一下男孩的心理问题，与孩子建立信任感，增加男孩的信心。

2. 引导男孩去感受荣誉感。家长可以在平时多带着男孩参加一些集体活动，当男孩有突出表现时，要给予他们肯定和表扬。这些鼓励是男孩积极参加集体活动的动力。

3. 家长要重视与男孩的亲子关系。良好的亲子关系可以帮助男孩建立安全感和归属感，尤其是那些内向的男孩，更是需要来自家庭的鼓励和肯定。所以，家长要适当地引导男孩与周围环境的接触，借此来让男孩逐步摆脱家庭小环境的束缚，学会独立面对集体和社会。

295. 关注男孩内心，让他爱上自己的家
——男孩总喜欢去朋友家玩咋办？

小达达眼看就要上小学了，却还是玩心很重，让家人有操不完的心。比较突出的问题是，小达达会经常不告知家人，就直接跑到小伙伴家去玩，甚至闹着要晚上和小伙伴一起睡，拒绝回家。本来以为他住下会给人家添很多麻烦，但是邻居却反映小达达很乖巧懂事，不仅没有搞乱，还帮着他们做家务。这让小达达的爸爸妈妈觉得很诧异，可是无论如何，毕竟是自己的孩子，总不能老这么纵容他。可是，该怎么改变男孩总喜欢往朋友家跑的毛病呢？

 案例解析

有些男孩喜欢和小伙伴一起玩耍，这是正常的现象，说明男孩是一个社交能力很强的孩子。但如果与此同时男孩对自己的家庭很抗拒的话，就有问题了。一般情况下，这种表现出于以下几种原因：

1. 男孩在家中感觉很孤独。有些父母忙于工作，对男孩疏于陪伴，就会让男孩陷入孤独的感受中，一部分男孩会因此养成内向、孤僻的性格，而另一部分男孩则会主动地去寻求自己更喜欢的环境和友伴。

2. 男孩过于外向的性格导致。男孩在不同的年龄段会显现出不同的个性特征，有些男孩会在某个特定时期格外地外向，会抗拒家中的种种束缚，想要寻求更多独立自主权。

3. 家庭环境让他们觉得厌恶。如果男孩喜欢往小伙伴家跑并不是由来已久的问题，而只是某个阶段，那么家长就要思考引起这种改变的原因。一般来说，男孩的骤然变化大多是受到了身边事件的影响。如果家中有他们厌恶的事物，无能为力的他们只能选择逃避，以此来表示自己的抗拒。

 **解决办法**

如果男孩总是喜欢去小伙伴家玩，而对自己家比较抗拒的话，家长可以从以下两个方面着手进行引导：

1. 给男孩更精彩的家庭生活。家长可以适当增加亲子游戏的时间和质量，比如陪伴男孩玩游戏、阅读、看动画片等，主动和男孩聊天。当男孩在家庭环境中体验到了愉悦感，注意力自然就会从小伙伴的家转移到自己家来。

2. 邀请小伙伴来自家做客。想要纠扭转男孩的行为，家长在最初可以建议男孩邀请小伙伴来家里玩，这样一方面可以丰富男孩的生活，另外一方面可以在小伙伴要按时回去时，家长对自家孩子进行教育。

296. 用关爱和呵护温暖男孩的孤僻之心
——为什么男孩总是很孤僻？

杉杉自小性格就很倔强，虽然在家的时候表现得很活泼，但是到了陌生的环境就会表现得很孤僻，不仅会排斥陌生人，还会不言不语地沉默。每次杉杉的爸爸妈妈带着他串门的时候，他一句话都不说，别人给玩具也不要，给零食也不吃，只有父母递给他的东西他才接受。父母趁着假期带他去亲子班时，他也总是一个人在角落里玩。老师在前面带领小朋友们做游戏动作，他也从来不跟着学，一副抗拒参加的样子。杉杉在学校里也是如此，老师叫他时他从来都不答应，就像是一个听力和表达能力有问题的孩子似的。杉杉的爸爸妈妈很伤脑筋，面对孩子如此孤僻的问题该怎么解决呢？

 案例解析

一般来说，性情孤僻的男孩大多表现在语言及认识方面的异常、社会交往能力的异常、行为能力的异常、与他人相互作用的异常等方面。造成这些方面的原因主要有以下几点：

1. 男孩性格过于内向。有些男孩天生就不属于活泼外向型的，对与人相处的问题比较抗拒或者羞涩，时常表现得比较安静、胆小。这些男孩对新鲜事物的接受能力比较慢，所以用比较孤僻的态度对待他人。

2. 生活环境对男孩的影响。有些男孩因为生活在缺少家庭温暖的环境中，性格会变得孤僻。

3. 家庭教育方式过于严厉。如果男孩在家庭中接受的都是严厉教育，就会让男孩活泼的天性受到压制。尤其是父母时常因为一些小事责怪或者训斥男孩的话，就容易让他们的心理时常处于紧张状态，所以男孩会变得孤僻。

 **解决办法**

男孩的孤僻行为并不仅仅停留在行为表面，更多的是心理层面发生了问题，所以想要扭转男孩的孤僻状态，家长需要从男孩的心理层面入手。

1. 给男孩更多的关心和爱护。每一个孤僻的男孩都有一颗强大的自尊心，而爱是转变男孩孤僻性格的前提，家长要给孤僻的男孩更多的关爱、理解，要用积极的态度促进男孩说出自己的心声。总之要尽量满足男孩的心理需求，让他们产生语言交流的欲望。

2. 用投其所好来吸引男孩的兴趣点。男孩都有爱玩的天性，都有自己喜欢的、擅长的东西。家长在陪伴男孩玩耍的同时，要尽可能地找到他们的兴趣点，这些点可以触动他们内心的热情，激发他们语言上的主动性。

3. 适当增加户外活动的次数。运动刺激对孩子的心理发展是很重要的，所以要适当地增加性格孤僻的男孩的锻炼机会，找寻一切男孩不太排斥的运动刺激他们的热情，用活动的方式来培养男孩的良好性格。

297. 耐心引导，让男孩愿意主动开口

——男孩不喜欢叫人怎么办？

小舒在3岁之前一直和姥姥住在乡下，直到上幼儿园之时才被父母带回了城里。本来，小舒的父母担心生活环境的改变会让他难以适应幼儿园的生活，但没想到小舒适应起来很快，在幼儿园从来不哭不闹。只是小舒不太爱说话，不喜欢叫老师。随后，小舒的妈妈发现，孩子不仅是在幼儿园里不爱说话，在自己带他出去玩时，遇到熟人让他叫"叔叔"或者"阿姨"，小舒也是低着脑袋不叫人。如果小舒只是性格内向也就算了，可是小舒在家里的时候和家人有说有笑，也很懂事。那么，小舒为什么就是不愿意对陌生人开口呢？究竟怎样才能让男孩礼貌、热情地开口叫人呢？

 案例解析

男孩在3~5岁时会有一个特别强烈的愿望，那就是自我支配，只要是他们不想做的事情，很难让他们听话执行。而且，在这一时期，男孩的思维整合能力的成长，会让他们对交往对象进行一个评价和定位，来确定自己是否愿意交往。如果在男孩不愿意叫人时，家长对男孩的行为表示否定，只会加重他们对自我支配的坚持。

在这样的一个敏感时期中，孩子常常会表现得有些羞涩和内向，但家长完全不必要上升到男孩不懂礼貌的性质上。对于男孩来说，父母是他最大的安全依靠，所以，当男孩表现出不愿意叫人的行为时，家长不要一味地指责，这只会让男孩受到精神伤害。

对于男孩叫人的行为只能引导，而不能强制执行。强压之下只能让男孩产生负面认知，只有引导才能帮助男孩建立正确的社交思维。

 **解决办法**

想要让男孩知道如何叫人，尤其是面对陌生人时愿意主动开口，这需要家长的耐心引导。

1. 家长起到好的带头作用。孩子的模仿能力很强，所以家长可以从生活的细节入手，给男孩潜移默化的教育。比如，家长和别人见面时主动打招呼，回家之后当着男孩的面和爱人说刚刚见到了谁，主动打了招呼，聊了聊天，觉得很亲切等。让男孩感受到主动打招呼会带来的影响，引起他自发的模仿行为。

2. 增加男孩与外人接触的机会。家长可以多带孩子去朋友家走走，尤其是那些有孩子的朋友。这样可以给男孩更多的与外界接触的机会，还可以借助同龄人来提高社交能力。当男孩真正地参与到社交中去时，自然能够体会到其中的快乐。

3. 给男孩更多的耐心和关注。对于男孩社交能力的引导，一定不要操之过急，避免让男孩受到父母紧张情绪的影响，做出与父母意愿相悖的行为。

298. 烟草对男孩的健康成长有害无益
——如何对待男孩抽烟的问题？

小俊的妈妈在给小俊洗衣服时，发现了半包没有抽完的香烟，顿时觉得怒火中烧，连忙把小俊叫来责问原因。小俊说他是在同学的影响下学会的抽烟，因为同学都抽，所以他不抽的话会显得很奇怪。小俊说平时都是和同学聚在一起时蹭一根，但最近因为临近考试学习压力太大，所以自己也买了一包。小俊的妈妈将这件事情私下和爸爸说了一下，他们俩都表示很生气也很焦虑，对于男孩抽烟的问题，应该怎么处理才好呢？

 案例解析

当家长发现男孩有抽烟的行为时，要率先找到问题的原因所在，一般情况下有以下几点原因：

1. 青少年时期的心理需求。当男孩进入青春期后，会有一种成人的感受，希望能够尽早地成熟和独立，所以会错误地将吸烟看作是象征成熟的标志。

2. 男孩的模仿心理使然。随着男孩的成长，他们能够接受的信息量逐渐加大，他们会从影视剧作、生活情境中接触到送烟、抽烟、敬烟等情节，这会让男孩认为抽烟是很平常的事情。

3. 男孩的从众心理导致。有些男孩在周围的朋友、同学的影响下，错误地认为抽烟是一件很酷的事情，可以彰显出男子气概，所以在从众心理的促使下，他们会认为不吸烟就很难交到朋友。

4. 心理压力过重或者难以纾解。男孩在进入青春期之后，会出现身心发展不平衡的现象，心理上的半成熟状态和生理上的成熟感会产生矛盾，再加上学习上的紧张感，会带来心理上的冲突，促进他们用抽烟来排解。

解决办法

当家长发现男孩有抽烟的行为时，一定不要表现得大惊失色，更不要采取棍棒教育的强硬方式，那只会加重男孩的逆反心理，令问题进一步地恶化，我们建议家长从以下几个方面入手：

1. 让男孩认识到抽烟带来的危害。在各个器官尚未发育成熟时，烟草对男孩们的危害是巨大的，而且买烟也会让男孩感受到经济压力。家长要用尊重和平等的态度来和男孩探讨烟草的危害，帮助男孩自觉远离香烟的危害。

2. 解除男孩对烟草的心理依赖。

3. 净化男孩可接触到的环境。家长要做好模范带头作用，尽量避免当着男孩的面吸烟，同时也不要给男孩提供吸烟和买烟的机会。同时，要提醒他不要受到那些吸烟成瘾的同学的影响，要给他树立健康的观念。

299. 提升男孩交友方面的技巧
——男孩没有要好的朋友怎么办？

小灿灿放学回家后就躲在被窝低声哭泣，因为一个月之前，老师让同学们在小纸条上写下想对最好的朋友说的话，放在老师准备好的盒子里，每个人有写三张纸条的机会。然后老师会在毕业典礼那天将那些纸条放在信封里，送给每一个同学作为毕业的纪念。小灿灿在今天收到了信封，打开一看里面却只有老师的一张纸条，上面写了一些鼓励和赞美的话。除此之外，没有一个同学有小纸条给他。

小灿灿一直忍到了回家，才敢放声大哭。没有收到他写的纸条的同学就算了，但是他一直认为是朋友的三个同学，为什么也没有给他写纸条呢？孩子在学校里没有要好的朋友，这可怎么办呢？

案例解析

男孩上学之后，他接触到的人和事变得丰富起来，刚进入一个新环境而产生的焦虑感，会在同龄的小伙伴的陪伴下消失。但是，并不是所有的男孩都能在学校中找到彼此都要好的朋友，这主要是男孩社会交往能力上出现了问题。大部分人是通过社会活动来培养社交能力，从最开始的家庭环境，到后来的学习环境、工作环境，都会直接影响到我们社会交往能力的提高。

作为男孩来说，父母为他们营造的家庭环境的好坏会直接影响到他们的成长。所以想要培养男孩的交友能力，家长需要先给孩子一个良好的家庭环境，其次是给男孩提供更多的与同龄人交往的机会，以此来训练和培养男孩的社交能力，帮助他们找到和自己志同道合的好朋友。

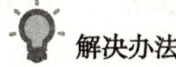 **解决办法**

1. 提高男孩的交往技能。家长应当从小就让男孩能够与不同的小伙伴一起玩耍，增加他的接触面和交友面，让他从交往中认识到不同类型的人。同时，要注意对男孩性格的培养，要培养他懂分享、知礼貌，让他知道先打造好自己才能迎来更多的人的喜爱。

2. 帮助男孩分析问题的原因。当男孩表示自己没有好朋友时，家长不要过度担忧，更不要责怪男孩没本事，而是要与男孩好好沟通，帮助他们找到造成这种结果的原因，再提出一些建设性的意见。

3. 让男孩以平和的态度看待交友。有些家长担心男孩交上不良朋友，所以总是用挑剔的眼光看待其他小朋友，这就容易让男孩产生"挑朋友"的坏习惯。而家长应该做的是鼓励男孩用平和的态度与不同个性的人交往，只有这样才能促进男孩社交能力的增长和提高。

300. 帮助男孩拓展狭窄的朋友圈
——男孩抗拒与伙伴分离怎么办？

小康上小学五年级了，学习成绩一直非常优秀，但是却缺少孩子应有的活泼开朗劲儿。小康在平时一直表现得沉默寡言，他的妈妈认为是他的性格太内向导致的，因为只有在学习成绩名列前茅的时候，他才会表现得活跃一些。在生活中，小康除了努力学习之外，很少和同学聚在一起玩耍。可是，作为小康的妈妈来说，她更担心孩子情商的发展，毕竟谁都是需要友谊的。小康曾经也有一个很要好的朋友，他也经常会带朋友来家里玩，但是随着朋友的转学，小康就和对方渐渐地断了联系。小康说，感觉交朋友太累心了，总是很难见到一面，干脆断了联系比较省事儿。小康的妈妈担心他只会学习而不会交朋友，会对他的情商成长起到负面影响，但是该怎么让男孩主动去交更多的朋友呢？

 案例解析

在社会中，人际交往是情商成长的一个重要方面，面对男孩抗拒结交新朋友的问题，父母需要先明白造成这种现象的原因。

1. 男孩的性格原因导致。有些男孩个性比较内向，不如外向的男孩爱热闹、会玩，大多数情况下，他们会在人群中表现得过于羞涩，在游戏时也不知道主动，甚至会因为缺乏创意和新意而体验不到和小伙伴一同玩耍的乐趣，所以对于那些主动带领他们一起游戏的外向的朋友，会格外地依赖，一旦朋友离开，就会把自己的内心束缚起来。

2. 沟通能力是男孩的弱项。有些男孩好像天生就不太会表达，同时自尊心还特别强烈，这些男孩不知道如何使用灵活的方式来处理问题，所以会对已经结交的朋友尤其在意，以至于忽略与其他新朋友结交的可能。

3. 对挫折或者失败的恐惧。有些男孩因为胆小，会不太愿意主动与某个人交朋友或者是加入某个团体中去。因为他们担心主动会带来负面的效果，比如被拒绝、被嫌弃等。在种种的负面情绪下，远不如和旧友相处更加轻松自在。

 解决办法

一般情况下，男孩抗拒与伙伴的分离，主要是他们无法掌握正确对待朋友的方式，而家长要做的就是对他们进行引导。

1. 鼓励男孩与旧友联系。如果男孩顾念往日的情谊，家长可以多多支持男孩这种深情厚谊的行为，可以带男孩去小伙伴家做客，也可以带领男孩的小伙伴一起出去玩等。要知道，鼓励男孩尊重旧友，可以让男孩的交友观变得成熟，可以促进他们健康心态的发展。

2. 告诉男孩交朋友的原则。交朋友要多样化选择，不排斥任何人种、任何性格的人；要以宽容的心态面对朋友，不要挑剔别人的缺点；保持自己的独立见解，避免受到朋友的干扰和影响。

3. 允许男孩结交异性朋友。有些父母对男孩结交异性朋友存在偏见和误解，但因噎废食的管制只会让男孩在人生成长过程中因为与异性结交经验的缺乏，而丧失或者减弱与异性相处的能力。所以，父母最好的做法是，在不阻止的前提下，教会男孩如何正确地、恰当地与异性交往。

4. 欢迎男孩的朋友来家中做客。当男孩的朋友来家中做客时，他会用一种主人翁意识和责任感主动地招呼朋友，也会张罗着各种招待。与此同时，他们还能够自发地学会安排事宜和掌握分寸。这对于男孩结交朋友来说，是大有裨益的方式。

301. 找到男孩讨厌客人的原因后进行耐心引导

——男孩讨厌家里来亲戚怎么办？

小风自小就是一个很乖巧的男孩，在家总会帮助父母做些力所能及的家务。尤其小风自小就习惯自己的事情自己干，总是能够把自己的屋子打扫得一尘不染，妥妥当当。小风的妈妈发现在小风身上出现了一些问题，小风的家族很大，亲戚们在过年时会互相走动，可是，小风不仅十分排斥那些亲戚朋友，更不允许他们踏入自己的房间一步。不仅如此，在对方表示和小风亲近的时候，他也会躲躲闪闪的，有时甚至会躲进自己的屋子里将门反锁。不只是亲戚，一些平时常走动的朋友，也总是受到小风这样的对待。虽然亲戚朋友们并没有过多计较，可是小风的爸爸妈妈还是觉得很不安。怎样才能纠正这种不良行为呢？

 案例解析

在日常生活中，有些男孩一见到生人就哭，尤其表现得很排斥生人来自己家中做客，造成这种现象的原因主要有以下几点：

1. 家庭环境的影响。有些男孩的生活范围很小，大多数情况下都是局限在自己的小家庭里，从小与外人接触得比较少，无法适应环境的变化。这样家庭环境下成长起来的男孩，会格外排斥生人进入自己的家庭环境中来。也可以说，家在男孩的心中是安全的象征，当这种安全被陌生人侵入的时候，他们就会觉得很慌乱。

2. 教育方法的不当。有些男孩在家中不听话的时候，家长会用"把你丢到外面去""外面有大灰狼"等让男孩觉得害怕和恐惧的语言来吓唬他。长期如此，男孩的安全感就会降到很低，总是认为外面的一切都是危险的，从外面来的那些他没有接触过的人也是危险的。

3. 平时限制得太多。有些父母平时会给男孩很多的限制，担心男孩会在探索世界的过程中受伤，但这很容易造成男孩不敢尝试、不敢探索的心态，会让他们难以从新接触到的东西中学到有用的知识和实践的经验，更容易形成胆小、谨慎的性格。

 解决办法

面对男孩抗拒家中有亲戚朋友做客的问题，家长可以采取如下两种方式，来对男孩进行有益的引导：

1. 给男孩"负面反馈"的刺激。当男孩出现不礼貌的行为时，家长要给他一些刺激，告诉他大家都会讨厌他的这种行为。借此来让他的抗拒行为弱化，直至消失。

2. 用换位思考来激发男孩的感情偏向。男孩在幼年时期的很多行为都是不理性的，这是因为他们的思想以单向化呈现，做事情通常只能以自我感情为出发点，不能体会到自己做到的事情会带给他人什么感觉。这时，家长要引导男孩去换位思考，站在他人的角度体验自己的做法，让他们自己来判断自己的行为是否恰当。

302. 增加男孩与外界接触的机会
——男孩拒绝和父母探亲怎么办？

小词是一个很活泼开朗的男孩，平时有很多玩伴在身边，所以父母基本不为孩子的社交能力发展担心。但是，小词的社交能力只是体现在和同龄孩子的交往中，对于成人的世界却十分抗拒，尤其是很厌烦父母带他一起去别人家探亲访友。在面对亲戚朋友的逗趣时，小词总是会大喊大闹的丝毫不留情面，就像是一个调皮捣蛋的小坏蛋一样。所以，最初的几次父母带着小词一同去朋友家之后不再带着他了。虽然不带孩子去可以避免很多问题，但小词的妈妈担心这样的状况会影响到孩子将来人际关系方面的发展。可是，男孩抗拒和父母一起探亲访友究竟是因为什么呢？怎么才能有效改善呢？

 案例解析

男孩越小越敏感，而且他那时还无法接受成人世界中的很多规则，只有同龄者之间的相处才能够让他们觉得轻松和愉快。但是如果能够让男孩自小就接触到不同的场合，与不同年龄的人交流，对于男孩将来的发展还是大有裨益的。有些男孩对于与成人交流可以接受，但有些男孩则比较抗拒，抗拒的原因主要有以下几点：

1. 外人和男孩开一些他们承受不了的玩笑。大多数人开玩笑都是会从自己的角度出发，不曾考虑到孩子的心理是否能够接受，所以就会引起男孩的排斥和抵触。

2. 外人鼓动男孩做一些他们讨厌的事情。有些亲戚朋友会刻意地逗孩子，让他们喝酒、偷偷拿别人的东西、让他们假装抽烟拍照等，年纪稍大一些的孩子会有是非观念，当成人鼓动他们去做那些事情的时候，男孩就从内心表示抗拒。

3. 外人做一些男孩讨厌的肢体行为。有些人会喜欢用肢体行为逗弄男孩，比如捏捏男孩的脸蛋、挠男孩的痒痒等，这种行为大多会引起男孩的反感，让他们讨厌参加成人群体的聚会。

4. 外人没有注意到男孩的需求。在聚会时，成人会习惯性地关注成人的需求，这容易让男孩找不到自己的存在感。有些亲戚朋友出于对男孩的喜欢，会强烈邀请他们住下，有时会以一些道德绑架的方式来要求，会引起男孩的抗拒。

 解决办法

当男孩对于父母带他们探亲访友的行为比较抗拒时，家长需要注意到以下几点问题：

1. 不要用严厉态度指责男孩。在男孩初次进入到一个陌生环境时，他们的心理情绪是比较复杂的，在好奇的同时也会有些拘谨和紧张。这时，如果他们没有反应过来，或者是抗拒一些事情，家长千万不要严厉指责，那只会让男孩觉得反感。

2. 鼓励男孩主动表达。有些男孩拒绝与他人交往的原因大多出自自身沟通能力和社会技巧欠佳，所以会用退缩或者逃避的方式来掩饰自己的缺点。而家长需要在平时多引导男孩主动说话，主动表达或者倾诉，之后鼓励他们将那些有趣的事情讲给外人听。

3. 为男孩多制造一些与外界接触的机会。现在的大多数男孩自小接触的人群就比较少，影响到他们社交能力的发展。所以，家长在平时要多带男孩进入公众场合，比如参加少儿集体活动、亲子活动等，帮助他们提升社交能力。

303. 给不合群的男孩传递融入集体的方法

——为什么男孩跟谁都合不来？

小麦有了新玩具，他的妈妈鼓励他下楼去和小伙伴一起玩，但是一会儿，小麦就噘着嘴回来了。在小麦的妈妈追问之下，他说他想要与那些小伙伴一起玩耍，但是大家都不太乐意跟他一起玩，即便他有新玩具，他们也不愿意理他。小麦的妈妈很担心，虽然小麦主动地想要寻求友伴，但是却总是找不到自己喜欢的群体，到底是什么原因让男孩如此不合群呢？

案例解析

一般来说，年龄相仿的人总是能够更快地融到一起去，所以与同龄人不合群并不是正常现象。从儿童的角度来说，这其中可能有如下几点原因：

1. 男孩心理过度压抑。不是所有的男孩都是在良好氛围的家庭长大，有些男孩的父母感情不和，或者家庭遭受过重大变故，都会对男孩的性格造成影响，让他们不知道如何去和别人主动交流。

2. 对成年人的过度依恋。有些男孩自小生活在成人的溺爱中，对其他环境的适应能力较差，所以不知道如何与陌生人打交道。

3. 环境对男孩的束缚。有些男孩被家长保护过度，以至于他们基本丧失了与他人交往的机会。在主动性方面缺乏方式方法的引导，在融入集体中时，男孩就会完全不知道用什么样的方式才是正确的。

 解决办法

家长要在男孩年纪幼小的时候就给他们一些正确的指引，让他们掌握快速融入集体的方法。

1. 邀请男孩的朋友来家中做客。逼迫男孩去交朋友是很困难的，所以家长可以提供一个适应的过程，邀请朋友携带孩子来家中做客，在轻松的环境中给男孩创造与他人接触的空间。

2. 从交一个玩伴开始。当男孩表现得不合群时，家长可以帮助他们寻找一个合适的友伴，帮助他们增加接触的机会，慢慢地建立友谊。从能够与一个玩伴友好相处，慢慢地提升到和其他小伙伴友好交往上。

3. 多带男孩参加各种活动。封闭的环境容易造成男孩不合群的性格，而多带男孩接触不同人群有助于他们社交能力的提升。所以，家长要尽可能地多带男孩参加一些集体活动，扩大他们可接触到的群体，刺激他们社交能力的提升。

304. 处理矛盾与摩擦是社交的重要一课

——男孩与好朋友有矛盾怎么办？

小名在学校时经常和其他同学发生矛盾，总是小打小闹地折腾不休，尤其是和一个女同学的关系十分恶劣。那个女生的个性比较强，自控力有些差，其他的同学都了解这一点，所以都刻意回避与那个女同学交往。但是小名偏偏不，几乎每天都和她发生一些矛盾。小名总是说那个女生欺负他，但根据同学们的反映，那个女生才是受欺负的一方。对于男孩总是与小伙伴发生矛盾，不知道如何用正当的方式解决，该怎么引导呢？

案例解析

大多数经常与他人发生摩擦，而又不知道如何正确解决的男孩，一般是心智不够健全，家长需要反思一下。

1. 男孩是家中的小霸王。独生子女在家庭中总是会受到优待，这种感受会让男孩产生角色带入的感受，即便是在其他的环境中也总是会以自我为中心，不照顾别人的想法和感受。

2. 家长过度地介入。有些家长担心自己的孩子会受欺负，所以在男孩遇到矛盾的时候，会直接介入帮助男孩解决，这就容易让他们产生有肆无恐的心理。

3. 家长对矛盾的定义。大多数家长无法理解孩子的世界，所以在矛盾发生的时候，会直接揪住问题的根源然后无限放大，将小摩擦上升到大矛盾层面。

解决办法

能够处理交往中发生的摩擦和矛盾，是男孩成长过程中必要的一课，对于引导男孩如何做出最正确的处理，家长需要从以下几个方面进行引导：

1. 帮助男孩确立是非观念。不要在男孩与小伙伴发生矛盾时第一反应认为是对方的责任，在遇到矛盾时，要先给男孩冷静的时间，然后询问清楚来龙去脉，帮助男孩分析导致矛盾的原因。分析清楚之后，引导男孩放下心理重担，主动提出解决办法。

2. 拉开男孩与矛盾方接触的距离。对于男孩总是与某一个人发生矛盾的问题，家长只是单靠劝说或许并不太见效。所以，可以适当地拉开他们相处的距离，减少交往的机会，降低摩擦发生的可能性，给他们双方一个冷静的时间和空间。

3. 引导男孩发现对方的优点。一些小摩擦的发生往往是源于过分地计较，而想要让男孩与小伙伴的关系变得融洽，还是要让男孩学会以宽容的心态看待事情。我们可以引导男孩发掘对方的优点，让男孩将注意力集中在对方的优点上，让男孩学会从欣赏到原谅到不再计较。

4. 用关爱给男孩更多的自信。在爱的包围中成长起来的男孩势必更加优秀，如果男孩在生活中总是能够感受到来自父母的爱的指导，自然能够养成自信、坚定的性格，能够有能力将矛盾的发生制止于摩擦的阶段。

305. 坚决制止男孩社交中的暴力行为

——男孩动手打小伙伴怎么办？

昊昊的妈妈最近很头疼，因为每次去幼儿园接昊昊放学的时候都会被昊昊的老师找出来谈话，内容就是昊昊今天欺负了某某某。其实昊昊的爸爸和妈妈的性格都是非常温和的，而且一直以来都是礼貌待人，所以，他们也不知道为什么自己的孩子会欺负别人。在家里的时候，昊昊的妈妈也时常告诉昊昊在幼儿园要有礼貌，不能欺负其他小朋友，昊昊每次都答应得很好，但是到了学校还是改不了这个毛病。那么，面对喜欢欺负别人的孩子，家长要如何教育呢？

案例解析

其实小孩子之间出现打打闹闹的情况是非常正常的，小孩子之间的小矛盾无非是你摔了我的汽车，我推了你一下，过几分钟，他们可能就会和好，然后一起玩耍。但是如果有的小孩儿总是对其他小朋友大打出手，喜欢欺负别人并以此为乐趣的话，那么就要引起家长的注意了。

为什么有些孩子家长非常温和，但是孩子却非常爱欺负别人呢？心理学家称这与"攻击性的诱发"有关。心理学家说每个人其实天生就具有一定的攻击性，只是有些人的攻击性比较强烈，有些人的攻击性比较弱，在控制得比较好的情况下，几乎是看不出来的，而攻击性的诱发因素就是控制这种强弱的关键因素。有些家长虽然性情温和，但是在家庭生活中，这些家长有时会给孩子看一些有暴力镜头的影视作品，那么在观看之后，他们就会比没有观看的孩子更可能具有攻击性与破坏力。不管是影视作品、周围邻居的打架吵闹或是其他孩子的打架行为都会成为促使孩子具有攻击性的诱发因素。

除了这个原因之外，孩子出现欺负别人的情况或许只是想和他们一起玩耍，看到别的孩子哭泣或是生气并不是他的目的。但是他不知道应该采取怎样的态度与方式去对待他人，他只是希望别的小朋友"理他"，但是并没有从别人的角度去考虑问题，对于这种不知道如何去和别人相处的孩子，动手打人就成为他唯一能引起对方注意的方式了。

解决办法

男孩子喜欢欺负别人，家长不要过于担心，可以尝试用以下方法去解决：

1. 要告诉孩子如何和他人交朋友，这也是家长必须要做的事情。家长可以通过故事告诉孩子。在讲故事的时候，家长与孩子之间应该有所互动，让孩子充分体会故事主人公的立场，这样就可以帮助孩子逐渐建立自己的交际方法。

2. 家长可以通过游戏的方式让孩子体会到被别人欺负的感受。喜欢欺负别人的孩子一般不懂得换位思考，所以，家长就可以通过角色扮演的方式让孩子充分理解自己行为的不正确性。家长还可以通过一些手段故意刁难自己的孩子，等到他情绪失控的时候趁机教育他要友善待人。

3. 家长和孩子可以共同制定一些奖惩措施，如果孩子控制住自己没有打人，那么家长可以有所奖励，通过这种方式先克制孩子的行为，然后逐渐教给他一些和别人玩耍的小窍门，这样对孩子和别人友好相处是有帮助的。

306. 家长不能过度参与到男孩的社交中去

——男孩社交太依赖父母怎么办？

小马可的妈妈给他买了一辆漂亮的自行车，小马可开心地骑出去玩，被同小区的小伙伴们看到了，羡慕不已，都想要借他的自行车骑一下。可是，小马可非常喜欢这辆车，并不想借给别人，所以，他就和小伙伴们撒谎说，这是妈妈新给他买的车，不让别的人骑，骑坏了妈妈会生气的。结果，社区里的小伙伴们都不愿意和小马可一起玩耍了。小马可发现这个问题后，跑去向妈妈求助，希望她能够代替他和小伙伴们道歉，表示愿意将自行车借给他们骑，只要他们愿意和小马可继续做朋友。小马可的妈妈认为，孩子的社交问题是不能交给父母的，毕竟谁都无法代替孩子的成长，可是面对男孩社交依赖父母的问题，她又不知道怎么解决才好。

案例解析

在很多家庭中，父母因为对男孩的过度保护，会不自觉地参与进男孩的社交中，但这样的做法只会妨碍到男孩社交能力的成长，让他们难以掌握处理人际关系的方法。就如同小马可一样，我们从这个案例中可以推断出来，小马可用父母作为推脱的借口，之后遇到问题时又向父母求助，一定是之前父母参与过的社交，或者帮他解决过什么样的问题，所以才让小马可产生了依赖心理。

作为父母是绝对不能直接参加进男孩的社交中的，就像父母不能代替男孩上学一样，很多事情只有亲自体验和学习才能获得。所以，无论是在男孩社交依赖父母，还是男孩总想要父母替他解决一切问题，家长都只能旁敲侧击地引领他们自己找到解决办法，并且亲自去解决，不然只会耽误了男孩社交能力的提升。

解决办法

当男孩在社交时表现得过于依赖父母时，父母可以从自己的角度进行反省，并从男孩的角度进行引导。

1. 家长要自省是否让男孩依赖太多。男孩对父母如果表现出了过度的依赖，那就绝对不仅仅体现在社交一个方面。所以此时家长应当自省，是否在生活中给予了男孩太多依赖的机会，比如生活起居的依赖，学习考试的依赖，家庭人际关系的依赖等。想要让男孩拥有独当一面的能力，家长就要在男孩成长的过程中，逐步脱离让他们依赖的机会。

2. 鼓励男孩勇敢地去自己承担。家长要让男孩从小就意识到小男子汉要为自己犯下的错承担责任，要自己去解决自己造成的问题。如果男孩不知道怎么解决，家长千万不要一味地袒护而替他们出头，只能给他们一些引导式建议，逐步地帮他们分析清楚原因之后，鼓励他们自己去解决，一次不行就两次，两次不行就三次，反复地尝试后总能找到解决的办法。当男孩依靠自己的努力解决了社交问题后，才算真正获得了社交能力的成长。

307.坏朋友会给男孩带来坏的影响
——男孩交往上坏朋友怎么办？

小舒的父母希望小舒将来可以成长为一个优秀的青年，所以对他的要求十分严格。在小学时，小舒的学习成绩一直都名列前茅，而且还是班干部。但是进入初中后，在妈妈的高压政策下，小舒开始想要摆脱压抑的氛围。小舒在学校中结识了两个高年级的男生，这两个男生一个有偷盗恶习，另一个长期打架旷课。在他们的鼓动下，小舒完全像是变了一个人，他偷家里钱、旷课、夜不归宿、早恋、说脏话……后来更是集结了一帮社会青年殴打同班同学。小舒的父母很担心，男孩交往上坏朋友该如何是好？

案例解析

每个家长都希望自己的孩子与优秀的人结交，但男孩考虑问题不够成熟，所以很容易受到身边朋友的影响。一般来说，容易交上坏朋友的男孩主要有两类：一类是学习成绩比较差，在同伴中无法获得尊重，经常处于被孤立和漠视的地位；另一类是逆反心理较强，想要通过与他人对着干来证明自己的强大。虽然"学坏"和交友不慎有关，但更多的是男孩因为教育方式不当而导致的正当需求没有得到满足，所以，问题的根源还是出在家庭教育上。

1. 男孩被尊重的需求没有得到满足。男孩会渴望得到别人的尊重，而很多家长则总是认为男孩不懂事、不够成熟，所以认为男孩应当乖乖地执行自己的安排，并且会对男孩的自主行为表示不屑。这就容易让男孩内心深处渴望被尊重的需求得不到满足，导致他希望能够从其他地方获得心理的满足感。

2. 男孩承受着过分的管理和期望。有些家长会给男孩制定严格的时间安排，督促他们学习。在高压的环境下，男孩的成长和努力通常得不到认可，而"坏朋友"的身上总是能够让他们找到同病相怜的感受。

3. 男孩缺乏足够的安全感。男孩受到来自家庭内部的负面环境影响，比如父母感情不和，经常吵架、冷战等情况，都会让男孩难以感受来自家庭的温暖和安全感。这就容易让男孩去从别的地方寻求感情上的支撑，而坏孩子的群体刚好能够满足这一点需求。

解决办法

对于男孩结交上坏朋友这个问题，家长需要采取循序渐进的方式逐渐引导，强硬的手段和态度只能起到适得其反的效果。

1. 不要用定式思维去忖度男孩。有些男孩做出一些出格的事情，但本质上并没有太大的差错，多半是家庭或者社会原因导致的。如果能够给他们一些尊重，他们自然愿意对父母坦诚相待，所以，我们要先给男孩以及男孩的朋友一些尊重，在了解他们之后再思考解决办法。

2. 引导男孩看清"朋友"的真面目。男孩在青少年时期因为社会经验不足，会缺乏一些辨别是非的能力，有时会被"朋友"的假象迷惑，所以家长要采取摆事实、讲道理的方式教会男孩如何选择恰当的朋友。当男孩感受到父母并不是为了干涉自己的自由，而是真心为自己考虑时，就会从反思中总结自己的选择。

3. 给男孩一个温馨和谐的家庭氛围。很多男孩的不良成长都是源于家庭因素的影响，所以，如果家长能够让男孩在家庭中找到归属感，尊重男孩的心理需求，让男孩的精神世界得到充实，他们自然会与坏朋友保持疏远的距离。

308. 独来独往的男孩大多顾虑太多

——男孩喜欢独来独往怎么办？

老师说亚亚在课间活动时总是一个人在操场的角落坐着，她曾经劝亚亚和大家一起玩，但是亚亚却倔强地说喜欢独来独往，老师认为这样不利于他的健康成长，所以建议亚亚的妈妈多开导开导他。可是亚亚的妈妈只是简单地提了一下，就被亚亚用强烈的态度驳了回去。亚亚说一个人也很好、很自由，况且他又没妨碍到谁。可是亚亚的妈妈感觉他并不是那么开心，认为他一定是在人际交往方面遇到了问题，可是亚亚不说，她又不好贸然猜测，同时亚亚的妈妈也在想是不是自己多虑了，毕竟每个男孩的人际需求都不同，难道自己要去强迫他交朋友吗？

案例解析

当家长或者老师责问男孩为什么独来独往时，男孩一般情况下会否认这种现象，或许是出于对自尊心的考虑，或许是因为一些不为人知的原因，总之他们不会主动承认。但是，男孩总是独来独往是一种反常现象，其中往往隐藏着很多的信息。比如当男孩说一个人感觉很自由时，家长完全可以从他的神态、表现、动作等方面了解到他内心的真实感受。

当我们发现男孩在背后隐藏的原因，才能够提出有针对性的解决办法。

解决办法

关于男孩独来独往的这个问题，家长可以透过现象看本质，有针对性地做出如下引导：

1. 男孩处于一个舒适的环境。当男孩因为无法掌握社交技巧，选择独处时，家长需要主动地将男孩推离这种"舒适圈"。

2. 要让男孩了解到，个人与团体的立场并不是绝对的，他可以根据自己的需求转换两种立场。

3. 增加男孩合作性的活动。家长或者老师可以强制性地安排一些分组活动，让男孩可以在强制分组中，有一个充分发挥自己能力的理由。

309. 从男孩的性格入手进行指导和培养

——男孩融入不进别人谈话怎么办？

随着父母的工作调动，法法转学到了父母工作的城市上幼儿园。刚开始的时候，老师向法法的父母反映，说法法表现得比较内敛，在学校不太愿意说话，但是老师组织的一些活动他都会积极参加，只是讨论的时候从来不发表个人意见，平时大家聚在一起聊天的时候，他也只是微笑着看着别的小朋友聊天。妈妈认为这是法法还没有完全地适应环境，所以并不是特别担心。但是当她周末带着法法一起参加朋友组织的聚会时，却发现法法和其他小朋友一起玩的时候，也不太爱说话，只是很认真地在听，有几次想要张口说话，但不是被别的小朋友抢先，就是突然又闭上了嘴巴。法法的妈妈觉得很奇怪，为什么男孩会融不进去别人的谈话呢？

案例解析

孩子本来是天真活泼开朗的，但如果男孩在年纪很小的时候，就克制自己说话的欲望，大概有如下几点原因：

1. 父母在教养中过于威严。家庭背景和教养方式决定着孩子的性格，如果父母平时表现得比较威严，就会让男孩压抑内心的感情去迎合父母的想法。

2. 男孩所处环境多次发生改变。有些男孩因为环境的改变会变得寡言少语，如果父母此时对男孩的心理变化没有及时安抚，就容易让男孩因为缺少安全感而变得寡言少语。

3. 男孩天生比较敏感。有些男孩的成长过程并不是一帆风顺的，比如从小体弱多病、有刺激性的经历等，都会让他们产生畏缩的情绪和回避的行为。

4. 父母过度的保护和包办行为。有些父母担心男孩表现得不是很好，所以总是会当男孩的发言人，但这样很容易伤害到男孩的自尊心，同时也让他们的锻炼机会被剥夺。

解决办法

想要让男孩能够在人群中敢于张口说话，我们不仅要了解其内在原因，也要从男孩的性格方面进行引导和培养。

1. 增强男孩的环境适应能力。父母应当放手让男孩去与更多的小伙伴交往，对于那些性格开朗的小伙伴要尤其支持。这样既可以培养男孩的自信心，也能够让男孩在外向伙伴的感染下变得开朗一些。

2. 降低男孩的顾虑感受。有些家长总是会给男孩设下很多的限制，不准他们这样，不准他们那样，这样的强制要求会让男孩变得更加内向。所以家长要消除男孩的顾虑，鼓励他们在注意安全的基础上，尽情地、无拘无束地玩耍。

3. 减少对内向男孩的责备。父母要给男孩更多的积极的心理暗示，而不要用苛求、责备、惩罚、批评等方式让男孩时刻处于弱势的地位。要给男孩更多的鼓励，不要对男孩的过激行为有太过强烈的反应。

310. 男孩拥有选择朋友的权利

——男孩只爱和大孩子玩怎么办?

乐乐是一个 4 岁的男孩子，他经常和小区里的另一个男孩子一起玩耍，每天在小区的公园里玩得非常高兴。后来乐乐的妈妈了解到那个小男孩名字叫小野，今年已经 6 岁了。乐乐向妈妈说和小野在一起玩非常有意思，与此同时，乐乐表示和比自己小的孩子一起玩非常无聊。家里来了更小的小伙伴时，乐乐压根就不带着他一起玩，而是去找比自己大的孩子去玩。那么，面对孩子只喜欢和比自己大的孩子一起玩的情况，家长要如何去做呢?

 案例解析

在日常生活中我们时常会发现一些小朋友非常喜欢和年龄大过自己的孩子一起玩，他们喜欢追在他们的屁股后面，期望他们带着自己玩耍，就像故事中的乐乐一样。其实孩子喜欢和年龄较大的孩子一起玩耍并不是一件稀奇的事情，在生活中比比皆是。家长对此不要过于担心。

在孩子还小的时候，他们正在逐渐发展自己的生理功能，比如他们正在学习稳健地走路，他们正在学习一些非常基础的语言表达方式。在快速成长的阶段，他们非常喜欢探索周围的世界，他们喜欢比自己能力强的人。一般来说，年龄越大的孩子技能发展得越好，所以，这些男孩子就会觉得与年龄比他们大的孩子异常亲近，他们对年长的孩子会产生一丝的崇拜心理，于是他们就会成为年龄大的孩子的忠实粉丝，他们也会模仿大孩子们的行为方式。如果他们做不到像大孩子一样，那么他们就会投以崇拜的目光，即使受到他们的欺负，他们也会转身自我消化，然后接着和他们一起玩耍。

男孩子喜欢和大孩子一起玩耍，主要是出于技能的崇拜，如果和大孩子在一起的确可以帮助他们成长，那么家长就应该鼓励。但是如果和他们在一起出现不好的行为，那么家长就要采取一定的措施进行制止，总之一切看具体的情况。

 解决办法

孩子喜欢和比自己年龄大的孩子一起玩耍并不是一件严重的事情，家长对待此事的态度要根据孩子与他们相处的具体情况而定。

首先家长要尊重孩子的意愿。孩子从出生开始就是一个独立的个体，在他逐渐长大的过程中会发展出自我意识，那么家长就要像尊重其他人一样，尊重自己孩子的意愿。而且孩子在与大孩子相处的过程中会逐渐掌握一些生活技能，生理也可以得到锻炼。但是如果大孩子有一些不礼貌的行为，那么家长就要适时地把自己的孩子与他们分离开，以免孩子养成不好的行为习惯。

　　家长要时刻保护好自己的孩子，孩子喜欢和大孩子一起玩耍，但往往这些大孩子不能很好地照顾他们。所以在自己的孩子与他们玩耍的时候，家长要做好充分的准备，以免自己的孩子受到伤害。但是在关注孩子的时候，不要太过于刻意也不要让孩子察觉到，这样不利于孩子的身心发展，也会让他们玩得不够尽兴。

　　往往年龄小的孩子是不受大孩子的待见的，这与他们没能掌握一定的沟通技巧有关，那么在这个过程中，家长就要针对孩子的具体行为给出指导性的意见，这样孩子就能成长为情商更高的人。而且在适当的时候家长要创造机会让孩子带比自己年龄小的孩子，在这个过程中让他学习照顾别人。

311. 鼓励男孩参加男孩和女孩俱有的活动

——男孩喜欢参与女孩活动怎么办？

　　小志中自小就喜欢和小女孩一起玩，每次父母带他出去的时候，他见到有小女孩就会冲过去和人家一起玩耍。如果只是单纯地玩耍也没什么，关键是他和那些小女孩玩过家家的时候居然会亲亲抱抱。小志中的妈妈担心这样不好，希望他能够跟同龄的男孩子们聚到一起。但是小志中很排斥，甚至会可怜巴巴地说可能会遭到欺负。为什么男孩会排斥同性玩伴呢？怎样引导男孩和男孩们去玩才合适呢？

案例解析

　　在男孩年龄比较小的时候，性别意识比较弱，和女孩一起玩耍没有什么不妥，但并不应该排斥与男孩一起玩耍，除非有过在男孩群体中受到过欺负或者攻击的不愉快经历。从上述案例来看，男孩可能就是因此而排斥同性群体的。

　　一般情况下，男孩在年幼时期，因缺乏对异性产生好感的性生理基础，所以根本不可能懂得恋爱的含义。那时，男孩的这类表现主要是受到了好奇心和模仿心理的作用。如果家中的电视上经常播放一些情感片，或者父母之间的亲密动作没有避开男孩的话，都容易引起男孩的好奇心，让他们在生活中模仿成年人的行为。

　　随着男孩的社会化程度的提高，他们对于性别的认识也会逐渐清晰。所以，家长不必太过紧张，只要给予适当的引导，男孩自然会更愿意融入同性群体中去。

解决办法

　　如果男孩有只喜欢参加女孩的活动的现象，我们建议：

　　1. 从根源上减少模仿源对男孩的刺激。想要改变男孩的这种状况，家长需要先改变男孩所处的环境，减少男孩接触环境影响的因素。比如，家长不要在男孩面前有过于亲密的举动，不要让男孩观看成人类的影视节目等。只要能够从根源上减少模仿源对男孩的刺激，一段时间之后，男孩自然就会将注意力转换到其他方面去。

2. 给男孩正确的引导。当男孩有这类情况发生时，家长不要表现得太过大惊小怪，以免让男孩觉得不知所措。正确的做法是对男孩讲明白其中的道理，适当地减少他们进入女孩群体的机会，慢慢进入男孩群体。

3. 将男孩带入有男孩和女孩同时存在的群体。家长要有意识地给男孩创造更好的交往条件，如果男孩最初有十分抗拒男孩群体的表现，那么家长就先将他带入到一个男孩和女孩都有的群体中去。这样做一方面可以为男孩创造与同性结交的环境，也能够让男孩避免逐渐产生性别上的意识。

4. 培养男孩比较阳刚的兴趣爱好。可以在生活中给男孩一些比较阳刚的指引，比如多买一些男孩玩的玩具，多看一些男孩喜欢的动画片等，这样就可以在男孩心中形成一种性别意识，同时也可以让他感觉到只有在同性面前才有更多的共同话题。

312. 给男孩创造更多接触外界的机会
——男孩不和伙伴一起玩怎么办？

辉辉是一个小学生，性格从小就非常内向。据辉辉的老师反映，辉辉在幼儿园不喜欢和别的小伙伴一起玩耍，总是一个人待在座位上。有其他小朋友主动找他，他才会和别人一起玩，但是从来不主动和别人玩。在家里的时候，如果家里来了其他小朋友，辉辉也不和他一起玩耍，这一点让辉辉的家人非常担心。那么面对男孩子不喜欢和其他人一起玩耍的情况，家长应该如何去做呢？

 案例解析

我们知道男孩子一般是比较喜欢玩耍的，我们也总会看到一群男孩子一起嬉笑打闹，但是我们也时常会发现像故事中的辉辉一样的孩子，在别人玩的时候他选择自己独自玩耍，显得形单影只。我们相信这些孩子出现这种情况一定是有原因的。

大部分孩子是因为性格原因而导致他们不喜欢主动去找其他孩子一起玩耍。这类孩子不喜欢说话，他们喜欢一个人玩耍，这样会使他们感觉到快乐。而且有些性格内向的孩子曾经也试图融入别的孩子的圈子中，但是由于不知道怎么去沟通或是受到伤害之后也就不再尝试去沟通了。

造成孩子内向的原因有很多，有些家长本身性格就比较内向，那么在教育孩子的时候，孩子就会受到潜移默化的影响，从而变得敏感而内向；有些孩子是因为教育环境的原因，比如孩子从小是老一辈带着的，他们那一辈人不爱说话，加上是老人的原因，缺乏与外界的沟通交流，那么由他们带大的孩子自然也没有那么多机会去接触外面的世界，由此他们也会变得不知道如何与别人沟通。

当然还有其他的原因，在此不一一赘述，总之，男孩子不喜欢和小伙伴一起玩耍是一件需要家长格外注意的事情，家长应该采取正确的措施，让孩子融入集体中去。

 **解决办法**

针对男孩子不喜欢和小伙伴一起玩耍的问题，家长可以采取以下措施：

1. 在平时的教育中，家长要给孩子做出榜样。遇到熟人的时候，家长要主动问好，与此同时，家长也要让孩子主动向别人问好。在对待其他小朋友的时候，家长也要热情大方；带着孩子出门的时候，家长要创造机会让孩子与外界发生关系，主动问好与询问都是最为基础的。我们相信如果家长从小这样教育孩子，那么孩子就不太可能会出现故事中的这种情况。

2. 年轻的家长要尽量自己带孩子，因为老人的活动有限，他们可能无法带孩子去接触外面的世界。但是如果是家长自己带的话，那么就有足够多的机会让孩子接触外面的世界，在接触世界的时候，孩子自然而然就会减少对外界的恐惧感，这样孩子也能很好地学习与人沟通的技巧。如果家长实在带不了孩子，那么也要鼓励老人多带着孩子出去玩耍，让他多与人接触。

3. 家长的教育观念要正确，适当的时候买些教育书籍进行自我学习，这样在教育孩子的时候就有一个大致的方向，在孩子出现问题的时候也能及时找到补救的措施。有些男孩因为在外面受到别的孩子一丁点的欺负，但是由于家长没有正确的教育观念，就可能会导致孩子从此拒绝与其他小伙伴一起玩耍，所以说父母的教育的方式与方法对于孩子的成长来说非常重要。

313. 过度依赖宠物大多是因为缺爱
——男孩只喜欢和宠物在一起怎么办？

秦秦的父母担心孩子的成长太孤单，就给他买了一条金毛犬做伴。秦秦有什么话都会和金毛犬说，每天睡醒的第一件事也是找它，可以说，是这条金毛犬陪伴了秦秦的成长。但是，等到秦秦上幼儿园时，家长却发现了很严重的问题。别的不想上学的小朋友会哭喊着不放开父母，但是秦秦却哭喊着要带上那只金毛犬。在平时的生活中，秦秦也不愿意和别的小伙伴一起玩，只愿意每天和狗在一起，即便狗听不懂他说的话，不能和他一起玩玩具，但是秦秦依旧十分固执。秦秦的妈妈很担心，原本只是想给孩子找个伴儿，如今却影响到了男孩的社交能力的发展，这可怎么办才好。

 案例解析

大多数在男孩幼年时期选择养宠物的父母，都是希望让男孩获得更多陪伴，让他成长为有善心和爱心的阳光男孩。但是，有些情况却超出了父母的预料，因为男孩将生活的重心完全放在了宠物身上。产生这种情况大多有以下几点原因：

1. 父母平时对男孩的陪伴太少。有些父母因为工作的原因，无法拿出太多的时间陪伴男孩，所以在男孩的生活中，宠物的陪伴占据了太多份额。在男孩的心中，宠物的地位就会不断升高，从生活中的陪伴变成心灵的依靠。

2. 父母将宠物当作了另外一个孩子。有些成年人会管宠物叫"儿子"，说宠物是男孩的弟弟等。一旦给宠物贴上"家人"的标签，就容易让男孩模糊人类与动物的概念。一旦男孩将宠物视作了家人，就不会用看待宠物的视角去看待它。

3. 宠物过度介入了人类的生活。比如有些家庭会在吃饭的时候给宠物喂食，让宠物共享人类的食物，这就容易让男孩认为宠物是家庭成员中的一分子，理所应当享受到和家人同样的待遇。

 解决办法

父母的本意和想法的出发点是好的，但是却并没有达到想要的结果，对于男孩过度依赖宠物的问题，最大的原因还是来自于父母，所以能够引导男孩进行正常生活的也只有父母。

1. 让男孩为了宠物着想，主动退让。当男孩将宠物当作了心灵的依靠，宠物在他们心中就占据着很大的比重，这时，父母可以提出宠物吃人类食物会缩短寿命、宠物的作息时间和人类有差别等理由，让男孩出于为宠物的考虑，不得不同意让它逐渐降低在人类生活中的介入比重。当距离逐渐被拉开，男孩对于宠物的看法也会变得更加理智。

2. 让男孩与其他有宠物的孩子交流。以宠物也需要友伴为前提，鼓励男孩带着宠物去与其他有宠物的小朋友一起玩耍。有共同话题的小朋友聚在一起，宠物会成为他们沟通的纽带，促进男孩社交能力的增长和提升。逐渐地将男孩对宠物的依赖性降低，将他的注意力转嫁到同龄的小伙伴身上。

Part 16
男孩的处世培养：建立正确的世界观

314. 分享玩具并不等于失去
——怎样才能让男孩分享玩具？

最最是家族里唯一的男孩，不仅父母对他视若珍宝，隔辈人更是对他宠爱有加。最最从小就有数不清的玩具，想要什么玩具都有一堆人争着给他买。最最的父母本来以为，孩子能够得到这么多人的宠爱是一件很幸福的事情，但是直到那一天，最最妈妈的同学带着自家男孩上门做客，才突然发现了一些问题。最最有很多的玩具，但是却只是自己在一旁玩，根本没有招呼小朋友一起玩的意思。小朋友出于拘谨，不好意思先张嘴，而最最也根本不在乎对方的感受，既没有邀请对方和自己一起玩，也没有跑过去和对方玩。在长辈的鼓励下，他们也只是各玩各的，最最丝毫没有东道主的概念。该怎么引导男孩和他人共享玩具呢？是该让男孩先学会邀请，还是让男孩关注别人的感受呢？

 案例解析

分享是一种让个体通过与别人的共同行为而享受到快乐、好处、幸福的过程，这种从社交中获得的意识、能力、品质有助于男孩日后人际交往能力的成长和处世观念的形成。儿童心理专家认为，分享行为以及其中包含的其他行为均是来源于后天的教育和引导。男孩最开始的分享行为，可以从两岁时期开始建立。只不过，现在家庭中的男孩大多数都是独生子，集万千宠爱于一身，就容易养成独占欲强的意识，不允许自己不接受的人触碰自己的物品，也不会开口邀请他人一起玩耍。而且，大多数时候，家长以及近亲的人很少能够发现这一点，即便发现了，也只是会认为男孩不过一时任性，但其实那是随着男孩的成长而逐渐觉醒的自我意识。当男孩开始懂得"拥有"的概念后，就会有"自我中心"的想法。所以，家长想要打破男孩的独占欲，让他们懂得分享玩具的乐趣，必须要从适应男孩成长的行为心理出发，而不能用惩罚、责骂、贴标签来强迫男孩去分享。

 解决办法

想要让家庭的分享教育有成效，家长可以用以下几种方式进行引导：

1. 玩一些轮流操作的游戏。父母可以先让男孩感知到"轮流"的概念，比如和男孩一起搭积木，每个人按照自己的想法轮流搭建一块等。这样慢慢地，男孩在玩游戏的时候，第一时间想到的就会是分享和陪伴。

2. 从与家人分享开始做起。父母可以在生活中多与男孩分享某些物品，比如妈妈将自己的围巾分享给男孩，同时也要鼓动男孩将他的物品拿出来一些分享给妈妈。这个过程的引导，可以让男孩从接受与家人的分享中，逐步扩大到和其他小伙伴的分享。

3. 逐步进行循序渐进的引导。刚开始时，不必要求男孩必须懂得分享，可以先让男孩将喜欢的东西拿出来，让别人看一看、摸一摸，这是让男孩尝试分享的开始。

4. 为男孩选择合适的分享物品。一开始就让男孩与他人分享自己心爱的玩具是很困难的，所以在知道有其他小朋友到来之前，父母可以询问男孩哪些物品是他愿意拿来分享的，愿意和别人一起玩的，然后将那些男孩不想分享的东西先收起来。这样设定了条件之后，就更容易让男孩乐于与他人分享玩具了。

315. 让男孩认识到一己能力的不足
——如何引导男孩协同合作？

小升升和小伙伴聚在一起玩积木，他们在画本上看到一个很漂亮的积木塔，想要模仿着搭建一个。但是，他们却是各自为营，没有想过一起努力来搭建。很快的，小伙伴发现，凭借自己的能力是无法搭建成功的，于是就邀请小升升和自己一起搭，但是小升升固执地认为自己可以，不想和小伙伴一起合作。可是，那个塔在搭建到最高层的时候，需要一个人扶着，另外一个人搭建。小升升想要凭借一己之力，却屡屡失败。男孩没有协同合作的意识，家长该怎么进行引导和教育呢？

案例解析

协同合作是为了共同的目标而结合到一起相互配合的一种社会交往活动。协同合作可以促进男孩各方面的能力。那些没想到或不愿协同合作的男孩，大致存在以下两点原因：

1. 孤独成长使得他们不懂得协同合作。现在大多数男孩都是独生子，在成长中只有长辈的陪伴。但是长辈大多无法了解他们的想法，这就容易让他们习惯于自己做事。

2. 对自我能力有过高的要求。有些男孩相较于其他男孩来说优秀，这份优秀使他们从没想过与他人合作，因为以前的成功经验会促使他们继续独自努力。

解决办法

引导男孩产生协同合作的能力和想法，是教育中很重要的一环，对此，我们建议从以下几个方面入手：

1. 用合作的需求让男孩产生合作的欲望，比如，可以通过一些只有在合作下才能完成的有意思的事情，去刺激男孩认识到合作的必要性。可以设计一些必须在合作下才能完成的活动，帮助孩子认识到合作的必要性。

2. 指导男孩进行分工合作。在男孩没有合作意识前，可以先安排一些合作的内容。比如把游戏中的任务分配给每个孩子，让他们通过自己的努力和团队的合作来完成整场游戏。

3. 家长要起到榜样作用。在家中时，家长要注意言行举止对男孩产生的潜移默化的作用。家长可以组织一些家务活动，做好明确的分工，尤其是那些需要合作的项目，诸如我抬椅子，你扫椅子下面的灰尘等，这些都可以在无形中让男孩学会合作。

316. 男孩的领导能力来自于家庭的培养
——男孩不知怎么做领导者咋办？

欢欢是一个小学一年级的男孩，他学习优秀、活泼好动，招来了很多大人的喜欢，但却和同龄小伙伴合不来。这是因为，欢欢在和小伙伴一起玩耍或者平常相处时，总是想要扮演领导者的角色。比如，他们聚在一起玩警察抓小偷的游戏时，他每次都会要求自己当警察，而且还是负责指挥的警察。只有别人能够按照他的要求行动时，他才会得到满足，而且只有自己的一方赢了游戏，他才会觉得开心，不然就会以对方作弊或者游戏过程中有队员存在失误为理由，强烈要求再玩一次。

欢欢的妈妈很担心孩子不会管理和拒绝接受失败对成长带来不好的影响，对此，欢欢的妈妈应该怎么办呢？

 案例解析

身为一个领导者，要有对大家起到积极的影响，同时实现目标的能力。有些男孩可以起到很好的领导作用，是因为他们具有较强的组织能力，能够为活动负责，并且能提出有建设性的意见。他们也因此受到其他孩子的喜欢和推崇。但是，有些父母会错误地将男孩的我行我素、以自我为中心看作是具有"领袖气质"，但其实这只是男孩的任性妄为而已。从这个案例中我们可以看到，欢欢这个男孩具有的并不是领导能力，而是在被肯定的欲望下透露出的较强的以自我为中心的倾向。有很多男孩都有这方面的问题，这主要是因为家庭过度的溺爱，让男孩习惯了为所欲为，不知道为别人做出让步或者尝试去理解他人。这样的男孩，很容易因为错误的观念和习惯，做出违反秩序或者规则的事情来。

 解决办法

男孩的领导能力主要来自于家庭的培养和引导，想要让男孩知道如何去做一个合格的领导者，家长可以从以下方面进行引导：

1. 让男孩认识自己、丰富自己。家长要引导男孩多阅读一些优秀的作品，大多数经典名著中都包含着知识、态度、观念，男孩在阅读时不仅会受到这些正确观念的影响，同时也能对照自身进行评价。

2. 让男孩学会和掌握沟通技巧。具有领导力的人需要具有协调团队关系的能力，在协调中，有效的沟通技巧就显得十分重要。这不仅能够引导男孩学会如何站在对方的角度看待问题，也能够培养他们耐心倾听、就事论事等处世方式。

3. 让男孩学会承担自己的行为。没有责任感是无法成为领导者的，所以培养男孩的重要一环就是要让他们学会担当。

317. 加大对男孩"男性教育"的比重
——为什么男孩的心思这样细腻？

与同龄的男孩相比，6 岁的小树的心思显得十分细腻。一般来说，男孩心思细腻不是完全没有好处，只不过小树的细腻有些过分了。比如，晚上睡觉前，他总要跑去看看房门有没有上锁；在妈妈出门时，他总是反复地询问妈妈是否带好手机；在妈妈做完饭后，他会询问有没有关好煤气。

小树的爸爸因为工作的原因，在家中的时间很少，所以小树大部分时间是跟着妈妈在一起。而他妈妈是比较干练的女性。为什么小树的行为和妈妈有这么大的反差呢？男孩心思过于细腻，对于他们的未来会不会产生不好的影响呢？

 案例解析

现在有很多的家庭都有这样的情况，爸爸因为工作原因不常在家，家中事务主要由妈妈承担。男孩生活在这样的家庭环境中，通常缺少一些阳刚之气。虽然会显得比同龄的男孩更加成熟，考虑问题更加细腻，但实际上，那只是男孩在父爱缺失的环境中想要寻求安全感和平衡感的表现。所以，男孩过于细腻的行为是过强的保护意识导致，在潜意识中想要扮演起小男子汉的角色，保护自己的家人。

男孩过早地表现出细腻的思维和行为，并不是一个好的现象。在母亲过于溺爱的教育方式下，容易对男孩的心理带来不健康的影响。这样下去，男孩会很难交到同性朋友，也容易感受到孤独。所以，一旦家长察觉到男孩过于女性化、过于细腻，母亲一定要注意自己表达情感的方式。

 解决办法

对于男孩表现出过于细腻的感情和行为时，家长需要注意以下几个方面：

1. 父亲要给男孩应有的"男性教育"。在这种由母亲主导的家庭关系中，其问题并不在于家庭的结构上，而在于功能上。一旦在家庭中父亲的功能长期弱化，就会对男孩的性格产生影响，男孩会缺少硬朗的一面。所以，父亲要多给男孩一些引导，从根源上杜绝男孩细腻、软弱的性格。

2. 给男孩和父亲独处的空间。很多父亲总是用忙来作为借口，但再忙也要挤出一些时间给孩子。在父亲和男孩进行交流时，母亲应当适时地退场，给他们留足交流的空间。避免让已经有细腻行为的男孩因为心理依赖的倾向，而无法打开自己的心扉。

3. 让男孩经常感受到父亲的存在和爱。父亲出门在外时，可以通过打电话、网络聊天的方式和男孩进行交流。在交流时，父亲可以谈谈自己的工作、在外生活的内容等，让男孩了解到什么是男人该做的事情。请记得，男孩的成长过程中父亲的角色十分重要，千万不要放任男孩完全跟随母亲成长。

318. 家长要做好防微杜渐的准备
——男孩想要离家出走怎么办？

小健最近情绪不是特别稳定，起因是他期末时坚持带病参加考试，结果考试成绩很不理想。之后，他担心过年回姥姥家时，遭到表兄弟的嘲笑。于是，他每天都表现得十分抑郁，越是临近去姥姥家的时间，就越是愁容满面。虽然妈妈经常开导他，但是小健还是开心不起来。临近出发的前一天，妈妈不小心听到小健在和同学打电话，说是想要离家出走，去外面找能够证明自己的方式。妈妈听到后很担心，但是又不知道该怎么办——如果直接跟小健谈的话，会不会更加刺激到他？可是如果放任不管的话，小健万一真的离家出走可怎么办？

案例解析

一般来说，男孩想要离家出走的原因大致有五个：

1. 父母对男孩有过于严厉的要求，每天都用不停的唠叨来管教男孩，这就容易让男孩心生厌烦，想要用离开寻求解脱。

2. 男孩所处的家庭环境不良，比如父母经常吵架，将男孩当作出气筒；家庭结构复杂，每个人之间都缺乏一种平衡的关系；父母本身具有人格的偏差，要么对男孩疏于管教，要么就是管教方式简单粗暴。

3. 现实生活中突然发生某些事情，让男孩产生应激发应。比如男孩闯了一些他们认为很严重的祸事，不敢也没有能力承担责任，于是就想采取逃避的方法。

4. 想要找到一种方法来证明自己，伴随着生理条件的日渐成熟，有些男孩想要通过某些行为来证明自己的价值。由于他们心理尚未成熟，且缺乏一定的社会经验，容易受到不良文化和他人的引诱与鼓动而产生离家出走的想法。

5. 男孩所谓的想要离家出走不过是用来对付家长的手段，想要以此为要挟，让家长同意他提出的某个要求。

解决办法

男孩有离家出走的想法，很大程度上与家庭教育的不足和亲子关系的失和有关，所以，想要做到防微杜渐，家长需要注意一下自身行为对男孩的影响。

1. 维护好家庭人际关系。坏的家庭人际关系对男孩来说，本身就是一种压力，会让他们与家长产生隔阂。所以，家长要做好为男孩减压的工作，与男孩坦承沟通，为自己的错误表示真诚的歉意。

2. 帮助男孩分析客观情况。对于有出走念头或者出走经历的男孩来说，家长要对他们进行耐心的说服教育，帮助他们正视各种矛盾，寻找解决的办法。

3. 给男孩更多的尊重。家长要了解男孩自我意识的成长，多给他们一些肯定和鼓励，让他们意识到任何问题都可以有更积极和更有建设性的解决途径。

4. 家长要多与男孩的老师和同学接触。从和老师、同学的接触中，家长可以对男孩有一个更全面的了解，能够采取有效措施来避免男孩的出走行为。

319. 绝不能姑息男孩任何违法犯罪的行为

——如果男孩违法犯罪怎么办？

小成小时候有喜欢拿别人东西的毛病，那时他家长认为是孩子太顽皮，但是随着小成成的长大，他的父母发现他拿别人东西的毛病升级到了偷窃上。学校的监控显示，小成在体育课时独自回了一趟教室，然后下体育课后，有同学反映自己的钱包丢了。

小成的妈妈从学校回家之后，责问小成是不是偷了同学钱包，小成直接否认，后来在妈妈的再三逼迫下，才说他很讨厌那个同学，想要以此报复。这让小成的妈妈觉得问题更加严重了，小成小小的年纪就想到了"报复"这个词，那之后会不会做出更加过分的事情来？这可怎么办才好！

案例解析

在男孩的成长过程中，难免会遇到很多问题。有些家长会恨铁不成钢地对男孩严厉地批评或者是打骂，但其实这些男孩最缺乏的是父母的关爱。

现在社会中，青少年犯罪主要包括性侵犯、偷窃、抢劫、打架斗殴等，这些有问题的孩子大多出身于单亲家庭、留守家庭、流动家庭。他们正是因为缺乏来自家庭的温暖和关爱，才容易在成长的过程中出现一些比较极端的问题。所以，在男孩有违法犯罪的想法或者做法时，家长的最佳做法永远不是打骂，而是要给男孩提供一个健康的、温暖的家庭环境。同时，家长也要对自己的家庭教育方式进行反思：是否平时对男孩的关心力度不够，是否在某一时刻忽略了男孩的内心感受等。

解决办法

如果男孩有违法犯罪的行为，或者有某些犯罪的苗头，家长需要从以下几个方面做起，帮助男孩重新回归正途：

1. 正视男孩的违法犯罪行为。如果男孩已经做出了一些过分的事情，家长不要选择逃避，而是要直接面对，然后和相关部门一起帮助男孩认识到自己错误的严重性，然后达到改正错误的目的。

2. 反思家庭教育给男孩带来的不良影响。虽然男孩违法犯罪可能与社会环境有关，但更多的原因还是来自于家庭。一些家长在男孩的成长过程中没有给予关爱和温暖，没有及时地发现和纠正男孩的不良行为习惯，没有解决男孩成长中的困惑等，都会让男孩走上违法犯罪的道路。所以，家长应当反思自己是否给了男孩尽职尽责的教育，然后要根据实际情况来调整自己的教育方式。

3. 给男孩改过自新的空间和机会。父母要让男孩知道，家是他永远的依靠，不怕曾经犯过什么样的错误，只要有改正的决心，家人永远是支持他前进的力量。

320. 拒绝男孩任何的无理要求
——男孩故意给父母添麻烦咋办？

年年不像其他男孩那样独立，他总是粘着爸爸妈妈，比如阻挡妈妈上班、偷偷损坏爸爸的电脑，把妈妈开会的文件藏起来等。在他看来，爸爸妈妈的工作要比他更重要，不然不会在周末的时候扔他一个人在家去加班。虽然爸爸妈妈给他解释过很多遍，自己出去工作是为了养这个家，不然就没有钱给年年买好吃的和漂亮的衣服了，但是年年每次都倔强地不同意，还说宁可不吃不喝也要爸爸妈妈陪在身边。不仅是周末加班，平时只要爸爸妈妈没有陪着他一起睡觉，年年就会大吵大闹，丝毫不管他们赶的文件有多重要。年年的爸爸用过一些强硬的手段，但都于事无补。年年的妈妈曾经迫不得已将年年带到了公司陪自己加班，但年年却根本不会因为能够看到妈妈就足够了，反而更加变本加厉地不让妈妈工作。对此，年年的父母应该怎么办？

 案例解析

一般来说，男孩在较年幼的时候都会粘人，但随着男孩上了幼儿园、小学，这种现象就逐渐淡化掉。可也有一些男孩，在上学后反而更加地粘父母。有些父母出于对孩子的溺爱，会将所有的问题都归结为孩子对自己太在乎。但其实，其中另有原因存在。

有些男孩比较胆小，对外界环境的适应能力太差，所以会缠着父母，但也因此丢掉了锻炼自己逐步独立的机会。造成男孩对父母过度依恋的原因，主要还是来自于父母对男孩的照看方式上。如果在平时的生活中，父母对男孩过度关心，没有给他们提供独立活动的时间和空间，就容易造成男孩的过度依恋。所以，男孩过度缠着父母，甚至会使用一些比较极端的办法，一般是父母过度地溺爱孩子造成的。

想要制止这一行为，想要培养男孩的独立性，家长需要逐步拉开与男孩的距离，让他们逐步适应没有父母陪伴的生活。

解决办法

我们建议家长采用如下方式，逐步让男孩学会独自面对生活：

1. 用严肃的态度告诉男孩自己要出门。当父母要离开时，不要用欺骗男孩的方式偷偷离开，这只会加重他们的不安全感和不信任感。正确的做法是，将实际情况告诉他，并且告诉他自己下班的时间，告诉他会给他带礼物回来作为他独自玩耍一天的奖励。

2. 心平气和地面对男孩的无理请求。当道理讲不通时，有些男孩会用比较激烈的方式来反抗，比如号啕大哭、委屈抽泣等。我们并不是要求男孩一定要认可我们的道理，但当我们提出要求时，就要做好面对这些的准备。即便我们是在男孩的哭声中离开，带给他们的也不过是短暂的焦虑感。这种方式重复几次之后，男孩就会获得一种认识，即妈妈只是去工作了，并不是不要我了，她会在约定好的时间回来。

321. 不要轻易触碰男孩敏感的自尊心
——为什么男孩的脸皮薄，说不得？

楠楠从小就很乖，但也并不是特别内向的那种乖，男孩天性的活泼劲儿还是有的。在家长眼里，他是全家的掌中宝，总是会给大家带来很多欢乐。在老师眼里，他是"别人家孩子"，总是被老师当作教育那些调皮捣蛋孩子的模范学生。但是，楠楠有一个很明显的问题，就是平时看上去没有任何问题，可是一旦他做错了什么事，或者有人拿他打趣，他就会顿时涨得脸红脖子粗，完全变成了"说不得"的小男孩。比如说，爸爸说让楠楠吃东西的时候不要说话，但如果爸爸的语气稍微重一些，楠楠就会委屈地想要掉眼泪。比如说，爷爷打趣他说他穿了新买的衣服像小姑娘，他就会大声嚷嚷再也不跟爷爷好了，然后就真的很长一段时间都不理爷爷。为什么男孩的脸皮这么薄，完全说不得，这对男孩的心理健康是否会有长期的影响呢？

 案例解析

男孩的自尊心是一个缓慢成长的过程，一旦有些问题碰触到了他的自尊心，他就会一反常态地针锋相对。或许，在成年人看来，他们所提出的问题并没有那么严重，但是请不要忽略孩子的心理承受能力。很多在成年人看来很细微的事情，在敏感的孩子眼中会被放大很多倍。当男孩感觉自己受到伤害时，并不会懂得"说者无心"的道理，他们只会做出"听者有意"的反应。

就比如说楠楠，他的自尊心最初体现在他人说话的语气上，而不是问题上。如果爸爸指出他的问题时比较温和，他可能就不会产生"说不得"的问题；如果爷爷对他的打趣，没有触及他自尊心的敏感点，他可能就不会表现得"脸皮薄"了。所以，脸皮薄的男孩只是因为比其他孩子更加敏感，家长只要注意对男孩说教的语气和打趣的内容，他们自然就比较容易接受了。

 **解决办法**

对于男孩"脸皮薄"和"说不得"的问题上，家长需要注意以下两点：

1. 不要纵容男孩"说不得"的表现。有些家长因为过度在意男孩的感受，一旦发现男孩不能接受父母的说教时，就会瞬间心软，生怕过度说教会让男孩觉得委屈。但是，这种纵容只会让男孩更加肆无忌惮起来。所以，在对男孩说教时，家长一定要坚守阵地，不要给男孩感觉可以有被纵容的余地。

2. 批评男孩时要掌握三原则。当男孩出现一些错误的时候，家长在批评男孩的方法上要尤为注意，以三个原则为准：其一是对事不对人，其二是不要翻旧账，其三是批评完之后要加以抚慰和鼓励。如此，才能让批评更加有效，同时也能增强男孩的心理承受能力。

322. 给男孩真正的"英雄"教育
——如果男孩有英雄情结怎么办？

小格放学回家后努力地躲避着妈妈的目光，但仍旧被妈妈发现了脸上的伤痕。妈妈惊讶地问他发生了什么事情，为什么会受伤，而小格只是低着脑袋不说话。妈妈将声音放柔和之后，又问询了一遍。小格才说是学校里有一个男同学抢了一个女同学的东西，那个女同学平时很胆小，只会哭，他就冲上去帮人家抢回来。在争抢的过程中脸被对方抓伤了。妈妈听完之后，有些担心，就劝小格以后做事要量力而行，可以采用别的方法，比如可以帮那个女同学去找老师，也可以找其他同学帮忙评理，但是小格却不以为然。男孩的英雄情结过重，会不会对他们的世界观、价值观带来不好的影响呢？

 案例解析

男孩喜欢打抱不平，在他们的天性没有受到过分压制时，他们大多都会路见不平，拔刀相助。因为，每个男孩心中都有一个英雄梦，都会幻想自己是身怀绝技、敢与恶势力斗争的英雄。但往往这种英雄梦不好实现，虽然他们希望自己的英勇行为可以得到安慰和感激，但大多数人都不太认可莽撞行为。

所以，也有些男孩将英雄情结转移到偶像崇拜上，比如奥特曼、铁臂阿童木、机器猫、超人、钢铁侠等，这些充满正义感、勇敢睿智的形象，给男孩的英雄梦增加了积极向上的精神支持，给他们打造了一个个英雄梦。于是，妈妈们开始担忧男孩会不会因此而产生暴力倾向，男孩会不会因为过度痴迷而耽误学习。其实，这种担忧是没有必要的。妈妈完全可以借助男孩心中伟大、神圣的英雄形象，培养和引导男孩建立健全的世界观。

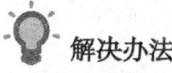 **解决办法**

父母要理解男孩的英雄行为，既不能责怪他们惹是生非，也不能嘲笑他们的不自量力。

1. 满足男孩英雄梦的心理。在男孩为他人打抱不平而打架时，家长不要先批评男孩的这种行为，而是先要肯定他们。在满足了他们的英雄心理之后，在帮助男孩分析除了打架之外有没有更好的帮助弱小者脱离困境的办法。

2. 给男孩真正的"英雄"教育。要让男孩知道英雄应该具备什么样的品质，不是一味地依靠正义和英勇的行为就可以达成的。家长要让男孩建立保护自己的意识，让男孩明白虽然英雄很光荣，但是不能在不考虑自己实力的前提下贸然出手。

3. 利用男孩心中的英雄形象进行引导。父母可以抓住男孩以英雄为榜样的心理，帮助他们改正自己的缺点。比如男孩挑食、不讲卫生、不懂礼貌等，父母就可以借助英雄的角色去教育他们，比如"奥特曼不喜欢邋遢的孩子哦"等，这样不仅能够让男孩自己改正缺点，也可以让他们向着更好的方向发展。

323. 注意降低敏感期男孩的控制欲
——男孩凡事要亲力亲为怎么办？

随着宁宁的成长，他发生了一些变化，最明显的就是凡事都坚持要亲力亲为。在刚开始的时候，宁宁的妈妈认为是孩子想要证明自己的价值，所以通常都会顺着孩子的意思，甚至有时会事先征求宁宁的意思。但是，随着时间的推进，宁宁渐渐形成了什么事情都要参与的习惯，如果父母在做事前没有先征求他的意思，他就会大吵大闹个没完，直到父母妥协才算罢休。有几次，宁宁的妈妈狠下心来不理会他的哭闹，但最后还是心软地妥协。面对孩子的这种情况，父母该怎么办？

 案例解析

任何事情都要亲自处理，这其实是男孩过强的控制欲在作怪。这主要体现在要有绝对的支配权，不允许任何超出自己控制范围的事情发生，也不允许任何人在思想和行为上有违背自己意思的举动发生。

控制欲每个人多少都有一些。一些内心安全感较差、谨小慎微、追求完美的人控制欲会较强一些。他们会想要通过对人、对事的控制来满足自己内心的需求，但其实控制他人或事情根本无法抵消他们内心的恐惧感。

但是，并不是每一个人的控制欲都能得到满足，如果处理的方式不正确，只会加深他们焦虑、抑郁情绪的产生，甚至有些人会做出比较过激的事情来。

 解决办法

想要让男孩改变事事亲力亲为的态度，家长还需要从他们的内心需求着手，安抚他们不安的心，降低他们的控制欲。

1. 培养男孩积极向上的兴趣爱好。男孩想要通过控制来达到内心的满足，如果能够有一样事物可以让男孩获得内心的充实感，他们自然就会抓住身边的小事不放。比如，家长可以通过对男孩某个兴趣爱好的培养，转移他们的注意力，让他们从擅长的事情上来获得内心的满足。

2. 建立健全男孩的社交圈。男孩的世界中如果父母占据过多的比重，那么他的一切感受都只能从家庭获得，如果男孩的世界被扩大，他们就能够接收到更多的信息。所以，父母可以帮助男孩拓展他们的交际圈，一方面可以帮助他们分散精力，另外一方面可以让男孩收获其他的感情。

324. 尊重男孩平等要求，但不是无条件听从

——男孩提出和父母平等怎么办？

为了让小岚更优秀，小岚的妈妈将他转到了一家国际学校上学。刚去的时候，小岚是满心的新奇，但是随后小岚的妈妈发现，小岚的世界观改变得让她有点不知所措。比如，小岚突然提出要和父母平等相处。对于"平等相处"的概念，小岚和妈妈说，学校里有很多美国的同学，他们不理解为什么小岚什么都要听家里的，他们的父母从来不会以一副长辈的面孔去说教他们，只会尊重他们的选择，以平等的姿态来和他们商量一切事。但是小岚的妈妈觉得，处世观和世界观的建立是有前提条件的，与父母平等对话并不符合国情，而且会显得对长辈很没有礼貌，所以直接拒绝了小岚的提议，还对他说教了很多天，让他不要随便受到同学的影响。可是，小岚并没有认可妈妈的说教，反而觉得妈妈根本不通情理。这可怎么办才好？面对男孩突然提出的平等要求，家长怎么引导才是正确的呢？

 案例解析

中国的很多父母在为男孩的心理健康问题苦恼不已时，美国的很多家长也会有相同的经历，所以，并不是说平等的观念就能解决问题，而是说如何与男孩进行有效的、顺畅的沟通才是关键。但是，在亲子关系中，平等沟通的观念执行起来难度系数很高，尤其是对深受传统教育的中国父母而言。由于父母和孩子所处的地位不同，造成谈话的内容和方式也不尽相同，这就容易对沟通造成障碍。

大多数父母会站在自己的立场上，用教训的口吻和孩子对话，但这样的沟通效果并不理想。一旦孩子觉得自己受到了侵犯和伤害，就会下意识地采取反击态度，会对父母的关心和爱护产生抵触心理。所以，在亲子关系中，父母不能让孩子无条件地接受自己决定的一切。因为，对孩子来说，只有平等的爱才更容易被接受。

 解决办法

只有当父母能够以平等的态度对待男孩，去设身处地地了解男孩的真实想法，才能让沟通变得更加融洽，才能在给男孩传递爱的同时给他们正确的引导和帮助。

1. 父母要尊重男孩的安全边际感受。只有本着平等的原则，男孩才更愿意接受父母给出的合理建议。所以，父母和男孩谈话时，要引导着他们说出自己的感受，然后站在男孩的感受上去看待整件事情。

2. 强行的管制会让男孩有心理障碍。当男孩完全处于父母的控制下时，就容易产生强烈的自卑心理，这种心理障碍会影响到男孩的健康成长。所以，家长要放下自己的身段，给男孩一种民主的家庭氛围，让男孩拥有一定的话语权。虽然并不一定是平等的姿态，但起码不会让男孩觉得受到了压制。

3. 平等并不代表无条件的顺从。平等是一种沟通方式，但并不代表父母就要同意男孩的一切决定，否则容易让男孩养成任性的态度。

325. 培养男孩宽广的心胸和大局意识
——如何引导男孩懂得退让？

东东从小就很优秀，一直都是父母的骄傲，在幼儿园时，东东就显现出了比其他男孩更快的学习能力；他不仅性格开朗，有时还懂得看老师的脸色行事，所以很得老师们的喜爱。但是，东东也有一个比较明显的缺点，就是从来不懂得退让，在心中从来都没有顾全大局的概念。比如，东东和其他小朋友一起玩的时候，如果被其他人误伤，他一定会冲过去讨回来，丝毫不懂得退让。比如，有集体活动的时候，如果没有凸显出他的价值来，东东就会表现得十分冷淡，根本不会积极地配合。为什么男孩会这么斤斤计较？该怎么培养男孩的集体荣誉感呢？男孩不懂得用退让来顾全大局，该怎么进行引导呢？

案例解析

一般来说，男孩不懂得宽容和退让，不懂得顾全大局牺牲小我，主要是源于心胸不够宽阔，所以才会表现出吝啬小气、斤斤计较、拒绝吃亏、抗拒批评、耿耿于怀等，导致男孩有这样表现的原因主要有以下几点：

1. 生活环境给男孩的负面影响。有些父母过早地让男孩承受了超出能力范围的压力，总是鼓励男孩去力争上游，这就容易让男孩变得斤斤计较，甚至会用不正当的方式来表达自己的负面情绪。

2. 家长言传身教对男孩的负面影响。父母的性格、习惯对男孩产生的言传身教的影响，会影响男孩的一生，甚至有些男孩完全会成长为父母的翻版。所以，如果父母本身就是不懂退让、不顾全大局的人，男孩自然也会心胸狭窄。

3. 男孩受到过挫折经历的影响。有些男孩因为缺乏社会锻炼，所以没有完善的独立思考能力和计划安排能力，所以会对一些失败的经验产生偏激的认识，进而在紧张的心理之下产生偏激行为。

4. 男孩自我意识过于强烈。有些男孩在家中俨然是"小皇帝"，不懂得如何站在别人的角度来考虑问题。在强烈的自我意识下，遇到事情容易过度敏感，容易斤斤计较。

 解决办法

想要引导男孩懂得退让、顾全大局，我们建议家长注意以下几点：

1. 给男孩更多的信任和耐心。信任和耐心可以帮助男孩取得学习和思想上的进步，可以让男孩心灵的闪光点对他们产生更加积极有效的作用。

2. 引导男孩学会退让。让男孩知道退让和进逼会对事情造成的后果，引导男孩学会如何妥善处理人际关系。

3. 扩大男孩的世界观。可以拓展男孩的兴趣范围、增加他们感受生活的机会，让男孩的思维随着接触面的扩大而变得豁达。

4. 增加男孩人际交往的机会。让男孩在大量的接触中，在正能量的感染下逐渐消除对他人的敌意和不信任感，掌握与人交往的常识和技巧，学会以包容和尊重的态度对待他人。

326. 及时纠正男孩不正确的行为习惯
——男孩沾染上不良习气怎么办？

北北从小就是一个很乖巧的孩子，但是最近妈妈发现北北有了一些不良习气。每当北北走在路上，看到一些让自己觉得不舒服的事情，就会大声斥责。比如看到有自行车占用了人行道，他就会嚷嚷着别人没有素质，但实际上北北没有丝毫要动手帮忙搬开的意思，就只是在那里骂街。但是，北北自己做事情的时候，也甚少顾及公共美德，大多都是自己怎么舒服、怎么方便就怎么做。比如，北北在车里吃东西时，吃完的垃圾袋都是随手丢到窗外，如果妈妈说他，他就会说反正有环卫工人打扫，自己不扔东西人家靠什么吃饭。北北的这种行径，让妈妈觉得很担心，生怕北北会因为一时的不良习气养成了不正确的价值观和社会观，可是，她又实在不知道该怎么教育孩子。

 案例解析

男孩在年纪比较小的时候，对于接触到的事物没有准确的判断力，所以周围的思想和看法都会对他们产生影响。所以，男孩为人处世的价值观、社会观主要还是依靠于环境的影响和父母的引导，如果父母发现男孩身上出现了一些不良习气等问题时，没有及时地予以纠正，就会给男孩一种认可的感觉。但是，每个人身上都或多或少地有些毛病，想要纠正这些毛病不能完全依靠强硬的手段，不然不仅无法帮助男孩纠正认知，还可能会影响到亲子关系的维系。

 解决办法

想要帮助男孩改变不良习气，家长要注意做好引导的工作，我们建议从以下几个方面入手：

1. 以客观的态度看待男孩的不良习气。在男孩做错事时，如果家长采取的态度过于激烈，可能导致男孩不会认识到自己的错误，而且还会加剧逆反心理。所以，家长需要用冷静、理智的态度做全面客观的调查之后，给男孩充分的申辩机会。只有当了解清楚男孩的行为动机，才能采取有效的应对方法。

2. 明确男孩需要被纠正的不良习气。作为家长首先要明白，我们想要改变的只是男孩身上某些不良习气，而不是要改变男孩整个人。所以，家长应该理智地分析男孩存在哪些不良习气的行为需要被改变，只有先做到自己明确，才能让男孩清楚自己到底做错了哪一点。

3. 逐个将男孩的问题解决。当父母开始意识到男孩有不良习气时，会发现男孩的小毛病或者小缺点要比自己想象的多。但想要将问题全部解决掉，就需要集中精力先在一定的时间内去解决一个问题，只有逐个击破才能达到最好的效果。

4. 全家人保持一致的意见。想要纠正男孩的不良习气，一定要一家人都保持同一个观点，不然很难让男孩找到一个正确的方向，同时也会让一些男孩的不良习气有了"依仗"之人。

327. 家长给男孩适当的社交经验的提点
——男孩无法解决社交矛盾咋办？

西西家有了新邻居，新邻居家有一个和西西同龄的小男孩。有新的朋友了，西西很高兴。西西为了能够交到新朋友，经常会拿自己的零食给对方吃，可是小邻居虽然接受了西西的礼物，却依旧对他爱答不理的。后来，妈妈主动邀请小邻居的父母来家里吃饭，饭后西西和小邻居一起玩积木，结果两人为了抢积木居然打了起来。西西哭得很委屈，说自己从没亏待过小邻居，他为什么不能陪自己好好玩。小邻居的父母觉得很尴尬，匆匆带着小邻居走了。在他们走后，西西在父母的引导下发现自己也有不当的地方，起码对待客人应该更谦让一些，可是吵起来的时候只记得对小邻居的种种不满了。于是，妈妈鼓励西西去和小邻居道歉，可是西西却怎么都不愿意主动解决矛盾，甚至会刻意地避开和小邻居接触的机会。当男孩无法自己去解决社交矛盾时，家长应该如何去帮助他呢？

 案例解析

男孩因为社交经验的不足，有时不懂得如何表达自己的感情，一旦遇到矛盾的时候，更不知道如何解决。但是，孩子时期的矛盾大多是对事不对人，父母不用过度紧张。社交技巧并非与生俱来，处世观念也是一种习得性的获得，而家长的不当帮助往往只会给男孩带来更多的伤害。

所以，父母应该认识到，冲突和矛盾对于男孩的成长是有益处的，在男孩与同伴的交往过程中，冲突和矛盾会更有利于帮助男孩除去自我为中心的处世方式，也有助于男孩交往技巧的提升。而父母的偏袒和过度保护则会剥夺男孩成长的机会，让他无法在正常的社交中学会如何处理与他人的关系。因为成长是男孩的事情，父母无法替他们解决人生中遇到的所有社交矛盾，只能让他们自己学会如何处理。

 解决办法

当男孩身处社交矛盾中时，家长只需要在必要时给出一些指导就可以了，具体的问题还是要交给男孩自己去解决。所以，我们建议家长这样去做：

1. 相信男孩有解决问题的能力。男孩与同伴发生矛盾的原因主要是都认为自己占理，这说明他们具备了初步的是非观念，但这种观念中具有过多"自我"的成分。所以，只有让男孩学会自己解决矛盾问题，才能有利于他们树立正确的价值观。

2. 给男孩创造更多与同伴交往的机会。很多男孩不懂得如何向同伴表达自己的喜悦，只会将自己喜欢的东西强加于人。如果父母能够给男孩创造更多的社交机会，让他们遇到形形色色的不同的人，从与他人的交往中获取经验，可以很大程度上提升男孩的社交能力。

3. 仅在必要时给男孩正确指导。在冲突或矛盾发生时，父母不要主动介入，而是要在给男孩自己解决问题的机会的同时，适当地给出一些提点和引导性的建议。这样，不仅能够让男孩学会自己去解决问题，还能促进男孩社会交往和道德判断能力的提升。

Part 17
男孩的财商培养：高财商更有出息

328. 尊重男孩财产意识的建立
——男孩提出自己保管压岁钱咋办？

每次除夕之前，菜菜都能收到长辈的压岁红包。以前，他的红包都给了爸爸妈妈，但是今年不一样了，他要求自己保管。因为他从同学的口中得知，压岁钱是可以自己拿着的，因为那是长辈们给他的。所以，当他看到妈妈拿着他的压岁钱和亲戚们打牌时，觉得十分不满，认为妈妈贪图他的钱，于是就生气地大吵大闹。妈妈就和菜菜说暂时借用，等回去之后就帮他存起来，绝对不动他的压岁钱。但是菜菜不依不饶，提出一定要自己保管，被妈妈拒绝了。菜菜这样一个刚上小学一年级的男孩，怎么可以拿着好几百元钱呢？

 案例解析

长辈给孩子压岁钱是一种习俗，因为是一种赠与行为，所以压岁钱理当是由孩子自己所有。但是，有些父母认为男孩还不知道如何正确支配大笔现金，容易形成挥霍的习惯，所以代替男孩保管。只不过对于这笔钱如何使用，却很少有家长会征求男孩的意见。

但是，请不要忽略男孩丰富的内心世界和渴望被尊重的态度。如果父母任何事情都按照自己的想法去安排，而从来不过问男孩的意见，只会加重与男孩之间的隔阂。所以，在面对男孩的想法和意见时，家长需要谨慎对待他们表达出的不满。所以，压岁钱这个问题的使用和管理不是一件小事，父母不仅不能有越俎代庖的行为，还要主动提出一些保管建议，让男孩自己来做选择。只有这样，才能在给男孩留住年味记忆的同时，树立起正确的理财观念。

 解决办法

当男孩提出要自己保管压岁钱时，家长不要摆出长辈的态度，而是要用提建议的方式来让男孩自己做决定。我们建议家长可以采取以下几个点来和男孩耐心沟通，让男孩逐渐建立管理钱财的意识并掌握管理钱财的方法。

1. 让男孩知道父母只是代为管理。父母要让男孩知道，自己只是代为管理他的零用钱，不会挪来私用。当男孩成长到可以理智地支配自己的钱财时，父母会交还到他的手上。

2. 用明确的记账本让男孩知道自己的资产状况。我们建议设立一个账本，让男孩清楚地知道自己的资产状况。当男孩有私有财产意识时，说明他的独立意识开始成长起来了。这时，家长不要用自私、贪财等负面标签贴给男孩，而是要鼓励他这种独立意识的成长。

3. 树立男孩对钱财的正确观念。如果父母需要使用男孩的压岁钱时，要先以尊重和协商的态度和男孩商量，而不能在男孩毫不知情的前提下私自挪用。只有这样，才能帮助男孩建立正确的金钱观。

329. 不能姑息男孩不问自取的毛病
——男孩偷拿父母零用钱怎么办？

小知上初中之后开始染上了一些坏习惯，经常会擅自拿父母的钱，但被父母抓到时却总一副拒不承认的态度。对此，小知的父母刚开始也会耐心教育，但小知虽然当时保证下次不会再犯，可是没过多久又会我行我素。于是，小知的爸爸忍无可忍之下对小知动了粗，但小知却变本加厉起来。前几天才保证以后不私拿家里的钱，这几天又偷偷从爸爸那里拿了一百块钱给游戏充钱。小知在大多数时候都很乖，但唯独在这件事情上却是屡教不改。该怎么教育孩子才能起到效果呢？

 案例解析

大多数遇到这种问题的父母都有这样的疑问：现在生活条件这么好，为什么孩子还会私自拿父母的钱财呢？事实上，男孩私自拿父母钱财的事情是普遍存在的现象，因为男孩此时的价值观比较模糊，看待问题容易以自我为中心，比如：

1. 男孩想要借此引起他人的注意。有些男孩的家庭结构不完整或者家庭关系不和谐，男孩为了弥补心中的缺憾，会故意做出一些家长看似很恶劣的事情来引起父母的注意。

2. 男孩具有强烈的占有欲。有些男孩的家庭条件不好，对于没有吃过的、玩过的东西会有一种强烈的愿望。于是，在私欲的促使下，会产生占为己有或者尝试一下的冲动。

3. 男孩叛逆心理的反抗行为。有些男孩身处过于严厉的教育环境中，对父母教育方式的不满让他们产生了报复心理，会故意做出一些让父母觉得难过的事情来。

4. 男孩不清楚"私拿"的卑劣。私取行为大多发生在男孩年幼时期，那时他们尚无尊重他人权益的概念，更不清楚不问自取的卑劣之处，所以才会凭个人想法有私拿行为。

 解决办法

对于一个还未成年的男孩来说，想要在不伤害他自尊心的前提下帮助他改变这个恶习，我们建议家长这样来做：

1. 父母要对自己的行为进行检讨。家长需要检讨一下自己：是否在平时表现得花钱太大手大脚？是否对钱财管理得比较随意？是否没有满足男孩的一些物质需求？自己是否忽略了男孩的精神需求？这几个问题可以帮家长找到问题的核心。

2. 让男孩认识到私拿钱财是不好的行为。虽然偷拿家里的钱是大多数男孩都会犯的错，但父母绝对不能纵容男孩这个毛病。在最初发现之时，就要耐心并且严肃地告诉他们这种行为是错误的，如果有什么需求，可以直接和父母沟通。

3. 让男孩知道得到钱的正确途径。对于一个尚未成年的男孩来说，不要用"偷"这个概念来形容他，而是要给他机会说出自己的愿望。对于其中合理的部分，父母可以尽量满足，不合理的部分，可以换一种方式满足。当男孩知道自己的想法被在意和尊重时，就不会私拿家里的钱去满足自己的私欲了。

330. 教会男孩如何合理使用金钱
——男孩胡乱使用零用钱怎么办？

旺旺家庭环境比较优越，对于钱的概念比较模糊。在旺旺年纪比较小的时候，基本上没怎么接触过钱，当旺旺上了小学、有了零花钱之后，父母也没有怎么限制过他。可是，随着旺旺的成长，他的爸妈发现了一些比较严重的问题。旺旺对于零用钱的使用从来没有任何规划，根本不拿钱当回事，本来是一周的零用钱，两天就花掉了，然后跟父母再要。后来，旺旺花钱变得越来越大手大脚，比如，他从来不肯吃学校的饭，每次都是叫很多外卖送到学校，吃不了的要么丢掉要么送同学。再比如，如果同学说有喜欢的东西但是家里不给买，他就会"仗义出手"买了送人家。虽然说慷慨是美德，但是奢侈却坚决要不得。该怎么引导男孩正确使用零用钱呢？该怎么培养男孩的金钱观呢？

 案例解析

想要改变男孩胡乱使用零用钱的毛病，我们先要明白这个问题的症结。一般来说，金钱观混乱的男孩大多有以下几点原因：

1. 男孩过早地了解到金钱的好处。有些家长由于经商等原因，会让男孩在生长环境中经常接触到钱和有关钱的事情，而且家长也会时常带男孩参加一些比较奢侈的购物，这就容易养成男孩比较松散的金钱观。

2. 家长在男孩花钱方面过于随便。有些家长是出于自身的条件，有些家长是因为怕男孩受苦，所以会在零花钱方面不太限制，这就令男孩容易养成大手大脚的习惯，让他们在金钱使用上没有心理底线。

3. 男孩缺乏一些行为约束。有些父母只凭自己的情绪来判断男孩做事的是非对错，容易让男孩对于乱花钱行为没有一个固定的认知，难以确立对于金钱的观念。

 解决办法

现在很多家长都为男孩乱花钱的现象操心不已，可是究竟该怎么对待男孩乱花钱的毛病呢？我们建议家长做到以下几点：

1. 不要用金钱来表达对男孩的爱。有些父母因为个人原因无法长时间陪伴男孩，就会想要通过物质来满足男孩。但这种毫无原则的物质的爱，只会让男孩无法确立正确的金钱使用规则。

2. 让男孩知道钱财的来之不易。会花钱是一种能力，有些家长会在男孩小的时候鼓励他用钱去买东西，鼓励男孩认识到钱是什么东西。但是，这需要掌握好尺度，不仅要让男孩知道钱可以用来买东西，还要让他知道钱是从哪儿来的，是家长怎么挣来的，只有这样才能让男孩学会珍惜。

3. 给男孩固定额度的零用钱。家长要树立男孩的规则意识，按月、按周或者按天给男孩固定的零花钱，同时对于男孩的不合理物质需求要坚决否定。乱花钱的男孩大多离不开家长不恰当的给予方式，有些家长也会采取"兔子拉屎"的方式，比如孩子要钱的时候才会给一点，有时甚至给的要比男孩要的少一点。

4. 适当增加一些与钱无关的亲子活动。在给男孩物质生活的同时，如果能够让男孩体验更多精神世界的收获，对于男孩的健康成长来说，是更加有益的。

331. 只满足男孩合理的物质需求
——男孩找其他长辈要钱怎么办？

小乔乔随着年龄的增长，对于物质的需求也越来越大，但是小乔乔的父母是很认真负责的人，他们担心无条件地满足小乔乔的物质需求，会让他变得爱攀比和虚荣，所以依旧只是满足他最基本的生活需求。但是，小乔乔看见同学们有了新的书包、新的玩具，很羡慕也很嫉妒，可是他又知道跟父母要钱十分困难，所以，在周末回姥姥家时，小乔乔就偷偷地跟姥姥说喜欢某个玩具，但是妈妈不给买。姥姥心疼之下，就给了小乔乔一些钱。这件事被小乔乔的父母知道了，他们责问小乔乔为什么要背着父母找别人要钱花，小乔乔觉得特别委屈，觉得父母根本不懂得体谅自己。

 案例解析

对于男孩要钱的行为，家长可以分两种情况来考虑。一种是如案例中的小乔乔，因为父母过于严格的物质控制，所以不敢也无法向父母讨要，所以不得不自己想办法找其他人要。对于这种情况来说，我们建议家长要适可而止，因为孩子天性爱玩，如果一味地苛责和强制只会让男孩在天性受到压制之下，做出一些过分的事情来。会导致他们不仅仅只是想办法向长辈讨要，更有甚者可能会自己想办法用一些极端手段去得到。

另外一种是男孩知道从父母那里讨要比从其他长辈那里讨要更费事，所以会选择更加容易达成的方式。比如，有些男孩会在家里来客人时提出想要某个东西，如果父母阻拦的话，客人出于礼貌会提出来给孩子买。这种小伎俩是绝对不能姑息的，不然就容易让男孩变得油滑不懂礼貌，但是想要纠正也需要一些办法。

 解决办法

想要改变男孩找其他长辈要钱花的毛病，单单只是满足男孩的物质需求是不行的，还要用一些实际的方法，改变他们的认知。比如：

1. 满足男孩合理的物质需求。人的欲望是随着成长和环境不断改变的，或许男孩在上幼儿园的时候只会要求好玩的玩具，但是在上小学之后就会想要更好看的书包。所以，只要是男孩合理的物质需求，家长都不妨在经济条件允许的范围内满足他们，只不过要在满足他们要求的同时，让他们知道这个要求可以被满足的原因。比如，因为同学都有，因为真的是实际需求，因为他最近学习态度很好等。

2. 拒绝他人给男孩买东西的好意。家长不要在客人提出给孩子买东西时，出于面子问题而纵容男孩的行为，因为这会让男孩认为此举可行，以后会再次有类似行为。所以，当男孩当众提出物质要求时，家长要坚决拒绝客人的好意，要告诉他们并不是不给孩子买，而是不能让孩子养成任何坏毛病。

332. 认清"想要"和"需要"的区别
——男孩不懂正确的消费怎么办？

荣荣的妈妈很喜欢购物，平时也会带着荣荣一起逛商场。荣荣受到了妈妈的影响，对物质的需求也不断上升。比如，荣荣的铅笔盒是整个商场里最贵的，铅笔、橡皮也是顶端品牌的产品。有时，旧的物品没有用完或者损坏，但是新的产品又上市了，荣荣也会马上让妈妈给他换新的，而旧的就直接被他扔到了垃圾桶里。后来，荣荣的妈妈发现，随着荣荣的成长，家里的花销越来越大，全家人的花销都比不上荣荣一个月的开支。这时，妈妈才开始反思自己的消费观念对荣荣造成的影响，可是她却不知道该怎么予以纠正。

 案例解析

孩子的消费观念很大一部分来自对父母的模仿，所以想要培养男孩正确的消费习惯和消费观念，父母一定要起到正确的引导作用。何为理性消费？就是要把钱花在最需要、最有价值的物品上，而不是随意地浪费。就比如说荣荣，他可以按照家庭经济能力要求得到比较好的物品，但不能因为想要更好的物品就养成浪费的恶习。

一般来说，判断钱花得是否合理，主要是看买与不买对自己的生活是否有太大影响。父母想要培养男孩正确的消费观，一定要先梳理男孩节俭的品质，只有有节俭习惯的男孩，才能在消费时理智判断所要购买的物品是否是自己真正需要的，然后才能抑制胡乱消费的冲动。只有正确的消费观念，才能指导男孩合理地安排金钱的使用，不出现冲动消费和攀比消费的现象，从而让男孩学会如何积累财富。父母对于男孩消费观念的培养要融入点滴的生活中，利用一切时机来引导男孩学会如何正确消费，如何更加有效地使用自己的金钱。

解决办法

想要树立男孩正确的消费观，我们建议家长这样做：

1. 帮助男孩分清"需要"和"想要"的区别。这两个词代表着理性消费和冲动消费的差别，需要的物品大多是理性消费，而想要的物品大多就是冲动消费，因为很多"想要"的东西买来之后往往发现是自己并不"需要"的东西，所以家长要帮助男孩控制购买欲，促进他们理性思考。

2. 帮助男孩克服不理性的购买欲。比较年幼的男孩抵御诱惑的能力较差，但是幸好那时他们的消费习惯尚未定型，家长可以在这一时机培养男孩良好的消费习惯，让他们从小就能做到理智消费，学会如何更好地管理金钱。

3. 教会男孩适当的购买技巧。父母要教会男孩如何使用"优惠券""打折券"，如何运用"优惠时机""货比三家"等购买技巧，这些技巧不仅能够节省掉一部分开支，还能够教会男孩如何理性对待购物。

4. 杜绝男孩被虚荣心影响。一些男孩会在消费中进行攀比，然后造成更多的金钱浪费。家长要给男孩正确的引导，避免让他们在消费的过程中被虚荣心引导购物。

5. 告诉男孩什么是量力而行的消费观。父母要让男孩知道家庭经济情况，知道家庭的消费承受能力，借此来让男孩更加理智地对待消费，培养男孩正确的消费观念。

333. 防范男孩因为钱而做出出格的事情

——男孩逃学打工挣钱怎么办？

强强的家庭条件不太好，向来懂事的他很少跟家里要钱。但是，随着强强上了高中，他感觉到了物质上的捉襟见肘，尤其是当他看到同学们吃穿用度都比自己高很多时，更是感觉有些羞愧。所以，强强就趁着周末时去打打零工，挣一些零花钱。强强为自己能够挣钱感到很高兴，于是将生活的重心从学习转移到了打工上，随之而来的就是学习成绩的日渐下滑。后来，强强干脆放弃了学习，将全部的精力都投入到了打工上。终于，强强频繁逃学的事情被学校告知给了强强的妈妈，恨铁不成钢的妈妈满含心酸地和强强进行了深入的谈话，但是强强却倔强地说上学不能挣钱，甚至和妈妈直接挑明了说自己不想再上学了。强强妈妈看到孩子的态度，不知道他为什么会变成这样，该怎么引导才能让他回归正轨呢？

案例解析

当一个男孩通过自己的劳动赚取了金钱时，他们内心的满足感是很强烈的，这种满足感会胜过多年来学习带来的感受。短期的酬劳要比长期的回报更加诱人，于是，虽然有独立意识和自尊心，但是定力不足的男孩很容易因为一时的金钱诱惑，而掂量不清楚事情的轻重。

这是很多逃学打工挣钱的男孩都有的心理，只不过强强的案例更加典型一些。造成这种事情发生的原因一方面是家庭教育和引导，可能家庭成员中某些人对金钱看得过重，对强强造成了一些影响；也可能是一些同学自恃物质充盈而对强强进行过打压，让他那敏感的自尊心受挫。反正大多数的原因都来自于外在，但是最有效的改变方法，是强化强强的内心。

 解决办法

父母应当自小就培养男孩对钱财的看法，进行适当的财商教育，才能避免让男孩因为钱的事情做出一些出格的事情，比如逃学打工赚钱，帮同学代写作业赚钱，偷盗他人钱财等。所以，我们建议将男孩的财商教育按照如下几个阶段进行不同方式的引导：

1. 让幼年时期的男孩认识到钱的来源和用途。要告诉男孩，钱是爸爸妈妈辛苦工作挣来的，是用来买东西、维持家庭正常运转的，所以不能浪费。

2. 让少年时期的男孩学会合理使用零用钱。家长要让男孩知道家里的经济情况，然后给男孩制定零用钱标准。同时，家长可以通过一些奖励机制，比如家务劳动、比赛奖励等增加男孩的零花钱收入，同时也要教导男孩如何有计划、有规划地使用零用钱。

3. 让青年时期的男孩学会管理和投资。这一时期开始培养男孩正确的财富观念，让他知道如何规划使用钱财，如何对钱财进行管理和投资。

334. "穷养"与"富养"的理财原则相同
——怎么提升男孩的理财能力？

小烈的家庭条件中等，他的父母本着穷养儿子的原则，对他的要求颇为严格，既不会给他太多的零用钱，但也不会让他觉得物质生活低于他人太多。在小烈上小学时，父母按天给他零用钱，上初中之后改为了按周给。虽然，零用钱的比例相对提高了一些，但是却发生了一些意料之外的问题：小烈完全没有计划经济的意识，要么是一周的零用钱三天就花光了，要么就是节衣缩食地攒钱，攒到一定数额后很快就用光。面对男孩不知道计划经济的问题，妈妈操碎了心，很担心小烈连自己的零用钱都管理不好，以后独自面对生活时，会因为理财能力的缺乏而让生活变成一团乱麻。

 案例解析

很多人认为理财是成年人的事情，而且需要有很多的钱才能谈得到打理的问题，但其实随着时代的不断发展，理财观念应该从孩子小的时候就开始培养。如今的很多成年人，自身对于理财概念和经济常识都了解得不是很清楚，这又能如何给孩子正确的理财教育呢？又如何让孩子正确地理解理财的观念呢？

美国的一家儿童研究机构表明，很多人的习惯和认知养成于儿童时期，从小培养的良好习惯和认识可以受益一生。所以，我们在男孩年幼的时候就应该培养他理财的习惯，无论是

"穷养"还是"富养"，都应该有基本的准则，那就是无论经济条件如何，都能让男孩有理财的意识和规划。最初，可以着重让男孩有计划地花钱，之后再培养男孩如何管理和投资。

 解决办法

想要逐步培养男孩的理财观念，我们建议家长这样来做：

1. 让男孩体会到钱财的来之不易。我们鼓励家长让男孩通过劳动获取零花钱，只有让男孩体会到赚钱的不容易，他才会懂得更加珍惜。

2. 给男孩提供适量的物质需求。有些家长会在溺爱下无节制地满足男孩的各种物质需求，但这样容易养成男孩浪费的习惯，所以家长应当本着适用、适当的原则，让男孩学会珍惜拥有的，而不是无止境地索取。

3. 培养男孩的储蓄习惯。让男孩养成一种每天存储一些的习惯，哪怕只是少部分的金额，也能够增加男孩对金钱的认识和积累财富的意义。

4. 让男孩学会理性地面对消费。家长在带着男孩外出购物时，要给他们提供一个消费标准，培养男孩有计划地使用金钱，引导男孩建立财产的意识。

5. 培养男孩的投资理财观念。家长需要在男孩小的时候就让他接触到金融理财产品，有"钱生钱"的意识，此举可以让男孩生出赚钱的意识和能力，促进他们利用手中的资源去创造更多财富价值。

335. 教育男孩树立正确的金钱观

——男孩不知道挣钱的辛苦咋办？

妈妈带着林林旅行时，看到风景区的河堤上有一个和林林同龄的小女孩在叫卖荧光棒。每卖出去一个，小女孩都会欣喜地将钱交给自己的妈妈，然后小女孩的妈妈会摸摸小女孩的头，鼓励她再接再厉。那个小女孩和她的妈妈衣着要比普通商贩好一些，所以林林的妈妈觉得可能是人家在带孩子体验生活。于是，林林妈妈也鼓励林林向人家学习，这么小就能知道生活的不易。但是林林却倔强地说，那一定是因为她爸爸不会挣钱。林林的妈妈听到他这么说，顿时觉得很吃惊。孩子不知道挣钱的辛苦会不会有什么不好的影响？而且，林林好像比较排斥这种体验生活的行为，那该怎么进行引导呢？

 案例解析

让男孩意识到挣钱的不易，是目前孩子的财商教育中比较缺乏的一课。很多父母出于对孩子的心疼，家中的重担都由自己一人扛，但这容易让男孩对挣钱的不易完全难以理解。这不仅会让男孩的财商受到影响，同时也会让男孩不懂得担当和感恩。一般来说，男孩不懂得挣钱的辛苦大多源于以下原因：

1. 攀比之风的司空见惯。

2. 从小养成的性格缺陷。父母对男孩责任意识的引导，可以有助于他们同情心和感恩之心的培养。但仍旧有很多父母只着重培养男孩的学习，而忘记了让他们懂得什么是承担。

3. 钱财来得太过容易。对于男孩来说，不仅只有父母会满足他们的物质需求，还有隔辈人对他们的疼爱。当钱财来得过于容易时，男孩自然就不会关注到挣钱的辛苦。

解决办法

想要让男孩知道挣钱的辛苦，我们并不一定要通过社会实践来让男孩深刻体会，完全可以通过生活中的一些约束和规则，让男孩自己去理解和醒悟。

1. 让男孩知道钱是怎么来的。有些家长在男孩面前不会谈及自己的经济状况和工作压力，这就无法让男孩体会到劳动付出。所以，父母可以时常谈一谈自己工作遇到的问题，比如因为疏忽扣了奖金，因为迟到拿不到全勤奖等，让男孩感受到挣钱的不易。

2. 让男孩用劳动换取零花钱。孩子是很多家长的生活重心，所以在零用钱上家长会比较大度，但这反而容易让男孩觉得钱财来得太容易。所以，家长除了给男孩基本的生活费外，可以鼓励男孩做一些家务来赚取零用钱。

3. 给男孩提供适量的物质需求。有些家长会在溺爱下无节制地满足男孩的各种物质需求，但这样容易养成男孩浪费的习惯，所以家长应该让男孩学会珍惜拥有的，而不是无止境地索取。

336. 拒绝男孩对不适用的名牌物品的要求
——男孩过度追求名牌怎么办？

小通年纪比较小的时候，一应的物品、衣服都是父母给准备，那时他从来都不会挑剔什么。但是随着小通年纪的增长，他对于使用的东西开始有了自己的眼光。刚开始时，小通的妈妈认为这是男孩审美意识的形成，但是，慢慢地，妈妈发现，小通的审美只局限于那些名牌的东西。不仅是衣服要求必须是名牌，就连吃的东西、用的物件也必须是大品牌的。只要是妈妈不给买，小通就会闹别扭，好几天都不和父母说一句话，甚至连功课都不肯做，直到妈妈妥协为止。但是，妈妈的妥协换来的不是小通的懂事，反而是变本加厉地追求更高大上的品牌。小通的妈妈十分不解，为什么孩子要追求名牌？到底是什么原因造成的？又该怎么纠正他这个毛病呢？

案例解析

家长面对男孩对于名牌的过度追求，总会觉得困惑、焦虑和担忧。其实，男孩追求名牌的原因，大多是受到了虚荣心的驱使。一般情况下，男孩会将名牌当作家庭经济实力和审美水准的展示，认为借此可以抬高自己的身份。父母对男孩毫无原则的溺爱也会增加男孩对名牌的狂热程度，不断满足男孩的需求只会促进他进一步的消费欲望。

追求名牌对男孩的成长是有益的吗？当然不。那只会分散男孩的学习注意力，影响男孩建立健康合理的消费观念。所以，追求名牌对男孩来说绝对不是最佳的消费选择。因为，在追求名牌的过程中，男孩会养成一种恶俗的消费习惯，那就是想要通过拥有名牌来提高身份地位。如果父母一味纵容而不曾制止的话，就会影响到男孩人生观和金钱观的建立。

 解决办法

想要纠正男孩过度追求名牌的毛病，家长可以从这几个方面入手：

1. 让男孩正确看待名牌产品。名牌只是一类产品的荣誉称号，并不能成为身份、地位的象征。名牌中有些产品是品质和信誉的保证，这些东西可以追求，但也有些是奢侈消费类产品，不同于大众消费的产品，这种产品对于孩子来说就只会成为用来相互攀比的物品。

2. 培养男孩正确的人生观、审美观和价值观。正确的人生观可以让男孩更加理性地选择自己的消费物品，能够将精力多放在内在的提升而不是外在的攀比上。正确的审美观可以让男孩了解"美"的真谛，并不是只有通过外表的绚丽才能达到的，而是一种审美的情趣，比如形体美、言辞美、仪容美、心灵美等。正确的价值观可以让男孩在心中对外在和内在有一个价值估量，引导他们将重心放在内在的建设上。

3. 只给男孩经济承受能力范围内的名牌产品。很大程度上，男孩对于品牌的追求源于父母的影响和纵容。所以，当男孩要求名牌产品时，家长要做的首先是让男孩知道家庭的收支情况。然后在经济能力范围内，可以偶尔给男孩买一些性价比高的名牌产品，但前提条件是这些产品不是用来攀比的，而是真正适用的。

337. 培养男孩以端正的心态看待劳动
——男孩总期望不劳而获怎么办？

随着康康的成长，他的妈妈开始想要培养孩子一些财商，于是在康康上初中之后，提出除了给他基本的零花钱外，如果康康有其他的经济要求，都要用劳动换取，比如，可以帮妈妈做些家务，也可以帮爸爸做一些力所能及的工作等。刚开始的时候，康康并没有十分抗拒，但是没过多久，康康就开始懈怠起来，对交给他的工作或者家务很不上心，完成得也不太好。可是，当妈妈拒绝给他劳动奖励时，他就闹着说家里的钱本来就应该是他的，是妈妈在骗取他的劳动力。康康的妈妈很吃惊，康康这种不劳而获的想法是怎么来的？

 案例解析

当男孩有想要不劳而获的表现时，家长应当先分析男孩产生这种想法的原因。

从大方面来说，现在一些社会不良风气对男孩的思想会产生一些影响。比如，男孩接触到的人中有商人依靠投机成了暴发户，男孩看的影视作品中有终日游手好闲的人却享受高端生活，这些都会对没有足够分析和认识能力的男孩产生影响，诱导他们出于羡慕而产生不切实际的想法，希望自己也能够轻轻松松地过上舒适富足的生活。

从小方面来说，有些家长平时对男孩过度地溺爱，避免让男孩承担家庭的责任，有时甚至会以怕影响男孩学习为名包揽全部家务劳动。久而久之，就会让男孩产生一种依赖心理，反正父母会为他打点好一切。正是家长的这种疼爱和关心，给男孩营造出了一种"衣来伸手，饭来张口"的生长环境，让男孩养成了好逸恶劳和不劳而获的想法。

 解决办法

当男孩表现出好逸恶劳、不劳而获的思想时，家长应当采取一些相应的办法对男孩加强教育和引导，比如：

1. 要让男孩以端正的心态看待劳动。家长要帮助男孩分析生活中那些投机行为和用不正当手段获取暴利行为的恶劣之处，帮助他们识别和抵制某些影视作品中的消极一面。家长可以引导男孩去看一些人物传记，帮助他们建立正确的价值观和世界观。

2. 培养男孩的劳动习惯。劳动习惯的养成可以有助于男孩自觉抵制好逸恶劳、不劳而获的想法，所以家长可以从男孩年幼时就交给他一些力所能及的任务，并且在男孩"工作"的过程中给予表扬和肯定。此外，也可以鼓励男孩参加一些社会公益劳动，增加男孩心中对劳动的正面认识。

3. 家长以自身的劳动行为做表率。如果父母对自己的言行严格要求，男孩自然能够在家庭教育的环境中获得正面的影响。如果父母能够合理地安排家务劳动，积极参加公益活动，自然能够让男孩发现其中的乐趣与价值。

338. 不因溺爱而过度满足男孩的物质生活
——男孩铺张浪费怎么办？

因为父母的工作比较繁忙，小筑在小学时就被父母送到了寄宿学校。本来他们以为这样可以锻炼小筑的生活独立性，但是没想到孩子却染了一些不好的习惯。比如，小筑上厕所的时候会撕掉很多的卫生纸，吃东西也从来不全部吃掉，很多东西小筑都是用一次就直接扔掉了。而且，小筑不仅铺张浪费，还完全不知道珍惜东西，小筑的父母十分担心，该怎么解决男孩铺张浪费的问题呢？

 案例解析

一般来说，男孩铺张浪费的习惯大多源于父母的溺爱和隔辈人的纵容。比如，有些父母会很自然地吃掉男孩吃剩下的食物，但是却没有告诉男孩浪费是可耻的行为。再比如，有些父母会在男孩损坏一些物品时，顾念男孩年纪小，不是故意为之而不过多责怪，但其实应该告诉男孩那些东西来之不易。

同时，家长也缺乏对男孩美德方面的教育。有些男孩在年纪比较小的时候，并不太懂得浪费是什么意思，对于物品、食物没有一个价值上的概念。如果在这时，父母没有告诉男孩食品、物品的来之不易，自然就容易让男孩对身外之物缺乏珍惜之情。

 解决办法

面对习惯性铺张浪费的男孩，我们建议家长采取如下措施：

1. 不给男孩过多的物质享受。在男孩的孩童时期，不要过分地给予男孩太多的东西。比如给他的玩具不能太过充足，面对男孩提出的物质需求，家长不要马上满足，要让他们能够体验到不容易到手的感受。

2. 不顺从男孩的娇宠要求。如果男孩不在意他的某些物品时，家长就要及时地提醒，并且要让他认识到不珍惜就不会再有拥有的道理。比如，如果男孩不珍惜他的某个玩具，家长就可以拒绝再给男孩买同类型的玩具，必须要让男孩有只有通过节约才能遂愿的体验。

3. 不要因为是必需品就无条件供应。对于男孩的铺张浪费习惯，家长不要仅仅只是在生活中多加控制，遇到男孩学习、社交方面就放松起来，比如无条件地满足男孩购买学习用品的要求。家长需要让男孩知道如何避免浪费，同时要给他限定一个额度，比如一个学期只会给他买不超过两块橡皮等。

339. 给男孩树立一个正能量的比较对象

——男孩炫耀自己家中有钱怎么办？

小民民最近总是嚷嚷着让父亲给他买一个学习机，他声称班里的同学都有，就自己没有，所以弄得他和同学都没有共同语言了。小民民的爸爸虽然给他买了，但是心里却在暗暗地担心，害怕孩子有攀比心。果不其然，那天小民民的妈妈接他放学，老远的就听到小民民和同学在聊着今天学校组织为贫困学生捐款的事。其中一个同学说自己家里有钱，所以捐了一百块。另外一个同学说一百块不算什么，他爸爸上周刚给他买了一个一千块的新玩具。小民民一直没有说话。当小民民的妈妈接到小民民后，他刚上车却说："妈妈你能让爸爸买一辆奔驰吗？在同学里，就咱们家的车最破，我感觉很没面子哦。"晚上，妈妈和爸爸提起了此事，都觉得小民民在物质上的攀比是个大问题，可是，该怎么扭转孩子的这个问题呢？

 案例解析

男孩最初的虚荣心是来自于父母的纵容和溺爱，比如男孩在看到别的小朋友有新玩具的时候，会缠着父母表示自己也想要，如果父母不考虑男孩已经拥有类似玩具的情况，而也给男孩买一个的话，就容易让男孩有攀比之心。

随着年龄增长，攀比之心会比较明显，比如男孩聚在一起的时候，有些男孩会自恃物质条件优越而自觉高人一等，于是处于劣势的男孩就会有攀比之心产生。一旦父母无法满足男孩的物质要求，他们的攀比之心还会逐渐上升到虚荣层面。但是满足了就没有问题了吗？并不是。一次、两次的满足并无法从根源上解决男孩的攀比问题，毕竟物质的需求是没有止境的，只有从爱和人格品质方面给男孩正确的引导，才能让他感情世界的丰富胜过物质需求的虚荣攀比。

 解决办法

想要从根源上解决男孩爱攀比的问题，家长需要做到以下几个方面：

1. 家长要给男孩树立好榜样的作用。一般情况下，男孩的攀比行为主要是受到家长价值取向的影响。男孩之间的攀比，是为了证明自己比别人强，而家长就要引导男孩将注意力放在自身的优点上，那些无法用物质换来的令人羡慕的特质上。

2. 将男孩的兴奋点从物质上转移开。攀比行为一般与物质有关，当男孩有攀比行为时，家长要选择一个全新的比较角度，帮助孩子找到更多的优势。比如说，当男孩关注谁的零花钱比较多时，家长就要引导他们关注谁的零花钱花费得更有意义。

3. 给男孩选择一个更加正确的攀比对象。当男孩攀比的关注角度放在谁的父亲比较有能力，谁的家庭条件最优越上时，男孩就很容易忽略自身的努力。所以，家长要让男孩知道父母的优劣已成事实，只有男孩靠自己的努力赢来的成绩才是最有价值的比较。与其拿自己与别人去比较，不如成为让别人比较的对象。

340. 让男孩认识到金钱的使用价值
——男孩把金钱看得太重怎么办？

夏夏的妈妈受到男孩要穷养的思想影响，在日常生活中，经常会对夏夏说上班挣钱的辛苦，而且对于夏夏的物质需求控制得十分严格。比如夏夏如果在商场中看上了什么玩具，妈妈只会在淘宝上给他买同款的，如果发现价格超出了心理预期，就会直接告诉他自己买不起。本来夏夏的妈妈想要以此来教育他懂得金钱的来之不易，但是学校的老师却向她反映说夏夏在学校里经常把钱挂在嘴边上。那时，夏夏的妈妈也并没有太在意，但是最近的一次，她和朋友一起带着家里的孩子出去玩时，夏夏竟然说："阿姨，我妈妈刚刚请你们吃饭花了很多钱，一会儿你们请我们去看一场电影吧。"夏夏的妈妈当时觉得很尴尬，但同时十分担心，男孩把金钱看得太重的话，会不会对他的成长有什么不好的影响？以后孩子走入社会后，会不会被别人看不起呢？

 案例解析

我们从这个案例来看，夏夏的金钱观念已经初具雏形，但是这种观念并不是正确的，是与人类的社会观、价值观、世界观相悖的。虽然夏夏的妈妈本着"穷养儿子"的态度限制男孩的物质需求，但却错误地给男孩传递了一种金钱观，那就是一切都是等价交换的。

男孩的金钱观念主要来源于家长的影响和刻意的引导。一般来说，孩子的金钱观念在 6

岁之前就有萌芽，具体成型是在 6~12 岁期间，而发展期是在 12~18 岁。在男孩金钱观的萌芽期时，如果家长有了错误的引导和示范作用，那么男孩在成型期时就难以在金钱上有一个正确的态度和认识，在发展期更是难以纠正过来。

其实，有很多男孩在成长中都出现过金钱观方面的问题，因为他虽然已经接触到了钱，却没有认识到关于钱的道理。如果男孩只是一味地喜欢钱，就容易被人称为"小财迷"；如果男孩太不把钱当回事，长大就容易成为"败家子"。所以，家长应给予孩子正确的财商教育。

 解决办法

对于男孩把钱看得太重的问题，家长要注意平时对男孩的金钱观的引导，我们建议从以下两个方面着手：

1. 家长要注意给男孩传递正确的理念。父母在男孩面前不用回避谈论金钱，但不能过分夸大金钱的作用，避免让男孩产生金钱万能论的想法。父母应当在告诉男孩金钱来之不易的同时，告诉他们金钱在日常生活中的重要作用和有限作用。只有这样，男孩才能体会到金钱的独特价值，从而形成正确的金钱观。

2. 帮助男孩认识金钱的正确用途。家长可以在日常生活中结合实际情况对男孩进行教育，引导他们认识到金钱的多种用途，除了可以购买所需物品外，还可以用来助人为乐，比如帮助其他有需求的小朋友，帮助失学儿童等。

341. 浪费时间和浪费金钱同样需要控制
——怎样引导男孩避免时间浪费？

轩轩的妈妈总是教育他，时间就是金钱，但是这样的耳提面命，依旧改变不了轩轩浪费时间的毛病。比如，妈妈交给轩轩一件事情，让他合理安排好时间完成，但是轩轩虽然看上去一直都是在忙，但事情却进展缓慢。在学校也是如此。老师说每天的自习课中，大家基本都是用一半的时间写作业，一半的时间温习明天的功课。但轩轩的作业从来没有在学校写完过，时间不知道怎么就浪费掉了，更别提温习功课的事情了。爸爸妈妈定好时间带轩轩出门办事，但每次也是被轩轩的其他事情浪费掉了。对于轩轩来说，他的时间永远不够用，但他的办事效率也永远提不高。

 案例解析

男孩做事情的效率低，大多出于男孩不知道如何合理安排时间上。连自己的时间都无法控制的人，做事情的效率也会大打折扣。一般来说，男孩不知道如何合理安排时间主要有三大原因：

1. 男孩的生理原因导致的。如果男孩不仅是做事拖拉，在运动协调能力、注意力、反应能力等方面也比同龄人逊色的话，父母就应该注意一下这是否只是属于"坏习惯"的范畴。

2. 男孩的心理问题导致的。一般来说，对时间掌控力不佳的男孩往往都有一个性格急躁的、控制欲强的父母。他们对男孩有过高的期望值，总是不断地督促和强迫男孩完成既定目标，却很少给男孩选择的机会。强势的父母会给男孩心理暗示，让男孩把"拖拉行为"当成一种抗拒的武器。

3. 男孩的行为原因造成的。在男孩不懂得计划时间的背后最常出现的问题是对时间观念和计划的缺乏，或者是无法集中注意力在某一件事情上，所以才会大大地降低办事效率。

 解决办法

想要培养男孩合理避免浪费时间的习惯，家长除了平时注意引导，还可以采用一些立竿见影的小技巧，比如：

1. 帮助男孩进行任务分化重组。男孩很难在短时间内通过自我约束来达到时间的充分有效利用，作为父母可以帮助他们将某一个任务分化重组，依靠缩小设定任务与完成任务之间的时间距离，来帮助男孩完成任务，提高效率。比如将规定两小时内完成的作业，改成半小时完成 3 道题。

2. 用计时性活动训练男孩。家长想要让男孩珍惜时间，懂得如何利用时间，就可以用一些男孩比较感兴趣的活动对他们进行锻炼。比如，让男孩在半小时内做好一根冰棍，或者调配好一杯果汁等，可以用家庭成员比赛的方式促进他的积极性。

3. 家长改变对男孩的评价方式。不要总是埋怨男孩在浪费时间，而是要提醒他"你可以快起来的，加油"。为了增加男孩对时间的认知，家长可以在闲暇时和男孩玩一些关于时间的竞赛游戏，比如谁穿衣服更快，谁起床更快等。

4. 给男孩设定明确的时间界限。家长可以给男孩一个什么时间做什么事情的时间表，然后提前几分钟提醒男孩进入执行状态。当男孩能够明确地感受到时间节点时，就能自发地支配自己的工作节奏和状态，懂得合理地调配时间。

342. 禁止无偿还能力的男孩有借贷行为
——男孩总是向别人借钱怎么办？

欢欢的学习成绩一直都不好，常常是班级里最后一名。不管是妈妈跟他发脾气还是耐心教育，都收效甚微，他始终都不肯将心思放在学习上。妈妈看着欢欢整天拿着零花钱过着游手好闲的日子，觉得十分担心，于是就降低了欢欢的零用钱额度。但是，没承想，欢欢的同学居然拿着欢欢的借条找到了她，说欢欢跟他借了一千块钱，说好的三个月还，但已经半年了还没还。每次跟欢欢要，欢欢都会推脱，无奈之下他只能来找欢欢的妈妈。欢欢的妈妈觉得很吃惊，赶忙把钱还给了人家，后来又从那个同学的口中得知，原来欢欢总是向别人借钱，少则几十，多则几百，但都会按时还上。欢欢的妈妈更担心了，本来以为欢欢可能遇到了什么不好向父母开口的问题，可是如今看来，向别人借钱已经成了习惯，这可该怎么办才好？

案例解析

作为家长对于男孩的花钱要格外注意，尤其是零花钱的尺度。男孩在小学时就能感受到有钱的好处，这主要来源于他们可以使用零花钱去购买需要的和想要的物品。但是，那时的男孩尚无法了解钱的意义。所以，家长既不能给男孩过多的零用钱，也不能给他们过少的零用钱。过多的零用钱会造成男孩奢侈、攀比、虚荣的心理问题，让他们将注意力放在外在上，而荒废掉学业和品德的建设。过少的零用钱会让男孩在自卑心理的促使下去借钱、私拿家里的钱等。

所以，作为父母在意识到男孩有这种变化时应当先给予理解和接纳，然后和男孩进行积极的谈话，询问零用钱不够用的原因，其他同学的零用钱尺度等。如果一味地纵容或者强烈地制止的话，只会让男孩的这种行为更进一步的发展。家长在给男孩零用钱时，要鼓励他和引导他如何去使用，要给男孩一种价值感，让他自发的去珍惜自己管理钱财的机会。

 解决办法

对于男孩向别人借钱的问题，家长要尤为注意，在男孩还不具备偿还能力时就向同学借数额巨大的钱，对于男孩来说不仅仅是需要财商教育的问题，在给男孩进行心理疏导的同时，更重要的还是要用一些强制手段。

1. 杜绝男孩过高的物品购买需求。家长自小就应当培养男孩的简朴生活作风，不要给他们买价格过高的玩具，不要让他们过早的接触奢侈物品等，这样就可以降低男孩对身外之物的追求，进而降低金钱对他们的诱惑力。

2. 谨慎对待男孩的零用钱数额。我们建议对于有借钱行为的男孩，从按周或者按月给零用钱改为按天给，用缩短给予时间来训练男孩对金钱的合理使用能力。

3. 不要让男孩高估金钱的作用。不可以让男孩认为任何事情都可以用钱来解决，比如不可以随便给男孩金钱奖励，不可以给钱让男孩自己去购买课间餐等。比起钱财来，对男孩成长最有益的是家长充满爱心的鼓励和真诚的赞许。

343. 教育男孩学会珍惜物品

——男孩过分"大方"怎么办？

小兵的父母从小就教育他好的东西要和大家分享，但是随着小兵的成长，父母发现小兵有时会大方的有些过分。有些时候，小兵不仅对家人和朋友很大方，对于陌生人也十分的大方。比如，小兵有好吃的或者好玩的东西时，第一时间就会去和大家分享。但是当他把自己喜欢的东西分给不太熟悉的小朋友后，再想要回自己的东西时，一般情况下人家都会不太愿意还给他。虽然他当时会不高兴一会儿，但是马上就又能找到其他喜欢的东西，就将这件事情抛之脑后了。本来父母以为小兵会长记性，可是下次他依旧重蹈覆辙。小兵的妈妈对他说和不熟悉的人不用分享了，但小兵完全不懂。

 案例解析

当男孩表现出对于物品的大方行为时，家长首先要考虑到男孩这么做是出于什么心理，究竟是真的很"大方"还是因为"不在乎"。如果男孩只是因为愿意与别人分享，家长倒不用担心太多，因为男孩的大方行为可以为他带来更多的朋友，而且还会让男孩养成大度、宽容的性情，这可以让男孩受用一生，所以完全不必因为他的太大方而给他灌输做人要自私一些的想法。

但如果男孩表现得"大方"是因为"不在乎"的话，那就不应该称之为"大方"，而应该将其归类为"大手大脚"的思维和习惯。有这种行为的男孩，不太懂得什么叫珍惜，也不懂得珍惜送给他食物或者玩具的人的付出。所以，家长在发现男孩有大手大脚的行为时，一定要给他以提醒，并不是只有给别人食物和玩具才能得到对方的喜爱，真正的朋友并不是依靠物质来建立友谊的。同时，也要让男孩知道，他轻易送给其他人的东西，可能是别人因为对他的看重而送给他的，所以在送东西给不熟悉的人之前，先要考虑送自己东西的人的用心。

 解决办法

想要让男孩学会珍惜物品，改变大手大脚的习惯，家长可以这样来做：

1. 不要让男孩太容易得到。对于太容易得到的东西，都不会格外珍惜，不仅成人如此，男孩更是如此。所以，如果男孩对家长提出什么物质要求时，家长不要随便地满足，即便他们的物质要求并不昂贵。这样，男孩才会珍惜物品。

2. 给男孩的消耗品一个合理的限度。要让男孩知道，他所有的物品不是无条件供给的，比如每周会给他买多少的零食，每个月会给他买多少的玩具等，要让他知道他大手大脚"分享"出去的那些东西，会降低他的生活质量。

3. 让男孩知道物品的来源。要让男孩知道他所拥有的物品来源于父母辛苦努力工作换取的报酬，而不是他人随便给予的，要让男孩知道他的每一个物品都是有价值的，都不应该随便拿去给不亲近的人，这是对父母劳动的不尊重。

344. 吝啬行为会影响男孩心理的成长
——如何看待男孩吝啬的问题？

谷谷是家中的独生子，自小就独惯了，平时爸爸妈妈也没有注重分享方面的培养。那天有朋友带着小孩来家里做客时，在午饭前朋友家的小孩说有些饿了，谷谷的妈妈就说让谷谷先拿一些饼干给人家吃，结果谷谷却说自己没有饼干，饼干早就吃光了，可是谷谷的妈妈昨天刚给谷谷买了很多饼干。谷谷的妈妈认为谷谷只是护食，也没当回事。可是下午一起出去玩时，谷谷的妈妈要给朋友家的小孩买一些童话书，谷谷却嚷嚷为什么要我们给他买，我们的钱不是钱啊！谷谷的表现让双方都觉得很尴尬，谷谷的妈妈这时才意识到，这并不是护食的毛病，而是自己家的谷谷太小气了，这该怎么办呢？男孩这么吝啬，可不是一个好现象啊！

案例解析

一般来说，人们对男孩的印象都是比较大方，但也有些家长头疼自家男孩过于小气，对于男孩的这种吝啬行为，不单单只是拒绝分享的问题，导致这种现象的原因大致有三条：

1. 男孩的天性使然。每个人或多或少都有自私的一面，所以也可以说自私是人类的一种天性，而吝啬的本质原因就是过度的自私。

2. 后天环境对男孩的影响。父母对男孩的教育和周围环境的影响都会让男孩的行为和性格发生改变，比如贫穷家庭的父母如果很珍惜粮食，男孩就会自发懂得粮食的可贵；比如男孩如果总是和一些小气的人玩耍，就会模仿吝啬的行为。

3. 家长错误的引导方式。成年人在逗男孩时通常不考虑孩子的接受能力，比如男孩吃糖果时，成人逗男孩说自己也想吃，但当男孩给出来时，家长却并不接受，长此以往，就会让男孩产生误会。

解决办法

男孩的吝啬行为只是一种暂时现象，但一时的现象也会让男孩因为吝啬而不被群体接纳，这就容易让孤独感影响到男孩性格的良好发展。所以，家长需要对男孩的吝啬行为及时地做出一些纠正。

1. 增加男孩与他人分享的机会。男孩之所以有吝啬行为，与独生子的家庭结构、社会环境有很大关系。所以，父母要给男孩增加与他人分享的机会。

2. 引导男孩交换共用物品。大多数情况下，男孩会认为自己喜欢的东西一旦交给别人，就再也拿不回来了。所以，父母可以教会男孩去与别人交换物品使用，这样自己不仅没有失去原有物品，还增加了新的尝试机会。

3. 鼓励男孩适当地赠予。赠与行为会让男孩感到快乐，所以家长可以鼓励男孩赠送给他人礼物，当他发现这种慷慨的行为可以换来他人的关注和喜爱时，就会因满足感而变得慷慨起来。

345. 让男孩知道感情和礼物不是等价关系
——男孩用礼物来衡量感情怎么办？

小壮壮是父母的老来子，简直是被全家人宠成了宝贝疙瘩。往年过生日，小壮壮都十分高兴，但是今年过完生日之后他却有些闷闷不乐。在妈妈的几番询问下，小壮壮才讷讷地说，是不是爸爸妈妈不爱他了，是不是亲朋好友们都讨厌他了，因为去年过生日时他一共收到了

16 件生日礼物，但是今年却只有 12 件，而且还没有去年的上档次，一看就比去年的便宜。小壮壮的妈妈很惊讶孩子会用礼物的价格来衡量大家对他的感情。对此，大人们应该怎么办呢？

 案例解析

孩子比成年人更加敏感，而且大多数时候无法了解到成年人的想法，所以他们会以外在情况来作为评判感情的标准。针对这个案例，小壮壮也是存在一些问题的。而这一点大概是来自家庭环境的影响和父母平时的言传身教。

在男孩年龄较小的时候，家长不应该让他过多地接触到金钱层面的东西，这会对男孩价值观和金钱观的建立起到不好的影响。比如，有些家长会说地摊上的便宜水果不新鲜，超市里的昂贵水果更上档次等。一旦在男孩的认知中出现了"上档次"这个词，他们就会以此作为评价标准，而忽略了事物的本质。所以，家长在男孩年纪较小时就应该传递给他们一种概念，即物品本身的使用价值无关乎物品的售价，再高的售价也比不过大家对他的关心，而礼物表达的感情也是不能用价格来衡量的。

 解决办法

想要纠正男孩用礼物价格来衡量感情的问题，家长需要注意以下两个方面的教育：

1. 不给男孩买价格过高的物品。如果男孩在自小生长的环境里，接触到的都是价格昂贵的奢侈品，那么他在群体中就会有一种优越感，这种优越感也让他们对物品价格有一个估量。这不仅无法帮助他们确立正确的价值观和金钱观，还容易让他们养成虚荣、攀比的恶习。

2. 不要在男孩面前以价格论长短。有些家长说话时不避讳着男孩，会说一些成人社交圈中的事情，比如过年时给别人家孩子压岁红包装多少钱这种问题。一旦男孩知道感情是可以用金钱衡量时，就会用物质来对比自己的感情，这就容易让男孩产生负面认知。

图书在版编目（CIP）数据

好妈妈不打不骂培养优秀男孩的345个细节 / 王光梅著. —北京：台海出版社，2017.9

ISBN 978-7-5168-1530-4

Ⅰ.①好… Ⅱ.①王… Ⅲ.①男性–家庭教育 Ⅳ.①G78

中国版本图书馆CIP数据核字（2017）第205253号

好妈妈不打不骂培养优秀男孩的 345 个细节

著　　者：王光梅

责任编辑：高惠娟　　　　　　　　装帧设计：仙　境
版式设计：曹　宝　　　　　　　　责任印制：蔡　旭

出版发行：台海出版社
地　　址：北京市东城区景山东街20号　邮政编码：100009
电　　话：010-64041652（发行，邮购）
传　　真：010-84045799（总编室）
网　　址：www.taimeng.org.cn/thcbs/default.htm
E-mail：thcbs@126.com

经　　销：全国各地新华书店
印　　刷：三河市人民印务有限公司
本书如有破损、缺页、装订错误，请与本社联系调换

开　　本：787mm×1092mm　　　1/16
字　　数：609千字　　　　　　　印　　张：26
版　　次：2017年10月第1版　　　印　　次：2017年10月第1次印刷
书　　号：ISBN 978-7-5168-1530-4

定　　价：48.00元